契丹女雄

萧太后

王同祯 著

团结出版社

图书在版编目（ＣＩＰ）数据

契丹女雄：萧太后 / 王同祯著 . -- 北京：团结出
版社，2024.1
ISBN 978-7-5234-0331-0

Ⅰ . ①契… Ⅱ . ①王… Ⅲ . ①萧太后（953-1009）-
传记 Ⅳ . ① K827=461

中国国家版本馆 CIP 数据核字 (2023) 第 151952 号

出　版：团结出版社
　　　　（北京市东城区东皇城根南街 84 号　邮编：100006）
电　话：（010）65228880　65244790（出版社）
　　　　（010）65238766　85113874　65133603（发行部）
　　　　（010）65133603（邮购）
网　址：http://www.tjpress.com
E-mail：zb65244790@vip.163.com
　　　　tjcbsfxb@163.com（发行部邮购）
经　销：全国新华书店
印　装：天津盛辉印刷有限公司

开　本：170mm×240mm　16 开
印　张：27
字　数：428 千字
版　次：2024 年 1 月　第 1 版
印　次：2024 年 1 月　第 1 次印刷

书　号：978-7-5234-0331-0
定　价：78.00 元
　　　　（版权所属，盗版必究）

目录

三、从萧燕燕到睿智皇后

四、从萧皇后到承天皇太后

五、尾声——萧太后的子孙们

萧韩天降赐

扶主难分序

楚汉皆故土

何须分雄雌

导读——
萧太后是怎样一个人

　　大唐王朝的金銮宝殿垮塌之后，中国历史上出现了长达半个世纪之久的五代十国混乱时期。在四方割据、南北称王的乱世中，公元907年，位于我国东北部的契丹英雄耶律阿保机统一了氏族八部，于916年立国称帝。自大辽成立那天起，契丹内部为了争权夺利一直处于刀光剑影之中，皇族与后族之间，皇族与皇族之间，后族与后族之间，常以刀枪血肉见高低。自太祖立业至1125年金兵俘虏天祚皇帝辽灭亡，两百零九年间，包括短命的替死鬼皇帝耶律淳在内，共有10位皇帝执掌大辽政权。在这两百年间，终辽一代，共产生过12位皇后、10位皇太后。12位皇后中除太祖妻子淳钦皇后为述律氏外，其余11位皇后都是萧氏，这在中国历史上"绝无仅有"。在3位萧太后，中仪天皇太后和宗天皇太后的政治生命非常短暂，只有承天皇太后活到57岁，为两代皇帝主宫四十年，书就了"圣宗盛世"光辉的一页。

　　她就是本书主人公——大辽承天皇太后萧燕燕。

　　正当太祖创立的基业处于危机之时，969年耶律贤继承皇位，史称辽景宗，生在一个下级军官家庭里的萧燕燕有幸入宫为妃，在她的扶持下，景宗的皇位日渐稳固，萧燕燕很快被封为皇后。982年辽景宗驾崩，萧皇后的长子耶律隆绪继位时只有11岁，这时的萧太后（燕燕）面临着内争权势、外有大患的危机，一个30岁的女人承担了难以想象的重担，她凭借幼年随父亲在南京（今北京）的所见所学，积极倡导儒汉文化，为了发展经济，她力主开展边界贸易，兴修水利，挖掘运粮河，大胆起用汉人官员，外对强敌斗智斗勇，内治保守腐败和分裂绝不手软，为了巩固国家政权，不惜牺牲亲情，连从小疼她爱她的两个姐姐也不例外。萧太后以她的睿智和胆识削平了朝廷内部的一个个山头，对外与宋朝展开无数次的大小战役，历史上有名的高梁河战役就是在她的英明指挥下取得了胜利。1004年她逼迫宋真宗赵恒在黄河岸边的澶州（今河南濮阳）签订了"澶渊之盟"，宋朝不仅要向契丹人赔白银和丝绢，大宋皇帝还要称萧燕燕为叔母。民间文化中关于杨家将与契丹大辽的战争即指这段历史。这位镇国太后绝不同于我国历史上有名的武则天和慈禧太后，萧太后不仅是一个开明的政治家，还是一位果敢睿智的军事家，是我国历史上少有的全才女性。作为女性，她感情细腻真挚，对丈夫、子女关爱有加。萧燕燕少时在南京（今北京）认识了汉官韩匡嗣的儿子韩德让，并初结爱蒂，在辽景宗去世后，萧燕燕与韩德让旧情重温，两人经常在延芳淀（位于今通州区）过着相互陪伴的生活，书中有入情如画的描写。

萧太后主官四十年，她的权力倾朝盖世，但她从未想过当皇帝，任劳任怨地协助朝廷强军治国，一直到57岁去世。她生前育有三子四女，无一人叛国和篡政夺权。

在阅读本书之前，你可能会有以下几个疑问：

1. 耶律氏和述律氏是什么关系？

2. 萧氏家族和以上两大家族又是什么关系？

3. 为什么辽代后族绝大多数都姓萧？

4. 萧太后是怎样一个人？

5. 萧太后与杨家将的"辽宋之战"谁是赢家？

6. 萧太后的子孙们结局如何？

为了解开以上六个疑问，请随我回到千年前的北国战场，听我讲述这段曲折迷人的故事……

引子

在一千多年前的一个五月里，草原上晴空万里，千顷碧野上绿波荡漾，袭人的花香随风飘散，袭醉了牧民，也陶染了大城里的官宦人家。

这天早上，东方刚露出鱼肚白，南汉城一座灰砖青瓦的大门内外就被清扫得干干净净，这是两院枢密使韩德让的府邸，下人们早就被告知枢密使大人天一亮就要出门，所以天还没亮大门内外就点亮了灯笼，随着一声"吱呀"的开门声响，一个半汉半契丹打扮的将军在几个卫士的护卫下跨出大门，他左手一把鞍，右腿利索地腾空一踮，人稳稳地落座在马鞍上，接着右手抓住缰绳一抖，那匹枣红马飞也似的向北门方向奔去，"嗒嗒嗒"的马蹄声伴着一溜尘烟渐行渐远。

辽上京城是呈"日"字形建造，北部是皇城，也是契丹官员的居住地，南部是汉人汉官的居住地，两城之间的隔城中部有一座城门名大顺门，是连接两城的主要通道。

由南城飞马而来的一主二仆通过大顺门时，没有经过任何例行查验就直奔后宫而去。到了后宫正门，不等卫士搀扶，这位将军便飞身下马，那利落的动作似乎是一个翩翩少年回到自己阔别已久的家。当他转过身来，才发现是一位五十开外的长者，那气宇轩昂的眉间透着虎气，炯炯有神的双目飘闪着"理""智""信"三字，虽然是一员汉官，但从他留着的络腮胡可以知道，他已经完全融入契丹社会，而且是一位充满自信的高级官员。

不等叫门，后宫的大门就打开了，门卫笑着说："枢密使大人快请吧，太后等您半天了。"

两个随行的卫士留在大门口，这位枢密使大人径直向太后宫殿走去，还是不等叫门，殿门便自动开启，枢密使刚一抬头，从殿里走出一位清秀端庄的女子，看年纪约有四十，一身素衣打扮，眼神充满睿智。她直直地瞧着枢密使，没有说话，显然是等来客先讲话，枢密使一点儿都没有生客的拘束，笑着向女子说："燕燕，你等急了吧?"

女子回头瞧了瞧殿里说:"韩大人,让你赶早了。"

这位韩大人意识到周围的人,自觉话不适宜,就赶紧改口说:"请太后原谅,微臣昨夜批完前线送来的急报后,又贪看了两个时辰的大书,所以起晚了点儿,让您久等了。"

"来晚了就认罚吧,进来先把这碗剩汤给我喝了,咱们再来定罪。"萧燕燕假带嗔怪道。

韩大人进到内寝不客气地端起奶茶就喝,奶茶不凉不热正可口,他一饮而尽,喝完就说:"太后,微臣还愿意受罚一次,我还没吃早饭。"

萧燕燕憋不住地笑道:"德让,你好赖皮,我让你起早来喝奶茶的吗?对啦,你说我们到哪里去?"

韩德让说:"如今虽说天下太平,走到哪里都是晴朗的天,但昨夜收到的奏报说,退回黄河岸边的宋军对我大辽不服气,仍想与我大辽再决雌雄,东边的女真与夷邦高丽勾结过密,女真可能要借高丽兵力犯我边境,小小女真虽说是以卵击石,但南北夹攻之险不得不防,我看近期不宜远行。真寂寺的修建已经竣工,佛像雕刻极精,神态栩栩如生,听说山顶的仙桃石近日半夜会射出红中透粉的光焰,再过几天就是你的寿诞,何不去那里借借佛光一饱眼福呢,让微臣也沾沾寿桃的仙气,沾沾太后的福气。"

"好,好,更衣!"萧燕燕高兴地说。

几个侍女利索地替太后换上了一套轻捷的便装,又给她披上内红外黄的斗篷,太后又在铜镜前照了照,理了理鬓发说:"出发!"

很快一行百多人的队伍离宫苑、穿汉城,南出顺阳门,迎着朝阳前往游幸之地。

因为真寂寺离上京城只有六十多里,所以太后并不着急赶路,出城刚一个时辰,太后一松缰绳,那"雪花白"就放慢了步伐。在和煦阳光的映照下,太后的脸上绽放着笑容,一阵晨风吹来,让这一对并骑者的笑声更加爽朗清脆。跟在后边的小皇上耶律隆绪就像一个特殊的伴臣,他似乎很喜欢这样的状态,也跟着咯咯地笑起来,因为他很长时间没有随母亲出游了。

因为主子高兴，后边的御卫和女使们也显得格外轻松，除了车辇御驾的嘎吱声和"嗒嗒"的马蹄声，还有他们低声的玩笑和叽叽喳喳的说话声，显然这是一次愉快的旅行。

说说笑笑间已经进入了山路，山虽然不高，但十分峻美，蓝天白云下碧毯铺满山坡。太后一抬头，只见前方三山鼎立，其中一个山头上有一块圆石，犹如一只刚出壳的雏鸡傲立峰顶，它的旁边又有一块形如探海金龟的巨石，太后不由得一提马缰，"雪花白"领先飞向那奇峰仙境，韩德让和小皇上紧随其后，护驾的队伍也飞奔紧跟，小路旁的各色花枝一阵摇曳，草地上留下一行深深的印记。

当走近真寂寺寺门时，那山顶的"雏鸡"却突然变成了一个巨大的"仙桃"，太后不理会大家的劝阻，顾不上参拜佛像，想着急地爬山去看一看山顶到底是"雏鸡"还是"仙桃"，护卫们只好簇拥着她向上攀登。

"风景太美了，难怪南蛮北夷都惦记着我们大辽呀！"登上山顶的萧燕燕抚摸着巨大的仙桃石说。

韩德让说："太后，那边还有再生洞。"

萧燕燕忙问："有意思吗？"

"您试试就知道了。"韩德让答道。

几个人保护着太后侧身挤进洞里，只有一线微弱的光束，越往里越难行，到后来只好匍匐着前进，太后想回头望望韩德让，洞内却黑得什么也瞧不清。好不容易挨到洞口，太后将头伸出洞外，身子却怎么也出不来。

先行出洞的御卫喊道："太后，要屏息收腹才行。"

太后照着做了，还是出不来，她叹道："我真的老了。"

"不，太后您哪里会老，您再侧下身子，用力！"御卫鼓励着她，并轻轻拉着她的手。

趴在太后后边的韩德让一手托着太后的臀部，一手顶住她的脚，喊着："用力！"

经过前拖后推，太后总算爬出了洞口，她坐在地上扭头瞧着洞口说："真像再生了一次，做女人多难呀，你们哪个敢忘了母亲，就是一个没良心的人。"

大家随声应道："是啊，是啊。"

不一会儿，太后像想起了什么，自己轻声朗诵着："我欲扣石钟，惊起洞中人。烟萝杳无际，空锁石门春。石洞何窈窕？云是仙人庭。仙人渺何许？瑶草空自青。石洞窅且深，花落无人扫。仙翁去不还……"

韩德让接诵道："何处寻瑶草。"

太后满意地点了点头。

韩德让小声问："燕燕你累不累？"

太后说："不累，不累。"

耶律休哥说："已经出来几个时辰了，太后咱们回去吧。"

"如今天下太平，内无忧，外无患，大唐诗人说'行乐须及春'，我们塞外的夏天可比春天美，这良辰美景我们不享受谁来享受。"太后说完又转头看了一眼小皇上耶律隆绪接着说："隆绪你赶上了好时光，当年你父皇在世时，我们没有一天像这样轻松，好不容易上来了，我们再多玩会儿吧。"她又像一个孩子似的乞求着大臣们。

萧继先抢先附和太后的提议，也主张多玩儿一阵子。

耶律休哥怕累坏了太后，因为他知道，眼下这大辽国没有皇上可以，但绝对不能没有太后，无论是朝廷内部还是邻邦属国，只是短时的平静，小至争斗，大至战争，随时都有爆发的可能。这话他不敢直言，怕挫伤太后的情绪，他向枢密使韩德让递了一个眼神，希望他想个好主意。

紧跟在太后身边的韩德让转了转眼睛，他凑在太后耳边说："别听他们的，咱们再玩会儿，前边就是放生门，走，到那边玩儿去。"说着就带太后走下一个斜坡。

太后温情地瞧了一眼韩德让，在众人的搀扶下走向一个狭窄低矮又弯弯曲曲的小道，一会儿低头，一会儿拐弯儿，太后只顾说笑，没有注意坡度的变化，等她站在一块平地上问"这里是什么地方"时，耶律隆绪指了指前方的寺门没有讲话，萧太后瞪大眼睛问："这不是刚才上山时的寺门吗？"

伴臣和侍从都微笑不语，这时她才知道上当了，太后马上要找韩德让算账，她说："我上了德让的当，不是说去放生门吗，怎么带我下了山？韩德让呢？"

耶律休哥忍住笑说："枢密使大人到前边去准备您晚膳和休息的地方了。""韩德让你等着，我饶不了你。"萧太后半笑半气地说。

正说着，韩德让已经从寺里赶了回来，他站在太后身后说："太后，那放生门就是一条下山的路啊，微臣哪儿敢骗太后您呢，只要罪名属实，微臣愿意领罪。"

这时大家强忍住的笑才爆发出来，太后也忍不住笑弯了腰。

侍女给太后擦了擦额头上的汗继续往前走，当走到一棵老松树下时，看见一个和尚正从井里往上提水，井水提出之后，和尚抱起木桶就饮，太后问道："师傅，这井水好喝吗？"

和尚忙起身道："阿弥陀佛！施主喝一口就知道这井水好不好喝了。"

枢密使韩德让不敢让太后冒险，就用勺子舀了一口自己先尝，果然清甜甘冽，过了一会儿，觉得没什么不舒服，就让和尚重新打上一桶水，亲自舀了一点儿水让太后品尝，太后喝完一口，自觉口清神爽，甘味绵长，赞道："甜！甜！"说着自己夺过勺子又喝，一边喝一边说："真乃神水，圣水！"

接着大家都围着水桶你一口我一口地喝起来，正喝得高兴时，一匹快马从山下飞奔而来，还没等马停稳，军士就跳下马禀报："太后、皇上，东京紧急军报，东北的生女真（指没有编入辽国户籍的女真人）在高丽的鼓动下，组织了两万大军正向我边境开来，南朝赵光义知道消息后，也蠢蠢欲动，斜轸大将军请太后和皇上赶紧回朝议事，准备出兵迎敌。"

小皇上耶律隆绪紧张得脸上一阵抽搐，他望着太后说："请母后定夺。"

萧太后不急不忙地问："女真部队到了哪里？"

那军士禀报道："刚过混同江。"

"还远着呢，宋军呢？"

那个军士说："斜轸将军说声势很大，但未见大部队行动。"

太后笑了笑说："这是赵光义耍的花招，休哥你回去告诉斜轸，通知南京留守，严密监视宋军动静，没有我的命令不得擅自出兵。告诉东京留守，放女真进来，等进了我大辽边境，再关门打狗。"

耶律休哥和那个军士立即驱马赶回上京。太后对打水的和尚说："回去问一问你们长老，看能否借两间闲舍让我们休息两日。"

那和尚知道这是皇家的人马，就赶忙说："有，有，施主请随我来。"

一、耶律氏和述律氏

青牛白马会木叶
契丹八部竞英雄

70岁的住持赖清和尚早就知道萧太后，但从未见过面，他一见到这等架势的施主，就知道是太后临驾，三步并作两步迎上前说："阿弥陀佛！贫僧夜观天象，见东方一颗明星落入本寺，果然有贵人到来，老僧不知太后到来，还望太后恕罪。"

萧太后一边走一边询问庙宇有多少僧人、多少僧房。

赖清和尚说："禀太后，这座寺庙初建于上唐时期，几十年来因烽烟战事频发，无暇也无力修葺，一直荒如野冢，自从我大辽定鼎上京，小寺才逐渐有了生气，景宗皇帝在世时，朝廷就拨下银两，经过三年努力，修复工程刚刚告竣，今日又有太后和皇上驾临，本寺蓬荜生辉，太后您看中哪一间就住哪一间，老僧这就让僧徒打扫干净。"

萧太后和皇上等一干人马在真寂寺住下，漆黑的夜晚不能外出游玩，只好在僧舍里听枢密使韩德让谈天说古，这对小皇上耶律隆绪来说也是绝好的必修课。耶律隆绪问韩德让："你是汉人，我是契丹人，我看我们没有什么区别，为什么要分汉人和契丹人呢？"

韩德让说："皇上，我过去给你讲过，我们祖先的出生地不同，生活习惯不同，就形成了不同的部落和团体，他们为了各自的利益，有时要大动干戈以决胜负，这就更加促使各部落成团成伙，古老的炎帝和黄帝都是这片大地上的首领，当时他们各自掌控着一半天下，无论我们是炎帝后裔，还是黄帝子孙，其实我们都是炎、黄二帝的传人。"

耶律隆绪似懂非懂地点着头，太后也不断地插话解释着。耶律隆绪又问："那我们契丹人是从哪里诞生的呢？"

韩德让笑着说："在很早很早以前，大约一万年之前吧，在这片大地的东北部就有了原始部落的人类活动。那时候，山上树木高大浓密，野草过人，布满青苔的树下，肥硕的蘑菇有碗口那么大，春天各色鲜花竞相争艳，夏秋季各种野果散发出诱人的香味，小鸟在林间自由地飞来飞去，野鹿、狍子、狗熊、豺、狼、虎、豹群逐争斗。长白山的雪水沿陡坡流向平地和林间，河水清澈透明，鱼、虾在卵石间游闲。这些生灵千百年来一直独享着大地母亲的珍爱与呵护。"

耶律隆绪着急地问道："我们祖先是生活在这里吗？"

韩德让犹豫了一下说："这个问题还是请太后讲吧，她比我讲得好。"耶律隆绪眼睛眨巴着望着母后。太后说："这故事讲起来可长，你不许困。"耶律隆绪兴奋地说："儿臣不困，母后您讲吧。"

过去，萧太后从未对人讲起契丹人的来历，因为对儿皇寄予无限希望，她望着求知若渴的耶律隆绪清了清嗓子，向他讲述了一个美丽而神奇的故事。

在千万年前，万古旷野上空无人迹。不知哪年哪月的一天清晨，西南方的土河边突然闪出一个翩翩少年的身影，他骑着一匹银白色的骏马，乌黑的头发随风飘逸，上身棕色的麻编坎肩敞开着，宽厚的紫铜色胸脯告诉我们，他豪放健壮，腰上围的兽皮短裙飘盖在马背上，嘴里衔着的树叶发出优美悦耳的旋律。白马顾不上岸边的青草，高昂着龙首般的头颈在土河水中向东北方奔游。

几乎在同一时间，从西北方飘来阵阵轻柔优雅的歌声，原来是一个花季少女横坐在一头青牛背上顺潢河而下。少女素衣素裙，颈戴花环，青丝用花蔓束在脑后，一对柔情的大眼睛若有所思地巡视着河两岸，一望无际的草原上百花摇曳，虫飞蝶恋。蓝天上的白云随风飘浮，映在水中的倒影被青牛搅成碎片。姑娘从哪里来？无人知晓。她要到哪里去？也无人明白。

姑娘和少年各自沿两条河而下，一直走了八天八夜，渴了捧点河水喝，饿了在岸边采些野果充饥。到了第九天早上，红艳艳的太阳刚从东方升起，一座不大的山峰出现在他们的面前，土河与潢河在木叶山南侧汇成一条大河东流而去，他们几乎同时到达两河的交汇点。

小伙子叫奇首，他腼腆地冲姑娘一笑没有说话，姑娘双眸明亮，顾不得捋一下被风吹乱的青丝，跳下牛背蹚水向小伙子走去，不由分说牵着白马上了岸。青牛和白马就像一对老熟人，一左一右地啃着青草向树林走去，他们的主人在绿草茵茵的河岸边互致问候、询长问短，说到情投处，爽朗清脆的笑声引来蝶鸟鱼虫驻足观看。

天渐渐黑了下来，他们在山坡用树枝和野草搭了两个小草棚，门口对着太阳升起的方向，两个人一南一北和衣而卧。

第二天，第一缕晨光刚刚透进他们的草棚，二人便兴奋地走到棚外互问早安，之后到河边整衣洗脸，然后手拉手向山上走去。遇到凶兽，奇首以木棒、石块为武器把野兽赶走，他们食百果、饮清泉，在花木丛中倾诉衷肠，他们的心连在了一起。几天之后，两间小草棚变成了一间大房，他们对着东方正在升起的太阳跪拜，然后谢天、谢地、谢拜木叶山，谢拜土河和潢河把他们引到了一起，让他们成为草原上最幸福的一对夫妻。

从此捕鱼打猎、采集野果成了二人每天的生活，随着一次次日出日落，姑娘的肚子也一天天隆起。有一天丈夫提着果子哼着小曲回家，刚走近百花缠绕的篱笆墙，就听到婴儿的啼哭声，进屋一看，两个圆滚滚的男孩儿在妻子怀里蹬扯，夫妻俩高兴地抱在一起，以后丈夫对妻子言听计从，为了家庭的幸福更加勤奋地劳动。连他们自己也没想到，以后连续几年生的都是男孩，刚刚三十多岁，他们就是八个孩子的父母了。随着岁月的流逝，孩子一天天长大，他们也一天天苍老多疾，儿子们非常孝顺，特别是对母亲百般关爱，凡母亲的话句句照办，在他们的眼里母亲就是天皇、就是地母。

风霜雨雪锻炼了儿子们健壮的体魄和坚毅的性格，流逝的岁月也带走了父母的青春和活力。当八个儿子与天斗无所畏惧、与兽斗箭不虚发的时候，他们的父母先后告别了人世，儿子们悲痛万分，但没有一个人落泪，他们在木叶山东坡的百花丛中埋葬了双亲，并建了一座简单的小庙，尊父亲为奇首可汗，尊母亲为地母，然后回到他们落生的木屋，商量今后的日子怎么过。一座木屋不能拆，一座山头不能分，商量来商量去，一个月过去了，谁也拿不出好办法，最后老大决定："八弟还小，他留在我身边，你们兄弟六人各自开辟自己的新领地，要经常回来看看生养我们的双亲。"

大家一致同意大哥的意见，依依不舍地各奔东西。

斗转星移，又是多少年过去了，他们兄弟八人已经各领一方土地和人马，由木棒、石块到打炼铁器，由主要以打猎为生到成群地放养牛羊和马匹，他们的能力和实力都上升到一个全新的阶段。平时与豺狼虎豹和自然灾害斗争各自为战，与其他相邻民族争夺领地时，他们聚而逐之。起初他们并无正式的组织名称，取胜的法宝除了人强马快外就是有坚利的镔铁器，在他们本民族的语言中"镔铁"和"契丹"相近，后来他们把"镔铁"叫作"契丹"，久而久之"契丹"就成了这个民族的名字。

后来到了北魏时期，契丹得到了献文帝的承认，并与之正式交往。到了6世纪，契丹族已经发展为八个部落，分别是：悉万丹部、何大何部、伏弗郁部、羽陵部、日连部、匹黎尔部、吐六于部、羽真侯部。这八个部落，平时是独立的生产和军事组织，遇有外族入侵或需要对外用兵时，就举行部落联盟联合作战。各部首领（称莫贺弗）由全体民众选举产生，联盟首领也由部落代表公推确定。由此可知，这是一个松散的原始联盟，带有先天的脆弱性。

占有南方大片肥土沃野的隋朝，经常受到北方突厥势力和东北契丹部落的袭扰，隋文帝采取离间的办法，曾一度削弱了突厥势力，保护了契丹势力。但很快契丹内部联盟的弱点被突厥人发现，突厥部落为了扫清道路，首先采取各个击破的战略，击败了契丹联盟，从此契丹归属在突厥的管制之下。

6世纪初，隋灭唐兴，唐朝很快削平了北方突厥等军事势力，统一了中国大部，契丹又归属唐朝管辖。聪明的契丹人乖顺地向唐朝政权纳贡称臣，在大唐政权的羽翼下悄然壮大，很快又组建了第二个八部联盟，即大贺氏联盟，这八个部落是：达稽部、纥便部、独活部、芬问部、突便部、芮奚部、坠斤部、伏部部。八部共有成员二十万，兵力四万多，首领称"大人"。在八部联盟之外还有一些契丹人没有加盟，游牧于木叶山以东地区，他们归唐朝政府单独管辖。

羽翼逐渐丰满起来的大贺氏联盟，慢慢由不服管束到公开与大唐政权对抗，这一举动惹怒了大唐皇帝，他派出重兵讨伐大贺氏联盟，联盟实力被大大削弱，与此同时内部矛盾也开始加剧。

唐开元元年（713），军事首领可突于杀害了部落首领邵固，另立遥辇氏屈列为联盟首领，遥辇氏联盟仍设八个部落，这八个部落是：迭刺部、乙室部、楮特部、乌隗部、突吕不部、涅刺部、品部、突举部。各部落首领称"夷离堇"，即汉语"大人"的意思，由部落贵族选举产生，部落联盟的首领称"可汗"，也是由各部落首领选举产生，在一百七十多年的遥辇氏历史上，曾经选举过九个"可汗"，都是从遥辇氏家族产生。联盟内部，除联盟首领外，另设军事首领，统管军马大权，也称"夷离堇"。

阿保机降众成大业
月理朵辅佐成国后

在唐朝统治下的契丹遥辇氏部落联盟，对外是唐朝的一部分，一切活动都遵守唐法唐制，对内则仍按部落联盟的规矩办事，唐朝政府一般也尊重他们的习俗，不予过多干涉。八部联盟中迭剌部落人数最多，势力最大，在霞濑益石烈乡耶律弥里有一个叫匀德实的人，其妻为萧氏月里朵，匀德实彪悍健壮，骁勇善战，经部落成员推举并由部落首领任命为"夷离堇"，掌管迭剌部的兵马大权，平时敢战敢言。他不仅战绩突出，而且重视农牧业的发展，教习族人向汉人学习种植庄稼、版筑房屋，马、驼、牛、羊的数量也有较大增长。匀德实有四个儿子，长子麻鲁，次子岩木（字敌辇），老三释鲁，老四撒剌（即耶律阿保机的父亲）。在契丹语里，他们的氏族始兴的地方"石烈"叫"世里"，他们共同的姓根据地名而定，"世里"翻译为汉语即"耶律"，所以阿保机的名字应该叫耶律阿保机。

耶律匀德实的四子撒剌到了娶妻的年纪，根据父亲（撒剌的爷爷）"同姓可结交，异姓可成亲"的遗训，他在部落内为儿子选亲，选了几个都不满意，最后还是妻子月里朵决定，挑选了遥辇氏宰相剔剌的女儿岩母斤为妻。成亲后夫妻恩爱，他们与哥嫂携手共同维持这个大家庭的生计。匀德实纵然精明过人，但部落内部各派势力纷争不已，处理部落的军政事务难以完全公平，所以部落内部并不安宁，平时就小事意见纷争，大事动辄刀枪相见，由于联盟首领偏向他们遥辇家族而陷入了部落间的是非之争，也就无暇顾及部落内部的矛盾，于是联盟基层组织部落内的矛盾由小变大，并日益加剧，总有人想推翻夷离堇另换新官。迭剌部落有个叫狠德的人，平时就对军事首领匀德实意见很大，但慑于匀德实手里的军权，不敢轻举妄动，只能私下散布舆论，同时结交一些朋党，以待时机，篡夺领导权。

匀德实对狠德纵有所疑，但手中的兵权告诉他，狠德只能是小打小闹，绝不敢动武。因此，除了处理公务他大部分时间在家安享天伦之乐，四个儿子、四个儿媳妇，还有几个孙子和孙女，生活富足，家庭和睦，其乐融融。

一天夜里，四儿媳岩母斤做了一个奇怪的梦，她半夜爬起来对丈夫撒剌说："我梦见一轮鲜红的太阳落入自己的腹中，你说这是什么征兆？"

撒剌说："太阳是我们的天神，哪有这样的事！"

嘴上虽说没有这样的事，但心里却将信将疑，难道是祖德显灵，真的要添贵人？果然一个月后，岩母斤怀孕了，这可乐坏了全家，特别是婆婆月里朵，整天眉开眼笑地看着岩母斤的肚子，因为这是她亲自选定的儿媳妇，恨不得小孙子马上来到人间。等啊等，盼呀盼，终于在唐懿宗咸通十三年（872）的一天岩母斤要临产了，婆婆和嫂子全都围拢在岩母斤身边，她生下了一个胖小子，体形比一般婴儿大得多，就像三周的孩子似的，一落地就要起身，嘴里"呀呀"地要说话，满屋异光且香气袭人。月里朵非常高兴，给孙子起小名叫啜里只，字阿保机（这就是辽代开国皇帝辽太祖）。她嘱咐家人不要将此消息告诉外族的人，老人家把小孙子满脸涂灰，给孩子穿上旧衣裳抱到别的帐中藏起来，不准外人见。三个月后，小家伙就能下地走路了，他常喃喃自语，仔细一听，讲的是未来要发生的事情，而且都是部落和联盟的政治和军机大事，并说他的左右有天兵神将护卫，自己是不可战胜的，因此全家人对他充满无限希望，倍加关爱，老祖母派人在他身边日夜守护。

正当耶律匀德实陶醉在幸福和安闲之中时，狠德已经做好了夺权的准备，刀枪手、火攻手、神箭手、快马、帅旗、文印一应俱全。

在一个伸手不见五指的大风天的寒夜里，站在夷离堇匀德实营帐外的卫士冷得瑟瑟发抖，正想坐下避风时，忽然听到一阵脚步声，卫士喝问："谁！"

对方应声："我！"

卫士一听知是自己营里的兵士，来人从怀里掏出一个猪尿脬做的酒囊送给守帐卫士小声说："快喝点暖暖，天太冷了。"

　　卫士未加怀疑就喝了两大口，连声"谢谢、谢谢"。不一会儿，卫士就瘫软在地，送酒的兵士向后一摆手，几个黑影火速进入大帐，内帐的卫士还没反应过来就成了刀下鬼，手持利刃的刺客点着火把直奔匀德实的牙床，三下五除二，匀德实身首异处，随后他们又找寻别的人，没有找到，便放火烧了大帐，火借风势又烧着了邻近的一个军帐，他们不敢久留，迅速消失在黑夜中。

　　混乱中狠德在一班人马的簇拥下登上一个阅兵台，他喊道："这肯定是敌视我们的外族人干的，夷离堇匀德实在处理我们部落的事务中虽有过错，但用不着外族人干涉，更够不上死罪，我们自家人要稳定，当务之急是要赶快选出一个新的夷离堇。"

　　他还没讲完就有人喊："我们选狠德当夷离堇！"接着一大群人高喊："狠德！狠德！"

　　没等其他人发表意见，背后就竖起了狠德的帅旗。

　　匀德实一家明白了一切，他们马上返回自己的营帐商议如何应对眼前的局面，匀德实的妻子月里朵说："既然狠德不敢公开承认人是他杀的，他暂时不会再动我们家，更不会动女人和孩子，幸亏阿保机被藏在别帐，但你们兄弟四个一定要躲一躲，他早晚会对你们下手的。"于是匀德实的四个儿子逃到突吕不部，以图后计。

　　兄弟四人白天在人家部落里应差，晚上商议如何报这血海深仇。阿保机的三伯父耶律释鲁头脑冷静、智勇双全，他让大哥麻鲁假称病重，回帐把报仇的意图告诉给了释鲁的儿子滑哥。滑哥性格随其父，心腹多计但隐而不露，他一边和家人秘密商议，一边做着刺杀狠德的准备。因狠德防范严密，始终没能刺杀成功，最后是耶律蒲古只（匀德实的弟弟）用计才将狠德杀死。

　　多亏月里朵把阿保机藏在别帐里，他才得以保全性命，并在全家人的呵护下茁壮成长。刚十几岁就身长九尺，两肩宽大，胸厚如墙，腿如立柱，臂如枝干，狐皮帽下那双炯炯有神的眼睛让人望而生畏，三百斤的大弓双手轻轻一拉就是满弓，对联盟和部落的事务十言九准。三伯父释鲁在部落任于越时，经常向阿保机询问计策，父亲和伯父们非常喜欢他，经常带他去打猎，有时处理公务也把他带在身边，因此阿保机对族务、部落和联盟的事务更加了解。

在唐朝末年，契丹联盟的可汗是痕德堇，在他的主持下迭剌部要选举新的夷离堇，本来大家已经议定匀德实的侄子罨古只为候选人，但在临近正式举行就位仪式时，罨古只的异母兄弟辖底骑着白马、身穿红袍出现在现场，在一群人的拥戴下抢先自立为迭剌部的夷离堇。在这次阴谋抢班夺权的行动中，阿保机的三伯父耶律释鲁立了大功，并被任命为于越一职，与辖底共同执掌部落大权。于越总揽军国大政，虽职别与辖底同级，但手中握有军、政实权，所以实际地位比辖底要高，仅次于联盟首领，这时耶律家族已经掌握了联盟的大半朝政。

唐天复元年（901），联盟首领（可汗）痕德堇又一次主持仪式宣布29岁的阿保机为迭剌部夷离堇，并兼任联盟的军事首领，从此耶律阿保机踏上了从政之途。他一接任就被派去整编周围不服契丹联盟管束的部落，对小黄室韦略施小计就让对方表示归顺，于厥、越兀、乌古、六奚、比沙（狘）、辖剌哥等部落则负隅顽抗，拒不归顺。最终，阿保机不负众望，只带领几千人马就攻破了于厥和辖剌哥的防线，生擒了大批兵马和牲畜。当年十月，痕德堇可汗又授予阿保机大迭烈府夷离堇的职务。第二年七月，阿保机率四十万大军征伐河东的代北，一举拿下九个郡，生擒九万五千兵民，掠获牛、羊、驼、马不计其数。九月，在潢河以南新建龙化州城，派亲兵守护。

唐天复三年（903）春天，阿保机又东征讨伐女真族，俘获三百多户，九月攻下河东怀远郡，十月又领兵南下，俘获大批蓟州北部边民带回北疆草原，这是他上任后第一次接触中原北部的汉人地区。

第二年九月，阿保机讨伐黑车子室韦，唐幽州卢龙节度使刘仁恭派养子赵霸率几万大军救助室韦。阿保机派出的密探报告了赵霸的行动和部署，他让精锐部队悄悄埋伏在桃山下，然后又派室韦人牟里到赵霸军营，谎称酋长约赵霸在平原相见，赵霸信以为真，只带少数卫兵前往会面。赵霸一行到了约会地点不见人影，正要拨马返回，只听契丹军队伴随着一阵喊杀声冲出树丛，活捉了赵霸，打散了唐朝的援兵，乘胜打败了室韦主力，只几个回合，就擒敌数百，死、伤、逃者不计其数，阿保机又一次大获全胜。

下年七月，阿保机继续征讨黑车子室韦余部，唐朝河东节度使李克用不敢直接对战，他派遣康令德为使乞求和谈，阿保机同意议和，约定十月在云州（今大同）会谈。阿保机率七万骑兵赶赴云州，在酒宴上双方推杯换盏，气氛融洽，酒至半酣，李克用透露出素与刘仁恭不和，要借契丹军队报复刘仁恭，阿保机认为这是以唐治唐的极好时机，立即同意出兵协助，两个人互换马褂以兄弟相称。阿保机连续两次进击刘仁恭，李克用佯装不知，致使数州被契丹军队占领，大批汉民被强迫迁往草原。

天祐三年（906），阿保机又出兵讨伐东北地区的奚、霫等部落，以及不服管辖的女真人，不过数月，皆表降服。

正在阿保机东讨西伐、南征北战，取得节节胜利之时，联盟首领痕德堇重病身亡。阿保机得到消息后，立即飞奔大营处理丧事，阿保机服重孝以谢痕德堇多年来对他的信任。第二天，在各部落首领和联盟群臣参加的联席会议上，群臣皆说："朝可无将，但不可一日无首，阿保机协助痕德堇可汗平番克邦，领地空前扩大，军力财力大增，为我盟立下不朽之功，理当接任可汗之职。"

阿保机一再辞谢，万不敢应。

迭剌部本部的叔伯兄弟曷鲁也劝道："先可汗曾有遗诏，群臣又崇信，为我盟安危大计着想，君命、臣意都不可违。"

阿保机推辞不过，只好接受群臣盛意。907年正月，草原上正值风雪交加的隆冬，在如迂王集会埚设坛台，燃柴以告天，35岁的阿保机向东三拜，取代遥辇氏成为契丹八部联盟的新可汗。此时此刻，阿保机双眼紧闭，浮想联翩，爷爷被害，祖母的百般呵护，痕德堇的信任，连续六年的疆场征战，终于有了今天，并八部为一国指日可待。"我绝不愧对上祖，决不辜负契丹各部落的信任，为耶律家族争气。""大业初成，草原臣民尚不富足，地域有限，气候恶劣，不仅内忧，还有外患，怎么样？怎么办？……"

在迭剌部内，除耶律氏外，还有一个较大的家族——述律氏，他们的祖先是回鹘人，在唐朝后期的版图上，西北地区居住着回鹘部落，他们东接室韦部落，西靠葛逻禄，北邻境外荒漠，南迎唐和吐蕃，东部弱小的契丹部落曾归属回鹘部落管辖，两个民族多有交往。唐开成五年（840）之后，回鹘遭其他部落重创大部分西迁，东部留下来的回鹘人与契丹人来往更加密切，他们在契丹族的右边，与耶律族居住区较近，所以契丹人有时称他们为右大部人。

随着岁月的流逝，两个氏族的人混居和通婚的情况时有发生，久而久之，他们都成了迭剌部的重要成员。述律家族有一个叫慎思的人，他的父亲魏宁和爷爷糯思都是回鹘人，但他的儿子述律婆姑与契丹耶律家的人经常混在一起，种族观念已经比较淡薄，阿保机的爷爷匀德实任部落军事首领时，经常与婆姑见面，他见婆姑武艺超群，又一表人才，便把婆姑委任为阿札割只（官名）。婆姑对匀德实尊崇有礼，越发得到耶律家族的喜爱，匀德实的兄弟匀德恕有一女儿正值嫁龄，经匀德实做媒将她嫁给了婆姑，一年后生下一女叫述律平，小字月理朵。述律平是阿保机的表妹，比阿保机小几岁，小时候经常随母亲回外婆家玩耍，月理朵聪明伶俐，很受表哥表妹们的喜爱。匀德实和匀德恕的两帐相距很近，孩子们经常在一块儿戏闹，玩得非常开心，月理朵尤其喜欢和表哥阿保机一块儿玩，阿保机拉着月理朵的手在帐外奔跑戏耍，蓝天无际，白云悠悠，各色鲜花随风摇曳，清脆的童声笑语荡漾在茫茫草原上。月理朵摔倒了，阿保机轻轻一拉就把她扯起来；阿保机习武射箭，月理朵就趴在草地上为他鼓劲叫好，又是一双痴男情女，宛如木叶山下那对神男仙女再现。

几年后，月理朵已是亭亭玉立的大姑娘，虽不是西施美人，却也俊俏灵秀，乌黑的长发，细白嫩俏的脸庞，一双大眼睛透射出智慧的目光，再配上一身丝裙皮坎，让表哥表妹们不得不另眼相看。

月理朵在家里待久了总要找个理由到外婆家去一趟，当她再见到阿保机时，也吃惊不小，此时的阿保机身高丈余，胸膛宽厚，四肢粗壮有力，额宽鼻正，双眼炯炯有神，两人相见少了一些亲热举止，却多了几分爱慕之意。阿保机以月妹相称，月理朵叫他保哥，他们除了问候姑母、舅妈安好外，谈得最多的则是武艺和部落联盟的种种趣事，这一切都在说着他们已经成熟稳重，并且心心相印，情投意合。

大人们看在眼里，喜在心上，当阿保机的爷爷（匀德实）和月理朵的姥爷（匀德恕）商讨这桩喜事时，全家人一致赞成，月理朵和阿保机更是喜不自胜。

半年后，月理朵回到了母亲的故乡，述律婆姑的爱女成了耶律家族的新娘。婚后全家和睦，阿保机更加勤苦地习武练功，深得部落和联盟首领的喜爱和器重。

唐光化四年（901），当得知阿保机被痕德堇任命为迭剌部的夷离堇时，月理朵就嘱咐阿保机："保哥，八个部落各怀心思，就是本部落也难上下一心，就这么大个地方，又外患不断，你可要当心。"

阿保机说："天命难违，今后凡事你要多提醒，祖宗创下的大业绝不能败在我们手上。"

月理朵办事处处细心周全，她在述律家是孝顺女儿，在耶律家是好儿媳。六弟兄中阿保机是长子，作为大嫂月理朵无微不至地照顾五个弟弟，无论是族内的事还是家庭的事，她都打理得井井有条，深得众人敬重。

后梁开平元年（906）十二月，痕德堇可汗病死，阿保机接任联盟首领，虽然还未立国，但群臣就称阿保机为天皇帝，并一再嘱咐阿保机"蛙井之地无可为"，一定要把领土扩大几倍、几十倍。大家称月理朵为地皇后，也对她寄予了很大的期望，从此月理朵把更多的精力放在关心丈夫的事业上。

在月理朵的建议下，阿保机不顾大雪茫茫，派兵征讨黑车子室韦，大军所到之处势如破竹，最后破其八部，全胜而归。阿保机军威大震，不仅令周边的弱小部落非常惧怕，连大唐王朝也不敢小看他们。唐梁王朱全忠欲杀其主自立为大梁皇帝，刘守光因其父刘仁恭自任幽州卢龙节度使，也都要征得契丹的同意才可放心。

按遥辇联盟的传统，联盟领导班子三年为一届，可以连选连任，阿保机上任后，月理朵一边为丈夫荣任可汗而高兴，一边琢磨让述律家的人也为联盟多出些力，晚上她给阿保机斟上酒后说："草原上有你这样的盟主是我们耶律家族的荣幸，也是述律家的骄傲，只可惜三年时间太短，在短短的三年时间内要拓展我们的疆土，谈何容易，再说让你一个人承受如此艰辛，为妻实不忍心。"

阿保机问："爱妻有什么高招良策吗？"

月理朵拉着他的手说："你看能不能把任期改长一些？"

阿保机忙说："不行，不行！这是祖上留下的规矩，大家不会答应的。"

"规矩是人定的，人就可以改，以后大家都按新规矩办也未尝不可，可汗是一盟之主，有责任在任期内制定好的规矩，也不枉八部各族兄弟对你的一番信任。"

月理朵一番真情之语说得阿保机心潮涌动，他在帐里踱来踱去未予回答。月理朵紧接着又言道："我娘家弟弟敌鲁为人宽厚，武艺精熟，处事有胆识，从小就听我的话，何不教习教习他，日后也可为你分些辛劳。"

对于启用敌鲁，阿保机马上表示同意，很快他就让敌鲁当上了可汗大帐的警卫，日夜紧随阿保机前后，与自己的弟弟阿古只和阿保机的三伯父释鲁共同负责阿保机的安全事务。

自从月理朵劝他更改三年的届期后，阿保机嘴上不语，心里却很佩服妻子的真知灼见。三年届期将至，阿保机迟迟不提改选的事，他一直静观周围的动静，五年过去了，仍不张罗改选。

外族人尚未提议，但他那些"准备接班"的胞弟们已经坐不住了。他的二弟剌葛、三弟迭剌、四弟寅底石和五弟安端假借一起外出打猎，聚在一个山包后商量用什么办法让大哥交出坐了五年的可汗宝座，他们都知道大哥武艺精深，防卫严密，又有述律家的人出主意，单个较量谁也没有好结果。于是弟兄几个决定联合外族数人向阿保机公开挑明，说他独裁专横，江山应该轮流坐。

后梁乾化元年（911）五月的一天，弟兄几人准备按照事先商定好的计划向阿保机挑战，如果阿保机不答应或发生意外，则按商量好的办法一一应对。万万没有想到老五安端无意中把这个秘密泄露给妻子粘睦姑，粘睦姑不同意他们这样做，她想：拦肯定拦不住，因为这不是安端一个人的事，一旦事败，可就是宫廷政变的罪，论律处斩，他们死了我和孩子怎么办！粘睦姑越想越怕，于是假装去看望婆母，把消息告诉给了大嫂月理朵，并万般恳求大哥留五弟一条命，也千万不要把她告密的事外露。月理朵知道此事非同小可，她立刻把消息报告给阿保机，当夜派人秘密调查核实后，阿保机立即撤出营帐，并迅速派兵把四个兄弟包围起来，这时月理朵找到阿保机，她对丈夫说："按理是该抄杀，但总是同胞弟兄，自家人武治不如文治，让他们认个错，他们会感恩戴德，以后会对你更加忠心。"

在大军压境的情况下，带头作乱的几个弟弟不敢不低头，他们当面认罪，表示紧跟大哥绝不翻案，阿保机答应免他们一死，但出了这么大的事也不能没有个交代，阿保机正琢磨着该如何处置这件事时，月理朵说："汉曹孟德下令任何军队不准踩坏老百姓一棵禾苗，违令处斩，但偏是他的马踩坏了老百姓的庄稼，曹操割发代首，我们何不学学曹操。"

阿保机采纳了她的建议，把所有参与谋反的人集中到山上，阿保机站在临时搭起的台子上宣布："刺葛、迭刺、寅底石、安端是本王的兄弟，却带头谋反，法不容情，按律当斩，念其悔过自新，宰牲代斩，以后绝不留情。"

一声"斩！"四只羊的羊头应声落地。

刺葛一伙佯装服罪并表示永不再犯，躲过了杀头之灾，但内心里始终咽不下这口气。

后梁乾化二年（912）十月，当上于越的辖底和阿保机的叔伯兄弟滑哥又鼓动老二刺葛组织新的阴谋活动，决心重夺可汗宝座。阿保机对此没有戒备，亲率大军征讨术不姑，正当大胜后凯旋回营时，探马急报逆军在前方拦截，阿保机略加思索，传令部队左转进入一个宽阔的山谷，又与敌鲁耳语了一阵，敌鲁站在小山坡上喊道："我盟改选早已到期，可汗大人几次催我组织改选大会，因军政大事缠身，一直拖到现在也未能进行改选，今天可汗亲征取得全胜，不如就趁这个大喜的日子改选，请众弟兄提名表决。"

述律氏家族几个小头目抢先喊道："还选阿保机！""阿保机！阿保机！"

有几个提议别的名字的声音也被淹没在"阿保机"的声涛中。

敌鲁趁势宣布："阿保机当选，燃柴祭天！"

阿保机上台面向东方刚刚升起的太阳三鞠躬，又向人群三鞠躬，这是他第一次向他的部下行此大礼。

选举告成，继续回营赶路。

刺葛一伙知道这又是阿保机玩的花招，心中愤愤不平。第二年三月，趁阿保机不在大营，老三迭刺和老五安端又要带头逼宫，他们欲效仿阿保机突选自立，夜里率领一千多名骑兵烧了阿保机的大营和全部战备物资，抢走了神帐和联盟的旗鼓。还好月理朵早有戒备，对突如其来的进攻进行了勇敢的反击，虽没能保住营帐，却夺回了联盟的旗鼓，他们的长子耶律倍因平时待在祖母身边，也未受伤害。

刺葛一伙的阴谋没有得逞，阿保机预计叛军可能要北逃，他让敌鲁在半途设下伏兵，自己在土河屯兵休整拦路，诱使刺葛进入埋伏圈。叛军刚一出现，敌鲁挥师出击，阿保机包抄其后，欲将其彻底歼灭，没想到刺葛的部队勇猛顽强，死不投降，阿保机低估了这些叛军，仗打了数日仍不分胜负，战场上血流成河、狼藉百里，士兵没有食物，野菜挖尽，就杀马驹充饥。阿保机的部队总是人多势众，经过无数个回合的拼杀，最后总算取得了胜利，活捉了骨干分子，对拒不投降的三百多一般官兵分别施以绞刑、斩首、箭射和投崖等酷刑；赦免了从犯四弟寅底石和五弟安端的罪刑；带头作乱的首恶老二刺葛和老三迭刺罪该绞死，仍念其同胞情分，杖刑后释放；刺葛的妻子辖刺已参与了预谋活动，罪不可赦，处以绞刑。当提到寅底石的妻子涅离和安端的妻子粘睦姑时，月理朵马上站起来说："上次粘睦姑不顾个人安危举报他们的阴谋活动，功过要分明，四弟妹涅离也属胁从，都应免罪释放。"

阿保机采纳了她的意见。之后稍加休整，又根据月理朵的建议和策略于后梁贞明元年（915）制伏了其他各部的反对派，虽然付出了很大的代价，但换来了至高无上的权力和较长时间的安定局面，从此再也没有人提出轮流坐庄的问题。

第二年（916），阿保机统一了契丹各部落，以契丹贵族为核心建立了契丹国，定年号为神册。应群臣请表，38岁的阿保机为"大圣大明天皇帝"，史称辽太祖。多谋功高的述律月理朵为"应天大明地皇后"，这就是开国皇帝的淳钦皇后，是她开创了述律家的百年后族史。

太祖治国平天下
淳钦皇后千秋功

阿保机、月理朵为契丹国的开国皇帝和皇后，举行了声势浩大的燔柴册封仪式。三月初的草原，天气乍暖还寒，帐外微风徐徐，阳光灿烂，十几万军民一早就集中在小山坡西侧，金黄色的枯草犹如一张巨幅地毯。人们有坐有卧，军人则都松快地站着聊天，远处的高坡上是坛台，全部用带皮的干榆木垒架而成，坛台分三级，总高三十二尺（约10.67米），坛台上满铺龙纹图案的百尺毛毯，毯上除设御帐外，还有再生母后搜索之室，坛台四周飘扬着绘有神兽和祥云图案的大旗，台下大鼓周围站着八个彪悍的鼓手。

人们在和暖的阳光下谈天说地，正谈得高兴时，只听鼓声大震，乐声四起，整个会场即刻肃静下来，人群中间有一条通道，通道南侧站有文臣，北侧则是武官。阿保机和月理朵由大营缓缓骑马而来，他们一前一后在通道口下了马，沿通道向坛台走去，月理朵在台下留步，阿保机上台先入再生室，行再生大礼，感谢母后大人把他带到这个世界上，然后四个八部联盟时期的老者上台，两个在左，两个在右，把皇帝搀扶到册殿东北角，向着东方行拜日礼。

拜日三鞠躬后，再由四个外戚老者引导阿保机骑马疾驰到一个土山包上，群臣皆跪拜，聆听皇帝训旨，阿保机整了整皮袍大声说："阿保机能有今天，是我契丹圣机圣意，是我联盟父兄重托，我将不负众望，勤奋治国，赏罚分明，服从民意，知贤重任。"

众臣对曰："有先帝厚恩，陛下明德，我等竭尽全力厚报，不敢他图。"

阿保机连连点头示意，接着又说："我契丹国刚刚建立，百废待兴，唐室虽亡，群雄独立，内外异己势力亡我之心不死，我们要精诚团结，内肃奸佞，外扩疆土，勤俭治国，平等待我众父兄。"

说到这里，他想起了十三年前任迭剌部夷离堇时征讨蓟北地区见过的情景，右手指着天空说："幽、蓟和我们同在一个蓝天下，人家谷麦丰足，房屋牢固，市场繁荣，文化发达，耕种和交通工具甚巧，汉民安居又乐业。今后我们要仿汉建国，起用汉人中的能工巧匠，不仅要扩大牧业，还要习种五谷，建造固定的房屋，继续提高冶炼技艺，兴建孔庙，培育新一代臣民，让我契丹光华天下。"

仪式完毕，阿保机回到大帐宴请群臣。宴会开始前，除了册封月理朵为皇后、长子耶律倍为皇太子外，还宣布了文武百官的名单。

最后众呼："万岁，万万岁！"

行柴册礼之后，阿保机和月理朵回到营帐，一改过去的称呼，他对月理朵说："皇后这些天太辛苦了，抽空回家看望一下岳丈和岳母大人，顺便从迁来的汉人中找几个工匠，要加快皇宫的修建速度，北边的突厥和西边的党项、吐浑等部不服我契丹管束，并时有犯境活动，如不及时剿灭将后患无穷。"

月理朵回道："有臣在时可称我皇后，皇上在内宫还是叫我月妹好，国朝刚立，诸事繁杂，等平静些我再回去看望二老和兄弟姐妹们，带去你的好意，皇上出征千万当心，得胜早日回朝。"

七月初，正是北方草原最美的季节，绿野万顷，牛羊肥壮，牧民们与阿保机亲自带领的骑兵队打着招呼，有的人把酥粑塞给年轻的军士，姑娘们唱着牧歌向远征的骑兵摇晃手中的皮鞭，队伍渐渐远去，老年人向着东方合掌默念：愿太阳神保佑契丹的儿孙们平安归来。

三天后的一个傍晚，探马向阿保机报告："禀报皇上，前方就是突厥大营，刀枪手、弓弩手防卫严密，营前又有大河阻挡，先头部队等候陛下下令。"

阿保机命令原地休息，不准生火做饭，也不准大声讲话和随便走动，他带领几名御帐亲军徒步到一个小山包上的树丛边，借着昏暗的光查看对方的动静。突厥大部分营帐已经掌了灯，他发现营区左后部的营帐没有灯光，周围一片漆黑，显然那是军帐，阿保机说了声："好！"

他悄悄回到拴马的地方，召集各部头领布置说："除警卫哨兵外，全体就地卧睡，寅时二刻除留一部在营前佯攻外，其余各部迅速绕到敌营左后部，听令猛攻大营，勇敢杀敌者重赏，拖后慢进者罚，投敌者立斩！"

寅时突厥大营一片寂静，此时正是士兵熟睡的时候，阿保机一点儿睡意都没有，他眼望星空，耳听四周动静，寅时二刻到了，只听"喔——喔"一声号角长鸣，几支部队以迅雷不及掩耳之势一起攻入突厥大营，人喊马嘶，杀声震天。等突厥士兵醒来已是火光冲天，他们东突西打，早已溃不成军，一场漂亮的夜袭战天刚亮就已结束。阿保机获俘虏三千，铠甲、兵器近万件，不等逃窜的突厥余部喘息，又连续奋战一昼夜，余生者尽皆投降，契丹大军除获俘虏和武器外，还俘获酋长及近万户百姓和大量的驼、马、牛、羊。

一举全胜的战绩，极大地鼓舞了契丹大军的士气，他们稍加休整，又向西挺进。

契丹军队出兵打仗，没有"粮草先行"一说，马吃的草遍地都是，士兵的粮、乳靠各部队自己去抢，所以他们辎重很轻，行动迅速，急行军四天后即到达吐浑部落所在地。契丹军队未到达时，他们与突厥交战的消息已提前传到吐浑酋长那里，吐浑酋长惧怕契丹的威猛骑兵，只留下少数人应战，将大部分势力转移到沙漠地区，契丹军队所到之处如入无人之境，不费吹灰之力便虏获大批牲畜和青壮年人口。

在与党项部落交锋时，契丹军队却遇到了麻烦。党项人虽数量不多，但勇猛胆大、机智过人，尤其与外族人发生矛盾时，全部落不分男女老幼个个能打善战，在敌强我寡或头领牺牲的情况下，他们会巧妙地利用熟悉的地形与敌人玩捉迷藏，直到把对方拖垮而出奇制胜。阿保机低估了小小的党项部落，契丹军队对环境和地形不熟悉，也没有认真研究战术，以为党项人和吐浑人一样胆怯逃避，对他们只追不打，出了草丛进树林，爬过山包又过河，过河又翻大沙漠，党项边打边跑，弄得契丹军队人困马乏总是追不上。

在土河、潢河两河边待惯了的契丹战马有些不适应，望着远处的青草昂头嘶鸣，不肯去追前边的逃敌，阿保机命令部队佯装败退，退回到水草丰盛的地带，与各部头领重新研究战斗方案。最后他们决定白天兵马不动，夜间侦察地形，三天后兵分两路，一路趁夜间绕到河对岸树林里埋伏起来，另一路故伎重演。

党项人以为敌人无计可施，便又从沙漠回来重新周旋，留在原地的契丹军队，仍像前几天一样追赶他们，党项人在前面跑，契丹军队在后面追，还是只追不抓，只向两侧放箭，让他们按预定路线逃跑。当党项人绕了几个圈正要过河时，树丛中的契丹军人向党项人乱箭齐发，党项人不知箭来自何方，纷纷跳下河跑向对岸，当他们都下到河中时，两路大军堵住河两岸，两军拼命地厮杀，血水染红了河道，死伤甚众，余生者不得不投降归顺。

经过几天的战斗，契丹军队也有部分伤亡，经过简单休整，他们带着大量战利品凯旋回朝。此次出征俘牧户一万五千六百多户，铠甲、兵杖、器服九十多万件，宝货、驼马、牛羊多不可计。

在阿保机出征的日子，月理朵坐守大营，一方面监视剌葛一伙的阴谋活动，另一方面亲自督促皇宫各项建设工程的进度，将皇上在外期间各帐的不轨行为一一记在心中。

一天，月理朵的娘家兄弟释鲁来看望她，给她带来一些时鲜的果子和肥鹿羔，月理朵把鹿羔存养在后圈，果子还像往常那样都分给下边的侍卫，因此下人都对她忠心耿耿，营外有什么消息都会及时向她报告。

释鲁提出："姐姐你当上皇后，全家都非常高兴，父母十分想念你，你的大侄子武艺进步很快，希望给他找些差事干干。咱家的营帐又破又小，姐姐派些工匠给父母修造一座像汉人那样的宫殿，也不枉父母对你多年的疼爱。"

月理朵明白了弟弟的来意，她给弟弟倒了碗奶茶慢慢地说："我能伺候皇上为国朝出力，这是咱们祖上的阴德，现如今国朝刚立，边境不宁，内部也并不太平，皇上亲自领兵征边，万分辛劳，皇宫至今未修建完成，各部各院、各房各帐都还在旧帐中住着，父母再重要也不能超过国朝大政。等皇上回朝后，我抽空回去看看父母和侄子侄女，我还真有点儿想他们呢，大侄子长得很高了吧？想为国出力没问题，待我禀报皇上，根据他的能力，看放在南院还是北院，这事我可做不了主。"

释鲁满心的欢喜被姐姐的一席话浇凉了半截儿，不过姐姐的忠贞为国和深明大义也让释鲁非常佩服。

他们姐弟俩正唠着家常，有个侍卫进帐来报，一看有个生人在场，欲言又止，月理朵说："这是国舅释鲁，没有外人，你讲吧！"

侍卫报告说："昨天有个幽州汉人入我朝营地，问其何故，他说买骆驼，问找谁买骆驼，他说找剌葛皇弟，营卫只好放他进去。还有，后晋新州的卢文进派人求见皇上，因为皇上未在大营，营卫没放他进去。"

月理朵说："有人找剌葛皇弟的事不要乱讲，后晋新州来的人快请他进来。"

侍卫答应着"是！"便退了出去。

月理朵转向释鲁说："你看我一天有多少事要处理，汉人我接待，这个剌葛也是不撞南墙不回头。你派人注意他的动向，不要打草惊蛇。"说完释鲁也退了出去。

月理朵等着接待卢文进派来的人，刚要进里边歇一会儿，又有侍卫在帐外喊报告，她问侍卫又有何事，侍卫告诉她皇上得胜回朝，大军已到营门。月理朵立即吩咐众人迎接皇上回朝，她交代一个亲军等着那个汉人，自己赶紧梳洗打扮一番，穿好朝服佩戴整齐出了营帐，在八个女侍卫的保护下向营门走去。只见营外战旗飘扬，鼓声震天，阿保机骑着名叫白雪的马走在最前面，昂首挺胸、神采飞扬，他用右手理了一下双鬓的长发向大营张望着，希望看到多日不见的皇后来迎接他。

队伍后面是征战带回的战利品——异族俘虏、军械器物、驼马牛羊，营内营外一片欢呼声、万岁声。一个亲军搀扶阿保机下马，他直奔月理朵，两人互问辛苦后，阿保机转身对敌鲁说："快些安排弟兄们歇息，把有功人员名单报上来，将异族俘虏分给各帐看管使用，牲畜除留给军库部分外，也分给各帐。"他一边说着，一边随皇后回帐去。

月理朵把一个月以来的大事小情都向阿保机作了详细汇报，阿保机对刺葛一伙的活动问得特别仔细，他对月理朵说："母羊产羔，公羊跳槽，拦是拦不住的，先不要惊动他们，看他们能折腾出什么花样来。"

阿保机非常关心皇宫各项工程的建设速度，几天来与月理朵在韩匡嗣的陪同下一直在工地上转来转去，汉人康默记也一直陪着他们。

康默记是蓟州人，原名叫康照，他从小跟着叔叔学木工手艺，18岁时又拜师学习砖瓦砌筑技艺，因能吃苦又勤奋好学，他很快就能独当一面地带领一拨人干活，常跟叔叔外出为人修造房屋，深受客户好评。在当时，穷人修不起豪宅，所以也赚不了几个钱，富人和官家钱多，但根本就不把这些手艺人当人看，不是少给钱就是被抓官差白干活。一气之下，他干脆丢弃这门手艺，在蓟州衙署当上了衙役，凭着灵活的头脑，他很快被提拔为一个小校官，收入虽然不错，生活也还算安稳，但严格的等级压制使他郁闷不安，康默记是个头脑聪颖又不甘平庸的人，总想找个一跃龙门的机会。

唐天复二年（903）的一天，康默记正在衙署值勤时，蓟州城突然被阿保机率领的契丹军队包围，因广袤的草原上不仅缺财物，也缺劳动力，所以契丹军队不管三七二十一，连人带牲畜一块儿掳掠。阿保机对待汉人雄而不凶，暴而不残，他尽量不伤害或少伤害汉人，以恩威并施的方法动员汉人到草原去，尤其注意搜罗有一技之长的人才。康默记为了有个出头之日，毅然带领几个衙役主动投靠了阿保机。到了草原，阿保机了解到康默记熟悉建造技术，就委任他为工匠总负责人。起初他并无木瓦工活可干，只是为契丹部落修理帐篷，后来契丹人学习汉人建造固定房屋，但受材料限制，也只能造一些木柱支撑的土屋，屋顶用茅草铺盖，屋子半截埋在地下，夏天不热，冬天能避风寒，很受部落贵族的欢迎，以后凡修造重要的建筑，都请他组织施工。

木叶山下的祖州城是阿保机四代老祖发迹和归宿的地方，这里三面环山，一面向着潢水，潢水两岸是广阔的大草原。所谓祖州城不过有几间破旧简易的木板房和几座不易搬动的豪华帐篷，在康默记的建议和亲自指挥下，一座座楼阁在祖州城拔地而起，城垣和城门得以修复，康默记想把帐篷都拆除，但被阿保机制止了。

阿保机当了开国皇帝，要在西楼建造宫殿、府院、司署和庙宇，这里离旧祖州城只有五十里，但面积比祖州城大得多，而且水草更加丰茂。康默记非常佩服这位开国领袖的不凡气度，他不分昼夜地忙活在热火朝天的工地上，深得皇帝和皇后赏识，很快被提拔为工程总监。到了孔庙的工地上，康默记毕恭毕敬地向皇上和皇后介绍工程进度，阿保机说："汉人以德治人，以人治国，以国治天下，孔子功盖过天，我大契丹国也要习孔礼、尊孔教，以武治表，以文治里，文武兼治，何患天下不平！此项工程万万马虎不得。"

他们又走到新建的皇宫工地，阿保机在废材堆里转了一圈儿，指着几根木材问康默记："这么好的木材也不要了？"

康默记回答道："国舅爷说皇宫乃一国象征，皇上和皇后为国父国母，所以盖房子不能计较代价。"

还没等阿保机开口，月理朵就插话道："皇上皇后也是人，别人能住我们就能住，只要结实就行，不能光讲排场。"

阿保机说："皇后说得对，多讲实际，少讲排场，契丹刚刚建国不久，百废待兴，我契丹国物匮财乏，应节俭办事，不能用在外边的放在里边，不能当大梁的可以当小柱，千万不可浪费。"

康默记忙答道："是！是！"刚来草原时的不适应感慢慢淡化，他对这个异族领袖的文武之才渐生崇敬之情。

在康默记之后被掳往草原的还有他的同乡蓟州玉田的韩知古父子，韩知古幼年读过书，处事有谋善断，被留在阿保机帐中当差，让他免受饥寒之苦，而且常被阿保机召见，生活自然好一些。他的儿子韩匡嗣也读过一些汉医书，又受父亲熏陶，头脑灵活，办事麻利，得到阿保机和月理朵的喜爱，阿保机和月理朵有些小病小灾常找韩匡嗣用汉医汉药诊治，一般都能治好或减轻痛苦，因此韩匡嗣深得二人信任，常陪他们外出。这样阿保机就有了康、韩几个得力的汉人助手。

在回去的路上，月理朵故意引阿保机绕行至剌葛和迭剌等几个皇弟居住的地方，进进出出剌葛大帐的人很多，帐卫也严禁，对皇上和皇后路过门口时十分警惕。相比之下迭剌和安端的帐门则冷清得多，六弟耶律苏门口只有一个警卫，看见皇上和皇后过来，警卫马上肃立以示问安，阿保机随便问道："皇六弟可好？"

警卫答道："大人在帐外练功，我去找他。"

阿保机忙说："不要找，我随便问问，没有什么事。"

他边走边对月理朵又说："你该回家看看了，否则岳丈大人要骂我了。"

月理朵说："我正想着，你回来了我正好回去看看，要不咱俩一块儿去，我回来得还会快些。"

阿保机说："现在可不行，你一个人先回去，多带些羊羔和礼物，上次南边送来的宝器和锦缎也都带去，让家里人高兴高兴。"

数日后，月理朵要去省亲。耶律家距述律家并不远，月理朵一大早就启程上路，那天天气晴朗，万里无云，她的心情特别好，这是她当了皇后第一次回家。月理朵高兴地回头看了看，侍卫队、仪仗队、礼品队排了长长一串，她想起了自己还是姑娘时候的家乡，想起了第一次见阿保机时既兴奋又腼腆的情景，不由得抽了一下马鞭，"枣花青"四蹄飞起，一路欢笑，一路飞奔。

月理朵的父亲述律婆姑名月碗，早年在遥辇联盟时任阿札割只，如今年迈在家休养，现为国丈。听说月理朵要回家，全家人都非常高兴，也是一大早就起床做准备，备酒、杀牲，打扫卫生，小孩子们尤其喜欢，就像过节一样热闹。

太阳刚偏西，月理朵的省亲队伍就到了，述律家族的老老少少都出来迎接，没等迎接的施礼，月理朵就抢先跳下马跪在母亲面前，道："平儿拜见母亲、父亲大人。"

母亲和父亲忙扶起月理朵，并要向她施跪迎大礼，月理朵一手拉住母亲一手搀住父亲说："使不得，使不得！女儿拜见父母天经地义，没有父母哪有我今天，在家里就不要讲朝礼了。"一边说着一边往家里走。

小孩子们欢蹦乱跳地跑在前面，只有稍大些的一个女孩稳稳当当地跟着大人们在后面走。进帐后互问长短，月理朵说："皇上尽管国事繁重，仍念念不忘父亲和母亲大人，等皇宫建好了大家就去住新房。"说着她让下边的人把礼品呈上。她拉着那个稍大些的女孩问："这是温儿吗？长这么高我都不认识了。"

那女孩清秀文静的脸上闪着一对和善聪颖的大眼睛，素洁的打扮，文雅的举止，让月理朵打心眼儿里喜欢。

她的弟弟释鲁忙说："是温儿，快叫姑姑！"姑娘喊了声"姑姑"，马上给月理朵行了个礼。月理朵问："多大啦，练过功吗？"

"14岁了，天天练，功夫也不见长，姑姑多住些日子，教习教习侄女。"

温儿的彬彬有礼越发让月理朵喜欢这个孩子。她心里盘算着：二儿子尧骨唐天复二年（902）生，今年16岁，这孩子14岁，合适，合适。述律家这个地位不能丢。

一家人习功练武、游猎赏青，整天开开心心的，不觉半个月已经过去，月理朵惦记着皇上和朝政大事，急着要回去，家人挽留不住，只好送她启程。

自月理朵走后，阿保机像少了左膀右臂，每天都盼着皇后快点儿回来。月理朵总算回来了，两个人有说不完的话，"小别胜新婚"，这话一点儿不假，但里里外外的诸多事不允许他们有太多的柔情蜜意。党项部叛乱，滑哥私通燕商舞弊，特别是老二剌葛对上次的处分不服气，为了达到篡夺皇权的目的不顾亲情、族情，阴谋与幽州汉人联络，想借汉人之力进攻契丹，这件事令阿保机非常头疼。月理朵一边劝他看在一奶同胞的情分上，不要处置得太严厉，一边也没放松对他们的警惕。

时任北府宰相的敌鲁与阿保机和月理朵的关系十分密切，除了忙于军国大事外，受皇上和皇后委派，他负有监督皇族和后族上层人物违纪问题的秘密任务，凡秘密结社、越权调军、私通异族、财产舞弊等行为，都在敌鲁的监控范围之内，除特殊情况外，他只有报告权，没有处置权，剌葛的阴谋叛变和滑哥的通商舞弊都是他报告的。一天夜里，在只有皇上、皇后和敌鲁参加的密秘会议上，他们重点研究了剌葛的秘密行踪、可能发生的问题以及应急措施方案，此次会议内容严格保密，连他的左右宰相都不许透露。

为了打乱剌葛的部署，同时也为了试探幽州的实力、锻炼契丹军队的战斗力，阿保机决定与幽州守军打一场大仗，以敌鲁为阵前总指挥，分三路齐头并进，并留一路后续增援部队。

阿保机率队先去木叶山辞拜祖先，然后直接取道幽州。幽州位于燕山和军都山以南，东临渤海，背倚群山，气候温润，物产丰富，自古就是东北少数民族与中原地区联络的交通要道，同时又是南北势力的军事咽喉地带。阿保机除了留下少数守卫新宫的军队外，三十多万军队几乎倾巢而出，对外号称百万大军，他们选择了一个风雪夜浩浩荡荡拔营南进，一路军麾飞舞、毡车飞奔，鹅毛大雪飘散而落，整个山谷白茫茫一片。如果部队停步不前，那大风一刮，很难分清哪儿是石头哪儿是队伍，军士们眯着双眼，两腿在没膝的雪中艰难跋涉。这样的天气，契丹士兵习以为常，但对幽州的汉人士兵来说则属"恶劣""异常"，什么部队也不可能选择在这样的鬼天气里打仗，因此他们放松了警惕，契丹军队出发的消息一点儿没探听到。

这几天剌葛一直窥测大哥阿保机的动向，但阿保机内紧外松，宫殿内外一片祥和，阿保机选择晚上出发，一是为了蒙蔽幽州，二是为了让剌葛摸不着头脑。剌葛派往幽州的特奸已经出发一天，他晚上一边喝酒一边琢磨汉人来了如何里应外合，又如何夺权做皇帝，喝着喝着就昏睡过去了，没有听到阿保机出征的动静。

第二天醒来后，他才知道阿保机已经带兵去了幽州，尽管只有少数部队留守，自己的几十个亲军也是绝对不敢动手的。剌葛事先联络过三弟迭剌和四弟寅底石，老三胆小不敢干，老四在大哥的感化下已幡然悔悟，不想再与大哥争权，他明白大哥下台也轮不上他当皇上。

剌葛势单力薄，只能依靠外族势力，他总结了前几次的经验教训，做了长时间的准备，以为汉人兵多将广、财力丰厚，可以帮助他实现梦想，决定孤注一掷投靠幽州守将周德威。没想到还没和周德威联系上，阿保机就提前攻打幽州，如果阿保机取胜，周德威不仅帮不上他的忙，还会泄露他的机密，后果将不堪设想，于是他和儿子塞保里赶紧打点行装，只带几个亲兵趁天黑绕道也叛奔了幽州。

阿保机到达幽州后，周德威收紧兵力死守幽州城，契丹军队包围其三个月仍强攻不下。阿保机与总指挥敌鲁研究了新的战略战术，把四路大军改编为两路，决定先打两翼，切断两条臂膀后再打幽州，以月理朵的弟弟阿古只领兵攻打东侧的平、营二州，另一个弟弟释鲁攻打居庸关和山后诸州，这样东北和西部云州（今大同）的援军就不能开赴幽州。幽州因此孤立无援，契丹军队趁机攻进城去，杀死汉军三万多人，经过几个月的艰苦奋战，终于取得这次战役的胜利。

阿保机在殿前褒奖三军，论功行赏，全军上下士气大振，阿保机的威望和地位得到空前的巩固。五弟安端和六弟耶律苏虽功绩平平，但一直跟随大哥左右，都被任命为大内惕隐，专掌皇族政教事物。三弟迭剌、四弟寅底石初步与叛臣剌葛划清界限，原位不动以观后效。

剌葛一伙深夜潜逃，在风雪中迷了路，剌葛从小只会耍小聪明不肯吃苦，绕了两个山谷便再也走不动了。他让其他人去幽州报信求援，妻子和儿子不忍丢下他，不一会儿三个人都冻僵在那里，几个随从一看没了主子便各自逃命去了。据得胜回朝的士兵说，半途曾看到过三个冻僵的人，因人已冻死又身份不明，没有人去理他们。

冬去春来，艳阳高照，左右大臣动员皇上出去打猎散散心，阿保机说："草原上多好啊，猎物一出现我浑身生劲，精神倍增，皇后也最愿意和我一块儿追逐猎物，自从建立契丹国，我就很少有打猎的心思了。"

在以后的五六年时间里，阿保机除了整饬朝政外，考虑最多的就是如何让他的"白雪"蹄印把圈儿画得更大些，无论是党项、渤海、女真，还是唐后的梁、唐小朝廷，都要听从他的指令。

阿保机在月理朵的辅佐下，连续数年取得无数次的辉煌胜利。

辽神册四年（919）十月，阿保机命皇太子耶律倍攻打乌古部，俘一万四千多人，牛马、车帐、器物二十多万件，致使乌古举部来降。

辽神册六年（921）十月，阿保机再次亲率大军入居庸关，十一月下古北口，掳檀州（今密云）、顺州（今顺义）、安远、三河、良乡、望都、潞州、满城、遂城等十多万民众迁入契丹草原。

第二年四月，阿保机攻打蓟州，擒获蓟州刺史胡琼。授次子耶律德光（小字尧骨）为天下兵马大元帅。

辽天赞元年（923）正月，阿保机派大元帅耶律德光攻克平州，俘获平州刺史赵思温。

天赞二年（924）六月，阿保机委皇太子耶律倍代皇上守朝，阿保机亲征吐浑、党项、阻卜等部，大元帅耶律德光随从。七月攻克素昆那山东边的部族，八月攻克乌古山和单于国，九月攻克回鹘城。

天赞三年（925）十二月，阿保机不顾风雪之寒亲征东部的渤海，皇后月理朵、太子耶律倍和次子耶律德光都随同前往。

阿保机在病逝前的那年正月，还指挥五弟安端和北府宰相阿古只以万骑破渤海兵阵，三月又指挥安端平定了安边、鄚颉、定理三府的叛乱。七月，指挥大元帅耶律德光攻克了铁州。

阿保机一世南征北战、东拼西杀，呕心沥血，鞠躬尽瘁，不惜亲情，整饬朝政，虽没有辖天下，但疆土不断扩大，四邻皆惧，确属一代开国明君。

但世人也不会忘记机智雄略、辅佐有功的淳钦皇后述律氏。

二、传位之争

太祖乘龙升天去
次子德光继皇位

　　开国皇帝耶律阿保机终生东讨西伐，亲率大军所向披靡，攻无不克，战无不胜，辽天显元年（926）战绩空前，周边部族多数归顺。后唐灭梁后乞表亲近，连日本国和高丽国都遣使来贡，一直不肯降服的渤海国在安端和阿古只的重兵围攻下也不得不请罪马前，全朝上下臣民称颂，军心大振。阿保机以青牛白马祭告天地，改年号为天显，将渤海国改称东丹国，皇太子耶律倍全权主理东丹国军政大事，封为东丹国王，称"人皇王"。经过考验三弟迭剌表现较好，任命其为东丹王的左大相，并赦免死刑以下的全部罪犯。

　　由于多年征战疆场和操劳国事，阿保机积劳成疾，又时时分神对付剌葛的篡权阴谋，身体日渐不支，在降伏渤海国后，阿保机和淳钦皇后西行回朝。

　　辽天显元年（926）七月，刚刚任命为渤海左大相的三弟迭剌便呜呼哀哉，阿保机十分难过，致使病情更加严重，曾任御医的韩匡嗣日夜守护在床边，用尽各种灵丹妙药仍不见效。一天，阿保机夜宿扶余府行宫，夜晚只见天上有一颗明亮的巨星忽然落地，次日早上又见一条黄龙光耀夺目，龙身长达一里，翻滚缭绕在子城上空，一会儿又游入行宫，突然紫云黑气遮天蔽日。待龙走云散后，内宫忽传皇帝驾崩，年仅55岁的天皇帝就抛下一后一妃、四子一女及他的"辖天下"大志随黄龙而去。淳钦皇后月理朵悲痛欲绝，皇子皇女都不在身边，大元帅尧骨（二皇子耶律德光）征讨在外，虽说草原凉爽，但七月下旬的天气仍是暑气蒸人，恐尸体腐烂，月理朵草草处理了一下便于八月初急忙陪灵西还。

　　尧骨和太子倍闻讯不知虚实，先后策马追赶而去，见到躺在丧榻上的父皇，他们号啕大哭，月理朵说："皇上为了子孙后代日夜操劳，你三叔一死，更加重了他的病情，父皇天天想念你们。"说着她自己也哭出声来。

　　母子互相劝慰一番，又继续赶路，太祖的御骑"白雪"不肯离开太祖的灵柩，谁牵也不走，别人骑更不行，皇太子倍过来将了几下"白雪"的鬃毛，"白雪"很温顺地扬了扬头，耶律倍试着骑上去，"白雪"绕着灵柩转了两圈，不情愿地跟在皇后的"枣花青"后面。一行人直到九月初才到达皇都临潢府，将梓宫暂停在子城西北，庙号太祖。

一路上月理朵思虑最多的是接班问题，按常理应该是太子倍继承皇位，但他过分仰慕汉人文化，对孔子和儒家思想不加分析地生搬硬套，平时又很少向她请教，恐日后对述律家族不利。老三李胡从小就娇生惯养，专会讨她的喜欢，又专横跋扈，少得人心。宫妃生有一子牙里果，属庶出，绝无继位之可能。24岁的老二耶律德光已是天下兵马大元帅，握有征讨和兵马大权，办事谨慎，有事只与她商量，对自己非常孝顺，特别是德光的妻子是她的亲侄女述律温，大权交给他，她这个太后不仅说话管用，述律家的后族地位也将得以延传。这是最佳的方案，但如何实现这个计划还得细细琢磨。

在新皇帝即位前，月理朵是当然的军政大权的暂握者，她一边慢慢准备太祖皇帝的丧葬大事，一边抓紧谋划选定接班人的问题，任何朝政大事必须向她请示汇报，否则视为图谋不轨、阴谋篡政。在政治上，月理朵不同意太祖永久占领幽州、渤海和重用汉人的战略，主张掠财掳口就走，重臣只用契丹贵族。

长子耶律倍受父亲的影响，不同意母后的见解，并有相当一部分拥戴者，尤其上层的汉官积极支持太子倍的主张。月理朵首先将东丹王太子倍调回皇都筹备丧事，企图逐步把东丹的部署连同那里的财产转移回来，部分持不同政见者便找太子倍表达不满，经常一起议论月理朵的错误主张。他们希望皇太子早日即位，扭转皇后的错误做法，这些都被述律家的耳目——报告给了月理朵。

月理朵以筹备丧事为名，召集她的几个兄弟策划接班人的问题，月理朵说："民不可无国，国不可无君，如今皇上驾崩，有四个皇子在，我不能久不交权，只能选择一位可靠的新皇，国家才能长治久安。"

敌鲁的弟弟阿古只长时间跟随太祖，深知政权是如何得来的，他抢先说："谁征服了别人谁就有政权，耶律和述律都是契丹子孙，谁有能力谁就掌权。"

释鲁沉稳多谋，他不同意哥哥的意见，双手一拱对阿古只说："如今已不同以前，太祖皇上征服了四周领土，建立了契丹国，军力、财力、民心都很稳定，汉人的梁、唐（后唐）不仅予以承认，而且主动纳贡修好，这局面不能乱，只能因势利导，相机行事。"

月理朵听了弟弟们的意见仍是一言不发，但白净的脸上露出笑意，在弟弟们的催促下她慢腾腾地说："我很高兴兄弟们理解姐姐的苦心和处境，能以国家大局为重，你们没有辜负述律祖先的企盼，姐姐是述律家的姑娘，更是耶律家的皇后和太后，述律、耶律不能分家，释鲁的女儿温儿又进宫成了德光的妃子、我的二儿媳，如果让德光即位掌权，你们这些国舅爷还怕没酒喝吗？"

一语点破，众窍开启，又是阿古只首先表态同意姐姐的意见，让耶律德光继承大统。

释鲁满心欢喜不便表露，他提出："还有太子倍，德光怎么能即位？"

月理朵说："太子和耶律斜涅赤一伙私通异邦汉贼，密谋攻击朝政，妄想抢班夺权，这是国法不能容忍的，让这样的人掌了权，国无宁日，民不聊生，我契丹大业很快就会葬送在他们手里！"

一席话让月理朵的兄弟们心里更有底了。

月理朵召集南北两院及部族军政大臣联席会议，检查完关于太祖皇上丧事的所有准备工作后，她一脸严肃地指着斜涅赤问："你们的会开得怎么样了？"

斜涅赤早年在阿保机帐下，对阿保机十分崇拜，太子倍坚持父亲"农牧业并举、向汉人学习先进的文化技术、重用能人"的路线，斜涅赤对太子倍也十分尊重，积极向太子建议坚持正确的治国方针，因此得罪了保守派。他对月理朵的发难并不感到突然，他说："臣随皇上、大元帅及太子倍灭渤海、围扶余、建东丹国，经常在一起开会，不知皇后问的是哪一次？"

月理朵一听他报功摆老资格，怒火更旺，气呼呼地说："你蛊惑太子崇拜异邦、改我契丹大政，攻击本后无能，妄图抢班夺权，企图达到挟天子野心的会开过几次？"

这时，另外几个拥护太子的人也发言辩解，月理朵撕破往日斯文、正统、大度的面孔，吼道："皇上尸骨未寒就想造反，先把逆贼斜涅赤给我拿下！"

她又指着另外两个人说："这两个也绑了给我绞死！看哪个敢抗旨与国法比硬！"

话声刚落，就有几个军士利索地把这三个人捆绑着押走。太子一看事要闹大，想出来缓和一下。

月理朵说："你身为太子，被逆贼迷惑，妄图篡改朝纲，背着我干了些什么？你的问题咱们以后再算。"这话既给了他台阶，又给他施加了压力。

耶律迭里也是阿保机玄祖的嫡传子孙，幼年身弱多病，阿保机和月理朵给予他无微不至的关怀，迭里对他们的感情也非常深厚。太祖立国前，迭里就跟随太祖讨伐阻卜、党项、渤海等部落，屡立战功，契丹国建立后委予重任。太祖驾崩，迭里十分难过，自以为秉公忘私，会后他单独找到月理朵说："继承地位要以嫡长为先，现在太子倍已从东丹回朝，应立他为帝。"

月理朵说："即位大事轮不到你操心，本后自有安排。"

迭里反驳道："皇上乃一国之君，不是一家之长，即位关乎举国安危兴衰大事，微臣建言有何错？"

一句话把月理朵问得哑口无言，她恼羞成怒，以忤逆、抗旨、私党罪将迭里逮捕入狱，迭里在狱中酷刑不服，软诱不认，最后月理朵将其杀害，并抄没其家产。

月理朵处死了南院夷离堇耶律迭里和郎君耶律匹鲁等几个不同政见者，此后再也没有人敢公开唱反调，太子倍虽不服气，但也不敢得罪母后，事事小心谨慎。有一天月理朵和颜悦色地对耶律倍说："倍儿，你一时糊涂犯了错误，母亲不怪罪你，你是大哥，要给弟弟们做个表率。"

耶律倍说："儿已知错，愿戴罪立功。"

月理朵又问："过几个月大行皇帝就要下葬祖陵，朝中不能无主，你看谁来主持朝政合适？"

耶律倍说："母后多谋善断，您继续主朝，儿尽全力报效。"

月理朵说："我年纪已大，身体又不好，再说军政大权早晚要交出去，你们弟兄三个，胡儿尚小，你和德光已经二十几岁……"

没等她说完耶律倍就明白了她的用意，站起来说道："儿倍无能，尚有罪在身，二弟德光已是兵马大元帅，屡立战功，如果母后实在力不从心，就让德光试试。"

耶律倍虽是言不由衷，在高压之下不能不这样讲，月理朵要的就是这句话，阴和阳一上一下本不是一体，把日和月放在一起也就合二而一地变成"明"了。

辽天显二年（927）八月，太祖皇帝的陵墓修竣，发葬前一天傍晚，四通鼓敲毕，淳钦皇后月理朵率领皇子皇孙及群臣在灵柩前三鞠躬，然后将皇帝的灵柩抬出西北门外，向皇帝拜别。

第二天早上，将所有祭物烧掉，皇后、皇子和皇孙穿重孝服乘丧车，其他皇族、外戚、大臣等骑马前往祖州陵地。大家在陵墓前三拜，然后面向东方拜日神，哭声惊天，哀号阵阵。亡帝入葬后，全体绕墓三圈，祖州的天成军节度使奉旨守陵，其他人打道回朝。

月理朵抓住了大权，太子倍已经失去了主动权，只好听之任之。十一月的一天，他率领群臣进内宫请见淳钦皇后月理朵，皇后赐座，耶律倍说："皇弟德光大元帅功勋卓著，威望盖天，中外攸属，宜承大统。"

月理朵说："既然你们推崇皇子德光即位，那就依了你们，朝中不能无主，不过你们要以国家大局为重，辅佐皇上治国安邦。"

众臣应："是！"月理朵怕事情有变，当天就举行了即位大典，就这样皇太子倍失去了即位的机会，次子耶律德光当上了契丹国的第二任皇帝，即辽太宗，述律月理朵当上了皇太后（938年册为应天皇太后），她的侄女萧温当上了新皇后，述律家两人为后，这是她梦寐以求的结果。

太后把太祖的御骑"白雪"赐予耶律德光，耶律德光刚要蹁腿上马，"白雪"的前腿跃起，高昂着头颈一阵嘶鸣，一连试了三次也没能骑上去，太后说："不要着急，它还恋着你父皇，过些日子会习惯的，唉！要是所有的臣民都像'白雪'那样就好了。"

矛盾纷争太后怒
太子渡海奔汉唐

月理朵费尽心机选定了满意的接班人，把亲侄女扶上皇后的宝座，自己也成了权倾一世的皇太后，儿子在前妈在后，也就是说耶律当家，述律做主，这天下虽说是契丹国的天下，大事还是她说了算，但事情远没有那么简单。

曾是天下兵马大元帅的耶律德光，东讨西伐、南征北战，所见所闻开阔了他的眼界。世界那么大，光靠打猎、放牧牲畜实现不了父皇"辖天下"的愿望，要向外域特别是汉人学习先进的文化和技术才行，但这又违背母后"抓一把就走"的方针，母亲费尽心机把自己推举为一国之君，他内心还是感谢母亲的。但同时他一方面觉得对不起大哥，另一方面又要警惕弟弟李胡的所作所为，群臣为太子倍失位愤愤不平，又各怀心思，因此常常是貌合神离，矛盾错综复杂。

皇后陪着耶律德光处理完一天的朝政，又亲自给他捶背捏肩，耶律德光一点儿都不觉得轻松，心里还是乱糟糟的，他对皇后说："告诉亲军，明天去松山打猎，一早就起程。"

萧温马上就吩咐下去，她巴不得陪皇上出去散散心。次日天刚亮，长宁宫和永兴宫的斡鲁朵亲军就准备停当等在宫门外，皇上和皇后一身新打扮，高高兴兴地骑马上了路。阳春三月，和风煦煦，嫩草青青，着急的迎春花早已黄满枝头。耶律德光望着飘映在河水上的白云，几天来头一次舒展开紧蹙的眉头，他长出了一口气，扬起的皮鞭还没落下，他的御骑就四蹄飞开，皇后和亲军头领紧迫其后，驮着帐篷、器物的马车不一会儿就被甩在后边。

松山离皇都不远，中午时分就已到达，耶律德光顾不得休息就拨马上山。皇后安排完亲军和宫人支帐备餐的任务后也上了山，一头大麋鹿出现在山坳，后头还跟着一头小鹿，宫人递给皇上一支箭，耶律德光把箭装在弦上但没有发，皇后问他："为什么不发？"

他说："母鹿要抚养幼鹿不能杀，小鹿更不能杀。"

正说话间又跑过来一只健壮的雄鹿，皇后亲自递给他一支箭，瞬间弓满箭发，只听"嗖"一声，公鹿应声倒地。

耶律德光开心地喊着："好！中啦！"

"皇上神箭！"随从们高呼着。

一会儿两名亲军把鹿抬了回来。晚上帐外柴焰熊熊，香味扑鼻，皇上把烤好的鹿腿肉切下分赐给亲军和宫人。

众人齐喊："谢皇上圣恩！"

第二天，耶律德光又兴致勃勃地上了山，正当他因一连射中三只猎物兴高采烈时，一匹快马急奔而来，来人飞身下马："禀报皇上，太后有旨，唐兵犯我边境，请皇上速回宫。"

耶律德光一行只得悻悻回朝，一问情况方知是后唐义武军节度使王都派人以定州为礼来投靠契丹，唐主出兵追讨，耶律德光欲出重兵救援，借机占取定州，太后只让派少量军队救回王都即可。四月初，耶律德光按太后谕旨派奚部秃里铁剌和秃里太尉萧思温领千骑前往解救。

一开始唐军敌不过契丹铁骑的勇猛拼杀，唐将王宴球被刺下马来，险些丧命，唐军收兵回营。

第二天唐主集结了几倍于契丹军队的兵力，铁剌招架不住，请求增兵援助，未被批准。结果唐军攻破定州，契丹军大败，铁剌战死疆场，数十名军校被擒。军中无帅，麾下大乱，士兵蜂拥着向北方逃窜。

有一个小军官模样的人却不向北跑，他脱下军服，抹了一下胡须上的干草，照直向南方跑去，唐兵以为是自己队伍中的士兵，就没有追击。这个人是萧敌鲁的同族侄子萧思温，从小混头混脑却有些杂术，打得过时敢拼命，打不过时总能为自己解围逃脱，入朝为士后，在军中是有名的邋遢兵，满脸胡须不修边幅，同僚都说他绝对不是将帅之才。萧思温虽无大谋，但却有小技，他跑了一段路，见没有唐兵追赶，就骑上一匹别人丢弃的马，绕过一片树林向东北方拼命逃去，他这次大难不死，毫发无损地回了大营。

对于这次的失败和损失，耶律德光怪太后不让增兵，太后怪皇上指挥无能，两个人心里都不痛快。耶律德光闷闷不乐地去看大哥耶律倍，进门后耶律倍以大礼跪拜迎接，耶律德光赶紧扶起大哥说："不在朝中，皇兄不必行此大礼，还像小时候那样多好。小弟不才，替哥哥执掌朝廷大任，还望哥哥多加恩助。"

不提这事还好，一提当皇上的事耶律倍就气不打一处来，但又不好直接发火点明，就说了声："皇上，皇上，皇天在上，谁在皇位谁就在上。"说着又行了个大礼。

听了大哥耶律倍这番话，耶律德光想说的话也没法说，闲扯了几句天热地冷的话便怏怏不乐地出门回宫了。

耶律德光有话没处说实在憋得难受，他连续去了大哥那里几次，这引起了太后的注意，太后问小儿子李胡："皇上这些天经常去你大哥那里干什么？"李胡回答说："边疆的事忙得很，皇上去皇兄那里干什么事我怎么知道。"太后对李胡的回答非常不满意，指着他的脑门儿说："忙忙忙！你没看见那些汉官也忙，他们每天忙着到老大那里去，你再闭着眼瞎忙咱们的脑袋就要搬家了。"

李胡瞪着大眼忙问出了什么事，太后小声向他嘀咕了一阵子，李胡一边点头一边说："好，好！"

赵思温是幽州卢龙人，早年是唐平、营、蓟三州都指挥使，神册二年（917）太祖讨燕时被俘虏来契丹的，负责汉军都团的教练，攻扶余时全身多处受伤，太祖亲自为他调药疗伤，因此他对太祖十分感激。

皇太子倍受父皇影响很大，主张扩展疆土的同时，学习汉人的文化和技术，注重发挥汉人官员的作用，所以赵思温对耶律倍也非常敬重。太子失位没有当上皇上，他心里愤愤不平，同情太子倍的处境，经常带些鲜物去看望他。

韩知古的儿子韩匡嗣给太后诊病多年，深知宫中的玄奥，自己不便经常到耶律倍那里去，就托父亲去看看皇太子。

来自幽州安次的韩延徽是个有学问的读书人，曾任幽都府的文学士，历任蓟、儒、顺三州刺史等职，儒、道皆通，深谙教术。辽天赞四年（925）曾随太祖东征渤海荣立战功，深得太祖爱重，他对太祖也十分了解，当他发现耶律德光并不是太祖希望的接班人时，便有些心灰意冷，但一想到背后的皇太后，他对新皇上一点儿也不敢怠慢，否则将很难在契丹待下去。无论契丹皇朝对他多好，也难改变他对家乡幽州的眷恋，他经常回幽州探亲访友，久而久之，他成了无冕大使，每次来往他都把幽州的情况讲给耶律德光听，因此耶律德光对幽州的人文、经济和地理有了更深的了解，对汉人的习性和特点也比较清楚。

韩延徽也经常到耶律倍那里去，当然一谈即拢，他告诉耶律倍："汉人正因为有数千年的文化积累，处事更理智，也更讲究实际，不会像契丹人那样勇猛有余、韬略不足，如果以汉治汉，不仅两方兵民能减少伤害，而且政权稳定，社会才有发展。"

　　耶律倍说："先生高见。"两手一摊叹道："你给我讲有什么用，小山压大山，大山全无力。"

　　韩延徽摆摆手说："皇上也有自己的苦衷。"

　　耶律倍突然站起来大声说道："他有什么苦衷，大权在握，太后撑腰，国舅支持，太后除了认识几只牛羊还认识什么！"韩延徽怕火越烧越大，借故赶紧离开了。

　　还有一个汉人叫赵延寿，本是恒山刘姓人家的儿子，早年被唐将赵德钧收为养子，并被唐明宗聘为驸马都尉。石敬瑭乱兵太原时，赵德钧父子前往救助讨伐石敬瑭的张敬达，被耶律德光俘获，在他的感化下，父子二人表示愿意为契丹效力。因屡立战功，深得耶律德光信任，赵延寿也常常去看望耶律倍，耶律德光对此并不太在意。

　　这些汉官接二连三地去看望皇上，去看望耶律倍，他们的思想感情得到了交流和融合，皇上也常常去看望皇兄耶律倍，兄弟之间因皇位问题引起的不满多少有些缓和，但这些极为正常的活动在后族家却掀起了不小的波澜，释鲁找到女儿问道："皇上近来很少理朝，每天都忙些什么？"

　　女儿回答说："皇上每日处理的都是军国大事，我一个妇道人家，哪便深问。"

　　释鲁对女儿的回答很不满意，说："你作为皇后应该关心皇帝的一切，你连你姑姑的一半都不如，咱们述律家族多臣当朝，应该为皇上、太后和朝廷多出些力才是。"

　　皇后聪颖慧敏，有姑姑当太后，轮不到她去支派皇上，再说她身体一直不太好，不太关心朝政，所以对父亲的批评多少有些不满。

　　太后对皇上的一举一动了如指掌，在释鲁找到她汇报时，她说："这些问题发生在皇上身上，都是那些汉官挑拨蛊惑的结果，根还是在老大，释鲁你要派人继续监视老大的活动。"

　　她又转身对小儿子李胡说："你把你大哥那些军卫换掉，派些可靠的人去他那里。"实际上就是要把耶律倍控制起来。

　　耶律德光不仅受到汉官的启发，还得到皇叔安端的肯定和支持，决心要认真对待幽州问题，不管太后同意不同意，他都要派人修建燕京的城垣宫室。

　　辽天显五年（930），辽太宗让熟悉幽州情况的张固做技术总监先行出发。太后得知后，愤怒又不好直接阻拦，因为这是皇上职权范围内的行动，她只好迁怒于耶律倍，因此耶律倍的行动更受到限制。耶律倍忍无可忍，以去东丹的名义渡海去了后唐，临行留下一首诗："小山压大山，大山全无力，羞见故乡人，从此投外国。"

消息传到内宫，太后大怒，皇上却不以为然，李胡则喜不自禁，那些汉官汉臣庆而遗憾，耶律倍一走，耶律德光就会成为众矢之的。太后为了扩大后族的势力，先斩后奏地把她母亲前夫家的族帐与述律家族都编为国舅帐，皇上也没有办法。皇后夹在中间，一边是做太后姑姑，一边是当皇上丈夫，上下不通，左右为难。她本来身体就不太好，由于郁闷不畅，辽天显九年（934）腊月一病不起，第二年正月留下两个不大的儿子便魂归西天了。

从此，皇上母子关系更加紧张，皇族与后族的关系也更加复杂。

辽得燕云十六州
太子长子复正统

自皇兄耶律倍出走后唐，皇上越发感到别扭，尽管太后、太国舅和皇弟李胡处处作梗，但他继承父皇"辖天下"的既定方针是不会变的，除屡发重兵征讨降而又叛的党项等部落外，他的重点战略是继续攻占山南的汉唐领土。此时，后唐河东节度使石敬瑭欲叛唐立晋做皇帝，千方百计地讨好军力强盛的契丹政权，不止一次向契丹纳贡修好，积极拉拢关系，此事正中耶律德光下怀。

辽天显十一年（936）十月，耶律德光先是封石敬瑭为晋王，十一月正式册封他为大晋皇帝。后唐末帝李从珂派张敬达等讨伐石敬瑭，耶律德光不顾太后的反对，发大军援救石敬瑭，与张敬达展开激烈的战斗，张敬达不敌契丹铁骑，但至死不降。

唐援军主帅赵德钧父子虽然与契丹大军接火，但并不真打，因赵德钧另有打算，他没有把行将灭亡的后唐政权放在眼里，而是企图趁机扩大自己的军事势力，独霸幽燕地区。赵德钧想让契丹助他一臂之力，但耶律德光已答应了石敬瑭，不可能再答应赵德钧，赵德钧被逼逃到潞州（今山西长治），向契丹求降，从此幽州彻底被契丹占领。耶律德光把赵思温派往幽州任节度使，石敬瑭与契丹皇上耶律德光以父子相称，成了历史上有名的"儿皇帝"。

辽会同元年（938）十一月，石敬瑭在参加册封述律月理朵为"广德至仁昭烈崇简应天皇太后"、耶律德光为"睿文神武法天启运明德章信至道广敬昭孝嗣圣皇帝"的庆典时，将燕云十六州的地图献给契丹皇上以表祝贺，这十六州分别是：幽州（今北京市市区）、蓟州（今天津市蓟县区）、瀛州（今河北省河间市）、莫州（今河北省任丘市）、涿州（今河北省涿州市）、檀州（今北京市密云区）、顺州（今北京市顺义区）、妫州（今河北省怀来县）、儒州（今北京市延庆区）、新州（今河北省涿鹿县）、武州（今河北省宣化区）、云州（今山西省大同市）、应州（今山西省应县）、朔州（今山西省朔州市）、寰州（今山西省朔州市东）、蔚州（今河北省蔚县）。这张地图对契丹非常重要，要实现"辖天下"的目标，必须建立多个政治分中心，用软硬两手让分中心的人管那里的事。

耶律德光很快就决定以皇都临潢府为上京，作为全国的政治军事中心，把原称南京的辽阳府改为东京，把幽州上升为南京。辽会同三年（940），派熟悉幽州情况的赵德钧之子赵延寿到南京做第一任留守官，从此耶律德光更加重视对南京的营建。不久一个城垣完备、宫殿辉煌、风景秀丽的陪都南京城就建成了。

是年四月，耶律德光骑着太祖的"白雪"亲赴燕京（陪都南京），赵德钧组织官员在北城的拱辰门迎接御驾，耶律德光在元和殿举行了入阁礼，并亲临赵德钧的馆舍以表关怀，晚上举行盛大宴会招待南京的文武官员。

五月初五是端午节，耶律德光赐宴各国使节，晋使献弓矢作礼，南唐进白龟祝贺，回鹘和敦煌使臣献民间歌舞助兴。耶律德光对在汉人汉地受到如此隆重的欢迎印象十分深刻，也出乎他的意料，他此次的燕京之行不仅鼓舞了那里的官员，同时也大大稳定了幽州地区的各层民众。他在燕京住了两个月，直到六月才离开那里。

回到上京后，耶律德光兴致勃勃地向太后讲述南京的繁华和先进技术，太后却不以为然，他丝毫不为太后的态度所动摇。十一月，诏令"有司教民播种纺绩，除姊亡妹续之法"；十二月，又颁布了"契丹人授汉官者从汉仪，听与汉人婚姻"的法令，这些开明的举动不仅促进了南北各民族的融合，也把袭承原始习俗的契丹人向前推进了一大步。但此举却招来了以"国舅帮"为首的保守势力的顽强抵抗，耶律德光对他们的反对态度不以为然，继续按自己的既定方针处理国内外大事。

自从耶律倍出走后唐，他的王妃萧氏承受了巨大的压力，尽管有孝顺听话的儿子耶律阮在身边，仍难以解除频遭白眼的精神痛苦。耶律德光虽然帮不了嫂嫂多少忙，但对这位仪貌丰伟的侄子非常喜爱，经常像对待亲儿子一样将他带在身边，教他习文骑射。耶律阮天生灵通聪慧，文武之才颇有长进，稍大即显将帅之风。就在耶律德光从南京回上京后不几天，耶律阮的母亲萧氏就一病不起，当耶律德光和太后月理朵前去探望时，她已经奄奄一息了。太后问了几句就走了，萧氏嘴唇抽动了几下没有说出话来，她右手吃力地指了指儿子又指了指耶律德光，两行泪水从塌陷的眼窝里流出，耶律德光明白她的意思，拉着耶律阮的手点了点头。不一会儿，萧氏就一命呜呼了，彻底脱离了烦恼，那年耶律阮已经22岁。

太祖死后，月理朵虽然当上了皇太后，但边疆部落降而又反的事件不断发生，朝廷内部争权夺势，臣僚钩心斗角纷争不止，尤其令她不宁的是皇上不遵祖制，偏向汉人汉官。尽管皇上天天入宫向她请安，宫外月月有人上贡，对朝廷的大事她一刻也不能放松，但她又不能过多直接干预朝政，由于日积月累的操劳，她在64岁那年生了一场大病，饮食不进，卧床不起。这可惊动了朝廷上下，此时有人心疼有人喜，各怀心思观察动静，南唐北晋、东邻西邦也都前来探情摸底。皇上虽说对太后不满，但在他的计划全部落实之前，是绝对不能因太后的健康问题而乱了大局的，他每天到太后宫里亲侍汤药，太后吃的药他要亲自尝一尝，并组织五万僧人为太后诵经祈福。

在这些日子里，太后也非常焦急，万一她现在就呜呼哀哉了，之后的接班人谁来定？虽然耶律德光才刚刚41岁，但天有不测风云，她必须操这份心，似乎地球上少了她就会天崩地裂。她躺在床上怎么也睡不着，翻来覆去琢磨着：皇上的长子耶律璟11岁，年龄尚小；耶律倍的长子永康王耶律阮24岁，从小就在皇上耶律德光的宫里长大，皇上把他视为亲儿子。他文武双全，智勇在所有皇孙之上，可是这小子受他叔叔的影响太大，崇汉媚外，断不能用！想来想去没有一个理想的人选，忽然小儿子李胡的影子在她的脑中一闪，李胡30岁，是天下兵马大元帅，功劳卓著，又听她的话，历史上叔侄相承、兄弟传位的事例很多……想着想着她就迷迷糊糊地睡着了。

次日醒来，她突然想起了一件大事，她让宫人把弟弟阿古只找来，并把所有宫人都赶出门外，问阿古只："你的撒葛只多大啦？"

阿古只回答说："19岁。"

太后一拍手，高兴地说："太好了，阮儿24岁，你看把撒葛只嫁给阮儿怎么样？"

阿古只摆摆手说："姐姐，永康王是你的孙子，撒葛只是他的表姑，姑姑怎么能嫁给侄子呢！这不让人耻笑吗？"

太后一脸严肃地说："自从我嫁给耶律家，咱们述律家的人才一个个有了出息，可是耶律家的人想法不都一样，阮儿的父王就总想着汉人汉地，他已经变了，如果阮儿再让他们拉过去，万一阮儿有一天继了位，那咱们述律家可就不好办了。我老了好说，你们下边这一大堆人怎么办？你看我刚有一点小病他们就盼我早点死，你和释鲁应该替我多担些事。"

阿古只明白了姐姐的意图，也同意了姐姐的主意，决定把撒葛只嫁过去。

阿古只回家与妻子和女儿一说，她们刚开始也都觉得不合适，当阿古只告诉她们这是太后的主意时，她们也就同意了。于是，撒葛只很快嫁给了永康王耶律阮为妃，述律家在契丹皇朝有两后一妃，太后的身体也很快恢复了健康。

辽会同五年（942）六月，刚刚当上晋帝不到六年的石敬瑭就一病身亡，他的侄子石重贵继承皇位，从此契丹与后晋的关系开始恶化。后晋平卢节度使杨光远因内部矛盾暗通契丹，希望借契丹势力消灭他的政敌景延广。赵德钧巴不得有这个机会，主张攻晋，借机实现他多年统霸幽燕的梦想。赵德钧建议耶律德光发兵讨晋，太后认为得晋地不能搬回也不能长久居住，不同意出兵，耶律德光没有听太后的。第二年十二月，耶律德光亲自到燕京组织了五万大军伐晋，两次战役均进展不大。部队在燕京经过整顿扩编，于会同九年（946）七月又发动了更大规模的进攻；十一月攻下栾城，降敌数千；十二月晋军溃不成军，石重贵举部投降，二十万晋军被彻底消灭，剩余的人员被解送汴城，耶律德光也赶往汴城受降。

次年二月，宣诏改国号为"大辽"，改年号为大同，并升镇州为中京（今内蒙古宁城），让赵延寿留守中京。耶律德光认为天下太平，无须再征兵增赋。四月他高高兴兴地从汴城返回上京，半路自感身体不适，行至栾城就再也不能支撑。群臣无计可施，也许让皇太后说中了，上天的"不测风云"真的落在了这位皇帝身上，许多事他还没有来得及做，就魂归西天了，终年46岁，庙号太宗。

众将简单地将辽太宗耶律德光入灵柩继续赶路，一路上大家对继位问题议论纷纷，行至镇阳时部队休息，辽将召开会议讨论帝位继承问题。南院大王耶律吼在辽将中虽然年少而资历浅，但清正廉洁、处事公允，上下威信都很高，在部队攻取汴城后，不少军人私掠珍宝财币，唯耶律吼只取了一只马铠，因此皇帝和群臣都十分信任他。会上他对北院大王耶律洼说："天位不可一日旷，若请示太后，肯定是让李胡继位，李胡暴戾残忍，臣民能同意吗？最有人望的应该是永康王耶律阮。"

耶律洼表示完全同意，他们又问耶律安博。耶律安博是耶律迭里的儿子，父亲因皇位继承问题被太后杀掉，一直心怀不满，有一天正轮他值宿，永康王耶律阮偷偷问他："皇上驾崩乃我大辽不幸，你看谁来继位合适？"

安博小声说："大王聪安宽恕，又是太祖皇上的长门长孙，先帝健在时，就有意传位于大王，现在是个极好的机会，当断不断，必留后患。"

耶律吼和耶律洼问他的意见时，他先小心地探明了二人的意见后，表示同意让永康王继位。三个人的意见一拍即合，密议由安博布置人在军中散布李胡已死的消息，全军上下都信以为真，拥立永康王继位的舆论条件已经具备。北院大王突然提出："先皇早有立永康王为皇储的打算，有我们几位在，永康王继位不会有问题，但太后尚在，这么大的事不通知太后，恐被世人非议。"

安博说："既然先皇有立永康王的圣意，仁公贤明又有人望，实为人心所向，今天下太平，机不可失，失不再来。若事先告诉太后，肯定要立李胡，李胡残暴凶狠，世人皆知，如果他当政，臣民还会有好日子过吗？"

耶律洼说："此言极是，干脆一不做二不休，就拥立永康王为帝，耶律家长门长孙继位，看她能怎么样！"

众臣连夜布置灵堂，次日一早，大军整队完毕，一切准备就绪，永康王耶律阮跪在耶律德光的灵柩前三叩首，又转向东方三鞠躬拜天。北院大王耶律洼高呼："太宗皇上不幸驾崩，永康王遵从天意继承帝位，是我大辽国不幸中之大幸，恭请皇上就位！"

立时"万岁"声响彻云天。这就是历史上的"辽世宗"。

世宗立太后动怒
为夺权刀戈相见

耶律阮半途即位的消息很快就传到了上京，太后一听便勃然大怒，她马上召集所有的国舅族官员，把安博一伙拥耶律阮为帝的消息告知他们，她气愤地说："有本后在，他们竟私自决定让谁当皇上，这大辽国将来还不由这些人说了算，不给他们点儿厉害尝尝不行，李胡马上备兵，抓住他们喂野狼！"

释鲁说："姐姐别急，这不是家里吵架，这么大的事儿既然他们敢做，肯定会有各种对策，皇上驾崩您就是太皇太后，不如先召开在京全体文武官员大会，把事件的真相讲清楚，把舆论造出去，统一认识后再行动。"

另外几位国舅也同意释鲁的意见，决定当天就召开全体留京官员大会。会议在南配殿召开，太后在上，左边是文官，右边是武将。会上太后严肃但情绪平和地说："皇上亲自领兵征讨晋军叛贼石重贵，几个月的血肉拼杀并无伤损，仗打赢了却死在凯旋的路上，皇上刚46岁，身体一向非常好，怎么就驾崩了呢！其中的问题请大家思考。既然皇上已经归天，国中不可一日无君，当务之急是新帝马上即位，皇上的长子耶律璟刚16岁，文韬武略尚浅，恐一时难以支撑如此繁重的国事，老身已经六旬有余，体力日渐不支，不能久佐皇朝大事，谁能胜此大任，望群臣定夺。"

话音刚落，就有人说："禀太后，大元帅李胡32岁，为国尽忠，屡立战功，如能继承皇位，定使国兴民旺。"

当时就有几个人表示同意让李胡继承皇位。

也有人提出："大元帅虽战功卓著，但民声有怨，不如永康王耶律阮合适。"

心里同意又不敢得罪李胡的人就和稀泥："还是太后再辛劳几年为上。"

太后对他们的意见不作表态。因为真正忠良之将大部分都征讨在外，参加会议的多是太后的党羽，让李胡即位的意见肯定占绝对优势，最后太后才说："既然诸位大臣同意大元帅李胡即位，那本后尊重你们的选择。"说到这里她突然提高声调："可是你们知道吗？耶律安博、耶律洼和耶律吼一伙未能照顾好皇上，不但不向本后请罪，还背着我半途私自让永康王当了皇上，你们说怎么办？"

几个国舅元老其实已经知道了这个消息，还装作惊讶地喊道："还有这样的事，真是胆大包天！"

"他们要造反！请求太后发兵……"又有几个党羽嚷嚷着。

释鲁另有高见："他们远在异乡他邦决定的事不能算数，只要不让永康王回到上京就等于没那回事，我契丹族历来民主议政，太祖爷在时就是凡军国大事须有半数以上的人同意方才能最后决定，太后应设法先把他们稳在京外，议妥方略再说。"

太后站起来大声说道："大元帅李胡听令，为了我大辽国千秋大业，不让妄图篡权的逆臣得势，命你火速发兵，把讨晋部队暂阻京外，没有本后命令不得放行。"

太后又低声对李胡说了几句就宣布散会，耶律屋质等想要发言也没有机会了。

李胡巴不得有这个机会，只用半天时间就全军准备完毕，与左右二帅又检查了一下各队军械和马匹情况，就连夜浩浩荡荡地出发了。

太后越想越生气，满肚子的气没处撒，就叫人把耶律阮的王妃撒葛只传到她的宫里，撒葛只落座后太后就气呼呼地问："你和阮儿造反造到我头上来了，我问你安的什么心？"

撒葛只忙站起来问："姑姑先别生气慢慢说，侄儿犯了什么错，您说清楚了再打再骂也不迟。"

太后怒气未消地说："我把你带到宫里来，你本应给阮儿出些好主意，协助皇上荡平贼寇，帮助我理好朝政，皇上刚46岁怎么就会死呢！皇上尸骨未寒他就自己当上了新皇帝，他眼里还有没有我这个皇太后？这是不是你出的主意！"

其实月理朵也知道撒葛只不会出这样的点子，就是出了点子耶律阮也不会听，她只不过是为了出出气。撒葛只委屈地说："姑姑您是皇太后他都不听，我的话他能听多少，再说他在外边干的事我一点儿都不清楚，这么大的事也不是他一个人决定了的，您把他招回来问一问就清楚啦。"

月理朵被撒葛只一说气小了一些，但仍对撒葛只没起到她理想中的作用而不满意，她拉着侄女的手说："咱们述律家和耶律家都不是汉人那种嫡传世家，一个部落甚至几个部落都是一个姓，真正有血脉关系的没有多少人，就是有血脉关系的也不一定是一条心，你父亲从小就聪明伶俐，长大后忠孝双全，武艺好，办事有章法，你伯伯阿古只就不如你父亲。朝廷里咱们述律家两人为后，几人为妃，应该多为朝廷出些力才是，满朝文武，人心叵测，你可要多长几个心眼儿，要是阮儿真当了皇上，你的担子就更重了。"

撒葛只听了姑姑这番教诲明白了不少事，对她说："请姑姑放心，侄儿一定记住您的话，往后还请姑姑多教一教侄女。"

耶律阮半途继承皇位后，命耶律天德、耶律朔古和耶律解里护送太宗的灵柩先行回京，他和大部队沿途扫荡清理晋军残部，六月行至燕京稍作休息。

皇叔祖安端和详稳刘哥得到报告，说李胡的部队已到泰德泉，这是耶律阮意料之中的，但没想到来得这么快。耶律阮命安端和详稳为急先锋，一定要挫败李胡的犯乱阴谋，两军只打了几个回合，李胡就战败而归。他气急败坏地抓住拥护耶律阮的臣僚家属，威胁看守眷属的人说："我如果再打不胜，回来把你们一块儿绞死。"

经过一番精心的准备和策划，李胡决定七月再率大军南下，刚到潢河北岸，耶律阮的部队也已赶到潢河以南，两军隔河对垒互不示弱，有战事一触即发之势。耶律屋质找到月理朵，对她说："李胡和永康王都是太祖子孙，两将拼杀必有一亡或两败俱伤，那时人心不稳，国祸非浅。永康王虽欠朝礼，但兵精将广，李胡纵在理上，但人望欠佳，他又能将永康王怎么样呢？既然都是太祖子孙，神器还在自家手上，不如从长计议，如大元帅与永康王议和，暂以永康王为帝共商国策，一则免除手足相残，二则不使百姓流离失所，实为太后的齐天厚恩大德，也不辜负太祖和契丹先祖的圣意。"

月理朵被耶律屋质一番劝解说服，心里的火也小了些，她说："谁肯去那边劝和呢？"

屋质两手一拱对她说："如太后信任微臣，臣愿冒险前往，若我遇不测，请太后安排好微臣的家眷。"

月理朵说："你尽管放心。"

说着便修书一封交与屋质，屋质即刻告别太后渡河去见耶律阮。

耶律阮看过太后的信后，让耶律海思写了封复信，屋质接过信一边皱眉头一边看，看完他对耶律阮说："言辞如此不逊，太后如何接受得了。"

耶律阮说："接受不了，就凭李胡那些乌合之众又奈我何？"

太祖三弟寅底石的两个儿子刘哥和盆都也都说："李胡算什么，他敢忤逆犯上，绝没有好下场！"

耶律屋质摇摇头说："话不能那么讲，请原谅微臣说几句无羁之言，他们即使打不过你，都是骨肉至亲，你又能把他们如何？国家尚未安宁，谁胜谁负还很难说，现在就内讧不断，如何保我契丹大业长兴？再者说，太后已入晚年，真正同情李胡的也没有几个人了，纵观全局，还是以和为上。"

一席话让在场的所有人都惊骇不已，耶律阮思忖好大一会儿才抬起头问："怎么个和法？"

屋质说："太后总是长辈，您应主动与太后面见议和，如议和不成再决战也不迟。"

耶律阮终于同意了与太后当面议和，经过几番交涉，双方达成了和谈的时间和地点。

按照事先约定的时间双方见面后，耶律阮向祖母施家礼，太后虽未怒但面色不悦，刚开始双方各执一词互不相让，耶律屋质既非嫡亲，又非皇尊，博学善辩的本事这回让他大大露了脸，他正颜厉色地问太后："昔日太祖驾崩后，有太子倍在，为何你立次子为帝？"

太后答："遵太祖遗言而为。"

屋质又问耶律阮："皇朝犹在，太后犹在，大王为何擅立皇位？"

耶律阮说："当年父王为太子当立而不立，所以离朝奔唐，今我继父为帝有何不可！"

耶律屋质厉声道："太子纵有千理万理，舍父母和朝廷而奔唐也是不对的，大王不能以非对非，见太后很少道谢言孝，却一味抱怨。太后一时偏爱，又有先皇遗诏，妄授神器于太宗皇帝，有何久耿于怀之理！如此下去还谈什么议和，干脆马上决战。"说着撺筹而出。

这一番天才的表演可谓一箭双雕，既批评了耶律阮，也敲打了太后。

太后拦住耶律屋质掩面大哭道："过去太祖遭受剌葛等几个胞弟的逆乱，天下不得安宁，今疮痍未愈，怎么能重演此乱呢。"说着拿起一支筹签。

耶律阮也动情地说："父王不礼，孙儿绝不仿效，祖母不要过分伤悲。"

他也手持筹签向太后一拱，在场的人无不为之动容。

太后问耶律屋质："既然议和不争，你看神器授予谁？"

耶律屋质一看目的达到，便一改严肃的态度，恭顺地对太后说："太后圣明，如果您将神器授予永康王，顺天和人，国泰民安。"

站在旁边一直未说话的李胡急了眼，大声喊道："有我在，休想把神器交给耶律阮！"

耶律屋质心中有了底，就不怕李胡无礼，双手一拱对李胡说："大元帅，传位应按世嫡，太宗未按续即位已是非礼，哪有兄传弟之理。再说大元帅暴戾过甚，人多怨言。万口一词愿立永康王，太后正是附从众意啊。"

太后转身对李胡说："你听到了吗？过去我告诫你不听，今天的局面完全是你咎由自取。"李胡气血攻心，却也无言以对。随之太后便准许立永康王耶律阮为帝，这场一触即发的内战就此烟消云散。

太后纵子夺皇权
世宗命丧黄泉路

永康王耶律阮在耶律屋质费尽心机的斡旋下，终于得到祖母的认可，光明正大地成为大辽国第三位皇帝（史称辽世宗）。

他父亲没有得到的他得到了，几天来如释重负，晚上耶律阮与妻子撒葛只对酌畅饮，他给撒葛只又斟上一杯酒高兴地说："这宝座本应是父王的，爷爷驾崩，祖母不让父王继位，却让二叔继承了皇位，父王一气之下去了汉唐，儿子就代父尽忠吧，你就要当皇后了，来陪我喝一杯！"

撒葛只一方面为自己要当皇后暗暗高兴，一方面又从姑姑的话中话感到一种压力，她端起酒杯对丈夫说："恭喜大王继承皇位，大辽国外部尚不安宁，内部矛盾重重，太皇太后这么信任您，您可千万不要辜负她老人家的圣德圣恩。"

耶律阮抹了一下嘴大声说："什么圣德圣恩！她喜欢那个三霸王，要不是我半途当机立断，这皇位就是李胡的了，要是他敢动武，我让他们娘儿俩一块儿走，那帮国舅老朽都没有好心肠。"

随之端起酒杯对撒葛只说："来，喝！喝！"

看到丈夫已有醉意，撒葛只笑着说："你忘了我不会喝酒，刚才沾了一点就要醉了，天太晚了，咱们明天再喝好吗？"

好说歹说，总算让这位新皇上睡下了，他一阵呼噜接一阵呼噜。撒葛只听了他的酒后之言怎么也睡不着，翻来覆去地琢磨丈夫那几句话，越琢磨越感到浑身发凉，似乎有什么不祥之兆。后来她自己给自己解了心宽，那是酒后的话，他从来小心谨慎，办事又有分寸，既然当了皇上，不会出什么事的。快天明时，撒葛只才昏昏睡去。

第二天早上醒来，耶律阮把昨天晚上的话忘得一干二净，首先向太皇太后请安问好，跟她商量即位仪式的事，太皇太后嘱咐道："满朝文武都是你的长辈，要多尊重这些元老功臣。你三叔脾气暴躁，要多原谅他。撒葛只跟你这么多年不容易，有事多与她商量，我已经老了，你要好自为之。"

太皇太后这几句话是真心实意的劝告，也是一位风烛残年的老人的无奈之语，但话里话外也给耶律阮限定了一个框框。作为新皇上耶律阮比别人体会得更深切，他恭恭敬敬地对太皇太后说："请皇祖母放心，孙儿一定记住您的教诲，把皇朝的大事摆在第一位，任人唯贤，不分先后，只要有利我契丹臣民，一律唯德唯才是举。"

太皇太后听了耶律阮的回答犹如吞了一块带筋的肉，吐又吐不得，咽下又费劲，只好由他。但她背地里也经常派人打探皇上的活动，看他到底搞出什么新花样来。

撒葛只自从当上皇后，心里比过去踏实了些，但心情并不愉悦，虽说婆婆已经宾天，这祖母婆太皇太后更厉害，朝里朝外大事小情她都要过问，她敬佩这位娘家姑姑精明能干，也害怕老太后无情的手腕，所以宫里的事情她很少细问。那天丈夫的酒后之言一直让她放心不下，总像块心病不舒服，放又放不下，解又解不开，满朝重臣不是耶律族就是述律族，后宫嫔妃十有八九也都是述律家族，互相之间明争暗斗，心怀叵测，没有一个可信的人。

皇上耶律阮的妹妹阿不里温顺孝道、为人正直，自从婆母去世，姑嫂之间的关系越来越好，一天撒葛只去看望阿不里，阿不里没想到皇嫂会来看她，急忙迎出门外施礼，撒葛只拉住阿不里说："在家里就不讲那么多礼了，我们还是姑嫂，皇上刚继位，朝政繁忙，没有时间来看你，妹妹近来好吗？"

"托皇上、皇后的福，我很好，您呢？"

"不是在家不讲朝礼吗，怎么又皇后皇后的呢，好！我今天当一回皇后，阿不里皇妹听令，本后命你叫我一声嫂子。"

"是！小妹得令，嫂——子——！"

两个人你一句我一句，笑得前仰后合。撒葛只觉得阿不里跟自己不会有别的坏心眼，就把那天晚上世宗酒后说的话告诉了阿不里，并问她："你哥哥说让娘儿俩一块儿走，是哪娘儿俩？"

阿不里一听就明白，这娘儿俩就是指的太皇太后和李胡，心里一阵紧张，但很快就镇静下来，说："人喝多了酒头昏脑涨不清醒，说什么都不能当真，但千万不能随便往外传，朝里有些人本来就钩心斗角，皇上的话更不能往外讲。"阿不里劝诫着撒葛只。

撒葛只走后，阿不里有些坐不住，她是个非常正统本分的人，她不愿意给哥哥找麻烦，更不想让祖母和三叔遭遇不测，这消息她连丈夫萧翰都没告诉。

萧翰是她娘家叔伯敌鲁的儿子，与她的祖母和亲哥哥总有层距离，她怕万一走漏风声会坏了大事。几天后她去看望太皇太后，拐弯抹角地把撒葛只的话透露给了她，太皇太后可是个政治嗅觉极敏感的人，从阿不里的葫芦外边就闻到了里边的火药味，她装作不以为然地说："你哥哥年轻，但稳重细致，他办事我放心，你有空多去看望哥哥和嫂嫂，有什么事告诉我，我去帮帮他们。"

说着把阿不里搂在怀里，亲着她说："这么多的皇孙、皇孙女，就是我的阿不里最听话最好，你可经常来看看祖母啊！"

阿不里自从母亲去世后，第一次享受到女人温善体贴的爱抚，仿佛又闻到母亲的奶香，她有些陶醉，湿润的眼窝里露出幸福的目光，她娇憨地对祖母说："那我天天来看您，您烦吗？"

太皇太后说："不烦，不烦。"

阿不里走后，太皇太后自言自语地说："撒葛只要能有阿不里一半我就满意了。"

自此以后，李胡和太宗的三子耶律天德像走马灯似的到太后宫里去，安端的儿子察割一反常态也经常造访太后宫，但他们不会一块儿去，凡他们一谈话，左右的人都被太后打发走，他们说话的内容谁也不清楚。

耶律阮正式继任皇位后，封撒葛只为皇后，封应天皇太后为太皇太后，追封母亲为皇太后，将母亲娘家的人升为国舅帐，按讨伐后晋时的功劳大小赐赏数量不等的奖物和牧户。耶律洼、耶律吼和耶律安博战功卓著，各有所得，安博晋升为北院枢密使。不仅如此，皇上对晋朝降将和汉人官员也很重视，这让契丹族元老和功臣非常遗憾和气愤。

这时的李胡已忍无可忍，太皇太后本来不得已地默认了这个局面，听到阿不里的消息，还是觉得这个孙子不可靠，而且有些危险，她在李胡的极力鼓动下，还是决定废掉耶律阮。

几个月来，耶律阮忙于即位、葬先皇、封官嘉奖、摆平关系，既兴奋又劳累，八月底要和皇后去松山打猎轻松一下，由韩延徽的儿子韩德枢为御前总侍卫，韩知古的儿子韩匡嗣在半途接应。

八月的天气还比较热，没到韩德枢接应的地方皇后就要休息方便一下，队伍停下后，营卫们不好离皇后太近，就各自在树底下乘凉，有的干脆躺下来休息。突然从皇后方便的方向传来一阵喊声，几个侍卫不顾一切地冲过去，只见有三四个蒙面汉手持利剑在皇后周围走动，撒葛只虽说小时候练过一点功夫，面对突如其来的蒙面杀手也是手足无措，两个小宫人早已魂不附体。这几个蒙面人看到来了卫士并不紧张，他们一边舞剑一边后退，几个卫士大喊着往前追赶，听到喊声所有的卫士都杀将过来，只留了两个卫士和韩德枢守护在皇上身边。正当那边追杀得难解难分时，这边山坡后面杀出七八个白裤衫白面罩的彪形大汉，举刀握枪地扑向皇上耶律阮，说时迟那时快，皇上眼看一道白光伏身一卧，那个卫士的半拉脑袋就落了地。

耶律阮从小就在二叔耶律德光身边习文练武，十三四岁时就能一手提羊一手抓鹿，刀枪箭法样样精熟，一连摔倒三个卫士是经常的事。面对着七八个杀手他并不害怕，就算打不赢起码不会让他们伤到自己，他捡起那个被劈的卫士丢下的长矛，呼啦啦一阵左抡右转，然后向靠近他的杀手一通击扎，那家伙胸口喷着鲜血"扑通"一声倒地。其他几个刺客本来就慌张，一看打头的被刺身亡，就不敢盲目向前。韩德枢虽有些武艺，但生怕寡不敌众让皇上出意外，他一边应付杀手保护皇上，一边对另一个卫士说："这儿有我，快去喊其他人回来保护皇上！"

那个卫士离开不一会儿，几个卫士拎着一个黑面杀手奔了过来，来不及向皇上报告就与那几个白面杀手搏斗起来，只两三个回合，就跑了四个死了仨，几个卫士追了半里地又抓回一个，用一条牛皮绳把这一黑一白捆在了一起。

大家忙着给皇上、皇后压惊赔罪，韩德枢往地上一跪，呼啦一片都跪在皇上、皇后面前，韩德枢说："皇上、皇后为国操劳，本是出外休闲松心，没想到遭此不幸，臣下罪该万死，请皇上降罪惩处，臣万死无怨。"

皇上说："路遇刺客，实属意外，你和众卫士奋力相搏，得以转危为安，快快请起，不仅不降罪，回朝还要重重奖赏。"

韩德枢颤颤抖抖地站起来说："只要皇上、皇后安然无恙，臣等何敢受奖。不过这几个蟊贼来得蹊跷，他们怎么知道我们走这条路？而且是几个人先惊动皇后这边围而不杀，把卫士都吸引过去后，才出来直接扑向皇上，显然这不是一般的图财害命，既然出行不利，不如打道回朝审判这两个蟊贼。"

皇上说："我们契丹民族就是在与豺狼虎豹的斗争中强大起来的，几个蟊贼还能挡住我们打猎！把他们的面罩全摘掉，我倒要看看是哪路神仙如此胆大妄为。"

卫士把一黑一白两个人的面罩摘掉以后，他们两个对视了一下同时说了声"是你？"显然是相识但不是一个人派出来的。

韩德枢觉得这两个人有点儿眼熟，但不认识，便厉声问道："你们是哪里人，为什么到此逞凶？"

还没等那两个人回答，有个卫士凑到耶律阮耳边报告说："皇上，这两个人我认识，他们一个是大元帅门下的内卫，一个是太皇太后宫里的卫士。"

耶律阮一听立即打了个冷战，心想：无论如何不能带回去审问，否则会让他们摸到底，随后对韩德枢说："就地审问，让所有卫士后退五十步，面向外形成包围圈，严密监视四周动静。"

卫士们散开后，皇上亲自小声问道："是谁派你们来的？他们让你们干什么？"

这两个人低着头一句话不说，韩德枢说："讲了可以留你们一条命，不讲马上就地斩首，跑掉那几个是不是回本营？"

其中一个哆嗦着说："我们出来就不能回去，成了是死，不成也是死，他们谁也不敢回去。"

韩德枢一听稍稍放了点儿心，又问道："是谁派你们来的？"

"我们不敢讲。"

皇上说："如实讲了免一死，愿回家的给盘缠。"

韩德枢说："皇上金口玉言，还不信吗？"

这两个人才一点儿一点儿把李胡如何布置任务、如何行动讲了一遍。耶律阮也没有心思去打猎了，把那两个人押走后，他和韩德枢商量了一下，决定立即返程回朝。在李胡和太皇太后等候这边的消息时，半夜耶律阮的御卫一下子包围了太皇太后和李胡的住地，耶律阮没有露面，太皇太后被强行"送"往祖州"静养"，李胡被关进死牢，并严密封锁消息。

这么大的行动是不可能完全保密的，各部、各院的人看到太皇太后和李胡的门卫不同往常的气氛，就知道出了大事，但谁也不敢在公开场合谈论。

皇上耶律阮照常入宫处理朝政，接见各国来贡来访的使臣。这段时间，他将护驾有功的韩德枢晋升为南院宣徽使，其父迁任南府宰相，晋国降将赵德钧和赵延寿父子因协助大辽讨晋有功，屡升官职，赵延寿忠心拥戴皇上，也被授为枢密使。

在耶律阮眼里，汉人是外人，不可能与他争夺皇权，对汉人的话他听得进去。天禄五年（951）正月，汉邦郭威杀了汉帝自立为周，五月派使臣朱宪来请求大辽皇帝册封予以承认，耶律阮让韩延徽拿主意，韩延徽说："过去太宗爷时曾册封过晋帝，应按太宗朝的礼仪予以册封。"

耶律阮就按他的主意办，承认并正式册封了郭威为周皇帝。有些契丹官员坚决不同意承认汉人郭威为帝，尤其是对汉官出的点子更是反感，但又敢怒不敢言，在背地里却议论纷纷。也有些胆大的主张找皇上评理，耶律阮的叔祖安端老到沉稳，深知宫廷斗争的残酷和无情，不让他们与皇上发生正面冲突，待时机成熟再说。

第一个急不可耐的不是别人，正是耶律阮的皇妹阿不里。她常与哥哥有些分歧，耶律阮那里肯定说不通，她第一个想到的是丈夫萧翰。

萧翰是太皇太后的叔伯内侄，是萧敌鲁的儿子，会同初任汉军侍卫，他早就对耶律阮的行为不满，也知此事非同小可，于是找到太宗的三子耶律天德商量。天德是员猛将，身材高大，性情直率骄悍，虽在耶律阮麾下被重用，但对这位叔伯兄长的不孝之举颇为气愤，主张先用兵而后论理。

萧翰处事稳重，有了这么个勇将支持心里当然高兴，但还是怕万一不成功会遭大难，于是他又找到刘哥和盆都兄弟俩及安端的儿子察割商议。

刘哥在李胡拒耶律阮回朝的潢水之争中，曾站在耶律阮一边，后受到皇上提拔重用，对皇上并无大恨，盆都也跟着哥哥跑，平时一般站在皇上一边。但这弟兄俩从小就骄狠凶残，说话办事有时又反复无常，当萧翰小心翼翼地征求他们的意见时，他们没有表示异议。

察割武艺精湛，尤善骑射，满脸恭顺诚恳的笑容，但颇有心计，在李胡与耶律阮对阵潢河两岸时，他权衡得失，决定站在皇上一边，事后被耶律阮封为泰广王。但他对这位小侄并不服气，一般很难听到他的真话，当问到他的意见时，他说："皇上虽是契丹子孙，但心向外族，他辜负了太祖和列祖列宗的期望，尤其不能容忍的是他竟囚禁有立国安邦之天功的老太后。此例一开，我大辽国何保圣德昌盛？今后我耶律和述律臣民有何安宁？作为契丹子孙绝不能坐视不管！"

一席话把会议气氛推到高潮，他们拟订了行动方案，一部分人秘密前往解救老太后，另一部分人监视皇上的行动。

萧翰说："皇上不动兵我们也按兵不动，只要皇上一动兵，我们就在大军压境的情况下与皇上谈判，最好不要落个犯上作乱的罪名。"

耶律天德说："万不得已则绝不手软……对这次会议的内容要严格保密，切不得外传，一切行动听从统一指挥，无论遇到什么情况也要保持镇静，万一失败，不得牵连他人。"

会后察割心里不踏实，就把会议内容告诉了父王安端。安端是太祖的五弟，刚被皇上封为明王，主理东丹国的军政事宜，他不主张搞得太过分，对察割说："这么多人，弄不好会出事，你千万不可带这个头，一旦事情败露，你、我及全家都要掉脑袋。"

察割本来就没打算真参与这件事，只是想给别人打打气，事成有他一份功劳，失败了也没他的事，所以他痛快地接受了父亲的意见。

尽管会议很保密，但消息还是泄露了，去解救太皇太后的小部队刚走几个时辰，并未参会的耶律石剌向皇上告了密。耶律阮非常冷静地分析了对方的阵势和策略，既然他们是围而不打，那就用不着动大部队，对骨干分子智取即可，只要把为首的抓起来，随从和当兵的就不打自溃。

他和往常一样，早上起来在宫门外练剑习武，活动活动筋骨，还高高兴兴地和过往的臣僚打招呼，似乎什么事也没发生。回到内宫，他一边像平时一样临朝议事，一边秘密布置御卫，严格皇宫内外的警戒，特别留一分队精干内卫藏于议政殿侧室，只听皇上一人命令行事，不准告诉萧翰。

议事的大臣一一到齐，皇上耶律阮往下扫了一眼说："萧翰你也坐吧，今天议的事与你有关。"

萧翰一听这话吓出了一身冷汗。皇上接着说："过几天是正旦节，今年是自改元天禄年来第一次踏踏实实过节，外国使臣来贺的很多，要搞得热闹些。外国使臣由刘哥和盆都弟兄两个带领从东、西两洞门入朝，契丹臣僚由东洞门入朝，汉人官员由西洞门入朝，萧翰你要全面负责入朝仪式，不得有错。"

听到这里萧翰方舒了口气。耶律阮又说："天德元帅劳苦功高，那天你要陪我多喝几杯。"

众臣僚正听得津津有味时，皇上突然脸色一变说："可千万不要让逆贼搅了我们的佳节，先给我把他们抓起来！"

一只杯子"啪"的一声落地，只见一队高大威武的卫士从侧室蹿出，把刚才点到名的人利索地捆绑起来，其他官员都吓傻了，皇上宣布："这几个逆臣叛贼妄图篡政作乱，他们图谋已久，如不严惩，大辽国安宁不保，天下何日太平？在场其他官员都是忠臣良将，只要听从朕的旨意忠心保国爱民，朕是不会忘记你们的。"

会后将耶律天德、萧翰、耶律刘哥和耶律盆都分别押入牢中，对于他的妹妹阿不里，耶律阮开头还有些犹豫，但经耶律屋质的初步审判，整个事件的发起和发生都与她关系极大，最后阿不里也被投入监牢。

太皇太后虽然被强行送往祖州，但在那里她仍享受太皇太后供奉，可返回上京已成定局，她也无能为力。

经进一步审理，决定判耶律天德死刑，萧翰刑杖并赶出皇宫，刘哥免死流放乌古部，盆都为从犯免罪远放辖戛斯国。按阿不里的罪过，绝不能轻饶，但她是皇上的亲妹妹，犹豫再三，还是将阿不里免罪释放。

阿不里出狱后仍不服气，与萧翰又一次策划废掉皇上。不料他们送给安端的密丸信被耶律屋质截获，耶律阮再也不会给这位亲妹妹留情，立即将她的丈夫萧翰杀掉了，将阿不里再次投入监狱。一向过着公主生活的阿不里难以经受牢中的疾苦和折磨，病体日渐不支。

经过这次惊心动魄的平叛和清洗，局面明显好转，审判中牵扯到察割的问题，但因他没有直接参与行动，暂不问罪以观后效。察割躲过了这一劫，之后做事更加谨慎小心，从不对别人谈论朝中的问题。

辽应历元年（951）九月，是草原上最好的季节，晴空万里，花絮随风荡漾，大地微黄，草肥籽香，成群的牛、羊、驼、马一边吃草，一边追逐戏闹，乳鹿使劲吮吸着母奶，警惕的母鹿向四外张望着。

前方出现点点灰影，随着羊群的叫声灰影变得越来越大，一会儿不仅看清了彩旗，有节奏的马蹄声也越来越响。那是一队官家出征的队伍，队伍前方是彩旗手和仪卫队，后方左将寿安王耶律璟精神抖擞，右将泰宁王察割却无精打采，耶律阮骑一匹银白色骏马走在队伍中间，前后左右八个卫士护驾，车、马、旗、鼓整齐，声势浩荡。

汉枢密使郭威自立周朝后，河东节度使刘崇也在太原宣布自立为北汉，派儿子刘承钧致书大辽皇帝，称受到周朝攻击危在旦夕，请求辽国出兵援助，事成必以厚礼答谢。耶律阮不顾臣下反对强令出兵夹击后周，寿安王耶律璟从军无怨，察割因过去的事件被耶律阮暗地里审查过，所以对这次南征讨周一百个不乐意。

一天，大军行至归化州火神淀（今河北省宣化区之西）驻扎，皇上耶律阮要在行宫祭奠父王耶律倍，他面对父王的遗像三鞠躬，又跪拜在遗像前热泪盈眶地说："昔日父王忠心为国，跟随太祖东征西讨，虽被立为皇太子，却不能继位最后落得个叛国逆臣的罪名。儿臣身为天子，确感力不从心，今儿臣秉承父王遗愿，弘太祖'辖天下'大志，联汉制汉，愿父王和列祖列宗佑儿臣得胜平安。"

群臣皆低首陪跪，帐内鸦雀无声，只有察割环顾四周，似乎在找寻什么东西，他对皇上说："今天行程过急，人困马乏，望陛下准群臣多饮些酒解乏，明日好多赶些路。"

耶律阮说："准奏。"

察割站起来对南京留守牒蜡说："吩咐备酒，帐外加强警戒。"

很快几篓香酒抬进各帐，一整天的急行军又饥又乏，一见到酒就空腹喝起来。不一会儿，有的人躺倒在铺上，有的人先在帐里晃来晃去，然后卧地呼呼睡去，耶律阮先吃了些牛肉，然后喝了一碗酒，不一会儿也有些昏昏然，因已经布置了警戒，便放心地脱衣躺下睡去。

察割虽然也渴也饿，但他吃了些肉食，只喝了两口酒就扔掉了酒杯。他先是找到寿安王耶律璟，对寿安王说："皇上不听群臣意见一意伐周，弄得人无安生、国无宁日，如果太宗皇上还在，绝不会行此下策，要是大王当年接了先皇的班也绝不会招得朝臣如此议论纷纷。"

耶律璟一听察割提到父皇太宗的名字就浑身不自在。他虽然年纪尚小，但在外人面前也不随便地发泄，尤其当今皇上是他的堂兄，更不能妄言长短，就随便说了一句："臣随君命，自古如此，谁上谁下，自有天命。"

察割见在寿安王这里话不投机，又去找耶律盆都。察割是太祖五弟安端的儿子，盆都是太祖四弟寅底石的儿子，两个人都是当今皇上的叔叔。与耶律璟不同，他们从没把耶律阮放在眼里，两人一拍即合，决心趁朝中意见不合之机，把耶律阮干掉。时间不允许他们过多商量，只能在今夜动手，事成之后，为躲避舆论，暂立牒蜡为帝，等局势稳定后再废除牒蜡。

耶律阮刚躺下不久，就听到门外"啊"的一声，随后两个人影闯了进来，耶律阮忙起身问："什么人？你们要干什么！"

"皇上，你不是想着太子和太祖吗？今天我们成全了你，让你去见他们。"

说着另一个人对准耶律阮的胸口就是一刀，耶律阮听出是察割的声音，但他已经失去反抗的能力，"扑哧"一声，一股鲜血喷了出来，察割和那个人拔腿就出了门。耶律屋质虽然也喝了些酒，但因惦记着皇上的安全，没敢躺下，他走到皇上帐外见卫士躺在地上，还以为卫士睡着了，踢了一脚也没有反应，就轻声喊了声："陛下还有吩咐吗？"

里边没有动静，连喊了三声没有反应，屋质一推门，闻到一股血腥味，一种不祥之感让他顾不得规矩闯进门去。只见皇上躺在血泊之中，他用发抖的左手捂了一下世宗的口鼻，一点呼吸都没有，他不顾一切地跑去找寿安王，寿安王耶律璟知道皇叔察割有篡权阴谋，但没想到会下此毒手，挣扎着过来一看，已经没有拯救的希望。刚刚34岁的耶律阮，只当了四年皇帝就血洒火神淀，命归西天了。

耶律璟喜得皇位
皇太后死不瞑目

却说太皇太后被耶律阮送到祖州后，终日气愤难耐，方圆几里的大城内她非常熟悉，那是她与丈夫阿保机建国之前创建的一座旧城池。这里三面环山，开口的东南方面对潢河，潢河两岸有自由自在吃草的牛羊驼马，她站在供奉祖灵的石屋前瞭望东南方辽阔的大草原，不禁叹声道："人失去自由，还不如牛羊。"

监守祖州老城的天成军早就得到皇上密旨，太皇太后的活动范围只有祖州城和埋葬太祖的祖陵，只要不离开这里，不得干预老太后的活动。太皇太后看到这里的任何一座建筑就想起一段往事，越想越觉得委屈，一天她要去祭拜太祖皇上，在天成军的"护卫"下很快来到位于城西侧不远处的陵墓区。所谓陵墓就是一座山头，墓区东南方是一个开度不大的山口，山口处砌有高大的陵墙和大门，太皇太后一见太祖的陵墓就大哭起来，她拍着神案边哭边说："皇上呀，皇上！你为什么不带我一块儿走，你的不孝子孙们心向汉人，背叛祖宗，把我当成眼中钉、肉中刺。我自从18岁嫁给耶律家，不分日夜地侍候公婆，照顾弟妹，你为国出生入死，我与你生死与共，你一夜不归，我就整宿不眠，你冒险东征西讨，我风里雨里伴你同行，有多少次你险遭逆贼暗算，都是我暗中保护了你，这才有契丹王朝的今天。我为耶律家生下三男一女，是我亲手把他们拉扯长大成人，他们没有一个让我省心如意，老大背叛朝廷投奔汉唐，老三这个不中用的东西，今天惹事，明天生非，你的尸骨未寒，他们就虎视眈眈地要抢我手中的权。我好不容易把老二扶到皇帝的宝座上，他处处阳奉阴违，为了争夺我手中的皇权，他们兄弟、叔侄明争暗斗、不仁不义，老大生下这么个逆子，半途抢夺了皇位不算，还一步一步往死里整我，把我关在这里。你在阴，我在阳，生死两茫茫，身在咫尺不能见，我说的话你听到了吗？如若皇上有灵，你打开宫门咱们夫妻重相伴。"

说着就往柱子上撞去，这可吓坏了左右护卫，被她这番哭诉感动了的侍卫和宫女急忙拉住太后，一边劝说，一边搀扶着老太后走出神殿。

在远离朝廷的太祖陵地，林深幽静、空气新鲜，闻的是百花香，听的是百鸟鸣，吃的有人送，穿的是汉缎，老太后今天说去东，就有人陪她去东，明天要去西，绝没人让她去北。只要不出这片陵地，她想干什么就可以干什么，她的命令仅低于天，无人在她之上，这里确实是一个清心养老的地方。

但这位71岁的老太后可没有一丝要退休养老的意思。人家上床闭眼睡觉，她闭眼琢磨谁最听话可以接班，哪个又有不忠的行动，只可惜这里没有一丁点儿她关心的信息，也没有人敢冒死为她传递消息，祖州的天成军节度使早就接到皇上的命令，没有皇上的亲批，任何人都不准进陵地会见太皇太后。

太皇太后一生想的是皇位，玩的是实权，没有了这两样东西比让她死了还难受，她并不知道爱子李胡也被关在牢里，总想着有一天李胡会骑马带兵来救她。太皇太后整日食无味、觉不眠，浑身无力，四肢酸软，无精打采地打发这难熬的日子，没几天就日渐消瘦，双眼塌陷。

有一天，太皇太后在殿里闭目养神，几个侍卫闲暇无事，正要弯弓瞄准一只野兔，突然远处传来阵阵马蹄声，定睛一看，四五匹快马朝这边奔来。侍卫们丢下弓箭迎着马匹跑过去，来人下马说要接太皇太后回朝，并双手送上半方刻有契丹文"准"字的令牌，这是皇上特发的命令文书，一半在天成军节度使手上，另一半保存在御前，只有皇上本人才可以发放保存在宫里的一半令牌。侍卫不敢阻拦，让他们退后等候通报。约莫过了半个时辰，节度使亲自到陵地接见来接太皇太后的人，经查验无疑后把他们迎到衙门让座酒饭招待，他们说："皇上有令，不准饮酒，半途不得休息耽搁，见到太皇太后即刻返朝。"

节度使没有办法，只好带他们去见太皇太后，太皇太后一听皇上要接她回去，立刻来了精神，昏花的老眼里放出光来。虽然对耶律阮不明不白地把她关在这里有满肚子的气，但只要能回去见到小儿子李胡就有办法对付这个不孝的孽孙，她用手拢了拢花白稀疏的头发，简单收拾了一下就匆匆上了节度使的车，连向太祖灵位告别都忘记了。

此时，耶律阮正在独自一人细看南唐送来的蜡丸密书，耶律屋质风风火火地进来禀报说太皇太后回来了，皇上先是一阵惊愕，不知出了什么事，然后定了定神问道："她是怎么回来的？"

屋质也说不清楚，最后君臣二人商定，不管她是怎么回来的，反正李胡被关在死牢出不来，先稳住她，等细情调查核实后再说。

太皇太后回朝后还住在她的宫里，正疑惑为什么她要着急见的人一个也见不到，皇上和屋质就进宫来拜见，太皇太后一见耶律阮就没好气地说："你为什么把我关在那冷清的祖陵？"

耶律阮心里没底就没作答。

太皇太后又问道："既然关我为什么又派人接我回来？"

耶律阮知道是有人冒传他的命令把祖母接出来的，就顺坡下驴地说："皇祖母为国操劳一生，孙儿本应多多孝敬您老人家，近来朝中琐事繁杂，怕影响您老人家休息，所以暂时让您去祖州住几天，一则可以清清心，二则去探望探望皇爷爷，朝中安静了您就可以回来了，有事您就吩咐，我马上就过来。"

太皇太后问："你三叔呢？他为什么不来见我？还有萧翰、阿不里他们都死到哪里去了！"

屋质接上说："回禀太皇太后，大元帅李胡出师在外，不能来拜见您，请您原谅，等大元帅回来我立刻通知他来见您。"

把老太后安顿糊弄好以后，除李胡和阿不里继续关押在大牢外，迅速将萧翰处死，其他人远发边疆，不久阿不里经受不住折磨，也病死狱中。李胡被秘密关在死牢，故意传出消息说已经病死，实际辽应历十年（960）十月才在监狱病亡。

太皇太后知道了实情也无力回天了，这个七旬老人还不算糊涂，她知道经过这番折磨她的精力和健康状况远不如从前，干脆听之任之。但她的性格和脾气远比她的计划更顽强，朝里大事小情她想问一问、管一管，有时皇上告诉她一声，有时就不理会她自己做主办了。

辽应历元年（951）九月，她听说皇上要伐周救汉，老太后不请自到要参加这次朝臣会议。她是不同意出兵救汉的，还认为不该管汉人的事情，就是汉朝给多大的地盘，契丹人也不能在那里久住，那终究是汉人的势力范围，汉人的心思不好捉摸，少跟他们打交道。

耶律阮没有反对她的意见，也没有赞成她的意见，会后还是按自己的计划发兵讨周。

太皇太后自从少了李胡这根拐杖，也变得乖巧起来，既然拦不住你出兵，那我就要求随军监阵，众臣好言相劝无效，只好同意年迈的老太后随军出征。

一天，队伍在详古山歇息，耶律阮挂上父王耶律倍的遗像祭奠时，她不知从哪儿来的恻隐之心，还真掉了几滴干泪。也可能是三个儿子都相继离开人世，一个七旬老人自然而然产生的一种孤独感所致，耶律阮无论如何也是她的亲孙子，对孙子一是好言相劝，二是暗中保护，她想自己能做的也就是如此了。

祭奠之后，耶律阮还像往常一样在帐中赐宴招待随扈大臣和各营将军，群臣大都饮酒而醉，察割终于等到了报复的机会。他先是在半夜杀了皇上，又要杀皇后和太皇太后，准备暂立牒蜡为帝，不料耶律屋质和寿安王耶律璟带兵及时赶到，将察割等人团团围住，太皇太后才幸免一死。

察割被围之后，他和几个铁杆反对派仍不甘心失败，以众臣家属为人质企图负隅顽抗。为了不伤害人质，屋质尽管兵多势众，却没有动手，千方百计地与其周旋，双方僵持几个时辰没有结果。屋质问察割："你到底为什么要杀人，你有什么要求？"

察割说："没有什么原因，就是要杀死他们。"

因双方兵力对比悬殊，察割部下开始有人动摇，负责军马军械的敌猎就悄声对察割说："在敌强我弱的情况下，与其无休止地僵持，不如说杀耶律阮是为了让寿安王即位，耶律璟当上皇帝不会亏待我们。"

聪明的察割同意了敌猎的计策，问道："谁肯出围与他们谈判呢？"

敌猎说："如大王放心，下官愿冒死前往一试。"

敌猎到了屋质帐中把原先的意思一谈，屋质还没开口，老太后就骂道："大胆的逆贼！朝中大事哪有你们说话的份儿，你杀了皇上，我先杀了你这个混账。"说着举刀就砍。

屋质拉住太皇太后说："两国交战都不斩来使，何况都是本朝将士，等我与寿安王商议后再定。"

屋质找到耶律璟，耶律璟虽然年纪不大，但遇事却不慌张，他让屋质把敌猎叫到他的帐中，为了让对方信以为真，耶律璟单独一人对敌猎说："这办法正中我意，你赶紧回去，让察割来我帐商讨详细行动事宜，半途不得声张。"

敌猎满怀高兴地回去把事情的详细经过报告给了察割，察割又和几个骨干合计了一下，便也信以为真，和盆都、敌猎一块儿去见耶律璟。

敌猎走后，耶律璟和屋质密计擒贼策略。太皇太后暂不出面，吩咐御卫藏于帐内，其他卫士秘密分散在大帐四周，等他们进帐后按计听令下手擒获。

察割一行三人准时到来，进帐后向耶律璟施礼说："承蒙寿安王不杀，恭贺大王即位之喜。"

耶律璟说："我何来即位之喜？"

察割说："皇上归天了，该您即位不是大喜吗？"

耶律璟问："下次把我杀了你们还贺谁的喜？看来这大辽国得你们说了算啦？"

他向屋质使了个眼色，屋质把帽子往地上一摔，六个强壮的御卫"噌"的一声几乎同时从内帐窜出来，两人按一个，就像抓山羊一样麻利地把他们三个捆绑了起来，然后押着三人来到太皇太后的帐外，太皇太后一见三个逆臣被捆，立刻明白了一切，对耶律璟和屋质说："按大辽国律法，你们处置好了。"

被押为人质的家属得到解救，全部出征军政人员一阵欢呼。首犯察割被当众剁成肉酱；牒蜡没有当成皇上，与盆都一起被耶律阮的弟弟耶律娄国亲手用刀砍死；支持牒蜡当皇上的妻子也没能幸免；敌猎帮助耶律璟诱捉叛贼察割一伙有功，不予追究以往的过错，仍任群牧都林牙；南京留守改由娄国担任，同时派耶律阮的妻弟萧海真任南京节度使，这无疑是有意加强了对南方汉人区域的防范力度。

最后，屋质站在临时搭起的高台上大声问道："还有谁要当皇上，请上来！"台下群鸦雀无声，没有一个人敢大声喘气，有的人连头也不敢抬。

一场阴谋夺权的叛乱就这样结束了。

叛乱平息后，耶律阮被葬于显州西山的显陵（今辽宁省北镇市），讨伐后周的战事只好草草收兵。朝廷无君，大事小情都要请示老太后决断，烦乱中一丝丝的喜悦撞击着老太后干枯乏力的心房，她又可以发号施令了。但毕竟是一个七旬老人了，回答臣将的奏报时，她经常是前言不搭后语，出一次朝宫女们要给她擦几次口水，有时接待完一个汉使，要进内宫躺一会儿才能接待第二个。因此，朝廷内外议论纷纷，许多重要的边防大事要等上两三天才有批复。老太后无论怎样拼命也处理不完摆在案头的奏报，越急越乱，越乱越急，没几天太皇太后就病倒了，躺在病榻上她还让宫女口授军政懿旨。她自己也明白，这不是长久之计，可是供她选择的即位候选人太少了。耶律阮的儿子还不懂事，李胡的儿子同样年纪尚小，而且同他爹一样混头麻脑不招人待见，安端和寅底石的孙子一个都不能用。眼下只有太宗耶律德光的长子耶律璟可用，在军中也有些锻炼，但他嗜酒如命，事无章法，杀人易如割草，让他即位还不乱了套，大辽国不亡也得塌半边天，这次平叛他还是顾大局立了功的，思来想去只有他暂时即位为宜，等有了合适的人选就把他换掉。就这样21岁的耶律璟成了大辽国第四位皇帝，老太后成为历史上罕见的辅佐四代皇帝的太后。

耶律璟被群臣尊为天顺皇帝（辽穆宗），当年改年号为应历。汉、周和南唐派使臣来吊唁世宗的同时祝贺天顺皇帝登基，耶律璟允许以汉礼相待，但病中的太皇太后对此还要进行干涉，耶律璟既然成为大辽国的皇帝就不再对这位老祖母言听计从，当面"是，是，是"，过后该怎么办就怎么办。

耶律璟当上皇帝后，今天喝酒，明天打猎，后天累了整日不上朝，邻近各国了解到这个情况后，都蠢蠢欲动。

辽应历二年（952），燕京及附近发生特大洪水，周朝就趁机到燕京招募人口，特别是读书的士子和技术工匠，对有意归汉的上层官员，花费多大代价也要将他们拉拢过来。

第二年，后周主动进攻契丹南部地区，耶律璟派萧思温上阵，萧思温只悄悄跟在周军的后边，不敢主动出击。在上京喝酒的大辽国皇帝耶律璟不仅不予惩处，反而说："敌来拒挡，敌去务农。"在他错误方针的指导下，契丹军事实力大大下降，使陪都南京城只剩下防守之力了。

节度使萧海真看到这种情况，再也耐不住汉人的诱惑和威逼，便联合汉官李瀚秘密投奔周朝，因半途被发现，投周未成却被关进监狱。萧海真是老太后娘家国舅族的人，老太后得知此事气恨交加，病情更加严重，几天滴水未进，骨瘦如柴，六月天还捂着厚毯，但双手冰凉，只有那双深陷在眼窝中的球体还在放射着焦灼的光芒。她几次传命让耶律璟到她的宫中，但耶律璟总是推说有要事去不了，老太后颤颤巍巍地挣扎着要起床去找这个不忠不孝的孙子，可是怎么也起不来，她指着门口对守在旁边的宫女说："汉人……汉人……大辽……契丹完了……"

越着急声音越小，最后只见下唇抖动，没有任何气流往外出。不一会儿，她的双手往两侧一落，气息全无，嘴唇停止了抽动。

她死了，她走了。

这位18岁进耶律家、辅佐四代皇上的契丹女杰走完了她七十五年的人生旅程，但那双放光的眼睛却死死地盯着门口不肯闭上，宫女们又急又怕，号啕嘈杂的哭喊声惊动了新皇上耶律璟。

耶律璟进宫一看，老太后真的驾崩了。他难过，这终是他的亲祖母，他高兴，这回总算走了一个难缠的"老来烦"。

三、从萧燕燕到睿智皇后

穆宗撤换旧官吏
思温荣升留守官

太皇太后驾崩后，耶律璟将她的灵柩运往祖州下葬，从此老太后与太祖厮守在耶律祖先诞生的这块宝地上。

上边没有了老太后，耶律璟更加肆无忌惮地为所欲为，整日长醉不醒，打猎不归，他早已将祖母临终的教诲忘在脑后。

对于他的即位和即位后的所作所为，李胡之子耶律宛和耶律璟的弟弟耶律罨撒葛看在眼里，气在心里，他们总是善言进谏，希望耶律璟做一个像样的皇上。但这位新上任的皇上根本不听，在劝说无效的情况下，他们便联络耶律吼的五世孙耶律敌烈和嵇干、华割、新罗等人密谋杀掉耶律璟另换新帝，耶律璟发现后不得不花些时间处理他的政敌。

辽应历四年（954），耶律璟把他的亲弟弟罨撒葛和堂弟耶律宛杖刑后教训一顿放走，跟着这些皇族子弟作乱的华割、新罗、嵇干等人无一赦免，全部按律杀掉。耶律璟依然寻欢作乐，过着淫佚无度的荒唐生活。

一天，耶律璟正与皇后萧氏兴致勃勃地追逐一只中箭未死的麋鹿，一个士兵跑来通传宫里传来的急报，他很不耐烦地问："什么事这么急？"

卫士说："周帝郭威逝世，他的养子柴荣即位为帝，特派使来报，请皇上示下，是否派使臣前往吊唁和祝贺新帝登极？"耶律璟生气地说："还没死呢，着什么急！"卫士说："使臣说得明白，已经死了。"

耶律璟照着卫士的脸上抽了一鞭子，指着那头受伤的鹿骂道："混蛋！它死了还在跑吗？"

卫士知道皇上的心思还是追那头麋鹿，就再也不答话了，使劲地跟在马后奔跑，直到把那头带箭的公鹿追得再也跑不动了。耶律璟哈哈大笑说："不跑啦？好，把这头肥鹿带回营帐，犒赏弟兄们。"

他回头看见跑得满头大汗的报信的卫士问："我追鹿你出什么汗？"

卫士看见皇上有了笑脸，就大声说："皇上神箭神力，您四条腿跑，我两条腿跑，能不出汗吗？"

耶律璟正在兴头上，没顾得上琢磨卫士的话，皇后听出了毛病，但不愿意给皇上添恼，也不想让卫士受惩罚，就瞪了一眼卫士没说话，卫士立即明白说错了话，就赶紧换了个话题说："宫里等着皇上的御旨，派不派使臣去周朝？"

皇上才想起来周朝换主的事，就对卫士说："告诉丞相，让萧思温应付一下算了。"

卫士走后，耶律璟继续跃马、射箭，驰骋畋猎。

过了几天，又有宫里的卫士来报，说："汉朝来使报告，周犯汉土，请求援助。"

耶律璟心烦意乱，不得不结束打猎回朝议政。他一边派耶律敌禄领兵援汉，一边决定亲自到南京走一走，看看南边到底出了什么问题。

时任南京留守的是耶律倍之子耶律娄国（耶律阮之弟），驻南京节度使是耶律阮的妻弟萧海真。耶律倍出走汉唐后，耶律阮的母亲受到当朝部分朝臣的歧视，耶律阮很懂事，处处保护弟弟娄国的安全。天禄五年（951），耶律娄国被耶律阮授予武定军节度使之职。

萧海真是皇后撒葛只的小弟弟，深得撒葛只的喜爱，姐弟俩感情很深。因此两个人都是耶律阮的忠臣良将，耶律阮在位时，他们虽未就高位，但有重大问题商讨时，耶律阮总是很细心地倾听他们的意见。耶律阮被害后，娄国悲愤至极。当时还没当上皇帝的耶律璟抓到谋反杀害耶律阮的察割一伙，娄国非常感谢这位叔伯弟兄，耶律璟让他行刑时，他毫不犹豫地举刀把察割剁成了肉泥。娄国对耶律璟的德行和为人虽有了解，但还是对他抱有不少幻想，娄国被派到南京任职，离上京远了，但他对耶律璟即位后的所作所为还是非常了解的，与曾节度使萧海真商量过，如何进谏皇上以朝政为重。

娄国回上京时，还像小时候一样与耶律璟以兄弟相称，耶律璟很不高兴，当谈到南京的情况时，他不耐烦地说："那边的事情就交给你了，你看着办吧。"

对汉人政权周和汉的矛盾与冲突，耶律璟一反常态地主张，汉人和汉人打架契丹人尽可能不管，只要打不到大辽就少管。当谈到喝酒和打猎时，他的兴致极高，对娄国说："汉人懂什么，只知道念书论道，那几个汉官一骑上马就傻了，那么小的酒杯，吆喝半天也喝不下去，但你也要小心，汉人心术不正，当心遭暗算。"

娄国和萧国真都碰过钉子，对这位皇帝逐渐失去了信心。

周朝的柴荣执政后，采取了一系列改革措施，在稍加稳定后，他就对汉发动了几次进攻。辽应历四年（954）三月，周、汉在高平打了一场大仗，以汉失败告终，之后再也不敢与周正面发生矛盾。接着柴荣召见了德州刺史张藏英，让他奏报了与辽国接壤土地的情况及北部辽国布兵的情况，随即决定在北部边防招募几千新兵，更加大胆地对辽边境主动搞些小摩擦，试观动静。

娄国和萧海真身处汉人聚集地，深知汉人的智谋和用意，他们向耶律璟禀报了这一情况，耶律璟没有多大反应，两个人由对皇帝没有信心发展到产生了对抗情绪，后来进一步变成要密谋推翻这个昏君，另立一个新皇帝。此消息传到耶律璟耳朵里，他这才决定亲自到南京来看看情况。

耶律璟一行从上京出发南行，过了山口就是燕京地区，绿油油的庄稼长势很好，房屋整齐、道路宽敞，没有人穿着厚笨的兽皮衣服，人们或着麻，或着丝，个个神情聪智，耶律璟感到很新鲜，就问："这些汉人穿这么薄冷不冷？"

汉人随从说："山南边气候温和，冬天他们在固定的房子里，用不着穿厚皮衣。"

耶律璟说："怪不得汉人比咱们契丹人显得漂亮。"

一路连说带看，很快就要到南京城了。耶律娄国因早就得到消息，一大早就在北城的拱辰门外候驾。

耶律璟一进大城更是大吃一惊，高高的城墙不仅坚挺牢固，而且规矩齐整，城门楼威严耸立，城内道路宽阔笔直，两旁楼阁房屋规整美观，市井繁华热闹，内城的楼阁辉煌无比，这是耶律璟想象不到的场景，他嘴里不断地"啧、啧"着。

耶律璟对市井建筑好奇留神的同时，也发现宫里进进出出的大部分都是汉人汉官，心想：他们对我这个皇上虽然也毕恭毕敬，但总觉得他们对耶律娄国更亲近、更随便，还不时地小声耳语说着什么。耶律璟有些不快，但他不便当场发作。

在听取关于周、汉和南唐情况的奏报时，他总觉得耶律娄国和萧海真他们对汉人能力过度地夸大和崇拜，娄国、萧海真说："为了加强南京的装备，我们的战略重心应该逐步南移，利用汉人汉地的优秀人才和技术，扩大辽国的势力范围。"

耶律璟对他们的意见未置可否，只说了句："朕回去和南、北两院商量一下再说。"

晚上他找了两个可靠的契丹小官了解问话，知道了更多关于娄国过度亲汉及其他可疑的行为。

耶律璟装作若无其事的样子，连续几天游览燕京城郊的风景，当游览到京西一百多里的一座山上时，看到山洞里有许多石刻经文，他来到破旧的庙宇后院，一位老僧告诉他："这是隋代僧人静琬大和尚为了永久保存佛法，亲率弟子一钎一钎雕刻出来的，唐末战乱频发，把好端端一座庙宇毁成这个样子，也没有力量继续刻经了。"

这位契丹皇帝虽然不喜欢汉人，但对汉人笃信的佛教非常崇拜，对陪同他的耶律娄国说："佛经含义宏远，我契丹人应礼敬三宝，今佛院和经洞既然在我大辽国内，就应予以修复，刻经的事还要继续下去。"

娄国答应说："皇上所言极是，微臣一定尽力办到。"

耶律璟在燕京视察了几天就回上京了。

耶律璟回到上京后，萧思温也从汉都城太原回来，耶律璟听了他的奏报后问道："大将军对周、汉交恶有何看法？"

萧思温说："汉人自天祐四年（907）大唐灭亡后战乱不止，为争权夺势而互相残杀，这个时期也正是我契丹势力兴旺发达之时，大辽国就在他们的纷争中宣布成立，他们越乱我们越好，让他们打吧，只要不打到大辽我们就少管。"

这话正说到皇上的心坎儿里，从此萧思温受到皇帝的特别重视，没多久他就被派到南京去任留守官，把娄国替换回来。临别时耶律璟赐宴为萧思温送行，他问萧思温有没有什么困难尽管提出来，萧思温得此独守一方的殊荣很是感谢，说没有什么困难，只是对两个爱女放心不下。

耶律璟说："你先去赴任，等安顿好了可以把妻子女儿一块儿接过去。"

临行那天，萧思温的妻子抱着女儿送了一程又一程，女儿哭着喊着要找父亲，一向性情刚毅的七尺汉子竟也掉下几滴泪水。

萧思温到达南京后，也对燕京城的文明和繁荣深感新鲜和好奇，无心考虑周、汉的边界冲突，慢慢由新鲜到好感，由好感到羡慕，他越发想着把妻子和女儿早些接过来，让她们也开开眼，高兴高兴。

萧思温走后，耶律璟去掉了担心南方的一块心病，更加放心地喝酒、打猎寻开心。不知哪位马屁官告诉他有个叫肖古的巫婆是个活神仙，不仅可以祛百病，还能让人长生不老，耶律璟立刻把那个巫婆召到他的延昌宫，他告诉斡鲁朵御卫："肖仙姑是朕请来的客人，今后她出入宫门不必查验。"

这位仙姑禀报皇上："陛下要想长生不老，要吃新鲜男子胆，不仅可以强身，还可以延寿，吃够一百个就能长生不老。"

于是，这位残暴的君王传令，凡犯死罪的人一律不得缓刑，行刑后将其的鲜胆立即送进延昌宫。如果死囚犯不够，就将从汉地掳来的劳工剖腹取胆，不几年死尸不计其数，谁一听说进延昌宫就心惊胆战。因此群臣私下议论纷纷，下层官吏反抗情绪更甚，周皇帝柴荣通过细作了解到这些情况后，便积极往北部边防调兵遣将，准备直接攻打大辽。

思温思男偏生女
聪颖燕燕惹人爱

临离开上京前一天晚上，萧思温向年迈的父母告别，他对父亲说："孩儿就要远行，请二老多多保重，若不是君命难违，孩儿绝不丢弃您二老不管。"

父亲忽没里说："自古忠孝不能两全，为国尽忠这是我们述律家族的神圣义务。"

萧思温瞪大了眼睛问道："我似乎感觉到皇上和太后对我们家有些特殊关爱，但我怎么也没弄明白，我们和述律家族到底是什么关系。"

父亲说："我和萧敌鲁是同宗兄弟，而敌鲁的母亲撒葛只和老太后又是亲姐妹，她们都是太祖的父亲耶律撒剌的亲姐妹，所以我就是太后的弟弟，你应该叫老太后姑姑，自然会受到些照顾。南京留守一职非常重要，那里是防守汉人进攻的南大门，你要恪尽职守才是。"

萧思温还是没有弄明白萧氏和述律氏的关系，就又追问父亲，忽没里说："这要从头讲起，我们本是回鹘人种，早年回鹘人就和契丹人联了姻，他们都是审密集团的重要成员，联姻后的下一代已经变成了具有回鹘族血统的契丹人了。在这个集团中还有别的部族成员，而审密就是较大的一个部族，其中以回鹘人和契丹人联姻后的述律氏人数最多。契丹建国前，没有规定统一的姓氏，基本上以原聚集地为各自的姓氏，辽太祖耶律阿保机娶了述律氏的月理朵为妻，之后他又当上契丹国的第一任皇帝，述律氏的地位也随之上升。第二任皇帝辽太宗耶律德光又娶了月理朵的亲侄女萧温为后，太宗为了保持皇族和后族长期稳定的地位，就指定了统一的国姓。规定皇族系统都姓耶律，后族系统都姓审密，之后汉人把'审密'翻译成了'萧'，所以太宗以前的皇后姓述律，太宗以后的皇后都姓萧，我们家虽然都姓萧，但也都是述律家族系统的成员，你明白了吗？"

这时，萧思温才若有所思地"噢，噢"答应着。

在萧氏大家族中，忽没里本没有显赫的地位，但因生有三子，才被族中人重视。萧思温是老二，上有一个哥哥，下有一个弟弟，他从小聪颖但办事无羁，虽然没上过什么学，但在释鲁家里也学认了不少字，稍大些对史书特别感兴趣，常跟释鲁讨论历史问题。淳钦皇后月理朵回娘家省亲时曾经见过这孩子，经大人的介绍和夸奖，她很喜欢这孩子。

耶律德光继承皇位后，月理朵升为皇太后，她对家族和皇朝的大事小情有至高无上的决策权。耶律德光的长女吕不古已到出嫁的年龄，他知道自己做不了主，就找皇太后商量这件事，她立即想起了娘家的本族侄子萧思温。皇后萧温未出嫁时也认识萧思温，虽觉得他不是最佳人选，但也没什么大毛病，尤其在皇太后面前不敢提出新人选，就这样萧思温成了未加封的皇朝驸马。

新婚后夫妻二人非常恩爱，但两年过去了，吕不古的肚子还是平平的，哥哥和弟弟都有儿子继后，唯萧思温没有孩子，因此夫妻二人非常着急，还不断地闹矛盾，互相指责无能。忽没里老两口因大儿子和小儿子已经有了男孩，所以对萧思温两口子的晚生并不在意，萧思温的母亲出面调解他们的矛盾，并给吕不古出了些主意，如何可以得胎保胎，吃什么可以生男孩等。

过了些日子，妻子吕不古的肚子果然鼓了起来，全家人众星捧月般侍奉着，小心翼翼地度过十个月，生下一个胖胖的女娃，这个女娃的到来给萧思温一家增添了许多欢乐，萧思温为女儿起名叫和古革。

萧思温不死心，妻子还在哺乳期，他又让吕不古怀上了，一年后又生下一个女孩，全家人都有点儿泄气，但也不能不要，就为这个女儿胡乱取名叫甄仁。

萧思温少时读史书，又有些武艺，曾被派往奚部任秃里太尉。与吕不古公主成亲后，被提拔为群牧都林牙，负责军马的驯养和供应，在千年前的辽国时代，打仗的主要军备物资就是战马，因此这是一个十分重要的职务。千万匹奔放无羁的生马，从配种、接生、饲养、调训、管护到一头成熟的战马，要经过非常艰苦的劳作和细致的培训，像太祖耶律阿保机的"白雪"和淳钦皇后月理朵的"枣花青"，都是专人专训、万里挑一的良马，放养马匹的牧人大部分是从汉地和其他部族俘虏来的外族人，因语言不通，管理起来也特别费劲，因此萧思温的工作非常繁忙，经常数日不能回家。

辽应历元年（951）周成立后，与辽国友邻汉摩擦不断升级。辽国内部争权夺势的矛盾和斗争也十分复杂。同年，察割一伙谋杀了辽世宗耶律阮。第二年，娄国、敌烈等又企图废掉刚刚即位的耶律璟。应历三年（953），在外乱内讧的情况下，应天皇太后驾崩，国内外形势更加紧张。萧思温因职业特点形成的生活邋遢、军纪散漫，导致太宗耶律德光死后军中没人看得起他，加上他工作劳累，身边无子女，又遇内乱外忧，因此心情非常不好。

辽应历三年（953）春月的一天，他正在帐中喝闷酒，一匹快马急速飞奔而来，军卒下马进帐便拜，"恭喜将军，恭喜将军！"

萧思温正喝得迷迷糊糊，大声问道："我有什么喜！"

军卒毫无惧怕地站起来说："将军夫人有喜了！生了一个……一个……咳！我也不知生了个什么。"

萧思温一听说夫人生了，把酒杯一摔急忙问道："快说，是男的还是女的？多大？没出事吧？"

军卒抹了一把汗回道："报告将军，这事不让男人在场，也没人告诉我是男是女，您还是自己去问吧。"

萧思温又一脸严肃地问道："你不会是哄我开心吧？"

军卒一边喝水一边走动着说："将军您借给我十个胆我也不敢开这个玩笑呀！"

此时酒醒后的萧思温也顾不得责怪军卒的随便和无礼，咧着大嘴像孩子似的哈哈一笑，推开门飞身上马就走了。

经过几个时辰的飞奔，总算看到家了，暮色中的晚霞格外迷人，彩霞映照下的宅屋从来没有这么惹人爱过，屋里屋外明光闪闪，人们进进出出，一看就知道是有了喜庆事。

看到萧思温回来，仆人们都笑着向他打招呼，萧思温顾不得脱掉沾满灰尘的战袍就往夫人屋里闯。母亲将他拦在门外，他不得不先向母亲请安问好，然后脱去军袍洗净手脸，按母亲的交代站在床前探望妻子和刚出生三天的小宝宝，正欲俯身亲一下宝宝，母亲拉住他说："瞧你那一嘴干草，还不把孩子扎坏。"

萧思温抹了一下嘴巴又是"哈哈"一声傻笑，妻子见丈夫这么高兴，就一脸严肃地说："是个丫头，你高兴什么！"

萧思温脸色非常阴沉，但他又不想让月子里的妻子过分伤心，勉强一笑说："丫头怕什么，没有丫头哪有小子，你再使使劲儿下次生个小子。"

吕不古说："你以为这是拉粪球，哪儿有那么容易。"

一句话把满屋子的人逗得前仰后合，一阵大笑，笑声把床上的孩子震得两只小手直抓挠，两只圆眼睛明亮有神，活像一只可爱的小飞鸟。大家你一嘴我一嘴，有人说她像一只漂亮的小山鸡，思温说："山鸡飞不快，还是像山鹰。"

萧思温的母亲打断他的话说："山鸡笨，山鹰野，还是燕子好，文静、漂亮、飞得又高，这孩子就叫燕燕吧。"

媳妇首先表示同意，萧思温也不争了，就这样定下了孩子的名字——"燕燕"。

说话三年过去，燕燕正和两个姐姐玩耍，她虽然没有二姐漂亮，但聪慧伶俐，口齿清楚，颇受姐姐们的喜爱。白净的皮肤，油黑的头发，两条小辫分扎在双耳上方，素洁的打扮非常得体，一连能唱好几首歌谣，她胆子很大，敢从高台上往下跳。

燕燕与叔叔和伯父家的几个小孩经常到山坡上比赛唱歌，谁唱得好，大家就编一个花环戴在谁的头上，结果每次都是燕燕得的花环最多。如果分组赛跑，她和二姐经常是第一名，因此大家很佩服她，都愿意跟着她玩。

稍大些后，大人让几个女孩扫地，两个姐姐拿着扫把和她比快，随便胡噜几下就完事，而燕燕一扫把一扫地地扫得非常干净，萧思温看在眼里喜在心上，觉得这个女儿将来定能成大事。燕燕受到夸奖也从不趾高气扬，她和小姐妹们讨论编花、唱歌，甚至学大人缝衣衫，相处得非常好。

燕燕和男孩子处得也不错，她向男孩子学习拳脚和箭术，进步也非常快，踢、打、钩、拿样样都会，刀劈立杆，一下到底，悬顶射箭，箭箭不空，因此男孩子也都喜欢和她一块儿玩儿。

有一次，她的叔伯弟弟限因要试试她的武艺，与她比赛骑马射柳，他们事先在选定的五枝柳枝上拴系红毛线做记号，比赛者骑在马上，由其他的孩子给马一鞭子，马跑起来就可以放箭了，看谁射中的多谁就获胜。限因让燕燕先射，"啪"的一声鞭响，大青马四蹄飞蹬，一阵沙尘起，燕燕左手握弓，右手把箭尾往弦上一搭，然后举至齐眉处，右手把牛皮弦往右后方用力一拉，屏住呼吸一松指，只听"嗖"的一声响，远方树上一枝系有红毛线的柳枝应声落地，小伙伴们一阵叫好声。限因箭术娴熟，箭弦还没贴到脸上，只轻轻一拉一放第二枝系有红毛线的柳枝也应声落地，又是一阵欢呼声。限因拨马回来对燕燕说："该你啦！如果你赢了我请你们女孩吃烤狼心，要是你输了怎么办？"

燕燕勒住马说："我输了请你们男子汉吃烤虎胆！"

小伙伴们吃过烤牛羊、烤驼马和烤麋鹿，还没吃过烤虎胆，都嚷嚷着说："说话算数呀！"

"一言既出，驷马难追。"

燕燕边说边琢磨如何取胜，又是重重一鞭，她的青马飞奔而去，可是燕燕没有举弓搭箭，限因有些得意，女孩子们则沉不住气，喊着："燕燕射呀！"

燕燕说："没问题，肯定能赢！"

她不慌不忙地绕场一周，边跑边举弓向隈因喊："不行啦，我输了。"

可是当跑到一个小坑边时，她火速搭箭用力一拉，两枝系有红毛线的柳枝几乎同时落地，男孩子还在发愣时，燕燕喊着："姐妹们，吃狼心去呀！"

只剩下一枝了，隈因输定了，他喊着："燕燕，这不算，应该再增加一枝。"

男孩子们不干，嚷嚷着说："树枝不够了不算。"

"对，不算，不算！"那男孩子喊道。

女孩子也不甘示弱，冲男孩子嚷嚷道："事先没规定的事不管，有本事你们一箭射掉五枝我们也承认。"

"吃烤狼心，烤狼心！""不许耍赖！"

就这样燕燕的女队赢得了胜利，燕燕在孩子们间的地位越来越高。

闲暇时，因受父亲的影响，燕燕也爱看些政治和各国历史书籍，只是书都是汉字，她认不大全，有看不懂的地方就问父亲的汉人朋友。有时大人们谈论本朝与各国的一些矛盾和斗争情况，她不时地插几句嘴，大人并没有在意。有一次，父亲从南京回上京办事，几个朋友来家里看望他，当谈到辽穆宗耶律璟吃男人胆得长生的事，燕燕突然插嘴说："不是不报，时候未到，时候一到，一切全报。"

这句话把大人们吓了一跳，父亲不许她胡说。她又说："仁者要爱人，不爱人者不为仁。己所不欲，勿施于人。"

萧思温和几个朋友听了都惊得目瞪口呆，问燕燕："这是谁教给你的？"

燕燕举着一本封面画着孔子像的书说："是这个孔夫子教的。"

大家一阵哈哈大笑，朋友们对萧思温说："没有儿子没关系，有这么个宝贝女儿说不定哪天你要高升得福呢。"

萧思温说："小孩子懂什么，她刚认识几个字随便瞎说的，出门千万别乱传。"

因为父亲萧思温去了南京，燕燕虽说聪明懂事，也有叔叔伯父的照应，但一到晚上，屋里只有母女四人，不免有些寂寞和紧张。尤其遇到大风天，总觉得黑地方藏着人，母亲害怕却不敢说，燕燕也紧张，但却硬装胆子大，开门关门都是她的事，时间长了，四个人都说想父亲。母亲让人捎信给萧思温，让他早些把母女几人接过去。

盼着盼着，萧思温真的回来了，经皇上恩准，母女几人可以去南京了，离走还有好几天，小伙伴们穿梭似的来看她。燕燕听说南京很远，那里没有草原和成群的牛羊，连穿的衣服也和这里不一样，不免有些犹豫和惆怅。她更舍不得这些小伙伴，于是就和伙伴们到外边拼命地跑啊跳啊，望着蓝天白云高声歌唱，在草地上追逐嬉闹，草丛中的野兔被他们惊得四处乱窜，似乎只有这样才可以排解心中的不畅。

南行的日子真的到了，本来可以骑马早些到达，但因怕南京城没有契丹人用惯的东西，所以要带许多日用品，只好又拴了一辆马车。

临行当天一大早，车前马后围满了送行的人，姑娘们编了几个漂亮的花篮和花环让燕燕带上，隈因拉着小弟弟留只哥也来送行，并送给她一把锋利的短剑，燕燕抱起留只哥亲吻着，她眼含热泪望着送行的人们，一再鞠躬致谢。燕燕一家上路了，大人们走了一段停下了，小伙伴们一再追着马车连跑带喊："还回来呀……"

燕燕向他们招手，挥动着花环，小伙伴的身影越米越小，直到消失在卓丛中，她才用手抹掉两腮的泪水。

燕燕初识韩德让
青梅竹马定终身

燕燕一家经过几天的急行赶路，总算到达了燕京，在几个汉官的精心安排下，一切起居和生活条件都已具备。燕燕在父亲的带领下，参观了城垣、宫殿和街市，这里的一切都很新鲜，虽然没有大草原，但苑囿小巧别致，造型美观奇特，珍禽异兽干净灵巧。街面上几乎所有的店铺都贴着汉文联额或牌匾，行人穿戴可身，服饰整洁漂亮，很多人都手持书卷，讲话轻声细语。最让姐妹几个高兴的是店铺里花花绿绿的商品，这是草原上没有的，也是她们想象不到的。几天下来，燕燕已经喜欢上了这个新城市，但父亲嘱咐她千万不能跑远，说汉人的心思捉摸不定，少跟不认识的人打交道，她和姐姐只能在门前左右玩一玩。久而久之，门前那点儿景致就看腻了，回到屋里静下来，草原上小伙伴们的身影又浮现在脑海里，郁闷的情绪让她有些闷闷不乐。

再说那周世宗柴荣，经过几次边境袭扰，见辽国没什么大反应，他更加肆无忌惮地向辽土进攻，不数日就攻陷了益津、瓦桥、淤口三关。萧思温受命反攻阻击，因后周兵多将猛，辽军不能取胜，萧思温向朝廷请求增兵。

辽应历九年（959）五月，皇帝耶律璟又一次亲临南京视察，视察后除决定增兵外，还封韩知古之子韩匡嗣为燕王，到南京协助萧思温管理大辽南部的汉人地区，于是韩匡嗣一家又回到他的故乡。

韩匡嗣一到燕京就受到留守官萧思温和其他同僚的热烈欢迎。接风宴上，男官一席，女眷及其他眷属一席，萧思温一一介绍两边的客人，当介绍到韩匡嗣的夫人时，旁边有一个翩翩少年，看样子有二十几岁，身材魁伟，素衣打扮，额宽耳阔，圆睁的双目含情脉脉，韩匡嗣马上介绍说："犬子德让，年幼无知，还望诸位大人多多栽培，快向思温伯伯拜礼。"

说着韩德让马上站起身向萧思温深深鞠了一躬，然后两手一抱恭顺地说："萧伯伯好！小侄初来乍到，望萧伯伯多指教。"

这一得体大方的举动被燕燕看在眼里、刻在心上，在草原上小哥们儿弟兄也不少，但像韩德让这样相貌非凡、举止大方文雅的英俊少年她还没遇到过。回到家后，几天来这个英俊少年的影子总在她的脑子里转，睡觉闭上眼睛，韩德让的样子就浮现在眼前，姑娘的心思也找不到伙伴述说。父亲说过，汉人的心思不好捉摸，这位韩大哥好像一眼就可以看透，只可惜没有机会说上话，她多么希望有机会再见他一面呀。

在那次宴会上，韩德让对燕燕同样留下了深刻的记忆，他问父亲："萧伯伯家那个姐姐读过汉书吗？看样子很聪明。"

父亲告诉他："她小你几岁，这个小妹妹从小生活在北边，但读过一些汉书，非常懂事，文武双全，你要多向人家学习。"

德让虽说不一定服气燕燕的本事，但对"多向人家学习"这句话非常感兴趣，他对父亲说："哪天您带我去拜望萧伯伯，也好见见妹妹的文才武略。"

果然几天后机会来了，那天正是契丹族的"讨赛咿儿"节，"讨"是汉语"五"的意思，"咿赛儿"是汉语"月"的意思，实际就是汉人的五月节。五月初五那天，按照契丹人的习俗，正午时要采艾叶、着棉衣，渤海人还要蒸艾糕，臣民向皇上进献节日礼品，皇上赐宴招待群臣。老百姓不分男女，都用五彩丝线缠臂谓之"合欢节"，再用五彩丝扎成"人"字形的头饰插在头发上，谓之"长命缕"。在汉人聚集的燕京城，虽然不能亲自向皇上进献节日礼品，但同僚和亲朋之间也要送些艾叶和节日食品，在燕京住久了的契丹人也学会了包粽子，采艾叶是大家共同的活动，只不过在燕京是早上到郊区去采艾叶。

五月初五一大早，萧思温和韩匡嗣两家约好一块儿到卢沟河（今永定河）边去采艾叶，燕燕和韩德让是两家起得最早的人。太阳刚刚露脸，他们就出了清晋门，一阵马蹄声由近而远，一会儿就消失在阳光初照的树丛中，他们两个都顾不上别人是否跟得上，扬鞭策马向西南方跑去，跑了一段回头一望，只有他们两个人，他俩相视而笑，谁也没有说话。

过了一会儿还不见人，德让开口问道："你叫什么名字？"

燕燕说："萧绰，你就叫我的小名燕燕吧，我已经听惯了，你比我大，我就叫你德让哥吧。"

德让很少单独和姑娘在一起玩耍谈话，倒有些不好意思起来，嘴里喃喃着："好，好。"

他抬头一瞅燕燕，一对明目柔情似水，两排洁白的牙齿露在粉红的唇间，一头油黑的头发被风吹散，不得不用手往后梳理着。他感到从未有过的舒畅，她胸中涌动着春水的波涛，他们已经忘了到这里来的目的，燕燕笑着问德让："听说你们汉人不说心里话，是吗？"

韩德让也笑着说："不说心里话那就是说肚皮外边的话，你看我说的是里边的话还是外边的话？"

燕燕哈哈大笑起来，一下打开了僵局，两个人你一言我一语边走边聊，一会儿大人们赶了上来，韩匡嗣叫住德让说："这是你燕燕妹妹。"

　　燕燕笑着说："不用伯伯介绍，我们已经认识了。"

　　韩匡嗣又说："你不是要学习燕燕的文韬武略吗？这回认识了，以后你们多来往，燕燕多帮助德让练练功。"

　　燕燕笑着说："伯父您过奖了，还是请德让哥多帮帮我吧，我认识的汉文太少。"

　　得到让他们多些来往的"御批"，着实让他俩高兴了好一阵子。

　　来南京后关在家里的那股闷气一扫而光，五月初的阳光一下子把燕燕的心房照得暖烘烘的。田里的麦穗飘着香味，成双的彩蝶自由飞舞，静静的河水蜿蜒曲折地流向东南方，燕燕下马走上河岸，她突然高兴地喊起来："母亲快来看，这里的艾叶比老家的艾叶大多了。"

　　韩德让飞身下马也跑过去，一会儿就采了一大把，他递给燕燕说："你知道汉文的'艾'字怎么写吗？"

　　燕燕说："哎呀，这个'艾'字——我真没学过这个字，德让哥教教我吧。"

　　德让说："你把手伸出来。"

　　燕燕立即伸出左手，德让说："男左女右，把右手伸开。"

　　燕燕把艾叶送到左手里，把右手伸出后说："写个字又不是拜堂成亲，分什么左右。"

　　说完就觉得失了口，脸颊泛出一片红晕，德让没有注意她的面容，低头用左手去托燕燕的手背，刚一触到那绵软柔细的玉指，一股难以形容的快感立刻传遍全身。他右手食指在燕燕手心里画来画去，怎么也写不出那个简单的"艾"字，燕燕笑着说："老师都不会写'艾'字，学生怎么学习写'艾'字。"

　　她嘴里埋怨着，但手并没有抽回来，两个人静静地待了好一会儿，听到有人喊"燕燕"的声音，她非常紧张地把手赶紧抽回，"你把'艾'字想起来再教我吧。"她边说边抱着艾叶跑着去找母亲了。

　　从卢沟河回来后，燕燕总惦记着那个没有学会的"艾"字，一想起那个难忘的时刻，心里就飞腾起一股热流。燕燕走路快，说话快，办事也快，有时不由自主地看自己的右手心，看过几次后，母亲以为她手心出了什么毛病，问她手怎么啦，她笑着说："没什么，有时有点儿痒。"

母亲说："可能不适应这里的水土。"

韩德让也为那次竟连个简单的"艾"字也写不出来而后悔，但一想起那次从未有过的感觉，就说不出的高兴。他听说燕燕武艺不错，总想找机会见识见识，就对父亲说："您不是说燕燕武功好吗，您带我去学学吧。"

父亲说："边境正紧，我和萧伯伯都没有时间，你们已经认识了，你自己去吧。"德让得到允许，勒马出了家门，到了萧府门前，下马就喊："燕燕！"燕燕一听是德让哥的声音，就跑出门去请韩德让进府，德让说："不进去啦，咱们出去玩玩好吗？"

燕燕也不问去哪儿，玩什么，就脆声答应说："好！我告诉母亲一声就走。"一会儿燕燕牵着马出来了，两个人出内城宣和门并骑缓步东行，燕燕指着路北一座寺院问："这是什么地方？"

韩德让说："听父亲说这是悯忠寺，大唐贞观年间唐太宗远征高丽时，牺牲了许多将士，为了表彰这些将士的英勇功绩，安抚他们的广灵，拨专款要在唐幽州城东南部建造一座寺院，但只做了一些准备，工程并没有实质性的进展。在万岁登封元年（696），女皇武则天终于完成了太宗的遗愿，工程竣工后，则天皇帝赐名'悯忠寺'，后来安禄山和史思明在寺的东、西两侧各建了一座塔，内藏各种石刻，燕京归属我大辽后，曾进行过大规模的维修。"

燕燕除了对燕京丰厚的文化和先进的建筑技艺赞叹外，对女皇武则天更感兴趣，韩德让又向她讲述了关于武则天的许多故事。燕燕心里想：契丹人骁勇善战，重视女性，当年应天皇太后辅佐了四代君王，权势非常大，但终究是个"后"。汉人女性能堂堂正正地坐在前边当皇上，难怪燕京城建造得这么漂亮，我要嫁人就嫁个汉人，要当官就当个在前面说话算数的官，不能老是"后"。

出了迎春门往南拐，有一条小河由西北向东南流淌，河两岸树木茂密，花香四溢，宽阔平坦，他俩又回忆起五月节采艾叶那天，扬鞭飞马一阵后，燕燕问德让："你找我来干什么？是不是想起来那个'艾'字来啦。"

德让笑着说："真不好意思，那天一紧张真成提笔忘字了。"

燕燕问："你紧张什么？"

"我也不知道为什么紧张，可能是在圣人面前害怕吧。"

"今天不紧张了吧？你要教我什么字？"

"听父亲说，你武功很好，父亲让我向你好好学习。"

燕燕下马两手一拱："德让哥过奖啦，你要教我哪个套路，请！"

德让嘴上说学习，实际上并不服气一个弱女子会有什么过硬的功夫，一是想摸摸底，二是找理由和她多说说话。他两手一拱，然后双腿分开，左拳朝燕燕一击，右脚立即往前一迈，燕燕没有马上反击，右膀往后一闪，接着左脚向内一钩，德让来了个趔趄。他二次出右脚踢她的左腿，燕燕右手一把抓住他的衣领，就势把他摁倒在地，德让说："厉害，厉害！"

燕燕说："再来！"

第二次燕燕先发进攻，她一个虎步蹿过去，韩德让拱身一弯腰，燕燕差点扑个空，就势抱住德让的腰，但方向不对，怎么也搬不动韩德让，德让趁势扯住她的左腿，她也企图抱德让的腿，无奈只够得上大腿，够不上小腿，两个人僵持了好大一会儿。燕燕虽有技巧，但耐久不足，突然韩德让一拱腰，眼看燕燕就要被掀翻在地，她用力一挺，两个人同时滚下河岸，为了不让对方滚入河中，两人都使劲抱住对方，在一棵小树旁停了下来，他俩同时哈哈大笑起来，燕燕问："这算谁赢了？"

德让说："都输又都赢。"

回来的路上，他们谈起各自的打算，并第一次向对方表达出确切的爱意，燕燕说："我非常喜欢燕京城，只要你在这里，我再也不离开了。"

他们多次主动地接近，让双方的父母看在眼里，萧思温对韩匡嗣说："孩子们都长大了，不如早些把他们的事定下来。"

韩匡嗣巴不得娶到这么个好儿媳，就高高兴兴地答应了这门亲事，从此两家来往更加频繁，燕燕和德让再也不用拐弯抹角、偷偷摸摸地约会了。

萧韩纵论宋王朝
燕燕德让受教益

萧、韩两家在南京城的日子非常和谐，虽然他们分别是契丹人和汉人，但关系亲如一家，彼此都对未来充满希望。

萧思温与韩匡嗣在韩府花园中饮酒闲聊议论当前的形势，萧思温对韩匡嗣说："在下从小生活在塞外草原，对汉地情况不太熟悉，还望韩大人多多指教。"

韩匡嗣回道："既然你我都为大辽效忠尽力，就不必客气。"

萧思温说："现如今，朝廷上下对如何巩固和扩展大辽意见不统一，尤其在如何对待几个汉人政权的问题上更是议论纷纷，皇上只知打猎饮酒寻乐，关键时刻他拿不定主意，您说汉、周、唐他们哪个更厉害？"

韩匡嗣一见来了显示他才能的机会，抿了一口酒说："要说汉人，哪个都厉害，哪个也都不厉害。你们仅注意了北边的几个汉人政权，却没有注意南边那个宋朝，它才是最最危险的对手。"

萧思温睁大眼睛问道："请韩大人快讲讲宋朝的情况。"

韩匡嗣说："宋朝虽然暂时离我大辽较远，但地大物博，人才济济。他们不满足于中原一方之地，时刻想扫平四方，一统天下。"

站在萧思温身边的萧燕燕问道："他们连我们大辽国也要扫平吗？"

正给萧思温斟酒的韩德让不等父亲说话就急着答道："那当然，汉人就是厉害。"

燕燕不满意地瞪了韩德让一眼。

两个大人也不好意思地对视了一下。萧思温将了将鬓发说："孩子们还小，你就给他们讲讲历史吧。"

韩匡嗣更来了精神，他脱下帽子，饮了一大口茶，望着两个孩子说："好！听我讲讲吧。在宋、辽之前，有一个大唐王朝，由于镇守北方的节度使安禄山和史思明叛变，也正赶上草民造反起义，唐朝内部开始瓦解，从此局势发生了巨大变化，唐朝走向衰败。到了唐天祐二年（907），已经投降唐朝的起义军首领朱温突然向朝廷开战，一举打败了官军，他仿照唐制成立了梁朝，历史上称后梁。在以后的几十年间，又先后成立了后唐、后晋、后汉和后周四个朝代，他们大多占据着黄河流域的半壁江山。与此同时，在南方地区，又有十个较小的武装割据势力，他们也称作国，人们把这个时期称作五代十国时期。"

燕燕急切地问："那宋是什么时候成立的？"

韩德让说："让父亲歇歇，我来讲给燕妹妹听。我们契丹国于神册元年（916）成立后不久，后晋的石敬瑭为了让我们承认他的皇帝地位，把汉地的燕云十六州送给我们契丹国。可是后周皇帝不干，他们想夺下这些我们已经到手的地方，趁我们不备，后周一举攻下了瀛州（今河北省河间市）、易州（今河北省易县）和莫州（今河北省任丘市）等地，我朝皇帝匆忙应战，结果以失败告终，燕京虽然没被夺走，但拒马河以南的地区又重新回到汉人手中。

"就在这次征战中，周世宗柴荣因劳累过度，回到开封不久就病死了。他死之后，年仅7岁的儿子柴宗训继承皇位，史称周恭帝。朝中失去了主心骨，矛盾分歧日益加重，小事争论不休，大事无人做主。

"后周显德七年（960）正月，开封府迎新春庆胜利，朝廷内外大办酒宴，吹拉弹唱好不热闹，正当个个喝得醉醺醺时，突然接到前方军情报告，说契丹和北汉发动联合进攻，已逼近冀州。喝得醉醺醺的大臣们还没有搞清楚虚实，就给小皇帝出主意，让殿前都点检赵匡胤出兵迎敌，赵匡胤痛快地接受了任务，马上应'是！'稍做准备即率领大军北上。

"第二天到达陈桥驿站，大军暂驻休息，懂得星相学的苗训与门吏楚昭辅出门看天象，只见西南方的日头旁边还有一个日头，周围浮动着一团黑气，久久不肯散去。军士们睡到五更时，突然听到战鼓擂响，他们立即起床在驿门外集合，赵匡胤的三弟赵匡义和赵普站在军前宣布：'天意已定，殿前都点检为我朝天子。'

"军士和部分将臣没有思想准备，有的反对，有的不相信会有此事，没办法，就把赵匡胤从床上喊起来，他起来一看，几个军校手持利刃立于庭前，他们对赵匡胤说：'况诸军无主，请太尉即刻登极。'

"还没等他回答，就把事先准备好的龙袍披在赵匡胤身上，宣布新皇帝即位。众军臣跪倒就拜，连喊几声万岁，随即架着赵匡胤上了马。赵匡胤拉住马缰绳问：'他们肯听我的调遣吗？'大家都说唯命是从，文武百官呼啦跪倒一大片。就这样，赵匡胤当上了大周朝的新皇帝，他马上更换朝服，登朝入御座，因为他曾在宋州当过归德军节度使，就很改国号为宋，仍以汴京为都城，这就是大宋朝的开始，我说得对吗？"

在座的萧思温满意地瞧着韩德让没有说话，但心里觉得这个女婿没有找错。

萧燕燕也冲他露出温情的一笑。

韩匡嗣紧接着说："赵匡胤祖籍涿州，他的高祖是唐朝的幽都令，曾祖是唐藩镇节度使兼御史中丞，祖父历任营、蓟、涿三州刺史，父亲弘殷从小骁勇善骑射，后娶杜氏为妻，后唐天成二年（927）于洛阳夹马营生次子匡胤，传说他刚一落地就遍身金色，满屋异香，红光绕梁，连续三天不变。稍长大些，容貌雄伟，器度豁如，见过他的人都说此人不是凡人辈。赵匡胤从小学习骑射，骑术非常精湛，就是骑在烈马上也可以不用勒嚼子，骑马上城墙马道时，额头碰在门楣上落下马来，他又起身上马，竟毫无损伤。"

燕燕听得入了迷，紧追问道："那后来呢？"

韩匡嗣又继续说道："赵匡胤起初并无正经事可做，后来在一个老僧的指引下，遇到了周太祖郭威。辽应历元年（951）当上一个东西班的班头，之后升为滑州副指挥，周世宗柴荣即位后，委以开封府马直军使。辽应历六年（956），赵匡胤因征战有功，为王朝的事坚持原则，就是他父亲到了城下，没有证件也不开城门，因此深受周帝重视，随之升为殿前都指挥使。辽应历九年（959）又升为殿前都点检。小皇帝柴宗训即位后，改任归德军节度使和检校太尉。次年发生了历史上有名的'陈桥兵变'，他当上了宋朝的开国皇帝。赵匡胤改朝换代后，任命了新的一套文臣武将后并没有停歇，于同年六月首先发动了对势力较小的后汉政权的进攻，大军围困了石州。"

说到这里，萧思温面带不悦地插话道："那年，大辽皇帝派我前往解救后汉，几个回合下来，石州还是失陷了，本来已经归附后汉的潞州又重新叛回后周。这时辽政事令耶律寿远和太保楚阿不不满穆宗耶律璟的所作所为而谋反，十月李胡之子耶律喜隐又谋反。辽应历十一年（961），辽将解利投降宋朝，后来燕京岐沟关使柴庭翰又降宋。应历十六年（966），燕京地区横海军节度使桑进兴也降宋，因此我朝南部边境十分紧张，搞得皇上十分不安，想起那段历史我就非常懊悔。"

萧思温抿了一口酒接着说："宋朝的目标远远不止一个小小的后汉，他们始终没有忘记幽燕地区，因幽燕地区在契丹之手，大辽随时可以跨过拒马河举兵南下，对地处中原腹地的宋朝是个极大的威胁。宋朝的将军们也没有忘记，太宗会同九年（946）十二月，辽军活捉晋出帝并驱逐出境的沉痛教训。于是赵匡胤一只手攻打江南，另一只手伸向北方，调兵遣将、磨刀霍霍，为收复幽燕做准备。

"因为当时宋朝的战略方针主要是攻取江南，对北方的大辽是防而不打，赵匡胤下令不准宋军随便进入辽土惊扰，一方面趁机加紧战争准备，另一方面也为了麻痹我朝。可惜皇上和南京留守看不透宋朝的战略目的，以为宋北部边境空虚，便趁机贸然以燕兵攻宋，结果屡遭失败。"

萧燕燕望了望韩德让问："德让哥，这些情况你都清楚？"

韩德让虽然读过一些史书，但对这么详细的情节却知道得很少，在二位长辈面前再也不敢摆谱了。

辽立新帝耶律贤
燕燕进宫初为妃

萧思温任南京留守期间，正是大辽与后周矛盾最激烈的时期，昏庸无道的耶律璟只知饮酒、打猎行乐，寻觅长生不老秘方，无暇顾及军政大事。

萧思温在前方屡遭挫败，在他最需要支援时，援军不能及时到位，因此辽军不仅伤亡惨重，还丢失了不少城池，朝野上下议论纷纷。

上京留守高勋是个汉人官吏，他是后晋北平王高信韬的儿子，辽会同元年（938）与杜重威一起投降大辽。此人机敏灵通，好结权贵，很会博上司好感，辽太宗耶律德光攻下汴京时，就封他为四方馆使，天禄年间又升为枢密使，应历元年（951）封为赵王，并出任极其重要的上京留守一职。在天子脚下为官固然显贵，经常有抛头露面的机会，但需处处留心，事事小心，想办件体己事非常不方便，于是他看中了南京留守一职，琢磨了几天，终于想出了办法。

有一天，耶律璟召见上京留守，向他询问游猎的路线，他告诉皇帝："北边可游猎的地方都去过了，所有的野味也都尝过了，南边气候温和，风景秀丽，野味鲜嫩。"

耶律璟一听就来了兴趣，问他什么地方好玩儿。高勋一看来了机会，就讨好地说："燕京西南依山傍水，禽兽肥美，琉璃河里有成群的鸳鸯，那里的姑娘也非常俊俏。"

耶律璟从没尝过鸳鸯，就急着问："那里很远，什么时候起程？"

高勋说："陛下不可着急，现在燕京地区形势紧张，萧思温没有把后周消灭，现在又出了一个宋朝，它的羽毛虽没有长满，还不敢动我大辽，但如果不及时把它消灭在鸟巢里，您恐怕就去不了那里了。"

耶律璟几次被萧思温从猎场惊动，非常生气，觉得萧思温草包无能，早就对他不满，听高勋这么一挑拨，就想把萧思温从燕京撤回来。

辽应历十一年（962）秋天，燕京因为大旱，庄稼长势非常不好。干枯的土地裂开大口子，庄稼叶枯黄，谷穗瘦小，鸟雀和蝗虫奋力争抢着少得可怜的谷穗，农夫们轰走这些无赖的"客人"，在田里弯腰捡拾着一粒粒掉在地上的粮食。

树上的蝉似乎并不关心农夫和鸟雀在争夺什么，抖动着双翅使劲演奏着年年不变的老调音乐，"吱——哦——吱——哦"叫个不停。韩德让正在树荫下教萧燕燕学习唐诗，蝉鸣声吵得他们心烦，韩德让捡起一块石头向树上砸去，近处的蝉马上停止了演奏，但一会儿"音乐"又重新开始了。德让皱着眉头望着树梢一言不发，燕燕还是认真地读着书，当读到"谁知盘中餐，粒粒皆辛苦"一句时，问道："德让哥，吃盘子里的饭有什么辛苦？"

韩德让也不是穷苦人出身，但他是汉人，见过农夫在田里干活，知道农夫的辛苦。燕燕生在草原，即使到了燕京也是住在城里，很少到农村去，对一粒米的来源不清楚。德让说："我带你去见识见识一粒米是怎么来的。"

萧燕燕和韩德让一前一后飞马出城往北，在一块谷地边停了下来。他们把马拴在一棵柳树上，只见田里的农夫又黑又瘦，有的弯着腰锄草，有的趴在地上用干枯的手指捡拾掉在泥土里的谷粒，他们赤着古铜色的脊背，两眼无神、欲哭无泪。燕燕刚要走近他们，就听得一阵急促的马蹄声由远而近，从两个差人的穿着打扮和马鞍辔头的样式就知道，这是上京来的信使。燕燕和德让赶紧上前施礼问好，信使还礼问了一下路继续策马进城。燕燕是个有心的人，总感觉这两个人的到来不是好征兆，她和德让也牵马回城，一路上他们做着各种猜测，也描绘着他们的未来。

燕燕进屋后，父亲不在家，她告诉母亲说上京来了人，不知又有什么紧急的事情。母亲说："别关心朝里的事了，你和德让的事该早做些准备，在燕京成亲就得随汉人的习惯和礼仪。"

母亲边说边翻箱倒柜地找东西，正忙得不亦乐乎时，萧思温回家来了。一进门他发现母女二人正收拾东西，就说："你们早就知道了？"

燕燕问："知道什么？"

萧思温说："调我回上京啊，你们不是正收拾东西吗？"

听到回上京的消息，燕燕母亲不以为然，燕燕着实吃了一惊，她急着问道："韩伯伯走吗？"

萧思温说："韩伯伯不走。"

燕燕一听就更加着急起来，说："那你们走，我一个人住在这里。"

父亲知道女儿的心思，拍着燕燕的肩头安慰说："圣旨必须服从，我的职务由赵王高勋接任，他来了就住在这个院子里，不走不行，好女儿跟我们一块儿走，兴许过不了多久韩伯伯也能回上京。"

燕燕只好答应和父母一起回上京。

晚上韩匡嗣一家来看望萧思温，德让单独把燕燕叫到门外，想说些送行和安慰的话，但不知从何说起。两个人走了好一段路德让总算开了口："汉人有句话，叫'海内存知己，天涯若比邻'。"

燕燕学过这首诗，明白诗句的意思，她拉住德让的手说："这是王勃送别他的朋友杜少府到四川当官时说的话，咱们俩是那种朋友关系吗？我走了你就会把我忘了。"说着就呜呜哭起来。

德让紧紧握住她冰冷的手说："你这话比戳我的心还厉害，我对天起誓，忘了你就遭天打五雷——"

燕燕赶紧捂住德让的嘴不让他再说下去，破涕为笑说："还是用王勃的话打住吧，无为在歧路——"

德让接下句："儿女共沾巾。"

两个人情绵绵、意切切地不忍分手，那天他们谈到很晚很晚才回家。

燕燕又一次流着眼泪告别不忍离开的燕京城和不能忘怀的情人，几天后到达了上京。阔别几年临潢府街舍、房屋没有什么变化，变得是她幼年的好友，有的长大出去做事，有的已经远嫁他乡。当年跟在她屁股后面最小的男孩也已高过她的肩膀，见了她也腼腆起来，除了学着大人腔说些礼貌的话外，他们已经没有什么共同语言了，这是燕燕没有想到的，她因此十分难过，整日躲在家里很少出门。待在家里就想念德让，越想越心烦，每天除了吃、睡就是读书，日子很难打发，母亲怕她憋出病来，劝她出去遛一遛，她离家就去南门，总希望有人从燕京带来消息，甚至梦想有一天德让会突然出现在她面前。

有一天，父亲从宫里回来说："北汉已经顶不住几天了，宋军正举兵东征，矛头直指大辽，朝中意见不统一，有的主张和，有的主张打，皇上还是整天迷恋打猎、饮酒，燕燕你说怎么办？"

这还是父亲第一次向她征询关于国家大事的意见，燕燕也郑重其事地说："换将！"

萧思温问："换谁？"

燕燕伸出大拇指："换最大的！要是我当朝，一分国土也不能丢，还要把中原、中南、西南都画在我的地图上。"

萧思温惊恐女儿敢言，又佩服女儿的宏图大志，只可惜不是儿子。燕燕看出了父亲的心思，心想：要是德让哥生在我家该多好啊，女人怎么啦？汉人武则天可以当皇帝，我为什么不能！

辽应历十八年（968）九月，宋军已经东渡黄河，主力部队到达隰州，十月围住了太原。此时，耶律璟还在云州山里打猎，文武群臣已经坐不住了，朝里每天有三道奏折飞送云州，皇上这才遥诏南院大王挞烈为兵马总管发兵太原，宋军闻知，立即撤出太原。

刚进腊月，耶律璟就嘱咐南、北两院杀牲备酒，要好好庆祝热闹一番。正旦节那天耶律璟在宫中大宴群臣，正月初五是立春日，皇上赏御酒，军臣不分大小，吃肉管饱，饮酒管够，命殿前都点检夷腊葛代行击打土牛礼。第二天又演叶格戏，第三天耶律璟喝得醉醺醺地任命了很多左右官职，第四天他又说："朕醉中说的话、办的事不算数，你们不得曲从，酒醒后重奏重批。"

就这样自立春至正月底耶律璟天天喝酒寻乐，不上朝理政，朝中乱得一塌糊涂。若赶上他不高兴，下属一句话不对就可以立即问斩，对掳来的各族奴隶，所用的酷刑更是花样翻新，如杖、斩、击、燎、划口、碎齿、铁梳、枭首、脔尸、锉尸、断手足、烂肩股、折腰胫等，他的残酷无道也引起下级军士和宫人的强烈不满。

应历十九年（969）刚进二月，耶律璟就去怀州打猎，一天他射中一头公熊，晚上又高兴地喝起来，侍臣仍不断地吹捧皇上的箭术，劝他多喝几杯。这个昏庸的皇上就喜欢人家吹捧他的箭术和酒量，端起大碗就喝了个精光，一会儿就跟跟跄跄地倒在御榻上，嘴里叨念着醉语："我儿已长大成人，可以问政了——"就睡着了。

这时，他的近侍小哥向用人花哥和厨师辛古等招了一下手，趁耶律璟睡熟之际，四个人捆住了他的手脚，两个人用绳子勒住他的脖子，见耶律璟断了气，他们几个逃出了行宫大营，直奔深山而去。这位仅39岁的年轻皇帝刚做了十八年，就稀里糊涂地结束了他残暴昏乱的一生。

耶律璟被害的消息很快传到上京，他的堂侄（世宗耶律阮次子）耶律贤率领飞龙使女里、侍中萧思温和从燕京调回的南院枢密使高勋飞驰行宫。因耶律璟无子，萧思温就劝耶律贤马上继位，其他人也随声附和，耶律贤哭拜之后即位于灵柩前，史称辽景宗。耶律贤既然已经即位，立即改年号为保宁。

回到上京后，新皇耶律贤非常感谢萧思温等重臣的关照，承诺之后一定对其委以重任。

耶律贤的爷爷耶律倍越海逃往后汉，在朝中名声不太好，他的父亲耶律阮被害后，由堂叔耶律璟执掌皇权。因耶律贤一家地位低下且默默无闻，直到20岁也没人张罗着给他成亲。在他22岁那年，穆宗耶律璟被害，耶律贤在萧思温等人的拥戴下成了辽国第五位皇帝，这时一大堆马屁精像苍蝇一样围了上来，大臣们马上张罗着要给皇上纳后选妃，挑选貌美、贤淑、知书达理的良家女子。几个大臣在临潢府"搜求"了数日，报上十几个人选，但无一人可心，耶律贤不是嫌长相欠佳就是嫌粗浅无知，要么就是家庭地位卑下，大臣们急得要命。

一天，耶律贤在祭奠完爷爷和父皇回家的路上，骑在马上看见一个院内有一妙龄女子手持书卷，边走边读，此女虽算不上绝美，但皮肤白净，身材窈窕，从凝神的双目中看出，这是一位颇有心计的女子。回到宫中他问身边的大臣："刚才路过一个大宅院时，有一女子正在读书，这是谁家？"

大臣禀报说："是北府枢密使萧思温的家。"

耶律贤如获至宝，心情豁然开朗。这位新皇第一次单独召见萧思温就问道："爱卿辅政功劳卓著，朝中大事缠身，未及顾问爱卿生活及家小，夫人及子女可好？"

萧思温受宠若惊，赶忙敛手回奏："谢陛下关怀，蒙圣上浩荡皇恩，全家康健安好，微臣无子，只有三个女儿。"

耶律贤问："女儿多大啦？读过书吗？"

思温说："大女儿、二女儿已经出阁，只有小女儿燕燕在我们老夫妇身边，她今年16岁，小时练过一点儿契丹功夫，随微臣在南京时也读过一些汉书，粗懂一些国礼。"

耶律贤又特意询问燕燕的身体及读书的情况，问得非常细，萧思温明白了皇上的用意，试探着问："燕燕已经是16岁，还没找到合适的人家，莫非皇上想给燕燕寻个好人家？"

耶律贤笑着说："我给她找个好人家，不知爱卿是否满意？"

萧思温赶紧说："皇上找的人家还能有错，愿陛下给小女做主。"说完双膝跪下就拜。

皇上说："爱卿快请起，前日我已见过燕燕，让她入宫陪伴朕如何？"萧思温早已把韩德让忘在脑后，表面战战兢兢，内心却异常高兴，他站起来说："谢陛下隆恩，如若皇上不嫌弃小女丑陋，臣愿意让燕燕入宫服侍皇上，这也是微臣全家的造化和荣耀。"

就这样几句话为燕燕定下了终身大事。

萧思温回家把皇上的圣意告诉夫人，夫人说："你不是把燕燕许给德让了吗？"

这时满脸高兴的萧思温才突然想起韩德让这码事，立马收起笑容拍着脑门儿说："我怎么把德让给忘了呢，该死！该死！"

她对丈夫说："韩大人为人厚道，说出去的话，就是泼出去的水，咱们不能说话不算数，否则日后怎么见匡嗣大人。"

萧思温苦笑着说："可是我也答应了耶律贤呀，他如今是当朝皇上，也不能说话不算数啊，这可怎么办？"

"那也要分个先后！"夫人着急地说。

萧思温说："分先后，更要分个上下大小，得罪了皇上可不是件小事，再者说，燕燕将来当上皇后，我们全家就非同一般了。"

夫人说："那也要问问燕燕高不高兴。"

母亲跟燕燕一说，燕燕说："我不去，除了德让哥我谁也不嫁。"

母亲说："已经几年不见德让了，可能他早就有了人了，这可是千载难逢的好机会。"

燕燕说："德让哥不是那种人，离开燕京时我们已经说好了。"

话虽这样讲，但燕燕心里还是嘀咕：几年来为什么他不和我联系，是不是真的变了心？转念又一想，要是真嫁给了皇上，那我就是皇后了，我不羡慕宫里的荣华富贵，但作为皇后对国家大事就有机会向皇上提建议了，大辽已经建国五十多年，外患不息，内讧不断，眼看宋朝就要打过来，国将不国，何以为家。可是万一德让哥来找我怎么办？几天来她寝食不宁、心绪烦乱，母亲问她有何打算，她就说："再等等消息，如果德让哥真把我忘了，那倒干脆。"

过了些日子，父亲从宫里回来说："皇上催问准备得怎么样了，满朝文武都知道了这件事，拖是拖不过去的，燕燕你想想，那是一国之君、九五之尊，进则荣，退则毁，毁的不是你一个人，而是咱们全家！行也得行，不行也得行！"

父亲的一番话让燕燕左右为难，几天来她反复琢磨，跟了德让哥肯定恩爱一辈子。如果跟了皇上是个正宫，少不了荣华富贵，但德让哥怎么办呢？如果不答应皇上，全家都受连累，后果不堪设想，在没有退路的情况下，她也只好答应先进宫再说。

母亲为燕燕准备了好几天，进宫的日子终于到了，同族叔伯、兄弟十几人早早围拢在院里院外，等候皇宫迎亲车队的到来。燕燕端坐在上房正厅，本来这是全家的大喜事，但母亲却拉着她的手泪流不止，一边哭一边说："燕燕你可要经常回家看看我。"

不一会儿迎亲的车队就到了，钦差和媒人指挥军卒把整头牲肉、酒篓和各种礼品抬至门前。钦差和媒人进门拜见萧思温夫妇，夫妇二人赶紧还礼，钦差让军卒把礼品抬进堂屋前，取出御酒呈递到燕燕面前，燕燕象征性地尝了一下，然后又请坐在四周的萧思温夫妇和族中长辈尝酒，惕隐大人四拜后请燕燕上车，燕燕向父母及族中长辈一一辞拜后，抱住母亲也掉出几滴眼泪，她劝慰母亲说："母亲您要多保重，孩儿会经常回来看您的。"

临出门她拉着姐姐的手说："我走后，你要多关心父母……"说着一串泪珠从两颊滚下，在场的女眷也都用手帕擦着眼睛。

燕燕劝慰了一番就乘车离开了家，亲人们一直送了很远才停下脚步。

耶律贤早就在彰愍宫里等候着，见燕燕按时进宫见驾，十分高兴。燕燕没有见过耶律贤，心里有些紧张，她刚要跪拜，耶律贤就把她扶起笑着说："从今后，你我就吃一锅饭、睡一张床了，不必多礼。"

燕燕听了心里放松了不少，她对耶律贤说："小女刚刚入宫不懂规矩，望皇上多多指点。"

耶律贤拉住她的手说："刚进宫你先做贵妃，等祭过木叶山后，再册封你为皇后，后宫的事情你要多操心。"

燕燕谢过皇上，跟宫人去了后宫。

后宫的一切让燕燕感觉十分新鲜，宫室面积宽敞，用具齐全、奇巧，汉丝的帘幔，虎皮的床褥，但床上只有一个枕头。她要整理哪里，只要她刚一动手，几个宫人就抢着替她弄好，搞得她不知干什么好，她问宫人："怎么只有一个枕头？"

　　宫人说："这是贵妃娘娘的寝殿，皇上睡在正殿，他会经常到这里来的。"正午未到，饭桌已摆满狍胆、熊掌、燕窝、鱼尾、瓜果梨桃，以及各色鲜菜、牛乳、鹿羹、黍米、糕点，另有一碗热汤放在餐桌的另一端，这位新进宫的贵妃娘娘还以为皇上要招待客人，迟迟不肯动筷，宫人小心地问："莫非娘娘吃不习惯？"

　　燕燕说："等皇上和客人到齐再吃吧。"

　　宫人告诉她："皇上朝里事情忙，中午不回来吃饭，也没有客人，您一个人用餐吧，皇上说了，如果您不满意，明天可以换一换菜谱。"

　　这是燕燕想也想不到的奢华生活。晚上掌灯时分，皇上回来了，她被叫到皇上的正殿用晚餐，比中午的席面更大、更丰富，皇上一个劲儿地往她碗里夹菜，但她却吃不下。她把面前的皇上与德让哥比较，心里很不是滋味，既然嫁给了皇上就不应该再想着德让哥，她努力控制着自己，故意不想德让哥，但她不知这新婚夜是什么味道。

　　晚饭后她被留在皇上的寝殿，宫人帮她脱去外衣就出去了，皇上兴致勃勃地脱光了衣服，要脱燕燕的里衣，燕燕羞得满脸通红，她拨开皇上的手自己脱去粉红色的里衣，皇上迫不及待地把她搂在怀里。她没看清皇上身体是什么样子，只感到贴在她身上的身体太瘦了，浑身松软无力，这是她第一次与男人共枕，没法作比较，虽然心绪很乱，在迷迷糊糊中睡去，但睡得香甜、踏实。

　　第二天醒来已是日出丈余，这是从未有过的睡眠夜，舒坦、解乏、痛快，多日的心绪不宁一扫而光，她享受着少有的清醒和愉快，这一夜让她难忘。

微服私访回南京
协助皇上理朝政

　　耶律贤即位之后，处于风雨飘摇中的后汉马上派出使臣，绕过宋军的营区来辽国祝贺，目的是想得到辽国的军事支持，企图苟延残喘。

　　宋军已东进至辽国境内，赵匡胤也遣使假惺惺地来临潢府表示祝贺，一是迷惑耶律贤不要支持后汉，二是探摸大辽的防卫情况和大辽对后汉的态度。

耶律贤继承皇位并无思想准备，对各国之间的关系和应采取的对策全无定见，对朝内各院、署的官吏情况也不十分了解，整日忙忙碌碌，非常辛苦。

萧燕燕虽已是贵妃娘娘，因对朝廷的规矩不是十分清楚，刚刚进宫也不便参言太多，但有一点她是清楚的，事是人干的，用人要用可信之人。晚上她侍奉皇帝用膳、沐浴之后，耶律贤就想与她温存一番，一解临朝之乏累。她一边抚慰丈夫尽一个妻子责任，一边慢声细语地询问皇上为何事苦恼。耶律贤告诉她："外敌简单，顶多是一个'打'，内臣太烦心，荷叶包钉子，个个想出头，没有罪过也不能惩罚。"

萧燕燕说："个个想出头没关系，出好头您就用，总出坏头就把他摔在一边不用，要是还想蹦跶就送他到铁匠那里回回炉，您要分分类。"

耶律贤问："谁好谁坏一下还看不清。"

燕燕摸了一下皇上的臀部问："这下边是什么？"

耶律贤回头看了一下说："是椅子。"

"您是怎么坐到龙椅上来的？"燕燕又问道。

燕燕的反问提醒了耶律贤，他似乎第一次感到怀里爱妻温柔丰软的腹背之间还有一根又直又硬的脊骨，他端坐在椅子上假装严肃地说："贵妃娘娘听旨，自今日起，封萧绰（燕燕）为天授神机地赐玄诀总元帅。"

燕燕眨了眨眼问："有这个官职吗？"

耶律贤一脸正经地说："没有的话可以定一个。"

燕燕笑着问："那本帅的任务是什么？"

"白天陪朕上朝，夜晚陪朕睡觉。"他大笑着把爱妻紧紧搂在怀里。

在萧贵妃的启发下，耶律贤以警卫不严为由，把殿前都点检夷腊葛、右皮室详稳萧乌古只杀掉，命令南、北宰相府追查凶手小哥、花哥和辛古的下落，抓住后凌迟示众，抓不到他们自己提头来见。

他感谢将他扶上宝座的几位忠臣，任命老岳丈萧思温为北院枢密使，掌管兵机、武铨和群牧等军事大权；任命汉人高勋为南院枢密使，掌管文铨、部族和丁赋大权。

　　为了平衡关系，还封了许多宗室弟子为王，就连李胡的儿子喜隐也封为宋王，成为八大王之一。

　　对于父亲的晋升，萧燕燕非常满意，她对皇上更加关爱温顺，给他讲孔礼、汉文、唐诗以及在南京的所见所闻，想尽一切办法让皇上高兴。她对皇上说："后宫的事情您尽管放心，我一定料理得井井有条，如果朝中有事不便我出面的，您先缓一缓，回宫后再商议。"

　　话是这样讲，但萧贵妃对皇廷上上下下的复杂关系并不十分熟悉，她还要与父亲萧思温通气商量，有时确实帮皇上出了些好点子，让皇上轻松临朝、愉快理政，上下都很高兴，有时也不尽然。

　　皇上对贵妃的关心和处事能力非常满意，因为贵妃的地位较低而影响她参政深感惋惜，他想早一些将萧贵妃扶正，在征询南、北两院枢密使意见时，得到全力支持。应历十九年（969）五月，耶律贤下诏立贵妃萧氏为皇后，并决定十一月举行正式册封仪式。

　　册封那天一大早，文武群臣及命妇聚集在端拱殿，按官职依次在殿前排定，贵妃娘娘刚到门口，侍中开始奏中严曲，皇上进入殿内，押册官也于殿前排定。侍中又奏外办曲，殿前张扇举麾，在乐声中皇后落座事先备好的褥座，乐声停止。押册官将册书捧于皇后褥座前，侍中跪拜宣读册封贵妃萧氏为皇后的诏书，皇后向四方拜谢，命妇等也随拜，然后引皇后入殿于皇上旁边坐定，群臣致贺词完毕，皇后赐御酒，侍中奏礼毕曲，扇闭合、麾下落，册封仪式方告结束。

　　自此，昔日的萧贵妃升为皇后并正式步入辽代政坛。

　　同年五月，北方大旱，草原上牧草枯黄，河水中断，牲畜瘦弱。中原一带正是麦收时节，但稀稀拉拉的麦秸只有一尺多高，比麦秆儿粗不了多少的小穗随风摇摆，辛苦了半年的农民们还是精打充收着，他们不仅要上交朝廷规定的皇粮，还要应付地方官吏规定的各种名目的税费，如果交不上，他们就要被迫充塞边疆，甚至妻离子散、倾家荡产。

　　有些不堪忍受的青年汉子，抛弃妻小和父母远走他乡躲避，他们的亲人可就倒霉了。当他们得知亲人被官府欺凌的消息后，就秘密打造武器，聚众抢劫官仓，把抢来的粮食物品分发给穷苦百姓，因此深得百姓拥戴，如遇官府缉拿，他们很容易在穷苦百姓的掩护下逃走。

在被逼无奈的情况下，他们也敢持刀与官兵正面相拼。燕京南部地区，几个月的工夫就聚集了几千人的造反队伍，他们在官兵的追赶下，只好投奔宋朝军营，宋朝不仅军力得到补充，而且了解了很多大辽布兵和军事哨卡情况。

有时投奔宋营的军士化装成辽军深入大辽内部刺探军情，在边界冲突中又充任向导和前锋，使得辽军屡屡失败。

此消息传到上京临潢府，引起一片哗然，保守的契丹官员主张舍弃棘手的南边汉人区，也有的主张把军事主力调往南方，将那里的汉人统统杀掉，把契丹人迁往那里。

李胡的儿子宋王喜隐主张丢掉燕京以南的汉人区，把主要力量放在北边的契丹本部。他纠合了几个王爷准备进宫见驾，当时耶律贤正在丙山狩猎，皇后因身体抱恙未能陪同而留在宫里，她见喜隐一个人进宫，就知道他有要事见皇上。

皇后见喜隐进宫，忙起身赐座。耶律喜隐嘴里说着"谢皇后"但目光却不对着她。

萧燕燕虽对喜隐不太熟，但从父亲那里知道喜隐是淳钦皇太后的亲孙子，父亲李胡曾因谋反夺权被世宗耶律阮关进监狱，穆宗时又受喜隐牵连再次进监狱，应历十年（960）死在狱中，喜隐对此一直耿耿于怀，他见耶律贤懦弱胆小、体弱多病，皇后又新入宫，企图寻机再起。因皇上不在宫中，萧燕燕一边喊着皇叔，一边说："侄媳刚入宫不久，多有不周之处，请皇叔多包涵，皇上身子不好，国事、族事一大堆，往后还望皇叔多操些心。皇上出外游猎还得几日才能回宫，如皇叔有什么事可告诉我，等皇上回宫我定及时禀报皇上。"

喜隐根本就没把这只雏燕放在眼里，他手里端着奶茶，眼睛望着殿外的天空说："皇后也不必一口一个'皇叔'的客气，国事、族事都是我契丹的大事，微臣是太祖爷的嫡传子孙，有义务也有能力关心我契丹大事，那些汉人是靠不住的，听说南边闹事，告诉皇上，丢掉算了，要闹让他们到宋朝闹去吧。"

他这是下命令来了，显然是一口太上皇的训词。

　　皇后说："皇叔这么关心国事和族事，堪属朝臣典范，那些吃饱饭不干事的人应向皇叔学习，那些吃朝廷饭干反朝廷勾当的人更应感到羞耻，等皇上回宫我一定如实为皇叔请功。"

　　这几句不软不硬的话让喜隐感到不太舒服，但又无懈可击，他对皇后说："汉人诡计多端，皇上和皇后凡事要多加小心。"

　　皇后亲自为喜隐斟满奶茶后说："请皇叔放心，谁忠心保国，谁与朝廷离心离德，皇上自有明断。有皇叔和文武群臣的支持，小泥鳅掀不起大风浪。说到汉人，侄媳因在燕京住过几年，对汉人多少有些了解，他们与我们契丹人一样，也都是父母生父母养，都有七情六欲，谁对他好，他就对谁好，百姓们也非常善良。不同的是他们的文化和技术的确比我们强，这一点我们真的要向人家学习，汉人有好的，也有坏的，难道我们契丹人就都是好人吗？皇叔您说呢？"

　　一句话问得喜隐无言以对，他开始坐正身子面向皇后说话，口气显然缓和了不少，他第一次领教了这只雏燕的厉害。

　　几天后耶律贤回到皇宫，皇后的病也基本好转，见到皇上她非常高兴，不等皇上休息一下，她就把宫人全都打发走，亲自为皇上解衣，伺候皇上沐浴，希望得到皇上的亲昵。耶律贤从小就体弱多病，对男女之事心有余而力不足，对皇后并没有表示格外的热情，皇后有些失望，内心的不悦很快表露在脸上。耶律贤问她为什么不高兴，她也不好意思直接说出来，就拐了个弯说："前几天宋王进宫找过您，您不在，我一个大辽国的皇后恭恭敬敬地招待他，他连个正眼都不看我一下，一副教训人的面孔，口口声声汉人不好，我看我们有些契丹人比不上人家汉人。"

　　耶律贤知道爱妻受了委屈，立即把皇后搂在怀里，像哄孩子似的拍着她的肩膀说："朕一定为你做主，有何冤枉你统统倒出来。"说着双手掐住她的脖子往下按，皇后脖子痒得咯咯直笑。

　　皇后也撒娇似的依偎在皇上怀里喊着："请皇上手下留情，二十几年才长这么大不容易，罪妻一定如实交代。"几句话也把皇上逗乐了。

　　一阵亲昵逗笑之后，言归正传，说到燕京南部的动乱，皇上心里也非常烦乱，丢又舍不得丢，打又不能打，他一时也无计可施。

此时皇后已经看出了皇上的心思，她对皇上说："南边的汉人为什么闹？他们并不想当皇上，而是因为吃不饱肚子才闹的，人心都是肉长的，朝廷应该对他们多加慰问。今年大旱，依为妻陋见，朝赋最少减半，重灾区应该全免，地方税赋一律停征。这几年地方官吏背着朝廷私收了不少贡饷，真正不够的由朝廷补给，不应向百姓搜刮。百姓只要满足了温饱，他们不仅不闹，还可以为朝廷出力。那些王爷们只知道鼻子底下契丹这点地皮，中原、中原以南还有大片良田沃壤，那里气候温和，五谷丰盛，文化发达，我们大辽几个都城的建筑哪个是契丹人自己建造的？如果这些良田沃土都归我大辽管辖，我们何苦总在沙土地上喝西北风呢。"

这一番话打动了皇上，他为有这样明理卓识的贤妻感到高兴，所以凡遇重大事情他总要先征求皇后的意见再行实施。正因如此，耶律贤得罪了不少保守的契丹王爷和大臣。

关于减免燕南税赋的意见在朝中讨论时，不少臣僚表示支持，认为这是开明之举，有利于定国安邦，也有人说减少税赋会影响国力。尽管有争论，最后总算通过了。

在取舍燕南与宋交界的汉人区的问题上却发生了激烈争论，罨撒葛为太宗耶律德光次子，是大辽老臣，太宗时曾封太平王，穆宗时委以国政之职，后因谋乱被贬往西北边疆。耶律贤即位将他召回，封为齐王，但他旧习不改，首先站出来反对减赋，不同意再往南发展，并且说了些伤害汉臣的话。宋王喜隐暗自高兴，对于这位皇上他根本没放在眼里，当抬头与坐在皇上旁边的皇后四目相对时，却欲言又止，耶律贤没有发现这一微妙无声的战火。皇后早就注意到这一切并成竹在胸，她笑着对喜隐说："皇叔宋王有话请讲。"

喜隐准备了一肚子的话却吞吞吐吐说不利索，只说："任何人无权更改祖宗的章法，更不能丢弃契丹寸土。"

其他几个大王都附和说："祖宗章法不能改！"

也有的人为他不能很好地表达而着急，汉臣都不便多发言，枢密使萧思温站起来向皇上和皇后抱拳一拱说："皇上皇后，依微臣之见，契丹不能丢，汉地也不能丢，这些都是祖宗创下的基业。先帝之所以在燕京设立南京，就是为扩大疆土而考虑的。皇上聪明睿智，可洞烛万里，是大辽臣民的万幸，契丹人和汉人都是我大辽的忠实臣民，望朝廷体恤边民，减轻他们的负担，以固边安业，为扩大疆土打下基础。对于那些以我契丹为死敌的人也不应客气，如需赴边征讨，老臣愿为前往。"

皇后没想到，一向粗陋的父亲能有如此精彩的发言，为了避嫌，她没有表态。

耶律贤听后对老岳丈大加赞赏："萧爱卿能高瞻远瞩实属难得，朕为你喝彩，望众爱卿以此为范，为我大辽建言献策。"

皇上的肯定等于下了结论，再没有人发表意见。退朝时，有的人高兴，有的人垂头丧气，也三三两两聚在一起私下咒骂萧思温的。

廷议既然有了决定，没有朝臣再公开发表异议，诏书发下去之后，却遭到一些州县官吏的强烈抵制。平原地区缺水少雨，小麦种植面积大，一旦遇大旱，损失最严重，固安、潞县、永清、香河等重灾县接到诏书后，灾民无不欢欣鼓舞，州刺史和县令一般能按诏减赋，使赋税外逃人员明显减少。

一些小麦种植面积小的半山区和根本不种植小麦的北部区县却闹得厉害，连水源不缺的涿州也嚷嚷着县府大堂坏了没钱修，再减赋县官连裤子也穿不起了。更有甚者，竟出钱鼓动地痞流氓化装成难民到燕京乞讨或偷抢，故意制造事端，抵制朝廷的减赋诏令。

消息传到上京，又是一片混乱，保守派的王公大臣又有了新的口实，一些人轮流找皇上辩论，主张放弃燕南汉人地区，罢免汉人官吏，撤销萧思温等亲汉派官员的职务。这些问题搞得皇上日夜不宁，白天臣僚上书，晚上王公"探访"，让他好几天吃不好饭、睡不好觉，本就身体瘦弱的耶律贤眼看就要支撑不住。皇后看在眼里，疼在心上。晚上等造访的人走后，她趁给皇上捶背时说："这些日子皇上太辛苦了，再这样下去我担心您会生出病来，不如去松山打猎松松心。"

耶律贤说："现在是什么日子，我哪有心思去打猎，再不整顿，别说宋军打过来，就是快垮台的后汉打过来也要吃败仗。"

皇后又轻轻抚揉着皇上的腹部说："光着急也没用，得想个办法。"

耶律贤问："皇后有什么办法？快说出来看看。"

她望着皇上回答："我琢磨着闹得最凶的州县不一定就是受灾最重的，小麦歉收应该是平原地区，而喊得最厉害的倒是水源不缺的和根本不种小麦的地方。"

这句话提醒了皇上，先帝早有遗言，对下属要听其言，更要观其行。过去有不少地方官吏对朝廷恭顺有加，私下却大肆聚敛钱财，鱼肉百姓，他对皇后说："多亏你提醒朕，这几天我真让他们搞昏了头。"

皇后说："汉人有句话，'不入虎穴，焉得虎子'，皇上应该到下边去看一看，百姓到底穷到什么地步，县官是不是穷到穿不起裤子，如果情况不是那样，谁闹得最凶就拿谁开刀示众，那些生怕朝廷不出事的王公大臣就会自己憋回去。"

"对对对！应该下去访一访，可是最近西线吃紧，宋军越聚越多，我不能离开上京。"皇上为难地说。

皇后说："皇上最近身体不好，也不能出远门，派别人去恐怕摸不到真情况，不如让我去南边走一走，可是我为后不久，那些地方官吏不一定买我的账。"

耶律贤看出妻子一片真心，又有些疑虑，一拍桌子说："有朕给你做主，谁敢怠慢皇后，多带些御卫，他们见到牌子就是见到了皇上，看哪个敢冒死犯上！"

皇后又说："也没有必要太大张旗鼓，人越多、声势越大，反而了解不到真实情况，不如打扮成商人，一路不被人注意，了解情况更方便。"

耶律贤搂住皇后的肩说："那可就苦了爱妻了，反正是做买卖的，多带些银两和物品，路上可以方便些。"

萧燕燕进宫后，吃喝享用虽比以前强百倍，但宫外的世界却离她越来越远。她很想自由地到外面走一走，看一看。但这次出宫是她第一次为朝廷办理公事，又是皇上亲托，所以马虎不得。几天来她亲自挑选六个亲兵侍卫和一个侍女，嘱咐沿途注意事项。对她的出行，除了皇上和父亲萧思温外，别的朝臣都不清楚。

几天后一切准备停当，东方刚刚泛起鱼肚白，皇后一行人马就出城踏上了征途。皇上亲自为他们送行，望着皇后远去的背影，耶律贤喃喃自语："我又多了一条臂膀。"

刚遭情失苦难诉
又遇父亡心难平

　　皇后代皇上微服私访的队伍静悄悄地出城南行，走了两个时辰懒洋洋的日头才爬出山峦。九月的天气已有些寒气，牧草也已半数枯黄，晶莹的露珠挂在树枝和草尖上。此时的燕燕忘记了自己是皇后，她与侍从们有说有笑，起初侍卫们不敢与她随便说笑，看到皇后如此开心和温善也就大着胆子聊起来，逗得她咯咯地笑个不停。一年来她第一次感到阳光是如此明媚和灿烂，空气是如此清新，草原是如此开阔、美丽，于是她想起了儿时的伙伴，想起了燕京的初恋情人韩德让，这次独自带人南行可以见到德让哥了。一想到这些她不由得挥鞭狠狠抽了一下，"雪花青"四蹄飞蹬，一溜沙尘扬起，不一会儿一行人马就消失在茫茫原野上。

　　第二天傍晚，浑红的太阳沉重地拖着一片青云就要落山，马步越来越慢，这时燕燕略感丝丝寒意，腰板儿也有些僵直，两天来路赶得太急，人、马都有些吃不消，她问侍卫长："现在是什么地界？"

　　侍卫长告诉她："已经到了南京道，可能是檀州界。"

　　皇后指着前边的灯火处说："到前边的村上住下，注意轻进轻出，别惊扰老百姓，不要忘了我是老板娘。他（指侍卫长）是老板，我们是卖山货的。"

　　一听说要休息大家都来了精神，侍卫们高兴地答应着："是！皇后。"

　　"进村千万别叫我皇后。"她又一次嘱咐道。

　　村上的人听到成队的马蹄声，知道不是官家逼税的就是土匪抢钱的，都早早关门闭户熄了灯，他们敲了好几家都没人答声，更没人开门。燕燕感到很奇怪，刚才还灯火通明，怎么一下子就全熄了灯无声无息了呢，我们下来的消息谁都不知道啊。

　　侍卫长小声问她："怎么办？"

　　她也小声说："不要再难为老百姓了，他们肯定有难处，我们到前边找地方歇宿。"

出村不远就看到前边的灯光更亮，那肯定是个镇子，侍卫们没有一个人抱怨，迅速向着灯火处走去。离镇子还有半里地，皇后就命令停下来，她对侍卫长说："这次让一个汉人侍卫带一个契丹侍卫背上些毛皮先进镇，找好驿舍我们再进去，省得又不开门。"

两个侍卫听命徒步进镇打前站，不一会儿就找好住处高高兴兴地回来了。皇后一人骑在马上，其他人都牵马步行进了镇，店老板听说是做买卖的，而且还有个女人，也就放心让他们住下了。

说是店老板，实际上就是一个老实敦厚的山民，家里有几间旧空房没人住。镇子正好位于山外进中原的交通要道上，经常有过路客在这里歇脚住店，有钱住，没钱也可以住，也有的客人丢下一点儿山货或一张生皮就走，老汉从不计较，他扫视了一下这几位生客，冲侍卫长问："客官从哪里来？驮的是什么货？"

侍卫长没敢直接回答，回头看了一眼皇后，皇后只点了下头没有言语，侍卫长说："从山后边来，驮些山野货到山前换点布匹和白面好过年。屋里的不放心，非要自己跟来挑选，不知这里白面什么价，听说这里旱灾严重，小麦减产，价钱便宜不了吧？"

老汉说："今年旱得确实不轻，但我们山里不种小麦，我们吃白面也要到山前去买，山果、黍米耐旱，所以影响不大。"

皇后插话问道："老人家，你们要向官家纳税吗？"

老汉说："朝廷的税赋好说，那是定数，下边要的钱可就多啦。"

"都要什么钱？"皇后紧追着问。

老汉摇着头说："一月一小摊，仨月一中要，半年一大敛，年底还有算不清的'阎王债'，不能问，一问就加码，弄不好还会挨一顿揍。"

皇后问："他们要那么多钱干什么？"

老汉说："不敛钱官家置房买地靠什么，连他们的亲戚都是绫罗绸缎，他们的狗吃的都是活鸡鲜肉，这钱是哪儿来的？不都是从百姓那里敛来的，当官的都没了良心！"

皇后不敢久留，第二天一早就走了，除了付店钱外，还给老汉留下一些熊胆和中药材。

第三天进入平原区，沿途有不少赶路的穷人，他们一看见马队就害怕地赶紧躲到田里去。已到中午时分，村子里没有几个烟筒冒烟，他们假装要碗水喝，走进一户烟筒冒烟的人家，开门的是个弓着背的白发老太太，她干枯的右手端着一碗黑乎乎的东西哆哆嗦嗦地正往锅里放，皇后问老人：“老人家，怎么就你一个人？为什么不吃白面馍？”

老人见来了外人，用衣袖擦了下旁边的木凳说：“请坐吧，今年大旱，小麦绝产，别说白面馍，糠饽饽也快吃不上了。丈夫被抓到北边打仗，死在沙漠里，家里只有一个儿子，官家今天抓差，明天征税，为了留口活气儿他逃到外乡去了，我一个快死的老婆子，能吃上糊糊就不错了。”

皇后又问：“听说朝廷不是免税了吗？”

老人答道：“倒是听说免了朝廷的税，可下边的税还多着呢，不管是朝廷还是县太爷，没有好东西！”

侍卫长刚想动怒，被皇后用眼色制止了，他们端过老人从锅底舀出的水，尝了一下，又苦又咸，没有再喝下去。

皇后说：“你敢骂朝廷和县太爷，就不怕当官的抓你吗？”

老太太说：“我怕什么，抓去是个死，不抓也是个死，什么大辽大宋，我经过的多了，谁来都一样。”

皇后假装喝完了水，说了声“谢谢”又交给老人几个钱。老太太接过钱激动地说：“你们真是好人啊，我已经两年没摸过钱了，谢谢！谢谢好人。”

从老人家里出来正好碰上一伙迎亲的队伍，老百姓都躲在老远的地方看热闹。几个看守马驮的侍卫正在路边休息，迎亲队伍前驱赶路人的官差过来对着他们就是一顿皮鞭乱抽，侍卫哪受过这个气，正想还手，皇后和侍卫长过来了。问是怎么回事，不等侍卫回答，官差又要举鞭，并且喊道：“没长眼睛，耽误了老爷的迎亲，找死！”

侍卫长说：“他们在路边也不影响你们走路呀，为什么随便打人？”

当头的看了一眼侍卫长，知道他不是一般老百姓，就说：“老爷经过的地方闲杂人等都要回避，不懂吗？"

皇后拨开侍卫长站到前边来说："这是官道，为什么你们走得，我们就待不得？"

"你看不见老爷要过来吗！"官差怒斥道。

皇后不动声色地说："要是朝廷的大官来了老百姓还不许出门了！"

官差瞅了一眼这一男一女，穿戴普通，但气度不凡，尤其这女子说起话来抑扬顿挫，话语软中带硬，翻了翻眼珠问道："你们是干什么的？"

皇后说："我们是走路的，大路朝天，各走一边不好吗？"

迎亲队伍后边的执事官喊道："前边怎么了？为什么不走了？"

皇后怕招惹出太大的麻烦，就让侍卫们往路边挪了挪，官差也怕惹了大神仙，就上马走开了。

迎亲的队伍有三顶花轿，十几匹高头大马，红红绿绿的彩车彩礼足有半里地长，据老百姓反映，这是本县县令，快60岁了还要娶第四房，每娶一次亲，百姓们就交一次份子钱。

一路所见所闻让这位新皇后心绪难宁，她琢磨着：为什么幽燕地区多次改朝换代那么容易，老百姓不关心谁来当官，谁来都一样，都是受穷。要是宋军打过来给老百姓一点儿好处，他们就跟着宋朝跑，为宋军纳粮当差，我们大辽为什么不能对百姓好一点儿呢……这是她在入宫前从未考虑过的问题。

再往西南走不远就看见燕京城了，皇后内心的激动无法对侍卫们述说，两三年来几次梦回燕京城，德让哥拉着她的手在卢沟河边跑啊跳啊，有两次竟把皇上抓醒，皇上问她干什么，她只好说："有人让我演戏当男的，所以笑醒了。"耶律贤没当回事就过去了。

她边走边猜想着德让哥会变成什么样，还对她好不好，到城里见到他一定要好好聊聊。正回忆着往昔的皇后突感小腹一阵疼痛，她知道女人的麻烦又到了，强忍着疼痛往城里走去。进了城里为了不暴露身份，他们先找客店住下，皇后对侍卫们说："我身体不舒服，不能跟你们再往南走了，由侍卫长代我完成下边的任务，一切听他的指挥安排，七天后再到这里找我。"

事后她又对侍卫长单独嘱咐了一番，第二天一早他们就出发了。

客店里只剩下皇后和一个侍女，她对侍女讲："我到街里找人办些事，你一个人不许外出，只可以在客店门口看一看，不许到处乱走凑热闹，不许多说话。"她在燕京住过几年，对这里很熟，交代完侍女就一个人出了门。

侍女是契丹人，没有到过燕京，看到这里楼阁漂亮，街市热闹，很少看见北边的人，只是语言不通，又有皇后的嘱咐，所以没敢走远，只在门前左右转转。

燕燕很快找到韩府，守门的看她有些眼熟，但不敢冒认，问她找谁，她说找韩德让，守门的又问她："贵客从哪里来？请报上尊姓大名。"

燕燕说："你就告诉主人从上京来的，姓萧。"

门卫进去禀报，让她在门外等候。韩德让正独自一人在书房抄写《礼记》，听门卫说有个上京女客找他，感到有些奇怪。他很小就离开上京，没有什么女友，要是亲戚应该找父亲，他问门卫："你没问她叫什么名字？"

门卫说："她只说姓萧，别的不再讲。"

听说姓萧，韩德让马上反应过来，上京只认识燕燕姓萧，但她已是当今的皇后，不可能来找我，对门卫说："让她进来吧。"

韩德让在屋里低头转圈琢磨到底是谁找他，此时萧燕燕已走到堂前。她看见德让哥还是那么高大英俊，素衣打扮，手持书卷，但眼神略显暗淡，她喊了声："德让。"韩德让抬头一看果然是萧燕燕，他有些发蒙，不由自主地想喊"燕燕"，但望着身材丰润的她马上改口说："罪民韩德让不知皇后驾到，有失远迎。"说着就要下跪。

她赶忙拉住韩德让说："哪儿有那么多礼，到屋里再讲。"

两个人双双进了堂室，韩德让本是主人，倒有些不知所措地站在那里，还是燕燕先开口打破僵局。她含情脉脉地望着韩德让，极力掩饰着内心的激荡说："德让哥不会怪我吧，这些都是父母和皇上替我做的主，我也没办法，不是我说话不算数，你还是一个人吗？"

韩德让一听说这事就气不打一处来，当他听说心爱的燕燕嫁给皇上后，整整半年不出门，无论家人怎么劝说都没用，除了吃饭睡觉就是读书。他一听燕燕说到这件事，还是青筋暴出、双手捏出了汗，但坐在面前的是皇宫里的娘娘，而不是原先的燕燕，他也不敢放肆，只说："谢谢皇后娘娘的关心，德让过去不懂事，给皇后娘娘添了不少麻烦，还望娘娘恕罪，小民无德无才，终生不会再娶。"

燕燕听他一口一个娘娘，心里特别烦闷，但她又非常理解韩德让，想过去拉他一把，马上又意识到自己确实是皇后娘娘，不能太失身份，万一传扬出去两个人都要倒霉。她明知道韩府财贵双全，还是问德让："有什么困难说一声，有合适的就成个家吧。"说完她的眼泪差点掉下来。

韩德让说："娘娘到寒舍有何圣谕，如果没有大事就请回吧。"

萧燕燕尽管没有得到想要得到的东西，但能看一看当年的情哥哥也就知足了，她对韩德让说："我有事路过燕京，半途肚子有些疼，想找点药和细绢。"

韩德让过去听燕燕说过，姑娘每月肚子疼一次，还要用棉花，就让她在屋里等着，自己到后院取来止疼药和棉花，又坐了一会儿就催促皇后赶紧走。她出门时，两个门卫还是认出了当年的萧燕燕，等韩德让怀着复杂的心绪低头回府时，门卫问韩德让："那不是常到咱府来的萧燕燕吗？"

德让没有回答，只说："不许胡说，小心我黏上你们的嘴！"

越是不让说，底下人越是当成新闻瞎猜议，没多少日子消息就在燕京城传开了。皇后对此全然不知，燕京城还是当年的燕京城，可韩德让已不是当年的德让哥了，她的地位比当年高出几倍几十倍，但没有一个人肯给她一个笑脸，这燕京城已不属于她萧燕燕了，她没找到当年的快乐，却找到了苦恼、烦闷和焦躁。

好不容易熬过三天，侍卫长带人回到了燕京城，皇后问："怎么这么快就回来了？"

侍卫长气呼呼地说："刚走过卢沟河，就遇到查路收税的，不管大人孩子每人五个板，没钱就没收东西，没东西的扒衣服，只穿个裤衩没衣服的打一顿让你回去。"

皇后又问："他们收什么税？"

侍卫长说："不能问，谁问什么税，不仅加码，还要轻则挨骂、重则挨打。我们怕惹事就按人数交了钱，但还是不行，说我们的马也按人计数，只好又交了一份，交完钱我们问老百姓这是交什么钱，他们说是救灾款，这不是胡说八道吗！"

"那里的老百姓生活怎么样？"皇后紧迫问道。

一个侍卫着急地说："路上都是逃荒的，天已经这么凉了还赤着背，有的往北逃，说是北边没受灾，有的向南逃，说是南边给饭给衣裳，年轻人都逃到南方当兵了。"

侍卫长接着说："我们再往南走，查得更严，看我们像北边的人，非说我们是想逃往宋军的奸细，而他们对真的从南边来的人不查不问，没办法，我们只好回来了。"

这无疑是给皇后焦躁冒烟的心里又浇了一瓢热油，就像一把火"轰"一下燎到脑门儿上，她脸色青灰，嘴唇发紫，一个趔趄差点儿倒在侍卫身上。侍卫长怕皇后万一有个好歹担当不起，就赶紧扶她上床休息，嘱咐侍女一旁侍候，其他人在门外守候，他到街上买些药物和补品。还没等侍卫长回来，皇后就清醒过来了，她想：这就足够了，再待下去怕要出问题了，于是决定回宫。侍卫长回来后，她严肃地告诫所有侍卫："回上京后不准吐露关于这次外出的半个字，有谁敢讲出去，小心你们的脑袋！"

皇后秘密南下没有引起上京多大的注意，倒是皇后的父亲萧思温成了官场议论的焦点。皇帝耶律贤生性懦弱、胆怯，重大事情总要回后宫与皇后商议再做决断，皇后又听父亲萧思温的意见。现在皇后南下，皇上就处处听萧思温的意见，守旧的契丹官员尤其是南、北两大王院对此非常不满，以耶律喜隐为首的王爷集团，感到契丹大权旁落，太祖创下的契丹基业只有太祖子孙们才有资格评断，你一个管马小卒萧思温凭什么在皇上耳边怂恿、挑唆？他们不敢公开议论皇上，把怒气全撒在萧思温的身上，经常在一起议论萧思温地位低下，打过什么败仗，做过什么错事，罗织罪名奏报皇上，想让萧思温从皇宫滚出去。

但议论来议论去，搜肠刮肚找出的"罪状"并不太黑，因为那些"罪状"皇上都知道。自从萧燕燕进宫当上皇后，萧思温对皇上确实忠心耿耿，皇上对他自然是十分信任的，如果从正面插刀弄不好会把自己陷进去，于是喜隐等人决定等候机会再下手。

对萧思温不服气的不仅有耶律家族的嫡系政敌，还有国舅帐的萧氏族员，他们希望萧氏能在朝廷保持后族地位，但对萧思温的受重用又醋意浓浓，因此私下也对萧思温议论纷纷。

在共同的政敌面前，国舅萧海只与萧海里以九月初九送茱萸酒为名，前往喜隐府上探望。酒过三巡，海里酒兴大发，他先喝掉自己杯里的酒，又手持酒壶给喜隐斟酒，喜隐一饮而尽，海里说："好！宋王确有大将风范，咱们换大碗。"

喜隐按住酒杯眯着细眼说："谁是大将？大将在北边（指北枢密院），只有你们姓萧的才出大将，我们已经是过时的古董了。"

海里说："大王是太祖嫡孙，文武双全，天下有几个宋王？"

喜隐说："徒有虚名而已，天下大事还不是姓萧的说了算。"

海里已经醉意浓浓，摆摆手说："还是皇上说了算，皇上姓什么？耶律！"

喜隐又问："皇上听谁的？皇后！皇后听谁的？"

海只在一旁一边抿酒，一边听他们斗嘴，见扯出皇上、皇后，就拦住海里说："皇上乃一国之君，也是你们能议论的，小心你们的脑袋！"

海里和喜隐酒醒一半，喜隐将一把刀放在桌子上，故意在刀片儿上又摆上一个酒杯，酒杯上摆了一个盘子，盘子上又放了一个大碗，他问海里："你说哪个大？"

海里说："当然是碗大。"

喜隐说："碗靠谁撑着？"

"靠盘子。""盘子靠谁支着？""当然靠杯子。"

他们一问一答着，好像小孩子玩游戏，喜隐睁开眼睛又问："如果有人把杯子下边的刀子一晃会怎么样？"

海里和海只会心地一笑，表示已经明白了。事后海里和海只商量过几次，萧海只不同意海里冒这个险，事情也就搁下了。

皇后回到上京后，向皇上奏报了南下的所见所闻，耶律贤甚为欣喜，坚定了他减赋慰民、强兵扩土的政治主张，他感谢深明大义、精明能干的爱妻，他几天没有临朝，亲自为皇后制定食谱，让御医给她进行保健治疗。尽管皇后一再谢绝，但皇上还是行不离身、足不出宫。皇后说："臣妾不是杨贵妃，陛下也不是唐明皇，我们大辽的国土连唐朝的三分之一都不到，宋军从几个方面包围我们，朝臣离德、军心涣散，如不整顿，就是疆土扩大十倍，也难逃五代十国的分裂局面。"耶律贤听后点头称是。

几个月来，耶律贤很少外出打猎，处理完朝政他大部分时间是陪皇后聊天或在近处转转，一是可以尽享夫妻温馨和欢乐，二是可以从皇后那里得到不少治国方略。一天，他们把所有朝臣列队分析，发现契丹大臣大多聚集在上京和北部军镇，汉臣本来就少，而且大部分在南方任职，皇后说："这样的分配会使他们眼界短浅，不利于发挥各自的才智，而且容易扎堆成伙，为谋反提供有利条件。官员应该定期轮换，不分种族门第，能者上，庸者下，疑者不用，用者不疑。"

除了"不分种族门第"这条外，耶律贤对其他各条都表示同意。

皇后想了想，为了让皇上相信自己是完全处于公心，又能堵住一些大臣的嘴巴，她首先拿一直敬仰的韩叔叔做示范，她对耶律贤说："像韩匡嗣本是蓟州玉田人，虽然对朝廷忠心耿耿，但长期守在家门口不好，应该换换地方。"

耶律贤说："提醒得好，是应该换一换。"

辽保宁二年（970）五月，皇帝要西行间山行猎，顺便了解西线布兵和防守情况，他对皇后说："皇后身体不适就不要随行了，只能麻烦岳丈，请皇后替我请一下好吗？"

皇后说："侍候皇上是臣下的本分，视察布兵和防守情况，北院枢密使不去谁去，再说别人去我还不放心呢。"

几天后一切准备停当，一大早文武群臣都来送行，喜隐面带笑容地走到皇上马前双手一拱说："上苍保佑皇上龙体康健，神箭不虚，望皇上早日丰获回朝。"

萧海里和萧海只也赶来送行，但没有靠前。队伍的最前边是前导卫队，卫队后边是一身轻便打扮的皇上，耶律贤骑在"雪花白"上精神抖擞，漫长的冬天憋得他实在难受，他高兴地回头看了一眼紧随其后的萧思温说："走吧！"

萧思温喊了一声："出发！"队伍就浩浩荡荡地出发了。

第二天，一行人走进一个深山老林时天色已黑，御骑"雪花白"头颈一扬，前腿同时跃起，一声嘶鸣打破了山林的寂静，皇上问萧思温："萧爱卿，这是什么地方？"

萧思温说："这是盘道岭，是通往云州的唯一山道。"

皇上说："既然天已黑下来，不如在这里休息明日再走。"

"不宜，不宜！这山路盘旋陡峭，林深草密，找不到休息的平地，还是走出山口再歇息吧，您说呢？"萧思温着急地说。

其实萧思温是怕住在这里不安全，前不能跑后不能躲，万一出了事不好交代。

皇上说："连马都跑累了，何况朕呢。"

既然皇上这么说，萧思温也不再坚持，他对御卫长交代说："你们小心侍候皇上下马休息一下，千万不要躺下，我到前边找个宽敞的宿营地，一会儿就回来。"说完带上一个卫士朝前走去，因为天太黑，他走着走着就找不到正路了。突然，从树林中窜出几个黑影儿，起初还以为是惊动了野兽没有理会，但这群"野兽"明晃晃的刀光着实让他吓了一跳。萧思温刚要抽刀防卫，一条绊马索就把马腿锁住，随着马的倒下他也重重摔在山坡上，不等他反应过来，三支长枪同时对准他的头部胸部一通乱扎，那个卫士知道遇到了贼人，急忙举枪抵抗，慌乱中马失前蹄翻下了山涧，一命呜呼了。

那边的皇上不敢坐也不敢躺，几次催问御卫长为什么萧思温还不回来，御卫长也不敢离开皇上去找人，一直等到天破晓，御卫长才敢到前边探明情况。过了一个时辰，御卫长慌慌张张地回来了，他结结巴巴地报告说："不好了！萧大人被歹人害死了，满地都是血。"

耶律贤急问："还有救吗？"

"一点气儿都没有了。"御卫长气喘吁吁地回答。

耶律贤再也没有兴趣打猎了，立即命令打道回朝，回去的路上不仅有帐车，又多了一辆拉尸体的车。

皇后得到消息说皇上回宫了，她一边疑惑为什么回来得这么快，一边出宫门迎接。往日皇上打猎归来都兴高采烈，今日为什么满面怒容，皇后迎上去，没等她开口耶律贤就哭着脸说："半途遇到歹人，国丈萧爱卿不幸遇难。"

皇后不相信自己的耳朵，但看了看回来的人里确实没有父亲，她顺着皇上手指的方向望去，车上躺着一个人。她三步并作两步走过去，扒开蒙着头的黑绸，一眼就认出是自己的父亲。萧思温脸色灰白，全身僵硬挺直，她不顾周围的下属，忘记了皇上，忘记了自己的身份，号啕大哭，随来的宫人欲劝说一下，皇上说："让她哭吧，哭出来更好受些，萧爱卿是为朕而死的。"

其实皇上何尝不想哭呢，是这个老岳丈给他送来了温柔的爱妻，送来了聪慧的好帮手，是他帮自己登基当了皇上又为自己出谋划策，耶律贤控制住感情，拉着皇后的手说："爱妻要节哀，过分伤心会伤了身子，快回宫商量一下办理后事吧。"

宫人递给皇后一条手绢，她擦了下眼泪跟皇上进了内宫，在内宫略做休息，皇上讲了一下萧思温被害的情况，她问道："是什么人如此大胆妄为？"

耶律贤说："可能是窃贼作乱。"

皇后说："既然为了抢钱，为什么不抢辎重车而截杀一个单骑呢？"这一反问倒是提醒了耶律贤，他确实听到帐车旁边有响声，因天太黑看不清，且响声一会儿就消失了，还以为是野兽经过，这么看来这伙人是冲萧爱卿去的，他们是什么人呢？这个谜一直在耶律贤和皇后脑子里转悠。

南行遭韩德让的绝情后，她不敢透露又无处述说，痛苦的阴影还没有抹去，又遇亡父的悲痛，这几乎让皇后难以支撑。她连续几天食无欲、睡无眠，经常在梦中惊醒，她开始检讨自己，什么地方做错了，又得罪了什么人，惩罚她的到底是人还是神？

皇上看出皇后有心事，就经常逗她开心，也很少让她临朝。过了些日子，皇后的情绪慢慢稳定下来了，白天与宫人有说有笑，晚上皇上也能尝到男人应享受的味道了，正当她高高兴兴准备帮助丈夫临朝理政时，更大的灾难又酝酿成熟了。

保守的契丹官员对萧氏父女的权势一直嫉妒在心，对皇上的崇汉政策心怀不满，他们认为违背祖宗遗风的行为是天理难容、上苍不饶的忤逆之道，萧思温的死是罪有应得，他们以为皇上会改弦更张，守住上京和契丹领土，重用契丹官员，排除汉人、汉制，谁知皇上反而大力调整朝臣，维修孔庙、赈灾济民，准备反击宋朝的进攻，向南向西扩大大辽疆土。

保守官员的眼中钉无疑就是皇后，宋王喜隐、平王隆先及萧神睹、萧海里等人又一次秘密聚会饮酒。没几天皇后私下会见韩德让的消息就在宫里传开了，很快消息就传到了皇上的耳朵里，开始他不相信，也不以为然，但消息越传越玄，"皇后偷偷会见旧情人""皇后已经怀上了汉人的孩子……"耶律贤耐不住人多嘴杂的瞎议论，就追问皇后到底是怎么回事，皇后非常生气地否认了此事。

在一次朝臣议政会上，喜隐还是不同意对燕南地区过分照顾，说问题没有那么严重，皇后根据南下的所见所闻据理驳斥，喜隐再没有绕弯子躲躲闪闪，站起来质问道："请问皇后，你去过燕南吗？恐怕是燕京城吧？"

皇后有些含糊其词，喜隐又追问："听说您从韩府拿着细绢出来就病了，得的什么病？"

皇后羞得低下头难以回答，她面色铁青，双手颤抖，没等喜隐说完就宣布廷议结束。

回到后宫无论皇后如何解释女人那些难言的痛苦和去韩府找药拿细绢的理由，耶律贤一概不听不信。他认为自己受到奇耻大辱，决心要休掉这个不忠的女人，让御卫把她关进了冷宫。

保守派的官员扬扬得意，有的假惺惺地给皇上送礼嘘寒问暖，有的张罗着要给皇上选新妃，霎时间宫里宫外、朝廷上下一阵浑烟浊气。

皇上听言猛觉悟
雨过天晴返后宫

自从皇后被关进冷宫，耶律贤从早忙到晚仍处理不清当天的朝政，夜晚一个人冷冷清清长久不能入眠，数日来食欲不振、情绪低落，眼窝明显下陷。他与龙椅的比例越来越不协调，南院枢密使高勋进殿问皇上："皇上，北院枢密使萧大人既然亡故，北院枢密使一职不可长久空缺，您看哪位大人合适？"

耶律贤抬头望了望高勋："你去吧！"

高勋望着皇上那失神的眼睛说："皇上，臣是南院枢密使。"

耶律贤有气无力地说："噢，噢，北院，高爱卿的意思呢？"

高勋稍停片刻说："鲁不古之子右皮室详稳耶律贤适学识渊博，寡言少语但智计颇多，对皇上一片忠心，若委贤适为南院枢密使，不难安邦治国。"

此时的皇上已记不清谁是贤适，其实穆宗耶律璟时贤适就帮过他的忙，在贤适的提醒下，他躲过了多疑嗜杀的穆宗的打击，才有了今天至高无上的地位。他一边抹着口水一边小声说："就贤适。"于是，耶律贤适当上了北院枢密使。

贤适头脑清醒、处事谨慎，他清楚地知道朝中混乱的原因是皇上身心欠佳，其症结就是失去了皇后这个得力助手，但对皇后所谓的罪状他一直持怀疑态度，凭借皇后的锐敏和机智，她不会做出愧对皇上的事，南行的详细情况总有人说得清。

一天晚饭后，耶律贤适见皇上一个人在宫中散步，就走近前去拱手问安，皇上见有人来陪他聊天说话，情绪明显好转，贤适趁机问道："皇上身体安好？"

耶律贤说："天天让我吃药，我连饭都不想吃，还是睡不好觉。"

贤适笑着说："我有一个方子，能治陛下的病。"

"快快拿来让朕试试。"皇上有些兴奋地说。

贤适说："方子就在陛下的嘴里。"

耶律贤有些莫名其妙。贤适说："陛下只要下旨让皇后回宫，您的身体就会康健，我保您饭香觉甜。"

耶律贤一脸严肃地说："不忠不孝之臣岂可饶恕！"

贤适反问道："陛下您亲自去了吗？"

"没有。"

"她为什么去韩府？""不知道。"

"皇后肚里真有孩子吗？""没查过。"

"那陛下凭什么判她有欺君之罪？"

这一连串的问话让耶律贤惊诧不已，他有些口吃。心想：是啊，每天睡在一起为什么不摸摸她的肚子呢。他开始怀疑自己的脑袋为什么变成了木头。

耶律贤问贤适："依爱卿之见，朕可能冤枉了皇后？"

贤适说："还是先调查一下，不妨把跟皇后同去的宫女倩儿找来问问。"

耶律贤把倩儿找到后宫问道："是你跟皇后南行的吗？"

"是，皇上。"

"皇后到燕南去了吗？""没有。"

"为什么没去？"

倩儿知道皇上想问什么，这对皇后来说是一个非常重要而且是个要命的问题，她在皇后身边已经几年了，皇后待她也不薄，无论如何也不能把实情说出去，但不讲又不行，因为坐在她面前的是一言九鼎的皇上。

毕竟是皇后培养出来的人，不仅手脚快，脑子反应也快，倩儿低着头假装红着脸说："回陛下，不是奴婢不讲，有些事我实在不好讲。"

耶律贤从那宽大的龙椅上挪动下来，站在倩儿面前说："讲！不要怕，有朕给你做主。"

倩儿说："这都是我们女人间的事，实在不好启齿。"

耶律贤有些着急，他大声命令道："什么女人男人的，照实讲！"

倩儿这才细声慢语地说："皇后那些天一直下边有红，肚子疼得厉害，强忍着到了燕京，为了不露身份，她只好一个人到韩府找药和细绢，所以她派侍卫长去了燕南，皇后一直悔恨自己的身子不争气。"

耶律贤鼓着的肚皮开始下瘪，他还是不清楚皇后到底见没见过韩德让。正在这时，宫卫报告说南京有位韩大人求见皇上，倩儿趁机出去，一边走一边擦着脸上的冷汗。

进宫求见皇上的不是别人，正是燕王韩匡嗣。耶律贤说："韩爱卿请坐，有何急事这么晚还闯后宫见朕？"

韩匡嗣说："臣与萧思温是多年好友，萧思温不幸遇难，我来为他送行。宋人在边境制造事端，还经常有歹人化装入境窃取军力部署的情报，我明日一早就要起程，不得不深夜来告辞，微臣深夜打扰皇上实属不得已，望皇上宽恕。"

耶律贤问他："德让有何作为？"

韩匡嗣说："南京一带因大旱，颗粒无收，我让他去看看灾民的情况，他不愿出门，只在家里读书，还犯了一桩滔天大罪。因朝风不正，我不敢随意进宫禀报，我想皇上已经知道了，微臣愿听凭皇上处置。"

耶律贤问："什么滔天大罪？朕为何不知道？"

韩匡嗣说："上次皇后南行路过燕京城，不知得了什么病，到微臣舍下找药。德让对皇后的态度非常冷淡，连饭都没留就让皇后走了，好像还有什么不高兴的事，事后又没告诉我，微臣教子不严且已年迈，特请皇上降旨免去微臣燕王的名号，回乡安度晚年。"

耶律贤听后心里就像往馊菜汤里浇了一瓶老酒，酸不酸，辣不辣，只感到五脏六腑上拱下蹿，他已经意识到自己错怪了爱妻。送走韩匡嗣后，他在后宫里转来转去，不知如何是好。

正在耶律贤悔恨交加、手足无措时，新上任的北院枢密使耶律贤适进宫询问萧思温的安葬问题，皇上说："萧爱卿忠心保国，对朝廷贡献卓著，应厚葬以示褒奖，但杀害他的人也要及早捉拿归案，就是凌迟暴尸也难解心头之恨。"

贤适与皇上密语道："依微臣之见，此案绝非一般孟贼所为，而是集团阴谋政治案，要破此案须费些周折和时日，但也绝非无懈可击。臣怀疑海只、海里、平王、宋王、神睹等均有牵连，但按祖制，既是王就不可擅动，尤其是宋王无铁证万不可惊动，臣以为先从细微处入手，先拿下一个详细审问，就不愁不能破案了。"

耶律贤问："拿谁先开刀呢？"

贤适说："海里是囚监，让杀害穆宗皇帝的凶手跑掉他是有责任的，这次也属他蹦得最欢，整枝先掐尖儿，就拿他个渎职怂逃罪！"

耶律贤立即批准，很快海里被秘密捉拿到庭，由贤适亲自审问，先是告诉他，如实交代问题可宽大处理，隐瞒对抗要满门抄斩。还未用刑，海里的裤子就湿了一半，一问一答，非常顺利，但有些关键情节他说不清，"当头炮"可能不知老帅的底，就没有再追问下去。最后宣布对他暂缓处置，但出去后不准向任何人透露一丁点儿审问的事，否则以叛乱对抗定罪，海里一一做了保证。

皇上听了贤适的汇报后，一方面感到情况复杂，这把皇椅不好坐，另一方面因冤枉了皇后而内疚，他交代贤适要密切注意宋王喜隐的动向，无紧急情况不得惊动。

贤适走后，耶律贤着急的就是赶快接皇后回宫。

九月初的北方草原已是初寒挂梢，坡后可见霜凌。一天傍晚，从东方飘来一片黑云，突然电闪雷鸣，雨如盆倾，这是草原上百年不遇的奇怪天气。

关在冷宫中的皇后打了一个寒战，两个月来她冥思苦想，怎么也想不通，自己虽不是名门之后，但也是契丹血种，从小习文练武，规规矩矩地做人，从不给家里、族里添一丁点儿麻烦。自从她17岁进宫，小心翼翼地伺候皇上，他那瘦弱冰冷的龙体在我丰柔的怀里得到温暖，无论国政族务还是大事小情，只有他想不到的，没有我不事先提醒的。燕南大旱、边境不宁，是皇上派我去查看实情的，一路颠簸劳顿，经血从大腿流到马靴，我忍痛不语，因为这是为了皇上和大辽，那些昏王逆臣为私谋乱，串通一气，编造流言蜚语，蛊惑人心，唯恐天下太平，难道皇上你一点儿都看不出来吗！

皇后曾想到过悬梁雪耻，一条白裙撕成十八条，但燕京百姓常说的"留得青山在，不怕没柴烧"一句话救了她，她相信黑白自有天理公断。

"轰——隆隆"一阵响雷让她从沉思中惊醒，仿佛雷前的闪电光中跑动着一个人影，一阵狂风过后宫门大开，只听"爱妻，爱妻在哪里？"

她不相信自己的耳朵，但站在身边的的的确确是让她恨怨交加的皇上，她不知是应该施礼还是怒骂，不等她选择，皇上一把将她抱在怀里，"爱妻受屈了，爱妻受苦了……"

泪水化作倾盆大雨喷涌而下，后边的话一句也没听清，一挨到皇上的肩膀她马上就酸软下来，两个人互相搀扶着，互相依偎着，很久很久。不知过了多少时辰，窗外透进一缕银灰色光线。啊！天亮了，雨停了，一会儿银灰色变成了紫黄色，太阳神救她来了，皇上和皇后胸中涌动着激浪，双双走出这昏暗清冷的角宫。皇后迎着东方初升的太阳，两眼迷离、脚步蹒跚，面无血色的脸庞感到麻热，很快一阵热流从头流到脚，一股从未有过的温暖让她欣喜、陶醉。

宫人见皇后回宫，个个面带笑容，忙着给她沐浴更衣、递茶送饭，倩儿眼圈红红的，她站在皇后身后连捏带敲，小声对皇后说："皇后您受苦了，这些日子宫里冷冷清清，姐妹们眼看着皇上一天天消瘦急得没办法，这下可好了。"

皇后回头对倩儿说："不要哭，这不是回来了，等于我们又南行了一次，对吗？听皇上说你帮了他大忙了，阴天下雨没什么，总有日出云散满天红的时候。"

主仆有说有笑，人流如梭，欢声笑语又充满后宫的每个角落。

最高兴的还属皇后的弟弟萧继先。萧思温夫妇没有男孩，萧思温的哥哥有几个男孩，幼子留只哥深受叔叔的喜爱，他比燕燕小十几岁，经常在叔叔家里玩耍，因为家里没有男孩儿，燕燕非常疼爱这个小弟弟，长大后给他起名叫继先，久而久之，他就成了燕燕家里不可缺少的成员。萧继先经常跟着燕燕姐姐到处玩耍，燕燕习武他在旁边比画，燕燕读书他替姐姐背书包，姐弟俩的感情非常深厚，虽是姐弟，因为年龄相差较大，燕燕一直把他视为侄子。

在这位大姐姐的教导和影响下，继先孝敬长辈，崇尚节俭，为人正直，他的学问和武艺也有了很大的长进，所有的长辈和邻里都很喜欢他。燕燕进宫后，继先也成了宫里的常客，大臣们进宫还要有个手牌或事先通报一下，但他可以自由出入宫门。自从叔父萧思温死后，萧继先一直在宫中陪伴姐姐，当姐姐遭遇不公被关进冷宫时，他寝食不安，他问皇上为什么让姐姐一个人睡冷宫时，耶律贤又烦又气，对他一句好话都没有。气怒之下，继先想出宫回家，但一想到姐姐一个人被关在冷宫里没人关心，就非常难过，两个月来他也像进了冷宫一样度日如年。第二天看见姐姐蹒跚地从角宫出来，他马上飞奔过去，忘记了旁边的皇上，双手搂住姐姐的肩膀亲个没够，皇上只好退位等候。其实耶律贤也很喜欢这个内弟，因皇后头胎是个女儿，自己还没有儿子，就把继先视为儿子。

几天后，皇后的身体恢复得差不多了，皇上的精气神也自感倍增，整个后宫有说有笑，其乐融融。

几天后，皇后又可以临朝问政了，她面带微笑从容地端坐在皇上旁边听大臣们禀奏、议政，不时地与皇上交头低语，皇上连连点头。

在很短的时间内，耶律贤对朝臣进行了必要的调整：保宁三年（971）正月，诏奖献俘的有功将士；封南京统军使韩匡美为邺王；三月，命女里为契丹行宫都部署；四月，判图谋不轨的世宗妃子啜里和蒲哥死刑；为了加强西北部的军事力量，七月派最信赖的北院枢密使耶律贤适亲任西北路招讨使。

一天廷议时，有人奏报流放黄龙府的萧神睹不思悔改、妄图作乱，耶律贤让群臣发表意见，皇后仍是不动声色地扫了一眼满朝文武，目光停在耶律喜隐的身上，见无一开口就慢声细语地问道："宋王以为如何处置为好？"

喜隐听到喊宋王就先是一激灵，随后听明白问如何处置萧神睹，就定了一下神说："服罪流放作乱，罪当不赦，罪当不赦！"

其他大臣也随声附和说："罪当不赦！"

皇后问："按律当斩是吗？"

南院枢密使高勋说："皇上皇后，按大辽律法，带罪犯律罪加一等，又图谋作乱应凌迟暴尸，同谋同罪。"

喜隐听了有些坐不住。

皇上说："那就按律执行！"

皇后看了一眼喜隐说："罪臣神睹虽是皇族血统，国法不可当儿戏，但念其曾为契丹出过力，当众问斩即可，不必凌迟暴尸，那样做太残忍了，皇上以为如何？"

耶律贤说："按皇后说的办。"

最后皇后又补充道："真正的同谋一定要同罪，对于那些受蒙蔽不知情的人，只要迷途知返或戴罪立功，对过往的事一概不咎，宋王你说对吗？"

"对，对！皇后说得对。"喜隐赶忙回答。

会上北院枢密使贤适提出："皇上皇后，还有两件事应抓紧办理，一是已亡故大臣萧思温对大辽国贡献卓著，应予褒奖，以昭勉后人；二是杀害穆宗的逆党尚未抓获，如久拖不破，就会贼党蜂起，对朝廷安宁极为不利。"

皇上说："爱卿所提两件事极为重要，萧爱卿思温拟封为楚国王，待机宣诏，其他事宜各司其职，抓紧办理。"说完他看了一眼皇后已见隆起的腹部，宣布廷议结束。

自冷宫放出来之后，皇后不仅身体恢复得很好，她的心胸也变得开阔起来，胸部、臀部日见丰满，白净的皮肤显露出成熟女性的魅力，双眉间闪烁着智慧的光环。前朝协助皇上理政果断、机智，后廷处事善和、顺情，上上下下无不敬佩，耶律贤也暗中赞许，只是不知她肚子里的是不是皇子，欣喜中不免略带忧情。

这年（971）腊月底，耶律贤刚从外边以青牛白马祭拜天地回来，就见宫中一番忙碌紧张的气氛，经过十个月煎熬，皇后总算没有白费劲，真的生下一个龙子，脐带一剪断，皇后长长地出了一口气，"我萧燕燕总算有了今天，上天不负有情人！"

这是她内心的思忖，她已经没有力气抒发感情了。

耶律贤听说生了个龙子，不顾御医的阻拦闯进产房，望着那红扑扑的脸蛋喜笑颜开，他嘱咐御医和宫人小心侍候，把各国送来的补品都用上。

皇上和皇后给这个孩子取名叫文殊奴，稍大些起大名为耶律隆绪，这是他们的希望，也是他们的幸福结晶。从此耶律贤对皇后体贴备至、宠信有加，两个人像喝了蜂蜜似的，每日甜蜜蜜、笑盈盈，眼巴巴望着儿子快快长大。

添皇子喜不忘政
图大计整肃纲纪

自从皇子隆绪出生后，皇上和皇后整天乐得合不拢嘴，看着一天天长大的儿子打心眼儿里高兴，一会儿摸摸小家伙的腿，一会儿揪揪他的耳朵，逗得儿子咧着嘴直乐。耶律贤想亲一亲儿子，嘴还没挨到儿子的脸，毛烘烘的胡须就把娇嫩的小脸蛋儿扎得歪向一边，两只小手连抓带挠地表示抗议，皇后笑着把丈夫推走，站在旁边的宫人抿嘴直乐，倩儿说："文殊奴不欢迎皇上，您快走吧。"

皇上对宫人的无礼并不在意，他一边将着自己的胡须一边笑着离开后宫，皇后继续侍弄着儿子，每天有干不完的活儿。这些天皇上很少临朝，皇后也很少打听朝政的事，进进出出的御卫和宫人都面带笑容，大臣们见面也显得轻松自如，仿佛已经实现了天下一统。

契丹民族是一个游牧民族，他们一年四季漂泊不定，契丹皇朝建立后仍有四时捺钵制，眼下见皇上和皇后非常高兴，有些人就惦记着要出去活动活动，宫人向皇后建议说："小皇子带来了好天气，还不到外边走走。"

皇后说："朝廷这么一大摊子事，现在哪儿有工夫去活动。"

宫人说："一方面游牧渔猎，另一方面就地处理政务，还可以随时了解各地的情况，磨刀不误砍柴工。"

皇后说："我跟皇上商量商量再说。"

耶律贤生性喜静不喜动，又不愿意众多的族帐和官吏跟在屁股后边转悠。他对负责行宫事物的斡鲁朵并不感兴趣，高兴时就带上少数随从出去打打猎，来去自由，行动方便，所以大部分时间待在皇宫，很少出门。

因为有了皇子心情特别好，在皇后的建议下耶律贤要去南边打猎散散心，正当他骑着"雪花白"追逐一只肥肥的野兔时，侍卫来报告说："党项余部进犯西部边境，掠走牲畜万余头，请皇上降旨派兵征讨。"

皇上说："请西北路招讨使贤适决定。"

侍卫说："就是西北路招讨使贤适派我来请示皇上的。"

耶律贤追猎的兴趣全无，只好回宫。

回宫后他问贤适为什么自己职权范围内的事还要请示皇上，贤适说："皇上，论责此等事不应麻烦皇上，但我已经派不动兵了。因军情紧急，臣命黄龙府卫将燕颇先行迎击，后续部队马上跟进，但燕颇谎称有病不肯领兵，臣与宋王商议对策，宋王喝着酒不急不慢地说抢几只牛羊怕什么。我找南院枢密使高勋商议，高大人说这是军机大事他不管，我一个人招讨什么。"

耶律贤听后非常生气，他亲自找耶律休哥谈伐党项的事，休哥是太祖三伯释鲁的孙子，虽不太情愿，皇上亲自找上门也就痛快答应了，总算了了耶律贤一份心思。

皇上刚刚跨进宫门，就见宫前庭院里的御卫嘻嘻哈哈地满院乱跑，领头的竟是近侍实鲁里，他把殿前的神纛（契丹族的仪仗之一，极神圣，不可随意触碰）碰倒连扶都不扶一下，看见皇上进宫也不肃立。耶律贤十分生气，回到后宫皇后见皇上满脸的不高兴，就小心地问道："皇上有何不顺心的事？"

皇上把北院枢密使派不动兵和御卫不守规矩及近侍碰倒神纛的事讲了一遍，皇后听完也非常生气，她对皇上说："简直不成规矩，如此下去还得了！这些人要一个一个和他们算账，不出兵就是逃兵，就是内奸！先把燕颇按律处斩，亵渎神灵也是死罪，定斩不饶。皇上你先消消气，气坏身子可是个大事，来看看儿子长大了吗？"

耶律贤一见胖乎乎的儿子，怒气就消了一半。

第二天皇上亲自升堂问罪，文武大臣分坐两旁，皇上一脸严肃地问："谁是西北路招讨使？"

贤适马上站起来说："微臣贤适是西北路招讨使。"

皇上又问："党项逆贼犯我西北边境，为何迟迟不派兵讨伐？"

耶律贤适战战兢兢地说："臣一接到战报，恐贻误战机，即命驻黄龙府的卫将燕颇先行阻击，然后准备再派后续部队跟进，燕颇称病不出兵，我已与宋王和南院高大人商议过，但没有结果。此次贻误了战机，丢失了万头牲畜，罪臣请求皇上处置。"

耶律贤看了一眼喜隐和高勋一拍龙案说："他有什么病不服从军令？有这样的将军是我大辽国的耻辱！马上传令将燕颇免职押入死牢等候传讯。"

殿内一片寂静，喜隐翻了翻眼珠没敢说话。耶律贤接着命令道："惕隐耶律休哥。"

"末将在。"休哥站起来应答。

耶律贤说："朕命你日内立即出兵迎敌，务在必歼！倘或有误提头来见。"

"臣遵命。"耶律休哥应道。

还没等上京派去的官兵到达黄龙府，燕颇就收到要缉拿他的消息，与其坐以待毙不如举旗造反，闯出去或许有条活路。他杀了都监张琚，带领部分军士冲出了黄龙府宣布独立，一路烧杀抢掠，百姓遭了殃。

耶律贤得知后，再派耶律何鲁不征讨叛贼燕颇，燕颇在鸭绿江与何鲁不带领的官兵相遇，几个回合下来，燕颇已招架不住，边打边往西南退。就在官军即将取得全胜之时，何鲁不回到大营饮酒休息，他派部下代行其职指挥，结果让燕颇突出包围逃掉，燕颇率领一千多户余党囤住通州（今吉林省四平市附近）死守，官军久攻不下只好返营还朝。

耶律贤知道后异常愤怒，命人立刻将何鲁不绑来，重打八十军棍撵出宫去，耶律贤仍怒气未消地说："君、臣、民都是上苍赐予大地的儿女，无论你为君为臣还是为民，都要上对昊昊苍天，下对茫茫大地，应各执其事，各负其责，不能狂言暴行，不可违制乱纪。军队是干什么的？是保卫国家和皇宫安全的。皇宫是什么？是恭行天神旨意之地。神纛是什么？是象征神灵的旗帜。有人随意将神纛推倒不管，这成何体统！"

群臣议论纷纷，有的小声怒骂，有的大声呵斥，平王隆先怒不可遏地说："竟有如此大胆狂徒，敢亵渎神灵。"

耶律喜隐早已得到消息，知是皇上近侍所为，故装诧异地说："神纛插在皇宫里，不可能有这样的事吧。"

耶律贤说："朕亲眼所见。"

说着他让卫士把那个近侍押进殿来，本想借此事警示群臣遵纪守法，没想到给自己带来了麻烦。那个近侍跪在殿外浑身像筛糠似的哆嗦着，喜隐大声喝道："你叫什么名字？"

近侍回答说："回大人，我叫框图。"

喜隐问道："大胆框图，你为什么推倒神纛，你可知这是死罪？"

框图说："我不是成心推倒神纛，那天小王爷继先说皇上不在家，要我陪他做游戏，我跑他追，当我跑到神纛杆前时，他用力一推，把我推倒，我一下子把神纛碰倒，我很害怕，想马上把神纛竖起来，小王爷正玩得高兴，没有顾上这许多，就让我继续跑。正好皇上回宫碰见，我有罪，我不是有意的，请皇上饶命。"说着捣蒜似的频频磕头，鲜血从额头流到下巴。满朝文武你看看我，我看看你，再没有一个人讲话，这时喜隐心乐嘴不乐地问皇上："皇上您看怎么办？"

耶律贤也没了主意，半天说不出话来，他问大家："众爱卿看怎么处置？"

先是冷场，后是像开了锅的热粥一阵嘀咕，有的说谁碰倒就定谁的罪，有的说萧继先推人有责任，有的主张定框图的罪，有的主张两个人一块儿定罪，也有的人说王子犯法与庶民同罪。

因为萧继先是皇上的小舅子，是皇后最疼爱的小弟弟，大家都不肯明白地发表意见，最后还是贤适站出来发表意见："皇上，神纛是神圣不可侵犯的神灵，无论谁亵渎神灵都是有罪的，框图碰倒神纛有罪，但确非故意，依微臣浅见重打四十大棍撵出宫去。继先先是推倒框图，使框图又碰倒神纛，又不让框图扶起神纛，也是有罪的，但念其年纪尚小，按族规罚跪念百遍经赎罪即可。"

喜隐说："大人，按律典亵渎神灵是判死罪的，是不是太轻了？"

虽然喜隐不说是谁判轻了，耶律贤心里非常清楚，这一刀一箭都是冲自己来的。本来这出戏是要唱"斩马谡"，结果唱成"辕门斩子"，搞得皇上几乎下不来台，心里十分不痛快。回到后宫耶律贤把情况告诉皇后，皇后说："事情不简单，有人希望我们少出事，有人希望出的事越多越大越好。"

耶律贤问皇后："那爱妻有何高见？"

皇后看了一眼刚刚睡着的儿子说："家事、国事都一样，如果多数外人说自家孩子不好，那就得从自己孩子身上找毛病，孩子的问题就是家长的问题。如果经常无故在外受欺凌，那是自己软弱，怎么办？管孩子，长志气，长本事！我看大辽如果有一天灭亡的话，就是亡在契丹人自己手里，尤其那些自恃血统高贵的王爷、太子、国舅，他们无德无才，闭门清高，喝祖宗血，吃祖宗肉，内讧外惧、祸国殃民！要想保住列祖列宗创下的基业，必须正本清源，整顿朝纲，严肃法纪，不分种族地域，能者上、庸者下，真正做到王子犯法与庶民同罪，只有自己强大了别人才不敢欺负，何愁天下不服！"

皇后越说越激动，越说声音越大，直到儿子被惊醒她才停住。

耶律贤一边点头一边搓着手来回踱步，他庆幸自己找到一个有见识、有能力的妻子，他对皇后的唯一应答就是"对，对"两个字。但真正执行起来他却没有那个胆量和气魄，因为他看到几代国君都是死于非命，这个皇帝宝座不是他自己凭血汗和才智得来的，为了保住皇位他经常说的一句话就是"稳住大局"。

皇后毕竟不是皇上，只有建议权没有决策指挥权，她对皇帝既哄又吓，能推就推，能拉则拉。

辽保宁五年（973）正月，耶律休哥顾不上过正旦节，率领三万大军奋战在西部沙场，西北风像野狼似的吼叫着，黄沙飞舞，遮天蔽日，他已经两天两夜没合眼了。契丹军队出征打仗没有粮草先行一说，马草自己割，粮、乳自己抢，饮水自己找，几个回合下来，人困马乏、又渴又饿。这沙漠深处既无人家，又无牧场，战马拱开沙土啃着干草根，战士们从党项死尸身上捡的奶酪和炒面已所剩无几，只好每人舔一口解解馋，谁都不敢大口地吃。他们躺在松软的沙地上望着西下的昏日，一阵风吹来半截身子就埋入沙下，虽然寒风凛冽，被埋入沙土下的半截身子倒有一丝暖意，因为过度劳累，有的战士已昏昏欲睡。突然从东方传来一阵轻轻的沙沙声，声音越来越大，沙沙声变成了踏踏声，显然是马队，探马向耶律休哥报告说："是党项贼匪的部队，因赶着大批牛羊驼马，他们走得很慢，有四五万人。"耶律休哥分析，尽管贼匪人数多，但他们已出来数十天，粮草也很困难，都是沙漠里饥渴的不利条件，但他们赶着牲畜速度很慢，赶牲畜的肯定是契丹人或从幽州移来的汉人。一旦两军对垒，贼匪顾人就顾不上牲畜，那些契丹人和汉人一见到辽国军队，就会倒戈拼杀，如果是舍命不舍财的指挥官就肯定吃败仗，到时来个里应外合，必胜无疑。

耶律休哥集合部队宣布命令，一分队五千人马埋伏在党项贼匪的正前方，二分队五千人马堵住东北部的退路，三分队两万人马由耶律休哥亲自指挥蹲守在黄河岸边。

天黑以后，埋伏在敌人前方的一分队点亮所有的火把，人喊马叫一通折腾，党项部队不明真相，以为遇到了辽国大部队，立即拨马往东北方掉转，不一会儿又遇到了北边和东边的辽国军队，他们又向南逃。因为赶着万头牲畜，行动迟缓，直到天放亮才逃到河套北岸，休哥的两万大军在河滩上已经隐蔽了大半夜，冬季干旱水浅又值冰冻期，党项部队欲渡河后转向西南。他们刚刚走到岸边，耶律休哥的两万大军突然从地里冒出来，杀声震天，旌旗飞扬，党项部队一下子傻了眼，进不能，退无路，几万大军乱作一团，牛羊驼马东奔西跑，赶牲畜的人一看是辽国军队，马上挥着鞭子和棍子抽打党项士兵。因为失去了指挥，党项军士乱了营，从凌晨一直打到下午，党项部队死伤近半，没死的也各自逃命去了。

清点战场时，除耶律休哥的三分队有少量死伤外，一、二分队无一损伤，被掠的牲畜大部分还活着，稍作休整，耶律休哥就率领部队和党项俘虏得胜而归。

得知耶律休哥大败党项得胜回朝的消息，皇上和皇后非常高兴，举办了盛大的欢迎仪式。耶律休哥向皇上献俘数千，皇上和皇后当晚设御宴款待耶律休哥和有功的将士，并拉着耶律休哥的手登五凤楼观灯火、看表演。耶律贤看到军民同乐群情振奋的场面抑制不住内心的激动，连续喝了几大碗酒，要不是皇后拦着，耶律贤非醉倒不可。

耶律贤虽然学问不大，但爱写几句歪诗，皇后不愿扰了他的情趣，就耐着性子听皇上吟诗，他吟诵完毕，臣僚有的听不懂，有的根本没听清，就大声喊道："好诗，好诗！"

皇后站在皇上旁边，她听得清清楚楚：

"辽人辽风辽军强，大将休哥上战场，党项哪是辽对手，白送驼马和牛羊。"

耶律贤问皇后："朕的诗如何？"

皇后说："好诗，要是皇上能回宫休息休息，那就是更好的诗（事）了。"

皇上以为皇后让他回宫再写诗，这才迷迷糊糊地跟皇后回宫。

数日后，按照皇上和皇后的部署，再一次举行朝政会议，皇后亲临议政殿，气宇轩昂地坐在皇上右边，这次有皇后在旁边坐镇，耶律贤像吃了定心丸，精神饱满、信心十足，两眼炯炯有神。首先，皇上对耶律休哥不畏艰险、机智勇敢地战胜党项贼匪的辉煌战果大加表彰，走下金殿亲自给休哥佩红戴绿，并宣布封赏其他有功的将士，文武众臣满脸堆笑、气氛活跃。正当群臣有说有笑时，皇帝耶律贤大声喊道："把三个逆党蝱贼带上来！"

六个御卫两人架一个，将三个吓瘫了的人带到殿外台阶上，皇后说："抬起头来！让大人们认识认识。"

御卫抓住他们的头发使这三个人面朝殿内，有人已经认出，他们是杀害穆宗的近侍小哥、盥人花哥和厨师辛古，他们面无血色、浑身颤抖。

一想起这几个人，耶律贤就非常害怕和愤恨，谁知道哪一天自己会不会死在这些小人的刀下。耶律贤说："几个小人哪儿来的胆子，他们的背后肯定还有更大的阴谋，早晚有一天会得到他应有的下场，把这几个小人砍了暴尸三天！"

高勋虽曾为国出过重力，但在国敌入侵时漠然置之的态度，受到皇上和皇后的严厉批评。这次会上任命曷鲁之孙耶律斜轸为北院大王。

耶律喜隐是李胡的长子，是开国皇帝辽太祖和应天皇太后的亲孙子，又是皇后的二姐夫，但他在皇后的政途上处处设障，尤其在萧燕燕被立为皇后以后，上下蹿动、左右点火，阴谋颠覆朝政。海里已经揭发了他的部分罪行，皇上和皇后犹豫再三，一是喜隐行动隐秘狡猾，不容易掌握证据，二是总想给他留条活路，希望他改邪归正，不让太祖的身后有太多的污点。所以还是暂不动他，之后不久放他接任耶律斜轸的西南面招讨使之职，看他还有什么新动作。

为了鼓励海里揭发喜隐、效忠朝廷的大胆行为，皇帝封海里为陇州防御使，并特意说明海里知错改错、反戈一击有功，这话实际上是讲给喜隐听的。

最后皇后语重心长地说："在座的众位爱卿，无论你是契丹人还是汉人汉将，今天你们都是大辽的忠臣和栋梁，太祖爷创下的这份基业，我们不仅要保住，还要巩固和扩大。太祖爷竭尽毕生精力要'治国平天下'，他效仿汉人'以德治人''以人治国'的方略，可见人的'德'是十分重要的，德是什么？是德性，德性是什么？是心性，只有德正心明才能做好事情。我们继承太祖'平天下'的遗志靠什么？法纪当然很重要，但到了执行法纪的地步不是太晚了吗？如果大辽的臣民打心眼儿里爱国爱契丹，就能自觉自愿地为国出力，遇到再强大的敌人也敢冒死前进，有的人能为看不见的神去死，为什么不能为看得见的活人去奋斗呢？所以'平天下'首先要治好自己的国，治国要先治人，治人要先治心。野狼、猛虎就在门外叫，我们的人不去驱狼打虎，却在家里算计自己人，抢官夺权、明争暗斗、腐化堕落、搅乱朝纲，这里有蒙戴皇恩的将臣，有契丹的皇亲国戚，有身上流着太祖血液的皇子皇孙，这样下去还平什么天下，等着让人家平我们大辽吧！"

说到这里她已泪流满面，在场的人大多为之感动，有的低头，有的握拳捶胸。耶律贤激动地说："皇后的肺腑之言希望大家回去细琢磨、详端量，今后凡是阴谋生事、违纪乱纲的，无论你是汉人还是契丹本族，无论你是皇亲国戚还是一般官员，都要按律严惩不贷！"

固南京南北融合
种水稻高勋丢官

经过一番整顿，朝廷内部的是是非非明显减少，在皇后多次动情入理地训诫下，许多忠于朝廷的官员表示一定要效忠皇上和皇后，一些有劣迹的人和心怀不满的人也都收敛了不少，一时间朝政稳定，正气上升。耶律贤看在眼里，喜在心上。

晚上，等小皇子睡着之后，耶律贤把燕燕拉到自己身边说："这些天光顾朝政，没有顾上爱妻，让你感到冷清了吧？来，让我暖暖你。"

萧燕燕说："是不是万事大吉、天下太平了，可以尽情地欢乐享受一番了？"

耶律贤说："只要大臣们不闹事，外人能把我们怎么样，朝政会上你讲得真好，往后你可要替我多操点儿心。"

"我替你操什么心？"

"不要让大臣们再闹事。"

"不闹事就完了？"

"满山的树木财宝，遍野的牛羊骒马，我们还愁什么？"

萧燕燕推开耶律贤说："我的皇上，你去过南京吗？你看人家汉人过的是什么日子，冬避寒取暖，夏有各式瓜果蔬菜，春不愁吃穿用，秋不怕涝窝雨，身上是麻绸丝，住的是楼阁殿堂，南方还有各色鲜物和海品，一年四季温饱不愁，太祖爷为什么说要'平天下'，就是看到天下的好东西太多了，还是太祖爷眼光长远啊！"

耶律贤还是紧紧搂住燕燕不放，他说："我们不是也能吃到白米和鲜物吗？咱们盖的被子和你穿的长裙不也是汉丝的吗？我们不也住宫殿吗？我看咱们不比南朝差。"

"我的好皇上，能住殿堂、吃白米的人有多少，夏天又有多少人穿汉丝。再说了，我们皇亲国戚的这些好日子能长远得了吗？那燕云十六州本是人家汉人汉土，那个赵匡胤能放掉这块肥肉不管吗？还有四邻八舍一些小的异邦部落，他们也随时盯着我们的牛羊，天下还没有太平呀！"

"那你说怎么办？"耶律贤眨巴着双眼像孩子似的问道。

燕燕说："依我看，要把这么大个家业清点清点，把四邻八舍也分分类别，哪些是友好的，哪些是危险的敌人，要心中有数。要想不被人欺负，就要有强大的军队，就像一个人，如果他武艺好，手里又有硬家伙，谁还敢欺负他？"

其实皇上并不是一点儿都不明白这些道理，他为了让怀里的美人多跟他说说话，就故意装得天真幼稚又无知，他听燕燕这么认真一分析，还真的听出了门道，他坐起来说："还是到过汉地的人有见识，你接着讲，怎样强军，怎样固本？快讲讲你的高见。"

燕燕听皇上如此表扬她，倒有些不好意思起来，她笑着说："我一个下级军吏出身的民女，能有什么高见？不过在南京见过人家汉人的生活，要想保住我们的牛羊，首先应在南京设一道坚固的防线，凡汉人能做到的，我们也要学着做，人家的办法我们要跟着学，大辽总有一天会富足强大起来，到那时，我们就可以开始'平天下'了。"

耶律贤已经忘记了刚才的柔情蜜意，他深情地对燕燕说："还是皇后主意多，南京是要好好修建武装一下，南大门坚固了，就不怕南朝找麻烦，不过这事也要在会上议一下，有些老臣和族帐的人可能接受不了，工作要慢慢做，否则他们就会生出许多事端。"

几天后的议政会上，耶律沙、耶律斜轸等将军一听说要加强国防实力，当然举双手赞成，但对效仿汉人治理朝政还有些看法，却又不好直讲。

翰林大学士马得臣是南京人，自幼好学博古，深得皇上重视，他当然非常欢迎武装和修建南京城，他站起来拱手讲道："南京是中原的北大门，也是我大辽通往南方的重要门户，那里的安危直接影响着大辽的安全，微臣非常赞拥皇上和皇后的真知灼见，其实南京的汉人和北方的契丹人没有什么区别，都是真诚善良的，大家都盼望有一个能让他们过上好日子的皇上和皇后。"

喜隐刚刚被褫夺了宋王的官帽爵位，心里很不服气，但又不敢发作。皇后知道他肯定有不同意见，就特意问道："喜隐皇叔有何高见？"

喜隐头也不抬地说："哦，马大人是南京人，他不是讲了吗，微臣没有补充。"

皇后说："马大人讲得不错，南京的汉人也好，草原上的契丹人也好，我们都是华夏子孙，只要让百姓有好日子过，大家都会跟着朝廷走，不同的民族各有特长，我们契丹人吃苦耐劳，敢于同严寒风霜做斗争，汉人兄弟知书达理，擅长技艺，如果能互相取长补短，各尽所能，大辽何愁不富强。"

高勋马上接过皇后的话说："皇后讲得非常好，南京也是我大辽的领土，南北两地本是一脉相承，一座大山怎么能把我们分割开来呢，有皇上和皇后的英明指挥，大辽肯定能富强，大辽的臣民一定能够幸福安康。"

这次议政会上，南北两派的大部分官员都发表了自己的见解，对增强国防和让百姓过上好日子的意见没有分歧。但对如何巩固大辽政权，并进一步增强朝廷实力，尽快实现太祖爷"平天下"的宏图大愿却讲得不多，关于南北两地的治理问题，因碍于情面就说得更简单。

最后，皇后站起来说："诸位爱卿都是朝廷栋梁，国家安危每个人都有不可推卸的责任，如果人家都在天上看大地，高山和草地只是微微的起伏，牛羊就像游动的小虫，我们这些高官名贵只不过蚂蚁一般大，什么南方北方，什么契丹人汉人，都是大地一籽、沧海一粟。我们都是上苍的儿女，唯恪尽自律为责，唯互助互救为任，唯竭力敬天为孝道，如此想来，我们没有任何理由无端猜测、蝇营狗苟，也没有任何权力破坏团结、自毁家园。至于南京如何整治，请留守官高勋大人先拿出个方案来，我和皇上商量过，南京地处前沿，请马得臣先生到南京任副留守，帮助高勋大人做好那里的工作。皇叔喜隐大人乃皇祖嫡孙、朝廷重臣，肩负的责任更重，皇上仍任你为西南面招讨使，整个南面一线就交给你们了。望尔等不要辜负朝廷重托，好自为之，我替皇上再重复一下，南京位置十分重要，万不可粗心大意，军事民政只能搞好，不能搞坏。"

散朝后，各负其责，各怀心思，从每个人脸上和眼神里可以预见到，事情远没有皇后讲的那么简单。

作为陪都的南京是大辽诸京中文化最发达、经济最繁荣的一个重要门户，由于契丹人的介入，在原先封建经济的基础上又增加了奴隶制的成分。这里的土地分为官田和私田，劳动者的成分非常复杂，有自耕户、佃农、雇工，也有属于封建贵族和地主称作部曲的私人家奴，还有皇家和契丹贵族纯粹的奴隶。绝大部分的劳动者和非劳动者都比草原上的人生活好一些，生活习性与山北的人有很大区别。

高勋作为一个汉人官员，本就看不起落后的契丹王朝，但又受朝廷专封管理着山南的大片土地和人员，他深知自己肩上的担子有多重。在返回南京的路上，他望着大片金黄色的农田，看着半山腰的窑矿，心想：完全依照契丹旧臣的意愿办事可就苦了乡亲们，过分依靠汉人就会得罪那些遗老遗少。皇上和皇后让把南京整出个样子来，他骑在马上边走边与马得臣闲谈着，马得臣说："高大人，要想把燕京建设成一个朝廷的钱库、游幸的乐园、军事的城堡，首先必须让这里富足起来，而要富足就要改革落后的管理制度，这就主要依靠有技术、有文化的汉人。"

他骑在马上用手指着前方大片荒芜的土地说："这些土地部分归朝廷所有，部分归各帐王爷所有，树木长不大，稼苗不长穗。如果把它们改造成水田，再修几条内河渠道，把东边的运河水引进西边，一可以浇田，二可以行船，风调雨顺时可以多打粮食，歉收年就从水上把粮食运进来，那些没有田地的百姓也算有了一条活路，你说这个主意如何？"

马得臣说："好倒是好，就不知皇上能不能支持，这要影响到一些王爷的利益。"

高勋说："我们先小面积试试再说，不行就停，我们先把东线的沟渠修好总是可以的吧。"

他们回到南京后，把驻守南京的文武官员召集到一起商量如何贯彻皇后关于巩固南京的旨意，因为大部分官员是汉人，所以这项动议很容易就通过了。于是高勋一方面写奏章向皇后汇报，另一方面组织人力实施试点工程，大家干得热火朝天。

半年后，皇上和皇后巡幸到了南京，高勋在元和殿内招待皇上和皇后，宴会厅里摆满了各色菜肴、海物和时令瓜果，当官人把漂亮的饭碗呈给皇后时，皇后望着碗里精白透亮的米饭惊叹不已，她问高勋："我说高大人，你是请我吃饭还是请我吃玉珠？"

还没等高勋回答，皇后笑着把碗端到皇上面前说："皇上你看，要是我们大辽的臣民都能吃上这样的米那该多好呀！"

耶律贤问道："高爱卿你这是从哪里弄来的宝米呀？"

高勋说："启禀皇上皇后，这就是咱们南京自己种的御米，可惜试种的太少了，只能请皇上和皇后尝一尝，这就是我奏章上说要试种的水田御稻，要是大面积种植，不仅皇上和皇后能吃上，就连文武朝臣和各族帐老小也能吃上。"

皇上马上说道："好事，好事，应该马上批复准奏，多多地种，越多越好。"饭后高勋又送上马球大小的翠绿色的甜瓜，皇后说："这个我知道，这是西瓜，还是从我们回鹘老家引进的，可惜还不太甜。听老人讲，这种瓜喜旱不喜水，南京不同甘州的气候，要种在向阳的高坡沙地上才会甜如蜜。"

高勋说："微臣记下了，明年皇上和皇后再来，我保证种出大片的御米和香甜的西瓜。"

皇上和皇后走后，南京立即展开了全面的经济建设，纺织、冶炼、晒盐、陶瓷、建筑各行业全面发展，不分种族籍贯，只要有贡献，都予以重视，只要作出贡献，都可以得到奖赏。在各行业蓬勃发展的同时，高勋将主要精力放在组织军队和无主奴隶大规模开发荒坡野地上，从东北方引进水源，大面积种植水稻。

正当高勋干得热火朝天的时候，皇上耶律贤得到林牙耶律昆的密报，耶律昆说："高勋秘密征调了大批军队集中训练，到处挖坑存水，破坏行军的道路，并以活跃市场为名，让大批宋朝密探进入南京道活动，高勋还在市场上得到大批宋朝的军备物资，其中定有阴谋，皇上对高勋不得不防。"

耶律贤说："你是说他有反心？以上事实可靠吗？"

耶律昆说："微臣亲眼所见，不信您问问喜隐将军。"

糊涂的皇上也没有与皇后商量，就把喜隐召回上京了解此事，喜隐其实并不太相信耶律昆的判断，但他生怕朝廷不出事，就添油加醋地说："皇上明断，高大人在一个地方留守，按理不应该秘密组织军队，上次我带军经过南京道，到处都是水塘洼地，根本就没有行军的道路。他又与宋军打得如此火热，万一南京出了事，我们再强大的骑兵也是英雄无用武之地，他一个汉人，心里怎么想的不好捉摸，请陛下三思。"

经过喜隐这么一煽汕，皇上坐不住了，马上传令召开文武朝政会议，会上一些元老守旧派的契丹官员非常气愤，主张马上把高勋绳之以法，也有人说应调查核实后再做定论。

皇后坐在皇上旁边，听到大家的发言有些纳闷，但也吃不准，就捅了捅皇上小声说："还是查实一下再说吧。"

这话被一个元老阁臣听到了，他生气地说："上次就有人反映他参与谋害思温大人的活动，总说调查调查再说，到如今也没弄出个所以然。"

皇后一听说到父亲被害的事，就不由得牙根疼，此事究竟是不是高勋所为很难断定，她内心非常矛盾，但还是希望此事不是高勋所为，就对皇上说："既然大臣们都同意，就先免去他南京留守一职，让他回上京交代问题，等事情全部搞清楚后该定何罪就定何罪，凡是违背大辽律法的人绝不能让他逍遥法外。"

就这样，高勋的宏伟计划不仅全部泡汤，还让自己丢了官。

治外乱皇后临朝
整内讧大义灭亲

经过一段时间的整顿，文武群臣处处办事经心，尤其通过高勋事件的争论，许多大臣都小心谨慎起来，他们进宫出宫各有规矩，御卫和各色宫人再也不敢随随便便，各路军将再也不敢违令乱行或有令不行了，一时间呈现出皇威至上、纲纪严明的良好景象。

周边邻国见到大辽的显著变化也都对其刮目相看，宋朝为了尽快消灭北汉，只好躲开大辽的锋芒，保宁六年（974）三月主动派使前来求和。

耶律贤照例召开南、北两院议政会，会上没有人出难题或唱反调，皇后基本上没有发言，皇上根据大家的意见决定派涿州刺史耶律昌术和侍中在南京与宋使谈判，这期间两国基本没有发生过边界冲突。与此同时，为了保持良好的外部环境，让大辽军队得以休养生息，还警告北汉刘知远政权："要克制自己的欲望，不要招惹宋朝，否则以后大辽不再管你的事。"

北汉刘知远想抱住契丹这棵大树所以不得不听，并加大了向大辽纳贡的数目，这以后凡大辽遇到大小节日或喜庆事，宋朝和北汉都派使送贺礼。宋朝一边公开拉拢大辽，一边暗地里加紧侵略北汉，岌岌可危的北汉向大辽求救，大辽不再大张旗鼓地出兵攻宋，只派出少量军队象征性地支持北汉抗宋。

辽保宁八年（976）十月，宋太祖赵匡胤因操劳过度，刚过完50岁生日不久就病死在汴京万岁殿，其弟赵光义刚刚继位也一时无暇顾及攻辽，宋、辽两国关系融洽，国内也略显平静，百姓无不欢欣鼓舞。

事情的发展总不尽如人意，常言道"树欲静而风不止"。万里无云的酷夏正午，如果连蝉都不叫一声，说明狂风暴雨就要来临。

实际上，无论是各国之间还是朝廷上下，这特殊的宁静中却隐藏着霍霍杀机，有经验的政治家都知道，这是动乱前的安宁，是进攻前的短时待命。但这短暂的和平，无论是对宋朝还是对大辽，都是极其宝贵的，他们可以休养生息、整顿内务、恢复经济。

宋朝磨快了刀，准备先斩北汉，后击契丹，收复丢失多年的幽燕地区。而大辽也早已对肥美的中原垂涎欲滴，契丹皇朝的保守派和反对派表面上随声附和，暗地里也磨刀霍霍，想搞掉皇后萧燕燕，孤立耶律贤。皇上和皇后心里十分清楚，动乱的根子没有挖尽，早晚有一天还会内讧外乱，刨树要挖根，捅刀要扎心，要想稳固政权，绝不能姑息养奸，收拾政敌要积极主动，要敢于大义灭亲。

按照皇后的战略部署，对外积极讲和，能拖多久就拖多久，对内锄奸越快越好。虽然耶律贤刚刚三十多岁，皇后深知她没到壮年的丈夫已经未老先衰，身体越来越差，干什么事都显得疲乏无力，白天连上马都感到吃力。如果真有一日天塌下来，她必须能上撑天下镇地，否则倒霉的绝不是她一个人，而是整个家族的殃灾，世宗和穆宗时期的残杀乱政还会重演。面对如此残酷的现实，她必须尽快铲除异己，牢牢握住政权，不管是什么人，只要作乱，一定要剿灭。

契丹行宫都部署女里原是辽世宗积庆宫里的宫使，穆宗时负责驯马。母亲死后，有一天他在雅伯山遇到地祇神，地祇告诉他，只要将母亲葬于此地，必能贵升，女里按照地祇的指点做了，果然不久他就被穆宗提升为马群侍中。

女里对马的习性和特点非常熟悉，只要看看马蹄印就可鉴定出这匹马的优劣，就在这时他结识了尚是藩王的耶律贤，两人虽地位不同，但因倾心交结，成了莫逆好友。应历十九年（969）穆宗黑山遇难后，耶律贤奔赴黑山行宫时，一千人的护驾队伍中有半数是女里率领的。此次出行耶律贤无意中继位当上了皇帝，所以耶律贤非常感谢女里的忠心护驾，很快提拔他为政事令，后来又升为契丹行宫都部署。

在外人看来女里肯定是耶律贤的心腹和忠实走卒，一定会为维护当今皇上的政权竭尽全力，岂不知此人是个眼光短浅的势利小人，他对上阿谀奉承，对下认钱不认人，见钱就敛，见财就贪，就连北汉皇帝刘继元贿赂他的财礼他也照收不误，有人开玩笑地说："契丹人穿的翻毛皮袄不敢让女里看见，如果女里看见皮袄外边沾了苍耳，他会把苍耳一个不剩地全部摘走。"

女里了解到朝廷暗地里反对皇上和皇后的势力又有所增强，他便见风使舵，准备万一有一天皇上不行了就再找新主子。他暗地里积极参与了萧海只和萧海里等人的阴谋活动，并参与杀害萧思温的行动，他以为自己玩儿得漂亮别人不会知道，但皇后早就对他起了疑心，一是想到他过去曾有功于皇上，二是没有抓到确实证据，一直没有动他。

近来有人反映他私藏五百甲胄，甲胄是军用物资，这是严重的罪行，皇后趁机对耶律贤说："皇上，本来国家军备物资就匮乏，有人私藏甲胄，数量达五百件之多，这已经超出了个人甚至家庭的所需量，其中恐怕有问题，弄不好会出事的。"

其实耶律贤早就有所耳闻，认为只要对自己忠诚，贪一点儿不影响大局。但作为一国之君话又不能这么讲，皇后郑重其事地讲这件事他又不能不表个态，就对皇后说："这是绝对不允许的，谁这么大胆，查！"

他以为调查一下，查不出结果也就算了。

皇后没有打草惊蛇，而是直接抄了女里的家，结果不仅查出五百件甲胄，而且在他的袖口里发现了他和高勋参与杀害萧思温的来往信件，这下皇后总算抓到了他的狐狸尾巴，按照皇后的想法当时就要将他碎尸万段，但理智告诉她这是万万不行的。回宫后她把查抄的结果告诉了皇上，耶律贤无话可说，只希望看在过去的情分上留他一个全尸，赐他自尽，皇后当然也只好照此办理。

高勋也算是有功之臣，他本是晋北平王高信韬之子，946年与杜重威一块儿投降大辽，被辽太宗耶律阿保机封为四方馆使。后来因战功卓著屡升官职，直到当上了执掌辽国内政大权的南院枢密使。辽应历十九年（969）穆宗耶律璟遇害后，他和女里、萧思温率一千人马飞奔行宫，毫不犹豫地支持耶律贤继承皇位，耶律贤非常感谢他，晋爵为秦王，这是一个汉人很难得到的荣誉和地位。

高勋能够背叛祖宗弃晋投辽，也就能够屈尊巴结权势，他深藏本意，广结豪贵，企图有一天权倾朝野。上次有人说他在南京垦荒种植水田破坏军用道路，因为没有调查清楚只罢了他的留守官，其他问题根本没有涉及，他虽然降了级，但在部分豪宅中还可进出随便，梦想有朝一日还可以飞黄腾达。

由于女里参与杀害萧思温的信件被查出，无意中让高勋掉入了皇后整顿朝纲的伏击圈。保宁十年（978）五月，皇后经认真地调查核实，高勋确实参与了杀害她父亲萧思温的阴谋活动。

在行刑前皇后问高勋："高勋，上次有人举报你在南京以种水田为名破坏军事设施，我差点儿被你蒙蔽，还给你说了不少好话，这次又发现你参与谋害家父的阴谋活动，今天杀你，你还冤枉吗？"

高勋说："上次的确是冤枉了我，这次我的确是罪有应得，两码事，一码说一码。杀害萧思温大人的事我知道，但我没有直接参与行动，我为什么不举报，就是因为朝廷分不清好人坏人，给你们讲了有什么用，我知道，知情不报与主犯同罪，事已至此，请皇后动刑吧，我连眼也不会眨一下。"

皇后心里非常矛盾，但已无回旋之地，只好按律办事，毫不犹豫地将他判了极刑。

宁王耶律只没是耶律贤同父异母的兄弟，为甄妃所生，小时候两弟兄关系还不错，所以耶律贤对宁王的不良行为并不太在意。穆宗末年，耶律只没与宫人私通，被关了禁闭，耶律贤继位后就将他释放，不仅封他为宁王，还把私藏的宫女公开赐予他，耶律只没当时非常感谢皇兄。

保宁八年（976），耶律只没的妻子萧安只私造鸩毒被告发，私造剧毒是严重违反大辽国律的犯罪行为，按理作为丈夫他不可能不知道，耶律贤没有追究，只处死了萧安只，后来在皇后的坚持下，才免去了宁王耶律只没的王位。

耶律只没对此怀恨在心，经常私下散布对皇后不满的言论，最后被皇后流放到边疆乌古部去了。

因为耶律贤听从了皇后肃政锄奸的一系列建议，招来了庶母萧啜里的极大愤恨，萧啜里和蒲哥在宫里装神弄鬼，秘密私设皇上和皇后的牌位，天天诅咒他们快点死。后被下人告发，皇后将此事告诉了皇上，耶律贤极其气愤，皇后说："这样的人不杀天理难容，如果让她们翻了天，大辽国不亡也会塌半边天。"

因为萧啜里是皇太妃，为照顾她的身份，五尺白绫扔到她面前，赐她自尽，算是对她最大的照顾。

在清政肃纲的行动中，让皇后棘手的是如何处理两个姐夫，但最让她揪心还是后来处死两个亲姐姐的事。

萧燕燕在家里是最小的女儿，两个姐姐都比她大好几岁，她从小受到全家人的百般呵护。两个姐姐十分疼爱她，常带她捉虫做游戏，教她骑马练箭、读书识字，她和姐姐们的感情也非常深。

大姐萧和葦在她入宫前就已出嫁，大姐夫是辽太宗耶律德光的次子耶律罨撒葛，当时父亲萧思温还是军中管理军马的群牧都林牙。萧和葦当上王妃后，燕燕一家得到很多照顾，萧思温的官职和地位也一步步得到提升。后来萧燕燕嫁给了姐夫罨撒葛的侄子耶律贤，两家的关系仍然很好。

穆宗耶律璟是罨撒葛的大哥，穆宗在位时，对罨撒葛十分关照，但这位胞弟还不买他大哥的账，他先是看不惯大哥穆宗淫逸残暴的行为，但又管不了这位皇兄，到后来他也放纵自己，经常混迹于放荡的贵族子弟行列中，以至于发展到参与推翻穆宗的阴谋活动。穆宗发现了他们的阴谋活动后，将其他成员杀掉，把罨撒葛打了一顿撵走了事，没有追究他的罪行。罨撒葛不但不吸取教训，反而变本加厉地组织新的篡政活动，企图搞掉哥哥自立为帝。他把精于占卜巫术的魏璘请进王府，他问魏璘："你看本王能否为帝？"

魏璘阴阳怪气地捣鼓了一番，装神弄鬼地叨咕着说："大王洪福齐天，天下一子，那必是王爷您。"

　　罨撒葛信以为真，就着急地问道："大仙您看我什么时候才能登基呢？"

　　大仙儿闭着眼睛掰着手指说："一二三，快登天，四五六，好事漏。大王明白吗？"

　　罨撒葛听不太明白，只知这事不能拖，时间久了会走漏风声，要干就得抓紧时间，否则不仅干不成，反而会送掉自己的性命。于是，他抓紧召集狐朋狗党商量如何下手，并提前封了一些人的官职。

　　正当罨撒葛一伙忙得不亦乐乎的时候，穆宗发现了他们的阴谋活动，穆宗一气之下想把他们统统杀掉，轮到处置胞弟罨撒葛时，他又一次手软了，碍于兄弟情分不忍心下手，杀又舍不得杀，管又管不住，只好将罨撒葛流放到乌古部边疆放马。

　　应历十九年（969），穆宗被近侍杀掉后，耶律贤继承帝位，依例颁诏全国大赦，赦免了罨撒葛的罪行，并封他为齐王。但好景不长，保宁四年（972）罨撒葛因病去世，守在灵位前的萧和辇万分悲痛，皇后见大姐伤心的样子也十分难过，就亲自前去劝慰，她对姐姐说："姐夫不是个安分的人，几次组织谋反，按律应该杀头，要不是我几次在皇上面前说好话，皇上不会赦免他，望姐姐节哀保重，有妹妹在谁也不会让你为难的。"

　　其实萧和辇并不知道丈夫在外边的活动，反倒认为是燕燕冤枉了丈夫，因此对妹妹有些不满。

　　一个年轻寡妇长期关在深宫大院的日子也不好过，她要求给她找些事情做，大辽女子可以习文练武，封建礼教较少，男女之间的限制不像汉人那么明显，但公开担任官职的事是很少的。这让皇后非常为难，况且正在整肃纲纪，哪儿能再给自己找麻烦，因此她不同意姐姐出面做什么事情，萧和辇因此对妹妹更加不满，她不仅数落萧燕燕，对皇上也骂骂咧咧。耶律贤听后很生气，这也让皇后左右为难，真恨自己不应该有这样一个姐姐，为了不把事情闹大，只好同意她协助萧达览镇守西北，以防阻卜犯扰辽国。

　　这个破例的决定公布之后，文武群臣议论纷纷，皇后顶住了压力，希望姐姐做出功绩，堵住大臣们的嘴。

萧和辇仗打得确实不错，但战斗停息下来，一个少妇独有的难耐又折磨着她，她经常梦中与丈夫耶律罨撒葛又过上那"风风雨雨"的生活，一日两日能忍，长期的清冷和寡欲她如何能耐得住。

萧和辇曾与一个"姿貌甚美"的奴隶挞览阿钵私通，日子一长就被下属发现传扬出去，军中一片沸腾，"看看这就是皇后的亲姐姐""皇上一家子有好人吗""皇上、皇后要求别人严，管不住自家人……"等说法传进上京城，耶律贤气得跟皇后发脾气："一个王妃如此胡作非为，这样下去还整顿什么朝纲，朕的话你置若罔闻、固执己见，这下看你怎么收场！"

皇后思前想后决定先撤掉姐姐萧和辇在军中的职务，缓和一下朝中的不满情绪，如不奏效，无论采用什么办法也要把眼前的事情摆平。

军旅出身的萧和辇既然已经做出这样的事，就不再遮遮掩掩，反而公开与挞览阿钵进出军帐，同时扬言绝不向皇上和皇后屈服。皇后与皇上商议，杀掉了那个奴隶，把萧和辇关进了祖州监狱，萧和辇仍不服气，高喊着："萧燕燕，你还我丈夫，只要我不死，绝不向你低头！"

皇后软硬兼施做了许多工作，萧和辇都无动于衷，皇后彻底失望了。一天，她带着一瓶掺有鸩毒的酒来到祖州监狱，萧和辇见到她连招呼也不打，皇后把酒菜刚放下，萧和辇知道姐妹情分已经到了尽头，端起酒一饮而尽，皇后想说些愧疚的话已经来不及了，不一会儿萧和辇就摔倒在地，皇后为此大哭了一场。

燕燕的二姐甄仁在三姐妹中长得最漂亮，修长的身段、细白的皮肤，一头油黑的乌发从不梳扎，两只圆圆的眼睛在刘海儿下忽闪着，左邻右舍的小伙子总想多看她几眼。但她从不招惹是非，没有姐妹做伴，她绝不一个人到外边练功习武，因为父亲在燕京做过官，她和大姐小妹三个都非常熟悉汉文汉礼，萧思温的同僚都夸奖他家有三棵摇钱树、三朵灵芝花，萧思温虽然没有儿子，一听到人家夸奖他的三朵花也颇感欣慰。大女儿出嫁早，小女儿燕燕被皇上看中，没办法也只好嫁出去，家里就剩二女儿一朵花了，萧思温官差在身，经常不在家，燕燕母亲一个人非常孤单，所以就想多留二女儿几年与母亲做伴，她也乐意在家陪母亲说话和处理务。

应天皇太后的孙子、李胡的长子耶律喜隐早已到了娶妻的年龄，因李胡名声不好，尽管他是皇嫡孙，也没人愿意把姑娘嫁给他。

耶律喜隐还是那么妄自尊大，非萧家的女儿不要，没有鲜花那么漂亮他不娶，他和他爹一样，整天关心如何搞到"权"，窥测朝廷机密，组织狐朋狗党，从没有认真读过书、练过功，所以一直到二十几岁也没找到真正的如意伴侣。一天，有个同党告诉他："小王爷，北院枢密使萧思温的二女儿可比鲜花漂亮，你敢要吗？"

他一听说比鲜花漂亮就动了心，他知道父亲的名声太坏，自己又有不少小动作，害怕皇后不同意，所以心里愿意嘴上却不敢说。

消息传到皇上和皇后耳朵里，皇后一听就气炸了肺。"简直是癞蛤蟆想吃天鹅肉，把二姐这朵花插到喜隐这堆牛粪上对不起祖宗良心！"皇后嘟囔着。

耶律贤倒不十分在意，他对皇后说："好赖他也是太祖的嫡孙，你姐姐是天仙，也只能嫁给耶律家，如果真嫁给我这位不争气的叔叔，就是亲上加亲，也许他会改变态度，这不是挺好的事吗，再说他有什么不良企图也好随时发现。"

皇后一琢磨也有些道理，但想到李胡和喜隐这对父子的所作所为心就凉了半截儿，在皇上的一再劝说下，勉强同意了这门亲事，她说："儿女终身大事得由父母说了算，我去跟母亲打个招呼。"

母亲开头也不同意，一是不愿意让女儿离开家，二是嫌李胡名声不好，见当皇后的女儿坚持，也就点了头，最后将此事告诉了二女儿，她看父母和妹妹都同意，也就答应下来。为了给喜隐一个好的起点，耶律贤恢复其爵位，改封宋王，但江山易改，本性难移，他总觉得自己能力比皇上强，尤其看不起皇后，几次组织谋反，皇后生气地找到二姐，嗔怪她不能约束喜隐。

这位宋王妃开头并不喜欢喜隐的生活习性，对喜隐在外边干的一些阴谋勾当也不清楚，随着日月的延长，两个人的感情倒逐渐好了起来，喜隐在外边无论如何狡诈不讲理，回到家却表现得非常好。天长日久，她不仅没改造好喜隐，反而受到丈夫的影响，对皇上和皇后对待丈夫的态度产生了一些看法，这在无形之中助长了喜隐的嚣张气焰。

喜隐认为皇权实际上没有掌握在耶律家族的手里，而是由皇后执掌了大辽政权，皇后的后台是萧思温，因此明里暗里与皇后为难，以至于发展到阴谋杀害他的岳丈萧思温。

北院枢密使被害是件大事，耶律贤下诏严究，随着调查的深入，主谋的身份越来越明显，喜隐坐卧不宁，便更加疯狂地组织反扑。辽保宁六年（974），喜隐被削去宋王爵位，宋王妃的地位当然也随之下降，这位王妃由对皇上和妹妹有意见变成了有对抗情绪。

丈夫喜隐在朝廷不得势，引起这位王妃的强烈不满，她到处散布对皇上和皇后的不满情绪，后来她意识到这样公开攻击皇上和皇后不仅无济于事，反而会招来大祸，于是她开始偷偷配制鸩毒酒，准备在适当时机将皇后毒死，自己就是遭到千刀万剐也无所谓。

萧甄仁配制鸩毒被下人发现了，下人知道这是严重违反律法的行为，害怕出事后牵连到自己，就把消息报告给了皇后。皇后觉得如果任其下去，不仅于自己不利，事情闹大了对朝廷影响也极坏。依耶律贤意见，也将她处死完事，但燕燕想到小时候的姐妹之情，想到死去的父亲，不忍下此狠心，她试图亲自找二姐谈谈，想用姐妹之情感化姐姐。但姐妹俩一点儿都谈不进去，最后她对皇上说："没办法了，让她死吧，但公开处死恐怕母亲受不了，得想个万全之策。"

几天来，皇后想想如今的地位和处境，想想小时的姐妹之情，不杀不行，杀同胞姐姐又太残忍无道，想到伤心处竟眼泪汪汪，皇上看在眼里疼在心上，所以也没催她。

半个月过去了，皇后终于想通了，为了朝廷和大辽的根本利益，应该摒弃亲情旧义。一天，皇后请二姐吃饭，两个人谈话经常是南辕北辙，甄仁意识到今天的饭可能不会吃得太顺当，就问妹妹："今天你不会无故请我吃饭吧，咱们姐妹一场，有事你讲吧，我会让你满意的。"皇后说："喜隐谋反早晚是死罪，姐姐你何必为他做殉葬品呢，你知道配制鸩毒是死罪吧。"

甄仁一听到"鸩毒"二字，就明白了今天的酒不那么好喝，但又拖不过去，她二话没说，端起掺了鸩毒的酒大口喝下去，皇后也没有劝止，不一会儿甄仁就七窍出血，倒地而亡。燕燕抹着眼泪对旁边的宫人说："传旨，厚葬宋王妃。"说完就离开了宴会厅。

经过进一步的清理整顿，朝臣们看见皇上和皇后动了真格的，就都小心翼翼地恪守其职，宋王的死对文武群臣震动很大，他的下场让反对派着实担心不已，尽管皇后不准宫人随意议论两个姐姐的死因，但太平王妃和宋王妃的真正死因还是传开了，从此皇后的话没人敢不听。

早在保宁八年（976），耶律贤就批准皇后的话和行文可以用"朕"字，但没人拿她当回事，处理了这几个直系亲属后，情况发生了根本性的转变，进宫见驾的官员没有一个忘了喊"皇后"的，皇上的话可以提出异议，皇后的话没有一个人敢打折扣。皇上决定任何事情之前都要先问皇后的意见，只有皇后点了头才可颁布，虽然表面上是皇上御批，但皇后不点头也批不了，这就为之后皇后实现一统天下打下了坚实的基础。

为救汉匆忙出兵
辽军兵败白马岭

辽穆宗死后，耶律贤和皇后总结了前朝的经验教训，一方面与宋军议和，另一方面大力整顿朝纲，巩固了自己的统治地位，在一定程度上也增强了大辽的实力。

宋朝自太祖赵匡胤的弟弟赵光义即位后，一时还顾不上漠北草原，他的主要精力是稳固南方政权。自宋开宝七年（974）至宋太平兴国四年（979）间，与辽国假意谈和修好，暗地里扩军备战，不仅经济得到了恢复，军力也得到进一步增强，在征服了江南各派势力之后，就把假和谈的面具逐步撕掉，开始了计划已久的北伐，宋帝赵光义北扩的第一个目标仍然是消灭北汉。

大唐王朝在天祐四年（907）崩溃之后到赵匡胤建立北宋的五十三年间，中华大地上呈现了四分五裂的局面，北方中原地区相继成立了后梁、后唐、后晋、后汉、后周五个短命王朝。与五个短命王朝同期的南方地区，又分别建立了九个王朝：前蜀，定都成都（今四川省成都市）；吴，定都江都府（今江苏省扬州市）；闽，先后定都于长乐府（今福建省福州市）、建州（今福建省建瓯市）；吴越，定都杭州（今浙江省杭州市）；南楚，定都潭州（今湖南省长沙市）；南汉，定都兴王府（今广东省广州市）；南平，定都江陵（今湖北省荆州市）；后蜀，定都成都（今四川省成都市）；南唐，定都江宁（今江苏省南京市）。辽穆宗耶律璟即位的前一年，北方的郭威杀了后汉皇帝自立为后周。第二年，后汉皇帝刘知远的弟弟刘崇（后改名刘旻）也组织一班人马举旗为号，宣布成立北汉（定都晋阳，今山西省太原市）政权，加上前边的九个王朝，共十个王朝，这在我国历史上称为五代十国时期。而在北方草原上的大辽契丹政权与以上政权几乎是同期存在的，所以这个时期的中国群雄并立，战乱不止。

北汉皇帝刘崇曾是后汉的河东节度使，所谓河东就是今天的山西，因位于黄河以东，故称河东。北汉都城就设在黄河以东的太原城，城西、北、东三面环山，南面是河谷平原，物产丰富、交通便利，因其特殊险要的地理位置，自古就是一个军事重镇，唐末的李克用、李存勖父子和后唐的石敬瑭，以及刘崇的可可刘知远都曾盘踞在太原城，刘崇凭借深壕高垒的太原府和十州领地，以正统的汉室后裔为荣，企图霸占一方，不许别人介入他的领地，并声称要光复汉室、打回汴梁。不管这里是位置显要的交通要冲，还是有丰富的物产资源，在中国大地上它只能算个弹丸之地，和南方真正物产丰富的北宋及地域广阔的大辽相比真是小巫见大巫，无论是经济还是军事实力都无法与辽、宋相比拟。北汉位于宋朝和大辽的西部交界处，他要和宋朝较量必然要依靠大辽，实际上他成了宋、辽两个大国较量的砝码。刘崇要想与宋朝较量首先自己要有强大的军队，然后才谈得上外靠契丹，而强大的军队必须要有丰厚的物质基础，为了这个美好的目标，他在这弹丸之地上大肆搜刮民财，强行征兵拉夫，因此民怨沸腾。

刘崇为自己成功地建立北汉王朝而沾沾自喜，连日来大宴群臣，并派使前往大辽报信，晚上他举杯对妻子说："汉室不亡，有皇后一份功劳，来！朕赐你御酒一杯，喝！"

他的妻子还没反应过来谁是皇后，愣了一下。刘崇说："我是皇上，你不就是皇后了吗？"夫妻俩一阵哈哈大笑。

正当刘崇与他的部下弹冠相庆陶醉在成功后的喜悦之时，宋朝已经统一了南方各部，开始腾出手来偷偷做着北伐的准备，经济上有了充分的基础，布兵重点北移到辽、汉边境，不仅培养了出能打善战的主力部队，还在边境前沿训练了一支技术全能多变、机动灵活的特别部队，大多由熟悉辽、汉地形和民情的北方人组成。宋帝赵光义通过这些特种队员的探查，基本上掌握了北汉和大辽的情况。979年赵光义亲自率军伐汉，大军过了沁州，北汉才发现情况不妙，马上派使向盟邦大辽报告消息。

大辽皇帝耶律贤和皇后正在整顿朝纲、清理内务，接到北汉的军情报告后，耶律贤不以为然地说：“我们与宋朝有和约在先，互不侵犯，互不干涉内政，他们不会有大的举动，也许是边界摩擦，让北汉抵挡一下即可，不必过分担忧。”

皇后深知汉人的习性和为人，说了不算、算了不说的事情是经常的，她对南府宰相说：“你们亲自派人去探个虚实，有了情况不分昼夜马上报告。”

三天后探马回来报告说：“宋朝的队伍正向北行进，现在可能已进了汉界。”

“有多少人？”皇后急问。

探马说：“可能有十几万人马。”

一听说有十几万人马，皇后倒吸一口凉气，她对皇上说：“不对！十几万人绝不是边界冲突，我们必须认真对付。”

耶律贤还是认为不会打大仗，他说：“我们应该先礼后兵，问问宋朝为什么不守诺言。”

皇后同意皇上的意见，就派挞马长寿出使宋朝问个究竟。挞马长寿到了宋军驻地问：“奉皇上和皇后之命前来，一是探望皇上，二是询问辽、宋两国已和好多年，为什么突然又大举进军北方？”

宋帝说：“我们没有进攻大辽，北汉逆命不服，理当问罪，如果大辽不出兵援助北汉，我们仍和睦如初，如若不听劝告帮助刘继元，我们就战场上见！”

长寿返回上京，向皇上和皇后述说了一遍，皇上和皇后非常生气，也非常紧张，马上召集文武群臣商量对策，还是存在两种意见：保守的契丹贵族不同意出兵，开明的主持正义的官员一定要打。因为正在整顿时期，有些官员不敢说话，等着皇上决策，这样就形成了打的决定。正在这时，北汉因大兵压境又派使请求出兵支援，皇上的身体一天不如一天，他见皇后足智多谋，群臣信服，便把抗宋援汉的任务和权力交给了皇后。

皇后无论多足智多谋，她终是第一次全权决策与宋军正面作战，对敌军的来势之猛之快估计不足，她匆忙召开了一次军事会议，将军们对她的军事部署没有发表意见，皇后在殿上正襟危坐，她道："南府宰相耶律沙——"

"末将在！"耶律沙答道。

皇后说："朕命你为抗宋主力部队都统，要截住宋军的先锋部队，不准他们再往前走。"

皇后又叫道："冀王耶律敌烈——"

耶律敌烈也答道："末将在！"

"朕命你为主力部队监军，如有不服调遣或畏敌退缩者，先斩后奏。"

然后又命令南院大王耶律斜轸为援军都统，南院枢密副使耶律抹只为监军，所有军臣重将无一不服从命令。皇后第一次以"朕"的名义决策军国大事，有一种说不出的快感，同时也非常感谢丈夫对她的信任，在布置完出兵抗宋的任务后，她对丈夫说："国事、军事固然重要，皇上龙体康健更重要，朝廷和前线的事由我盯着，您放心地去打猎散心吧。"

耶律沙率领主力部队先行出发，由上京至太原有一千五六百里远，开始阶段行进在塞外平地上还算顺利，一进入云州地区就一段不如一段，一里比一里难走，队伍一到大同府之北就是道道高山大梁，过了长城更是艰难，山峰林立、沟壑不断。

几天的急行军士兵们累得上气不接下气，二月下旬的塞上仍是天寒地冻，过去契丹人出兵打仗没有粮草先行一说，马草自己割，粮食自己抢，后来在汉人军官的提议下逐渐改变了原始的战略战术，出兵前要带些粮草。但和宋朝的汉人部队相比，他们的后勤保障和供应还差得很远，刚走了一半路程粮草就有些紧张，深山大沟里几乎见不到人家，荒山秃岭上巨石嶙峋，有的路段连根草毛也看不见。

耶律沙一向稳重老到，遇事三思而后行，预感到此次出兵作战凶多吉少，他就放慢了进程，很快耶律斜轸的打援部队也赶上来了。耶律沙与监军敌烈和耶律斜轸商议这场仗要如何打，他主张不与宋军正面对垒，应与之周旋寻找破绽，待机歼灭，耶律斜轸平时以机敏快速闻名，主张凭借骑兵优势直攻快打。

敌烈和耶律抹只两个监军都是皇上和皇后的嫡派势力，虽然他们的职位和权力不如统军大，但皇上往往听信他们的意见和汇报，皇上的话一言千金，出口不能改，因此监军的意见这时显得十分重要。

耶律敌烈虽是宫人所生，但终是辽太宗耶律德光的血亲（耶律德光第四子），辽保宁初年（969）封为冀王，成为耶律贤即位初年的王爷集团人物之一。这个人急功近利、好高骛远，凭着王爷身份总爱做些显山露水的事情，当耶律沙征求他们的意见时，敌烈认为显示他本事的时候到了，他主张急攻近打、速战速决，好赶快向皇上报喜邀功。

耶律抹只是隋国王释鲁的后代，以皇族嫡传为尊，他也支持敌烈和耶律斜轸急攻的意见，耶律沙虽是主攻总帅，但一比三的明显劣势让他只好违心地服从了错误意见，闷闷不乐地继续向前。

赵光义对这次战役十分重视，出兵前做了充分的战术和物资准备，选择潘仁美为征北前线总指挥，因为这次战役的胜负决定着宋朝新版图的画法，所以赵光义亲自挂帅，他们比辽军更熟悉这一带的地形，让曹翰、崔彦进、李汉琼、刘遇分四路包围太原城，让都部署郭进抢先控制石岭关，以截断辽援军前进路线，并在白马岭深涧埋下伏兵，这就给辽军摆了一个硬底大口袋。

耶律沙率领的主力部队仍然走在前边，耶律斜轸的打援部队企图越过耶律沙走在前方，就绕过一个山头要找条近路，他们在太行山脉的崇山峻岭间艰难地行进。耶律沙走的是通关大道，沿途还算顺畅。

耶律斜轸过去在萧思温的推荐下受到皇帝耶律贤的特别提拔，他又娶了皇后的堂侄女为妻，更是备受重用，不久即升为南院大王，自以为曾统管过西南诸军，熟悉地形和路途，结果绕来绕去找不到可通行的路，半天过去了不仅没见到宋军，就连自己主力部队的影子也看不见，没办法只好沿途返回追赶耶律沙，直至夕阳西下也没追上主力部队。

辽军在草原和沙漠作战能以一当十，但一进入深山峻岭就失去了铁骑的优势，不仅在数量上不敌宋军，粮草和士气也一天不如一天，耶律沙再一次提出严正警告说："如果再往前走，沟壑道道，险关重重，弄不好就有去无回，无法向皇上和皇后交代，不如把宋军调出，打乱他们的军事部署，寻机歼灭。"

耶律敌烈还是不听，冒着刺骨的寒风继续前行，当行至今太原以北的忻州境内时，只见前方的悬崖峭壁上有三个大字，风蚀得已模糊不清，经仔细辨认是"白马岭"，两山峰间只有一条很窄的通道，通道两侧山涧深不见底，耶律沙不禁打了一个寒战，再一次勒马提醒不要贸然闯险。

负责监军的耶律敌烈立功心切，竟带领先锋队渡涧闯关，他的儿子耶律蛙哥和耶律沙的儿子耶律德里都是先锋队成员，其他人也不敢不跟进。怎料宋将郭进的部队预想到辽军必走此路，早已埋伏在两侧山谷里，敌烈带领的先锋队半数刚过山口，就遇到宋军主力部队的攻击，辽军见势不妙就往回返，刚回到山口就听山谷里爆发出一阵呐喊声："冲呀，杀啊——"箭如狂雨，巨石翻滚。辽军知是遇到宋军埋伏，为了夺路只好奋力拼杀反击，只见刀光闪烁、旌旗飞舞，战马的嘶鸣声和震天的喊杀声响彻山谷，沙石和枯草被鲜血染红，遍地死尸横倒竖卧，从衣着和发式就看得出大多是契丹军人，耶律敌烈呼喊着："撤！撤！"

宋军一看喊撤的是个指挥官，就蜂拥而上，只几个回合敌烈就被砍下马来，一阵乱枪结束了这位先锋官的性命。突吕不部节度使都敏和耶律蛙哥急忙寻路后撤，突然从右侧飞出一阵急箭，都敏当即头颅开花倒地而亡，蛙哥腿部中箭，一个趔趄跌入深涧。

耶律沙的儿子耶律德里仍在与宋军拼杀，顾不上从头上流下来的鲜血，对其他弟兄们喊道："援军一会儿就到，顶住，顶住！"

一天一夜没吃没睡的战士们早已筋疲力尽，哪里敌得过在此休息守候了两天的宋军，两个回合不到就死伤一大片。耶律德里见状不妙，就让战士们马上后撤，被打傻了的士兵胡乱奔跑着，有的中箭倒下，有的掉入深涧丧命，耶律德里边打边喊："撤！撤！"

突然从左后方杀出一股宋军，德里前打后挡、左躲右闪，实在招架不住就拨马往回跑，不料一个马失前蹄连人带马摔倒在地，只见明晃晃一把大刀剁下，耶律德里身首分了家，其他士兵更是乱了阵脚。

骑马立在高坡上观战的耶律沙看在眼里急在心上，他不顾卫兵的劝阻勒马就往前冲，大刀左劈右砍，几个宋军立即丧命。那边的统兵郭进见辽军主帅亲自上阵，也扬鞭跃马冲杀过来，三四个回合下来不分胜负，宋军人多势众、士气正旺，一方面为大帅加油助阵，另一方面围着耶律沙动刀动枪。眼看耶律沙就要失利，突然从后方冲过来一千人马，蹄声动地，喊声震天，耶律沙回头一看知是援军已到，领头的是统军耶律斜轸，耶律沙立时精神大振，耶律斜轸一看前方几乎没有辽军士兵，知是来晚了，他命令道："放箭！"

万箭齐发，宋军躲闪不及，中箭者不少，众卫士护拥着郭进开始往回撤，双方脱离了接触，耶律斜轸还要往前追，耶律沙喊道："前方情况不明，我方死伤甚重，撤！"

耶律敌烈不听劝阻惹了这么大的祸，耶律沙正琢磨着如何向皇上、皇后交代时，有人埋怨援军来得太晚，援军统帅耶律斜轸还没开口，监军耶律抹只不服气地说："敌烈是监军，为什么要充当能打先锋，他了解前方的情况吗！"

本来抹只也同意援军打先锋的，见敌烈惹了祸马上转变了口气，态度明显好转。

争吵停下来，清点人数时，才发现不仅主力部队的监军耶律敌烈不见了，连耶律沙和耶律敌烈的儿子蛙哥也都不在现场，派人找了一下，只找到耶律德里的首级，却没见耶律蛙哥的尸首，耶律沙和耶律斜轸都难过得掉下了眼泪。

消息传到上京，皇后又难过又生气，因为并不了解详情，她非常气怨耶律沙的无能。听说多亏耶律斜轸及时赶到击退了宋军的进攻，所以她对耶律斜轸留下了很好的印象。目下大军远在千里之外作战，暂不宜惊动前方的将士们，欲待救下北汉后再和他们计较。

后汉命短遭灭亡
辽军再败沙河阵

　　北汉与大辽是唇齿相依的关系，北汉也是大辽的桥头堡，如果北汉被宋军消灭，等于失去了第一道防线，大辽就要在南线和西线全面与宋军直接作战。面对兵力、财力强盛的中原宋朝，大辽感到从未有过的巨大压力，所以皇后特别重视西南一战，传令西南大军无论如何也要保住太原城不能落入宋军之手，并捎信给北汉皇帝刘继元："大辽是你们永远的朋友，你们一定要拼死顶住宋军的进攻，保住太原城就是胜利。"

　　刘继元本不姓刘而姓何。北汉皇帝刘崇原本把女儿嫁给薛钊，生下一个儿子叫薛继恩。薛钊死后，刘崇将外孙薛继恩改姓刘，名刘继恩，让儿子刘钧抱为养子，并把女儿改嫁给何氏，刘崇的女儿为何氏又生一子名继元，何氏很快也死了，刘崇的儿子刘钧又将何继元抱为养子，改名为刘继元。刘崇死后其子刘钧继位，刘钧死后其外甥（养子）刘继恩继位。后刘继恩被人杀害，其同母异父的弟弟刘继元继承皇位。刘继元从小寄养在外祖父家，他的养父（舅舅）已经抱养一个儿子（外甥）刘继恩，没有精力教育两个孩子，所以他的学业和武功都很差，始终有一种寄人篱下的感觉，对家里人也没有感情，对朝廷的事也不上心。

　　宋军逼近太原城，他组织文武群臣商议对策，有的主张打，有的早已被宋军的强大攻势吓破胆，主张保存实力，再图大计。刘继元接到大辽皇后的口头支持有些三心二意，但作为一朝之主又不能显得太软，他一方面命禁卫军死死顶住四门，另一方面传令城外各关拼死抵抗，不能让宋军靠近太原城，同时密谴使臣急告大辽速派大军救援。其实救援大军早已到达太原以北，在白马岭吃了败仗动弹不得，刘继元火烧火燎，城内的百姓惶惶不可终日。

　　宋朝因为在白马岭打了大胜仗，上下欢腾、士气旺盛，要拿下幽燕必须趁热打铁，速速搬开北汉这块绊脚石。

　　赵光义于宋太平兴国四年（979）四月御驾亲征，几天后到达太原，北路都招讨使潘仁美陪宋帝赵光义视察了太原城周围的地形地貌，慰问了崔彦进、李汉琼、刘遇、曹翰等围城部队。宋帝一方面命令围城部队沿城修筑工事，摆开长久作战的架势，另一方面展开强大的舆论攻势，在城下将俘虏来的契丹士兵统统杀掉，把表示愿意投降宋军的汉人士兵释放，并给盘缠回家。

几年来，小小的北汉一为讨好大辽送钱送物，二为建立所谓强大的军队付出巨大的代价，此时只好向老百姓增赋勒索。城里城外的百姓苦不堪言，他们知道一个小小的北汉是撑不了多久的，不是被宋朝清灭，就是被契丹吞并，与其被蛮夷吞掉还不如归顺汉人，于是在强大的军事和舆论攻势下，斗志开始瓦解，城外的部队早已溃不成军，有的百姓开始向宋军献粮出力，困守太原城的刘继元已是瓮中之鳖。

赵光义在汾东行营稳稳住下来，等待着北汉皇帝刘继元投降的消息，连等数日不见动静，他绕城巡视一周后在城西停下来，命令用弩机发射石弹攻城，城墙上留下累累弹坑。

第二天又攻西南城，附着于大城的羊马城被攻陷，宣徽使范超被俘拒不投降，宋帝赵光义命令将其斩首于神矗下，然后又攻城西北和城南，整个西半城城垣已不成样子，城内慌作一团，骑兵元帅郭万超首先出城投降，赵光义赦免不杀。

赵光义又命令攻城南，并亲自书写敦促刘继元投降书箭发城内，说如主动投降大宋，大小官员一律不杀不抄，有功者行赏，有才者重用，并保证全城百姓平安无事。若胆敢负隅顽抗，将全城杀个片甲不留，把太原城烧成灰烬，何去何从速速抉择。

此时宋军将士斗志旺盛，为抢头功个个跃跃欲试。

当天夜里，刘继元秘密派心腹给围城的宋军报信，表示愿意接受宋帝的劝降条件。就在这国将亡、城将破的时候，驸马都尉卢俊趁乱逃出太原城，经代州逃往辽南京，将太原城马上就要攻破的处境及刘继元的态度向大辽官员作了汇报，大辽得知这一情况，急令停止了对北汉的援助，命令大辽所有援军停进待命。

第二天太原城上挂出白旗，城门大开，宋军进入城内，北汉皇帝刘继元交出玉玺帅印和所有财产户籍账册，于是经营了二十多年的十州、四十县、三万五千二百二十户的北汉归入宋朝的帐下，赵光义任命祠部郎中刘保勋为太原知府。

受降受城仪式结束后，坚守城外的北汉大将刘继业还不知道城里发生了如此重大的变化，继续与宋军顽强作战。部队已经损兵折将近千人，仍不减斗志，刘继业不畏强敌身先士卒，战袍被撕成碎条，跟随他马后的帅旗仍高高飘扬，满脸的血水汗水让人认不出他的模样，明晃晃、亮闪闪的大刀飞舞起来让宋军个个胆战心惊。这个刘继业不是别人，正是生涯传奇的宋朝忠将杨继业。

杨继业原名杨业，山西太原人，父亲杨信，后汉时为麟州刺史，杨业从小受父辈熏教，侠肝义胆、风流倜傥，用心练功，不怕劳苦，因此练得一身骑射的硬功夫，打猎时总比别人多得一倍的猎物。长大后在刘崇麾下，因英勇善战被提升为保卫指挥使，屡立战功，后来又擢升为建雄军节度使，以所向披靡、攻无不克的威名被国人誉为无敌英雄。刘崇惜才爱将，为杨业改名为刘继业，与儿子刘钧的养子刘继恩、刘继元同辈，虽然他长继恩、继元几岁，仍不忘君臣名分，对刘继恩、刘继元非常尊重。刘继元继位后，正值宋朝大举进攻北汉之时，杨继业不负皇室所望，英勇杀敌、屡建奇功，因此宋军惧怕他的威名。赵光义闻知后，嘱咐部下无论在何种情况下，都不准伤害他的性命，并千方百计地寻机劝其投降，如杨继业能归顺宋军，一定委以重任，原属部下一律重用。起初杨继业见宋军武装强大，来势凶猛，为了汉室官员不被宋军杀灭，曾劝皇帝刘继元暂以降求安，只要保存住汉军实力，不怕没有复汉的机会。刘继元不熟悉兵法，也不了解敌我对比之悬殊，不同意投降，杨继业忠于汉主，领兵坚持与宋军苦战，见许多弟兄倒在血泊中，他眼含泪水亲自冲锋在前，不仅部下敬仰，连宋军也从内心佩服这位敌对大将军。

城中的皇帝刘继元实在抵挡不住宋军的强攻，率众投降时，刘继业还不知道。赵光义为了减少伤亡，同时为了得到重将刘继业，让刘继元传令下去，诏刘继业放下武器停止抵抗，回城听编。直到此时，刘继业才知道汉帝已经投降，故君命难违，他一路步行走出营区，嘱咐战士们守战待命，好生爱护自己，一个受伤的士兵拉着他的马缰跪在地上说："大帅，我5岁就没有了父亲，母亲一人养活我们兄妹三人，日子苦不堪言，15岁母亲把我送到您的马前，要我跟大帅一辈子，大帅待兵如子，要到哪里我都跟着您走。"

刘继业把士兵扶起来，擦了擦他脸上的泪水，点了点头上马走了。当到达城下时，见城门四开，进进出出的都是宋军将士，来到大殿前他仍然跪拜叩首，大声喊道："微臣继业恭祝皇上万圣金安！"

坐在宋帝下座的刘继元已经失去了昔日的皇权皇威，赶紧下殿扶起刘继业，拉着他的手说："本帝无能，让将士们吃苦了，来，跟我见过大宋皇帝。"

赵光义见大将刘继业到来，三步并作两步也下殿拉住刘继业的手望了半天说："果然名不虚传，朕早就听说大将军的英名，不知大将军是否愿意助朕一臂之力，朕是不会亏待大将军的。"

刘继业没有答复他的话，转过头对刘继元说："臣一切听从陛下安排，皇上命臣留在宋军，臣就留在宋军，如不然，继业愿回家侍奉老娘。"

刘继元说："事已如此，既然大宋皇帝喜爱将军的才德，你就跟随大宋皇帝去吧，日后我们也好有个见面的机会。"说着二人同时落下几滴眼泪。

赵光义见刘继业对主子如此忠顺，越发喜欢这位忠臣良将，他挽着刘继业的手臂回到殿上，对刘继业说："听说将军原姓杨，朕正式恢复你的本姓，就叫杨业吧。"不少人还是习惯称他继业，从此杨继业的名字在宋军传开了。

苟且偷生的北汉皇帝刘继元投降宋朝后，终日疑惧，生怕在宋朝谋不到一个好位子，就竭尽讨好之能事，向宋军献官伎一百多名，以慰劳宋军将、校以上的军官，并通令各州县知府不得抵抗，顺利向宋军交接。

果然赵光义说话算数，封刘继元为右卫上将军，一国之君捞到芝麻大一个官儿，乐得屁颠儿屁颠儿的。因为太原城被烧杀得不成样子，恢复起来很困难，赵光义干脆在郊区重新建造了一座新城，将旧太原城放火烧掉，把老百姓都赶入新城居住。赵光义进攻太原住过的行宫改建为平晋寺，赵光义高兴地把酒赋诗，令部下和诗寻乐，并亲自为平晋寺作记，刻写于寺碑上，刘继元也来凑趣参观赞赏新城的壮丽和辉煌。

北汉皇帝投降宋朝的消息传到上京后，皇后既生气又惋惜，深知丢掉了这个盟友和前哨对自己极其不利，于是她召集群臣商量对策，皇后分析说："辽、汉、宋三足鼎立的局面被打破，两条腿的凳子是立不起来的，哪条腿先趴下，那里的地面就归了另一条腿，不是宋朝先趴下就是我大辽先趴下，请列卿发表高见。"

一石激起千层浪，满朝文武激情愤愤，文臣详说细论，陈述不能倒下的理由和必要性，但拿不出抗宋的具体方案。武将主张与赵光义拼个你死我活，绝不丢掉一寸土地，但也说不出怎么个拼法。耶律休哥是太祖三伯释鲁的孙子，从小受到皇室的熏练，武功高强，有胆有谋，参加过平叛乌古、室韦的战役，积累了一定的战斗经验，辽应历十九年（969）封为惕隐，负责契丹族属事务。休哥说："宋、辽呈南北交错之势，南京是我大辽的桥头堡，宋朝欲亡我大辽必先拔掉这个桥头堡。他们灭汉占领了太原，士气正旺，肯定会跃马扬鞭向东，南京是他们打击的第一个战略目标，唇亡齿寒，因此保卫南京是头等大事，必须马上增兵南京，绝不能丢掉半寸土地！"

皇后说："休哥说得对，我朝太宗皇帝继承太祖爷治国平天下的遗志，建立了南京城，三十多年来，这座城市为我大辽平天下作出不小的贡献，坚决不能丢！但南京是汉人聚集地，汉人汉官是不——"

说到这里她发觉说走了嘴，本来下边的话是"汉人汉官是不能完全相信和依赖的"，见坐在殿里的几个汉官正聚精会神地听她讲话，她马上改口说："汉人汉官是不能忘记他们的功劳的，多年来，他们为融合契丹与汉族的关系以及巩固大辽政权作出很大的贡献，在国难当头之时，应该精诚团结，打击敢于入侵之敌，诸位爱卿下去议一议，看这一仗如何打法。"

皇后和大臣们意识到了宋军会攻打南京，但想宋军不会来得太快，只派了萧讨古和耶律奚底少部分军力先行出发抵挡，等囤积在山西的大部队撤回来后再与宋军展开阵地战。

正当辽臣们议论如何打好这一仗时，宋帝赵光义亲自领兵神速地越过了拒马河，辽保宁十一年（979）六月十九日到达易州西南的金台顿。部队安顿好之后，即派东西班指挥使傅潜和孔守正攻打南京道西南险关岐沟关。岐沟关位于易州东部，又称东易州，是通往燕京的必经之路，守关的汉将刘禹晓事先不知道宋军要来闯关，禁闭关门不开，宋军半夜来到关下时，关使刘禹晓在关上问道："何人要闯关？"

傅潜喊道："宋军东西班指挥使傅潜奉辽皇后之邀借道过关，务必速速放行，事后必有重谢。"

刘禹晓说："请把邀请函送上来，验查无误立即开关放行。"

傅潜拿不出邀请函，就想硬闯，守关士兵已经拉开了弓弩，只要关使一声令下，离弦的箭可不认人，孔守正对傅潜说："不可硬闯，那样不仅造成伤亡，而且还会耽误时间，这一带都是汉人，原本就是汉土，辽会同九年（946）后汉刘方简将易州送给辽太宗，辽应历九年（959）又归后周统辖，这里的官员和老百姓并不喜欢那些契丹夷狄蛮子，只要好好和他们商量，他们会帮助我们的。"傅潜和孔守正没有急于过关，命令队伍暂住休息，不得惊扰老百姓，通令凡有进宅入室抢劫者，定斩不赦，果然没有一个士兵违令。百姓们敢于出门探问究竟，孔守正趁机把自己的粮食送给穷户百姓，并对他们说："咱们都是汉人，我们绝不打自己的弟兄，那些北方蛮夷不是我们的朋友，是他们侵占了我们的领土，我们奉命过关，不料遇到了麻烦。"

一位长者说："不要紧，我带你们去。"

到了关下老汉喊道："三儿，告诉你们长官，这些部队都是好人，放他们过去吧。"

那个叫三儿的士兵报告了关使刘禹晓，刘禹晓见老人家亲自领路来到关下，让士兵把老人家请上了关楼，经老人家一番述说，果然关门打开了，刘禹晓对傅潜和孔守正说："请二位大将军莫急过关，小臣奉命守关，没有上级允许任何人不得乱闯，请二位稍候，待禀报刺史后再过不迟。"其实东易州刺史刘宇早已有意投宋，接到关长刘禹晓报告后，立即同意开关放行，并宣布降宋，宋军除留一千人守关外，其他大部分都过关继续北进。

契丹政权虽然倾力取得燕京城，并建立了南京道，但辽初期北方各部落少数民族不服契丹管束，边界经常发生骚乱，分散了大辽很大的精力。后来又有周、汉的更迭变换，刚刚稳住脚的大辽又不断发生内讧，要想控制远在南方的南京地区，不免有些鞭长莫及之感，而且汉官在南京的势力和影响也很大。大辽北方大部分地区不产粮食，要供养几十万军队，只好向产粮区横征暴敛，那里的百姓苦不堪言，经常有小股起义队伍作乱，赵光义非常了解这里的情况，让各路领兵的军官对沿途百姓施些小恩小惠，宋军路过金台，顿时就有百姓自动为队伍带路作向导，还给士兵送水送饭，所以宋军北进一路顺利。

　　萧讨古是萧敌鲁的侄孙，是皇后娘家的近亲，对朝廷和皇后忠心耿耿，时任南京统军使，他与耶律奚底一路急行军南下准备迎战宋军，当快到达沙河（拒马河支流）时，就看见南方黄沙滚滚，天上乌云密布。六月的天气热得人喘不过气来，萧讨古派出探马了解前方的情况，两个时辰后，一个化了装的士兵上气不接下气地报告："黄天昏地的地方是宋军扬起的灰尘，他们快过河了。"

　　"有多少人马？"萧讨古问。

　　那个士兵用衣袖擦着额头上的汗说："我不敢靠近，远看大概有上万人马。"

　　因判断失误，皇后让耶律奚底和萧讨古只带了一万人马匆忙赶往易州方向迎敌，辽、宋一比三的人数之差首先就给了耶律奚底一个打击，又值六月酷热之季，辽军久住塞北，耐寒怕热，所以全军上下士气不高，但军令谁也不敢违，冒死也要往前冲，同时他们又寄希望于强盛的骑兵战术，幻想闯出一个奇功来，讨古和奚底走在队伍的最前方，边走边商量着如何打好这一仗。

　　易州以北是山地，视距很短，等他们登上一个高丘时，突然发现前方旌旗招展、人扬马沸，宋军也发现了对面高岗上的辽军，双方几乎同时停住了脚步，两军隔河对峙，顿时闷热的空气仿佛凝固了，士兵们的汗水湿透了衣衫。沙河平时干涸无水，雨季时湍急的河水断绝了所有的交通，要不是这哗哗的流水声，这里宁静得就像什么也没发生一样。辽军只希望宋军困在河南岸不要再向北进展，他们没有首先发起进攻，而宋军的任务是攻占南京，想赶快渡河与辽军决战，一个要过河，一个要阻挡，这对急于渡河的宋军来说是个严峻的考验，指挥使傅潜骑在马上大声喊道："哪位勇士敢打头阵冲过河去？"

　　队伍里没人响应。

　　宋军凡是打了胜仗都要论功行赏，当官的晋级封爵，当兵的分财得物，没有媳妇的将掳掠的少女许做媳妇。前几天在白马岭打了胜仗，因急于北征攻打南京，没有兑现奖励，所以士气不高。孔守正补充说："如果半月内拿下燕京城，连同上次的胜仗一块双倍行赏，谁先渡过河去，加发白银三十两。"

　　几位将校摩拳擦掌、跃跃欲试，河阳军首领崔彦进向河里扔了一块石头，溅起的水花不算太高，于是率先出阵向傅潜报告："末将崔彦进愿率先锋队渡河擒那耶律秃贼，一分队跟我冲！”

　　说着他第一个拨马下水，那匹枣红大马高扬着头颈在河水中奋力游动，骑马的不骑马的也都跟着下了水，高喊着“冲啊！杀呀！”地向河中心游去。

　　对岸的辽军见宋军下了河，耶律奚底命令：“射箭！”

　　于是，雨点般的箭射向河中心，宋军有几个士兵中箭而亡漂在水面上，孔守正对傅潜说：“这样渡河伤亡太大，辽军人少，我们应该拉开战线，横向齐渡，辽军就防不胜防，只要有一部分主力过了河，辽军就顾不上了。”

　　傅潜命令：“沿河岸东西散开，听令一起渡河。”并对监军说，“凡迟迟不下河或畏缩不前者，一律按军法处置！”

　　不一会儿宋军就摆开了长蛇阵，辽军的利箭乱射一通，宋军毫不畏惧，呼喊着向北岸游去。耶律奚底和萧讨古一看急了眼，如果让宋军上了岸就很难收拾，他们命令所有将士下河与宋军死拼，绝不许宋军上岸。刀光闪烁，人喊马叫，掉头的、少胳膊的全漂浮在水面上，河水被染成了血红色，双方伤亡都很大。正在两军厮杀得难分难解之时，宋军后续部队赶到，趁辽军没有上岸就在一个较窄的河段处过了河，其他宋军也纷纷上了岸。无奈辽军人数太少，又不擅长水上作战，不仅没有阻挡住宋军的强大攻势，而且伤亡惨重，宋军甩开辽军的纠缠，稍作整顿继续北上。

　　耶律奚底和萧讨古心知敌不过宋军，也不再急着追赶，他们召集残余的败兵败将，把漂在河上的辽军尸体捞上岸草草掩埋，绕道西线往北奔去。

宋辽争霸燕京城
宋军血溅高梁河

　　宋军渡过沙河后一路北进，第二天到达涿州，州判官刘厚德等未交战即举城降宋。

　　宋军第三天抵盐沟顿，老百姓纷纷向宋军献马送物，宋朝皇帝亲率大军风驰电掣般到达南京城下，赵光义的行营设在城南宝光寺，各路大军在燕京城南布置停当。

此时皇后萧燕燕刚刚26岁，已是五六个孩子的母亲了，长子耶律隆绪只有8岁，其他几个弟弟妹妹尚小，身为一国之主的耶律贤仍经常出外游猎，全部家事和朝政大事都落在萧燕燕一人肩上，她每天忙于处理朝政，在后宫的时间很少，所以那份天伦之乐离她越来越远。

这天，皇后批完最后一份奏折，突然想起次子普贤奴（耶律隆庆）发烧未愈，她匆匆赶回后宫，见普贤奴躺在奶母怀里喘着粗气，小脸通红，嘴唇青紫，皇后急忙接过儿子搂在自己怀里，奶母说御医刚刚给孩子用过药，其他几个孩子也都围拢在母亲身边寻找已经陌生了的母爱。进宫已经十年了，作为母亲她深感自己应尽的责任越来越少，今天少有一点儿闲暇，看着一天天长大的子女，有种说不出的高兴，她对紧趴在身边的小女延寿奴说："等母亲忙完了朝廷的事再也不出门了，每天和你们一块儿玩儿。"孩子们高兴地跳了起来。

正当皇后沉浸在幸福之中时，一个御卫火速赶来后宫报告："启禀皇后，宋军已到南京城下，御敌总前卫和南京留守韩将军请求发兵支援，请皇后示下，出兵不出兵。"

其实皇后早已料到宋军会来攻燕，她不慌不忙地说："通知各院府，明晨到议政殿议事，快马飞报皇上速速回宫。"

耶律贤夏捺钵到庆州（今内蒙古巴林右旗内）已有月余，不仅射获猎物颇丰，体力和精神也恢复了不少，正当他在草原上追逐一头公鹿时，一个小校飞马来报："报告皇上，南京被围，皇后请皇上速速回宫。"

耶律贤听说皇后催促自己回宫，就知道情况严重，只得悻悻收弓连夜拔营回宫。

在皇后的主持下，议政殿里对出兵不出兵讨论得正热闹，以西南面招讨使为代表的契丹保守势力认为，在敌强我弱的情况下应收缩兵力，主张舍弃燕京，把军队防线撤回到古北口、松亭关沿长城一线，待兵力强盛时再夺回南京。皇后听后皱了皱眉头没有讲话。以惕隐耶律休哥为首的一班主战派坚决反对防线北撤，休哥说："敌军离开中原腹地已有数月，长期的鞍马劳顿，无论是将还是士都困乏难耐，几万军队的给养肯定成问题，末将认为貌似强大的宋军不堪一击。"

皇后说："几百年来，我契丹臣民没有哪一天不盼望兴盛发达，但荒漠的土地、恶劣的气候、落后的文化，无论如何不能与中原地区相比，但我契丹臣民和汉民同属华夏子孙。上天公允有眼，天显十一年（936）遣石敬瑭把燕云十六州送给我契丹，燕京是通往中原地区的咽喉要道和天然宝地，如果失去这块宝地就等于又丢掉了十六州，列祖列宗做梦都要兴旺我契丹，太祖一生致力于'治国平天下'的大业，难道要让到手的宝地在我们这一代手里丢失吗！"

说到这里全场一片寂静，突然殿门大开，殿外喊道："皇上驾到！"群臣立即起立迎出殿门外，喊着："吾皇万岁，万岁，万万岁！"

耶律贤精神抖擞地快步走进议政殿，坐在正位龙椅上，皇后见皇上精神如此好，高兴地坐在皇上旁边说："大家正讨论南京的形势，对出兵不出兵意见不统一，等候皇上圣裁。"

耶律贤说："大家继续讨论。"

本来耶律贤对解救南京还有些犹豫，听了大部分臣将主张出兵攻打的理由后，觉得应该力保南京，他问皇后："皇后的意见呢？"

皇后说："全听皇上圣决。"

耶律贤从皇后的眼神和话音里就知道她主张出兵，于是站起来说："朕近来身体欠佳，承蒙皇后和各位爱卿关照，让朕有机会外出游猎散心，朝廷和宫里的事情听由皇后决定。燕京是太宗先帝传下来的要塞宝地，既然多数爱卿主张力保，那就全力保住，皇后熟悉燕京的情况，认真总结白马岭和沙河失利的教训，制定严密的作战方案，既然要打，就要做到出兵必胜。"

主战派的大臣齐喊："皇上圣明！"会场上又是一阵骚动。

会后皇后把耶律休哥和耶律斜轸等几个主张出兵的将军留下，对他们说："前两次败于宋军，不全是你们的责任，在敌情不明的情况下匆忙出兵，宋军几倍于我军的兵力，又以小恩小惠笼络了部分刁民逆贼，哪有不败的道理。此次宋军长途跋涉到达燕京，定是人困马乏、粮草不济，燕京是我方领地，那里的沟沟坎坎都是宋军的葬身之地，我们虽然兵力仍不如宋军，只要以己之长克敌之短，宋军必败无疑。"

随后皇后展开燕京的地形图，指着图上的各种标识如此这般地讲述着，几个将军聚精会神地连连点头，最后皇后小声对他们说："此次行动方案要绝对保密，尤其要小心内部的奸臣，本后奉皇上之托，授权惕隐耶律休哥为南面行军总都统，军情紧急可以先斩后奏，援军到达南京后，想尽一切办法与留守的韩将军取得联系，内外协同作战，我和皇上在宣政殿等候你们凯旋。"

会后皇后带领群臣奔赴祖州，他们下马步行登上木叶山，到了供奉祖先神像的石房前，杀掉一头青牛和一匹白马，把殷红的牲血滴入酒坛中，大臣们在石房前整齐地跪拜，皇后舀了血酒在石房四周祭洒以祭祖拜天地，希望列祖列宗和天地神灵保佑出兵得胜。祭拜完毕，择吉日即可出兵。

燕京城自商末周初就已成为北方燕国都城，隋代时称郡，唐乾元元年（758）改郡为州，称幽州，历经两千多年的经营建设，幽州城已有相当的规模，因这里曾是燕国都城所在地，历史上习惯称为燕京城。在汉中后期，这里一直是防御北方蛮夷民族入侵的军事重镇。

至隋唐时期，这个特殊的城镇已经从燕京西南琉璃河迁移到了卢沟河以东，辽太宗从石敬瑭手中接过燕京城之后，在唐藩镇的基础上进行了大规模的改造。新建的陪都南京城围长二十七里，城宽一丈五尺，城高三丈，为了使城垣更加牢固，特意从其他地方运来好土夯筑城墙，城外有很宽的护城河，八个城门外都设有木吊桥，城墙上设有瞭望敌情的燕角楼，城内城外布有严密的防守措施。

南京城西有从西北方高原流来的卢沟河（即古永定河），卢沟河东侧一条重要支流是高梁河，由卢沟河来的高梁河水自梁山（今北京市石景山区）沿古车箱渠东流，在今北京市玉渊潭处分为两支，一支往东北循亮马河、坝河入温榆河，另一支流经辽南京城西南角向东南流去，在通州入北运河。

一心要拿下南京城的宋军到达南京城南已有数日，沿高梁河西南岸人沸马嘶、旌旗招展。六月下旬的高梁河水流湍急，河对面高大的城墙下又有护城河阻隔，这坚固的城防确实让宋军一时难以下手，为了挑动城里的辽军出城，宋军向城上胡乱射箭，谩骂侮辱守城的士兵，此时的南京留守是韩德让，他嘱咐八门守兵："无论宋军说什么都不许开门还击，等上京的援军一到，你们听令给我狠狠地打，立功者重赏，活捉宋朝皇帝者，皇上亲自封官封赏。"

宋军越是急不可耐地要打，辽军越是不着急，城楼里的辽军越是逍遥自在，边饮酒（实为水）边唱着思乡曲，不时扔下几个酒瓶和啃剩的骨头。

南京留守韩德让接到皇后密旨，由他亲自安抚守城将士，对汉人军官要特别照顾，要向城里城外所有困难的老百姓发放救济粮款，这笔费用由朝廷列专项开支。

已经等得不耐烦的宋军人心开始涣散，个别士兵离队潜逃，经请示宋帝赵光义同意，决定六月二十四日发起强攻。

尽管韩德让采取了许多安定人心的措施，二十五日，铁林都指挥使李札在城上轮值，见宋军攻势甚猛，就与卢存密谋打开东南面的开阳门，率一百二十五名辽军要投降宋军，幸好被其他守城的将士发现，及时关闭了城门，没有让宋军攻进来。

宋军攻了四五天，除了在城墙外侧留下一些洞孔外，南京城岿然不动。到了七月上旬，正当宋军粮草将尽之时，耶律奚底和萧讨古的部队已经从西线向南京城挪动，尽管赵光义瞧不起这些残兵败将，但也不得不分出一部分兵力对付他们。盛夏酷暑，人心躁动，宋军部分士兵出现腹泻、发烧等症状，还有的昏迷不醒，将士们担心时间久了会大面积感染疾病，主张暂时撤军，等部队休整好之后，带好充足的给养再攻不迟。还有人主张应一鼓作气，拿下幽州城回去好好休整、庆贺一番，赵光义此时犹豫不决。

在宋军的队伍中唯独一位女将坐车而不骑马，虽然头发已经花白，但精神抖擞，双目炯炯有神，这就是杨继业的夫人佘赛花（民间传说中的佘老太君），她忠心保国，替夫分忧，听说要攻夺本属于汉人的幽州城，她要七个儿子全部随父出征，在宋朝皇帝的耐心劝说下，只留下年纪较小的五郎、六郎和七郎，老太君对老大、老二、老三、老四说："咱们杨家历蒙汉室厚恩，世代忠良为国，虽今为宋朝麾下，皇上对我杨家确也不薄，宋也好，汉也好，唐也好，同属汉人嫡后，石敬瑭把幽州城送给北方夷狄已有四十多年，这是我们汉人的耻辱，作为大宋要臣，这也是我杨家的耻辱，今天皇上亲率大军讨伐北蛮，重新夺回不该失去的城池和土地，你们个个都是七尺男子汉，不该随父讨伐夷邦吗？"

四个儿子二话没说，一起跪在母亲面前道："儿愿随父出征，为朝廷出力，为杨家争光，誓死夺回汉人的江山。"于是几人很快披挂整齐地上了前线。

　　到了南京城下，宋帝赵光义无论如何也不让老夫人上阵，命四个卫士把她安排在高梁河西北方一座安全的山头上，只可观阵，不可下山。老太君站在山头上一会儿东望望，一会儿南瞧瞧，她的心随着战鼓声紧一阵慢一阵地跳动，望着西南方滚滚的狼烟，嘈杂的喊杀声让老人家无论如何也坐不下，那里边有与她相濡以沫的丈夫，有她含辛茹苦拉扯大的四个儿子，她希望战争早些结束，更希望宋军得胜回朝。

　　皇后虽然没有亲率大军来到南京战场，但她却直接指挥了这场战役。她一方面密令耶律斜轸和耶律沙与耶律奚底的队伍会合，另一方面让耶律学古率几千人马快速到达高梁河河畔虚造声势。耶律学古这支精干的部队进入南京道后，边走边垒灶燃柴，让宋军摸不清底细，耶律学古由南京城西北往南直抵西城下，守在北城通天门和西城清晋门上的士兵发现辽军援军已到，无不欢欣鼓舞，顿时士气倍涨。

　　宋军发现辽军在城西突然出现，不免有些慌乱，北对耶律学古的援军，西南又要应付耶律奚底和耶律斜轸的西线部队，就没有精力再攻城了，这时城西高梁河两岸形成三军对垒的局面。

　　宋军到底是一支训练有素的部队，战斗号角一响，全军上下士气旺盛，宋帝拨一部分军队应付河对面的耶律讨古，更大的军力与西边的辽军展开激烈的战斗，几个回合下来，双方都有些伤亡。正当宋军集中精力与城西的两股部队激烈交战时，耶律休哥率领的"五院军"日夜兼程也赶到南京城下，他们没有直接去城西参战，而是由城北绕道城东，悄悄在城东南渡过了高梁河下游，直插宋军后营。

　　此时宋军猛然发现又从天而降一队神兵神将，全都傻了眼，宋军只好把松开的拳头重又握紧，集中兵力对付耶律休哥这股天兵神将，兵对兵、将对将，几里长的高梁河河畔杀声震天、黄尘四起，鼓声、号声、金属撞击声、战马嘶鸣声响彻云天，一个舞台，几个指挥，这极不协调的"交响乐"让人胆战心惊。只见几个宋军围住两个辽军小校，刀来剑往，互不相让，突然一个辽军小校马失前蹄，趁他弯身勒马之机，宋军一个长枪猛扎进辽军小校的后背，长枪一拔出，鲜血像喷泉一样喷出丈远。另一个小校见机不妙，拨马便逃，旁边正好过来几个宋军，飞舞着的闪亮大刀就像割草一样把他的头颅削掉，那只眼睛还没闭上的脑袋像圆球似的在地上翻了几个滚儿掉入河中，本来已经混浊的河水又泛出道道酷似朝霞的红晕。

那边河岸上两队人马厮杀正紧，宋军开始还稍占上风，但几个回合之后已经力不从心，马在地上打转转就是不跑，一个宋军小校喊道："二将军，小心左侧的敌人，快，快跑！"

那个二将军不是别人，正是杨继业的二儿子杨延浦，人称杨二郎。二郎回首一看，几个辽军正同时举刀向他劈来，他用短剑狠刺了一下马屁股，马才向西跑去。辽军的高头大马身强体壮，见主人一扬鞭，飞开四蹄紧追过去，几个宋军慌不择路，领头的就是杨二郎，他们一下钻进一个死葫芦头的乱草丛里，这是当地老百姓渡河的土码头，河窄但水很深，宋军的马跑到岸边见无路可走，二郎的马突然前蹄扬起，发出一阵"虎儿，虎儿"的嘶鸣。后边的宋军不了解前边的情况，因马跟得太紧，一下子把最前面的连马带人撞入河中，一会儿人马分离，马向河对岸游去，二郎在水里翻了几个滚儿就消失在了波涛里。

后边的几个宋军已经无力还击，但仍不肯投降，没几个回合，就一死一伤，剩下的只好下马向辽军投降，把军械送到辽军马下，一个年纪稍大些的宋军跪在地上颤抖着说："请贵军饶命，我家有八十老母，媳妇正要生娃，如蒙恩将我放过，小的永生不忘救命之恩，等儿子长大后，再为贵军效力。"

一个契丹士兵说："等你儿子长大后再来杀我大辽报仇吧？"说着举刀就砍。

另一个汉人小校拦住说："看他忠颜善面的样子，像是被抓来的，放他回家吧，给人留条宽道，自己走路也方便。"

那个宋军连连磕头道谢，把武器扔下，脱掉军装就跑。那个受伤躺在地上的宋军怒目圆睁，死也不肯投降，但又无还手之力，刚才那个要砍宋军的契丹士兵说："留这个累赘没用，叫他到阎王爷那里报到去吧。"说着又要砍。

辽军小校拦住说："看样子是个军官，等审完再送他见阎王不迟。"

小校问他："报上你的姓名，老实交代免你一死。"

受伤的宋军说："要杀要剐随你的便，杨爷爷不怕死。"

宋军小校说："都说你们宋军胆小、气大、心软，果然如此，连个名字都不敢讲。"

躺在地上受伤的宋军经不住刺激，就大声说："大宋名将杨业之子殿直杨延瑰

（杨家将故事中的杨延徽），你四爷爷既然杀不死你们，就请赏你四爷爷一刀。"

辽军小校早就听说过南朝杨家将的事迹，低头看那个宋军伤员鼻直口方，膀宽腰圆，身长八尺有余，倒有些怜悯起来，琢磨着不如送给皇后兴许会得些奖赏，于是对他说："要死好办，等我找个好地方送你上西天。"说着让辽军把四郎杨延瑰拖上了马。

南京留守韩德让一直站在城上观战，一会儿让城上的士兵向西射箭，一会儿命令士兵往南扔石头，见战局越来越有利于辽军，便通知各城坊收敛食品和瓜果，开北城门送给辽军将士。城里的百姓纷纷行动起来，巨贾富户不是不心疼他们的财宝，而是深知若让宋军打进城来，他们的所有家底都要被抢被分，所以也毫不吝啬地开仓放粮，任老百姓搬运取食。

耶律休哥先是坐在指挥车里运筹指挥，辽军虽然占了上风，但久攻不胜，在强大的骑兵威逼下，宋军开始躲避耶律休哥的锋芒，沿河岸向西北方向移动。耶律休哥知道，那里离大城西南隅的子城（今北京市东城区青年湖附近）很近，绝不能让宋军靠近子城，他不顾卫兵的阻拦，跳下指挥车就骑上战马飞奔而去，卫兵们紧追其后。宋军见几个卫兵紧跟着一个年长的指挥官，就猜出肯定是个大官，一阵乱箭射过来，其中两个卫兵各中一箭，耶律休哥臀部和大腿部各中一箭，休哥顾不得疼痛，拔除箭头继续持枪向北跑去，边跑边喊："传我的命令，后备军按三号方案出击！"

这是耶律休哥最后的"撒手锏"，休哥的部队缓缓地把宋军逼到南北高粱河分叉处时，宋军发现进了死胡同，急忙掉头南返，刚要骑马奔行，突然前边的一排马被几条粗粗的绊马绳绊倒，后面的人马也被前边的马绊倒。这时从河两侧的树草丛中杀出一干辽军，个个手持利剑和其他短兵器，与宋军展开肉搏战，鲜血染红了河岸，宋军因长期得不到休息，敌不过辽军特种部队似的拼杀，死伤惨重，宋帝赵光义急忙鸣金收兵，但为时已晚，这时西边耶律沙和耶律斜轸的部队也包抄过来，东南面有耶律休哥的大军围堵，宋军全线溃乱。

一看战局已定，韩德让也开城率队杀将出来，憋了几天的守城士兵就像刚刚出笼的雄鹰，个个斗志昂扬，呼喊追赶着溃不成军的攻城者。宋军东、西、北三面被围在高梁河畔，他们还击之力，死、伤、降者过半，宋帝赵光义从未经历过如此惨败的战役，他顾不上"爱将"和"弟兄"，脱掉他的帅服随着逃跑的队伍向南胡乱跑去，不料腰腿部连中两箭，他顾不上疼痛拼命地骑马向南奔跑，辽军在后面乘胜追击。

慌乱中辽军也认不出谁是赵光义，一直追赶了三十多里，也没找到宋朝皇帝，耶律休哥怕中计，急下令停止追赶。赵光义总算万幸脱险，他虽然有些功底，但也实在经不住这样的惊吓和追赶，到了涿州地界，他在两个士兵的搀扶下才敢稍作休息，喘了几口粗气才想起他受伤的腰腿，疼得他"哎哟哟"直叫唤，于是对两个士兵说："朕实在骑不动了，如果你们想立大功，就把我绑了送给契丹蛮军。"

两个士兵赶紧跪下说："不敢，不敢！皇上能虎口脱险是神灵对您的保佑，也是您的造化，如能安然回朝您想着我们弟兄两个就行了，日后好继续为皇上效力，有什么吩咐您尽管讲。"

赵光义说："你们去找一身老百姓的衣服，再找一辆马车，送朕回宫。"

那两个士兵奉命而去，一会儿找来了一辆破驴车，对赵光义说："启禀陛下，衣服好找，但村里的马全被征到前线作战去了，费了好大劲儿才找到一辆驴车，您看行吗？"

赵光义说："驴车就驴车，不过路上你不要喊我陛下。"

一个士兵说："那喊您皇上吧。"

另一个士兵说："废物！皇上和陛下不是一样吗？"

赵光义苦笑着说："喊我伯父就行了。"

两个士兵给赵光义换上一身百姓服，说："明白了。"

于是这君臣三人赶着驴车"凯旋"了，但这破车实在太破了，一个轱辘转，一个轱辘不转，三人走得太慢了，赵光义干脆丢弃那辆破车，骑上那头瘦驴向南走去。估摸早已出了涿州地界，见辽军没有追赶，赵光义这才通知清点队伍，他特意问道："杨家父子都在吗？"

后边赶上来的杨继业十分悲痛而激动地说："感谢圣上对我杨家父子的关怀，犬子无能，大郎、三郎被辽军残害，二郎的尸体在河里被发现，四郎延瑰下落不明。"

赵光义从驴上下来，拉着杨继业和老太君的手说："是你们培养了这样的好儿子，如若我大宋的臣民都能以国为重，何愁不能一统。"

他又吩咐左右："传旨，一定要厚葬杨将军的三个儿子，今后凡为国捐躯者，不仅厚葬，还要立碑竖坊，让子孙万代效仿。"

耶律休哥和耶律斜轸、耶律学古的三支部队打了胜仗，将士们自然高兴，士兵们高兴地互相拥抱，高喊："大辽万岁！皇上、皇后万岁！"

耶律休哥对其他几个指挥官说："按皇后指示，战斗结束后，几路军队编成一个整军。"

胜利后的喜悦令谁也顾不上多想，都高高兴兴地答应了，休哥说："那好，听令！收拾战场，准备回营。"

南京留守韩德让说："几位将军慢行，战士们打了大胜仗，总要喝碗热水休息一下，进城，进城！"

休哥说："几万大军进城对城里的百姓惊扰太大，恐有不便，就在城外休息一下吧。"

韩德让说："那好。"他对旁边一个卫兵说："传令除显西门、丹凤门外，其他六门大开，让百姓来看看朝廷派来的大军。"

一会儿工夫，端茶送水的、抬酒送饭的、挑着瓜果的、抬着牛羊肉的，全都涌出城外，见了战士们问长问短，一个老太太左手拄着拐杖，右手提着一兜鸡蛋走过来，二话不说就往士兵们的兜里装，她说："我是汉人，我的丈夫就是被宋朝军队打死的，不管是汉人还是契丹人，只要对老百姓好，俺就拥护你们。"

耶律喜隐是西南面招讨使，高梁河之战本应由他挂帅出征，由于白马岭战役和沙河之战辽军惨败，喜隐惧怕宋军的勇猛攻势，在皇后点将解救南京时，他总是找理由躲在后边，不愿意出征。皇后看出了他的畏惧之心，怕他坏了军机大事，就没有让他挂帅，喜隐乐得图个安生。他希望耶律休哥是大败而归，怕万一打了胜仗，封赏时没有他的份儿是小事，官品比他大了可不好办，所以他经常制造些小麻烦，扰乱前线的军心，并在皇上和皇后面前散布一些对休哥和耶律斜轸的不满言论，企图挑拨君臣的关系。

　　这天早晨雨过天晴，阵阵凉风吹进后宫，皇上和皇后的心情格外爽快，正要出庭散散步。耶律喜隐一大早就来"看望"皇上和皇后，手里提着包用汉丝裹着的东西，皇后太了解喜隐的为人了，还没等喜隐施礼说话就抢先说道："是哪股风把宋王刮到后宫来了？"

　　喜隐赶紧笑着回道："皇后真会开玩笑，这些日子皇上和皇后为前线操劳十分辛苦，微臣来看望一下还不应该嘛。"

　　说着说着他就露出了真面目，他对皇上和皇后说："听说南京一战牺牲了不少契丹战士，有些宋军已经投降了还被杀头，我担心这样下去会引起麻烦，不仅打不赢仗，还影响我大辽的声誉，皇后是不是——"他话还没讲完，就听宫外有人喊："报！"

　　皇后问："什么事一大早就喊报？"

　　御卫说："启禀皇上皇后，南京打了大胜仗，大军正在返回途中，敌烈麻都司大人请示如何迎接大军凯旋。"

　　皇后因为心情好，没有直接批评喜隐的不良用心，反而笑嘻嘻地问喜隐："皇叔你看如何迎接好？"

　　耶律喜隐脸一阵红一阵白地说："皇上皇后洞烛万里，自有定见。"说着就急忙出了后宫。

　　皇后生气地对皇上说："皇上，您这位皇叔不把好人整倒是不死心的，我看大辽早晚要败在这些皇亲国戚身上！"

　　三天后，上京各门张灯结彩，东边的迎春门外，临时搭起高高的凯旋门，松柏绿柱上插着各色彩旗和飘带，四只大灯笼高高悬挂在"凯旋门"三个大字下方，大鼓擂得震天响，笙箫弦磬齐奏国乐，两旁站满了迎接凯旋英雄的人群。

　　耶律休哥骑马走在队伍的最前边，后边依次是耶律斜轸、耶律沙、耶律学古、耶律奚底、萧讨古、撒合等几位将军，他们个个精神抖擞，意气风发。离凯旋门还有半里远，耶律休哥就跳下马步行而来，当他们到达凯旋门时，人声鼎沸，鼓乐齐鸣，大部队留在城南和城东扎营休息，几位将军在欢迎人群的簇拥下快步进入大城的迎春门，直奔皇城的东安门，到了大内的承天门外，他们整衣正冠，将随身的短剑武器都留在门外。皇上和皇后亲自迎出承天门，几位将军立即行大礼叩见皇上和皇后，一阵寒暄之后，依次进入内宫。耶律贤在开皇殿正位坐定，皇后也挨着皇上坐下，殿外丹陛下分列着文武群臣，高梁河之战的有功将士被破例请上丹陛之上，随着他们的叩拜，殿外山呼"吾皇万岁，万万岁！""皇后千岁，千千岁！"

按辽礼仪，把从战场上虏获的战俘先引到太庙、太社告慰列祖列宗和天地神灵，再带到殿前叩拜谢罪，敌烈麻都司的礼仪官高喊："射鬼箭开始。"

射鬼箭是契丹政权初期的一种酷刑，将受刑之人绑在一根木桩上，由军士乱箭射死，一般打了胜仗后，在俘虏中选一名成年男子，作为射鬼箭的靶子。司礼官喊完之后，皇后就对皇上说："汉族和北方各异族一样，都是上苍赐予大地的儿女，他们犯了罪，只要知罪伏法，就免去这一酷刑吧。"

耶律贤说："准！以后就按皇后说的办，无论是内奸还是外贼，只要认罪伏法就应从宽处理，只有以仁人之心待我之敌，我大辽国和契丹民族才能聚众和令天下人向往。"

在庆功和献俘仪式上，皇后不仅表扬了契丹军队的果敢精神，而且建议皇上批准对一些臣将重新任命提拔的决定，对所有参战人员按级别和功劳大小予以褒奖。耶律休哥忠心报国，统领全军奋勇抗敌身负三处重伤不下战场，堪属功勋卓著，即日晋升为北院大王；耶律斜轸援助西线部队，配合得力，指挥有方，为扭转战局起了决定性的作用，配给八百俘虏任用；南京留守韩德让处危不惊，安抚民心得力，为保住南京立了大功，赐官户奴隶五十；南京马步军都指挥使耶律学古和知三司事刘弘配合三军保卫城池功不可没，也赐官户奴隶五十。

最后皇后说："耶律沙和耶律奚底、萧讨古，在白马岭和沙河两战中均败，按律本应削职问罪，但念其高梁河之战中临危不惧、果敢杀敌，配合援军最终取得胜利，故豁免前罪，望不要辜负朝廷重任，再立新功。"

文武群臣齐呼："圣上恩泽四方，臣永志不忘，祝皇上皇后万寿无疆！"皇上、皇后赐御酒，群臣痛饮，深夜方散。

燕燕再回南京城
旧梦重温藕丝连

庆功宴散去，皇后搀扶着兴奋的耶律贤回到后宫，还没等皇后喘口气，耶律贤就急着脱去她的衣衫，皇后说："看来皇上今晚确实高兴，你喝了不少酒吧？"

耶律贤搂住燕燕说："这几个月我身体恢复得不错，我们要不要……"

"你等等，我去看看孩子们睡了没有。"燕燕推开了皇上。

她轻步走到孩子们的寝宫，见只有长子耶律隆绪还在灯下翻着一本汉文书，其他几个孩子已酣然入睡，她刚想回头，耶律隆绪就发现了她，高兴地站起来说："母后还没睡呀？"

她又回转头冲隆绪轻轻一笑，小声说："我们大辽又打了大胜仗，我睡不着啊，所有的弟弟妹妹都像你一样多好啊。"说着轻轻抚摸了一下隆绪的头顶。

隆绪说："父皇身体不好，上上下下全依仗母后打理，明天还有许多重要事情要办，母后早些去睡吧，孩儿一会儿就睡。"

听了长子隆绪这一番话，燕燕打心眼儿里高兴，她嘱咐说："孩儿快睡吧，母后也去睡。"

回到自己宫里，皇上耶律贤已经和衣打起呼噜来，燕燕推醒了他说："你不办事了？"

"宫里的事情有你去办，我先睡了。"皇上哼哼着说。

第二天早上醒来，趁皇上高兴，燕燕说："皇上，这次高梁河大捷，一是靠大辽皇帝的神威，二是靠将士们的骁勇善战，不过没有南京守城将士们的得力配合要取胜也是不可能的，他们远在南方不能前来参加庆功会，实在有些遗憾。"

"对，对！皇后说得对，是不是应该派员到南京去慰问他们一下？"耶律贤接着说。

燕燕说："要是派一般官员去是不是有点儿……"

耶律贤马上领会了皇后的意思，说："那就烦劳皇后了。"

　　她知道皇上还恋着去打猎，他是不会出这趟差的，这差使肯定还会落在她的头上，但她一想起八年前去南京受的那场委屈就窝了一肚子火，她连连摆手说："皇上，那里可是韩德让守城，我一个妇道人家单独去见他不行吧？"说完忽闪着两只眼睛直盯着皇上。

　　耶律贤听出了话中的意思，就急忙安慰说："哎，那次是朕听了大臣的不实禀报，后来不是给你平反了吗？"

　　萧燕燕不慌不忙地说："皇上，如果这次您再关我几个月，然后再给我平反，我的身体可顶不住了，皇上还是另找他人吧。"

　　耶律贤见皇后认了真，不顾宫女在场搂住萧燕燕说："朕向你保证，再有人胡乱挑拨离间就立斩不留，你出发前搞个仪式，我亲自送行，看谁敢不要脑袋。"

　　她推开皇上的手说："搞送行仪式不必，只要皇上您心里清楚就行。"

　　"要不要我发誓？"耶律贤问。

　　燕燕急忙捂住皇上的嘴不让他再讲下去。

　　经过一番言语周旋，聪明的萧燕燕总算取得了小胜，可以正大光明地去见韩德让了，最后她盯着皇上的眼睛说："承蒙皇上信任，那我就代皇上行职了，我看不用带太多人马，只要南京的将士们见到我，就等于见到了皇上，对吧皇上？"

　　耶律贤和萧燕燕一阵哈哈大笑，因为这是一个双赢的结局。

　　虽然说有了皇上的特别允许，但为了减少不必要的麻烦，萧燕燕还是挑选了少数把牢的心腹作为随从，当然少不了耶律休哥和萧继先。休哥心胸率直，武艺高强，在军中威信极高，萧继先是娘家人，当然对皇后言听计从。临出发那天，只通知了在朝的几个要员送行，为了减少闲言碎语，没有搞那么隆重的出发仪式，毕竟萧燕燕心里另有打算。

　　时值夏末秋初，茫茫草原上秋意初露，一些迟开的叫不出名字的野草仍绽开着鲜艳的花朵，一行人马顾不上左瞧右看，急急向南方奔去。出城不远皇后在御辇里憋不住了，她高兴地换上了"枣花青"，那匹马不等她扬起的鞭子落下，就四蹄飞起"嗒嗒嗒"地狂奔起来。燕燕无心欣赏这良辰美景，一心只想着快点见到韩德让，"枣花青"好像知道主人的心思，飞奔起来又快又稳，脖子上红里透青的鬃毛忽而向左，忽而又甩向右边，燕燕被吹向后边的长衫与飞扬的马尾搅裹在一起，那马似乎全然不知，拼命地奔向主人向往的地方。

因为打了大胜仗，南京城也沉浸在欢乐中，韩德让正与副留守马得臣等几名要员煮酒论英雄，忽然有个小校来报，说皇后率领一队人马正朝南京开来，韩德让忙问："他们到哪里了？"

小校回答："快到望京馆（今北京市朝阳区望京）了。"

"有多少人马？"

"三十多人。"

韩德让命急忙收拾酒桌，准备马上接驾，因为事先没有通报，不知皇后为何亲驾南京，心中不免有些嘀咕。韩德让对这位皇后敬畏中夹杂着一丝眷恋，又想见到她，又怕见到她，他召集所有留守南京的官员快马前往望京馆迎驾。到了望京馆还没等他们喘口气，皇后的队伍也跨进了望京馆的大门，韩德让等立即下马跪迎皇后驾临，萧燕燕笑着从马上跳下来，没有理会别人，一把把韩德让从地上拉起来说："都是老熟人，何必如此多礼。"

听了这话，南京迎驾的官员惊诧不已，上京随驾的队伍里发出几句轻轻的交谈声，萧燕燕当作不知，她把韩德让从上到下打量了一遍，然后说："高粱河大捷，不仅保住了南京，也让宋军尝到了我大辽的厉害，同时也极大地鼓舞了大辽军民。如此重大的胜利，如果没有南京军民的奋力支持也是不可能的，为此皇上非常高兴，皇上近日身体不便，命我前来看望诸位将士。"

说到这里，两边队伍里几乎同时喊出："吾皇万岁，万万岁！"

晚宴在元和殿举行，萧燕燕几乎每讲一句话就看一眼留守官韩德让，对此大家并不在意，因为他是南京最大的元首，首功当然是韩德让。晚宴结束时，皇后说："请诸位臣将打道回府休息，明天诸位还要陪我见见南京的百姓，请韩大人留步，有几件事情商量一下。"

这几句寻常而合乎情理的话没有引起任何人注意，却让一个使女眨巴了好一会儿眼睛，这一微小的举动更不会引起别人的注意。

韩德让明白了皇后来南京的目的，心中踏实了不少，他随皇后到了后殿，选了一个对面的座位落座，准备聆听皇后的教诲。萧燕燕没有坐下，她转到了韩德让的座位后，韩德让马上站起来，萧燕燕把他按下说："这里虽说是你的地盘，但有本后在此，不会有人敢乱嚼舌头的。"停了一会儿，她接着说："德让，八年前我去南京找你，你冷冰冰地对待我，想起你那些话我就心凉得慌，今天你一口一个皇后地应承我，难道我们只有君臣这一层关系吗？"

韩德让动了动身子一言不发。

萧燕燕回头瞧了瞧门口的英拉，英拉是她从娘家带来的贴身侍女，只要皇后一个眼神就明白主子的意思，英拉退出后殿。英拉刚出后宫门，另一个侍女节茗一边往后宫走一边说："姐姐你休息一下，我来伺候皇后吧。"

英拉急忙拉住她说："这会儿皇后不用人，你下去吧。"

节茗还好奇地伸长了脖子往里瞧。皇后说："你们都下去吧，有事我会喊你们的。"

没有办法，两个侍女都退了下去。但节茗回去还是惦记着里边的皇后和韩大人，琢磨着这么晚了他们在里边会干什么，因为在上京时皇后从来没有这样的习惯。

萧燕燕自己拉过一把椅子紧挨着韩德让坐下，韩德让害怕惹出是非，就把自己的椅子向旁边挪了一下，但被萧燕燕拉住了，她眯着双眼笑着说："我就那么让你害怕，皇后怎么啦，皇后也是人。"

韩德让支支吾吾地说不出一句清楚的话。

在她拉住韩德让的胳膊时，明显感到那粗壮的小臂上一块块突起的腱子肉丰圆有力，她想象得到，韩德让身上的任何一块肌肉都是美丽的、动人的。于是她握住韩德让的手，又看了看他的额头问："你就是凭这双手和脑袋打败宋军的？"

韩德让可找到了答话的机会，他说："不是我打败了宋军，是大辽的将士们，是皇上和皇后的神威打败了宋军。"

"啊，还没傻，我还以为你傻得不认识我了呢。"

其实韩德让也是正值英壮之年的肉身男儿，怎么能不懂得这男女之情呢，对于十几年前那段美好姻缘和旧情他一天都没有忘记，今天他是大辽的朝臣，眼前的女人是皇后，再说还有个李氏忠实地为他守家，就是想吃也怕烫着嘴。

　　萧燕燕来见韩德让是领了皇命的，如今谁还敢放肆，她想大胆地搂住眼前这个朝思暮想的男人，正当她伸开双臂时，就听窗棂上一丝轻响，萧燕燕收回了手臂问："谁？"就听一阵轻微的摩擦声由近而远，皇后大声喊道："什么人？"这下把殿外的侍卫惊动了，侍卫立即跑到后殿问："皇后，出了什么事？"

　　萧燕燕见没有了动静，又怕大半夜里惊动太大，就说："可能是风吹开了窗户，回去吧。"

　　机警的皇后意识到这里也并不是安乐窝，她问韩德让："是你安排了眼睛？"

　　韩德让忙解释说："皇后在这里谁还敢那么大胆。"说着他往燕燕跟前挪了挪，希望消除皇后的疑虑。

　　萧燕燕见韩德让变得温顺起来，她本想再次搂住韩德让，但刚才这一轻微的响动使她越发不安起来，但又不甘心错过这么好的机会，就没有做出具体的亲昵动作，她喝了一口茶说："德让，你在南京待了不少时间了吧？"

　　韩德让从萧燕燕的脸上又一次见到了十几年前那双温情善良的大眼睛，一场场少年时与燕燕在南京的幸福情景又重新浮现在眼前。萧燕燕见这位白马王子领悟了她的意思，心里一阵热血涌动，当她刚想不顾一切地搂抱韩德让时，窗外又是一阵轻响，燕燕心想，怎么又是半夜闹鬼了。她一边竖起耳朵听着窗外的动静，一边东一句西一句地与韩德让攀谈起来，声音故意放得很大。攀谈中萧燕燕也琢磨着一定要想办法把韩德让调到上京去，离自己近点儿，有事也好商量。

景宗有病宫中乱
将计就计擒贼王

　　皇后回到上京后，对在南京发生的半夜闹鬼的事情一句没露，她把英拉叫到内宫问道："最近后宫有什么事情吗？"

　　英拉回道："皇后，没有什么特别的事情。"

萧燕燕又问："节茗最近喜欢和谁在一起？"

英拉是萧燕燕从娘家带来的丫鬟，自然对皇后的一言一行琢磨得最透，一听问到节茗，立即反应过来，她上前一步小声禀道："节茗最近老到贾妃娘娘宫里去，渤海妃娘娘也看不惯，是不是教训她一下？"

萧燕燕摆了摆手也小声说："不必，让她去吧，不过你要时时注意她的行动，有事及时禀报。"

英拉答应着退了下去。

萧燕燕过去曾从渤海妃那里听到过一些贾花与节茗拉拉扯扯的事，论关系也没有一点儿亲缘关系，只是她们都是贫贱侍女出身。渤海妃是正经的妃子，瞧不上这两个人，只是她老缠着皇上让燕燕有些吃醋。那个贾花可不一样，她不满意只是陪皇上睡睡觉，哪里有是非哪里就准有她，她看到王爷喜隐父子两个势力渐大，就老往喜隐府里跑。节茗也看出了这条路子，为了达到向上爬的目的，就主动向贾花靠拢，贾花正好利用节茗来监视皇后，萧燕燕想到这里就眼前一亮，难道这里有更大的阴谋？也好，给他们机会，让他们充分表演一番，不出脓的疖子治不好。

高粱河战役之后，辽军士气大长，虽然兵力有些损失，但部分被俘的宋军因家境贫寒，表示愿意留在辽军中继续当兵，所以对战斗力没有什么太大影响，经过一个多月的休整，又恢复了生龙活虎的战斗精神。尤其是一些下级军官，看到授奖的场面都非常羡慕，希望再打胜仗时，自己也争得一份荣誉起码也为家里分得些钱物，日子过得舒服些。

耶律沙和耶律抹只等人在之前的三次战役中，功过各半，虽然得到了表扬，总觉得不那么十分光彩，也希望再有机会重立新功。他们鼓动耶律休哥和耶律斜轸建议皇后趁势攻打宋军，不仅保住南京，而且争取把南京以南的中原地区夺归辽国所有，以此为契机，争取早日实现太祖爷"治国平天下"的宏图大愿。

在这几次战役中，耶律贤几乎没操什么心，都是皇后亲自指挥决断的。他与皇后成亲后，凡事皇后都想在前边，因此他很松心，一到夜晚就缠着燕燕翻着花样儿地交欢，开始燕燕还忘不了与韩德让的缠绵爱意，对丈夫的穷追不舍掀不起什么激情，天长日久也就顺从地入轨得道，不几年就连续生了三子三女。后来燕燕白天忙于朝政，晚上还要关心几个孩子，就没有多大精力与丈夫交欢寻乐。耶律贤又把渤海妃娶进宫，渤海妃年轻漂亮，为了与萧燕燕争宠，她几乎每天晚上缠着皇上，后来渤海妃也生了一男一女。三十多岁的耶律贤就开始弓背驼腰，后来连骑马都困难，两个御医忙断了腿也治不好他的病。

因皇上有病不能临朝，例行的议政会由皇后亲自主持，她一边听着大臣们的陈述和争论，一边捉摸着她对面的大臣，万一皇上有一天真的不行了，最大的皇子才9岁，他们还会听我的吗？到那时怎么办？下边的大臣对要不要南征争论得面红耳赤，她这里却宁神不语，耶律休哥站起来说："皇后陛下，高梁河一战，宋军损失严重，我军士气正旺，依微臣之意，应一鼓作气追击尚未恢复元气的宋军，以实现对大辽国土的扩展，请皇后速速决断。"

皇后猛然从沉思中清醒，她并未听清休哥问的问题，便随机应变地说："其他人的意见呢？"

耶律喜隐是西南面招讨使，败仗没有他的责任，功劳也与他不沾边，他不愿意看见别人打胜仗，也不愿意自己参与打不赢的战争，对高梁河一战得赏的有功之臣他又愤愤不平，心想：你们凭什么耀武扬威，不就是蒙上一次胜仗吗，老子的老子是太祖和应天皇太后的亲儿子，我是他们的亲孙子，你们是哪个山坳里的野小子，别高兴太早了。

但在皇后面前他从不公开坚决反对什么，只不痛不痒地说："如果打得赢就打，没有把握就别打。"

这话等于没讲。见其他人也没提出什么新的意见，皇后说："既然大家都同意打，那就打，不过不要高兴太早了，宋军也不是好惹的。"

最后决定让熟悉南方情况的老将韩匡嗣任南征军总都统，耶律沙为监军，耶律休哥、耶律斜轸和耶律抹只各领一路大军，择吉日出征南伐，令大同军节度使善补领山西兵同时出发，宜速战速决，早日得胜归朝。

对于这次的南伐布兵方略，耶律喜隐十分不满，皇后不仅用上了这么多的大将，而且让一个汉人当了全军都统，若再打了胜仗，这些人还不登上天，以后更不会把他这个嫡传真王爷放在眼里。喜隐暗暗诅咒韩匡嗣，"出门遇见狼，上山碰上鬼，渡河水猛涨，睡觉响炸雷，不是全军没，也是惨而归"。

回到家里，喜隐把议政会的情况告诉了夫人和儿子，全家人知道又是没有派到他的差事，为喜隐愤愤鸣不平，喜隐骂道："妇人当道，小人升天，不去就不去，还落得个清闲自在。"

儿子耶律留礼寿可不这么认为，他对父亲说："咱们是什么人家？太祖爷嫡传的龙子龙孙，正统的契丹血统，爷爷李胡在世时，就是因小人当道而不得势，一个天下兵马大元帅屡遭不公而不敢举兵造反，我那糊涂的太后祖母不能保护自己的亲生儿子，最后与父亲您一块儿下狱吃官司，爷爷最后惨死在狱中，我的好父亲，您一忍再忍，难道您还要走爷爷的老路吗？"

喜隐被儿子一席话激起烦恼却不好讲，他对留礼寿说："不准乱讲，朝廷命官就要时时为朝廷着想，听从圣上的安排，我累了，你们都下去吧。"说着让所有宫使和下人都回去休息，他把儿子留下说要下盘棋换换脑筋。

喜隐父子俩摆好棋盘却不走棋，喜隐问儿子："这可是掉脑袋的事，没有把握千万不可乱讲蛮干，这盘棋你有什么好招吗？"

留礼寿说："父王，兵不在多而贵在精，刀不在厚背而在细刃，乘其隙而剁其害无须重兵。"

喜隐觉得儿子确实长大了，有些事不能瞒着他，他问儿子："你认为什么是要害，隙又在哪里？"

留礼寿说："父王，害是什么，权是最大的害，只要有了政权就有了一切。她把最亲密得力的大将都派往南方前线不是最好的隙吗？皇上和皇后只要有一个再上前线督阵，那不是瓮中捉鳖耍着玩儿的事吗。再说了，即使我们不动手，那个汉人都统打过像样的仗吗？只要派个小卒当头一横，老将不就是我们的了。"

喜隐何曾没想过这些主意呢，一是时机不成熟，二是慑于皇上的威望不敢轻易动手，总想等个好机会，还是年轻人敢想敢干。他望着面前的儿子，不仅样子长得像自己，而且心计也像自己，内心充满了喜悦和希望。他好像找到了一个好军师，又问儿子："皇上好对付，你那个小姨燕燕可不是省油的灯，怎么能让她离开皇上呢？"

留礼寿说："那个贾妃不是你的人吗？何不——"

喜隐一阵脸红，为此事留礼寿母子俩曾与喜隐吵过几次架，但总因没有抓住把柄，又怕给父亲招来杀身之祸，就一直没有公开跟他闹，到了这种节骨眼，那些醋坛子、盐罐子的事情就算不上什么大事了，只要先把权力抓到手，到时杀几个女人易同宰几只羊。

这个贾妃实际上是皇上身边的一个宫女，名叫贾花，是南京留守从宋朝统治区弄来送给皇上的。贾花圆脸蛋、高鼻梁，眉目清秀，身段匀称，熟读唐诗宋词，皇上十分喜欢她，一来二去，就成了没有名分的编外妃子。皇后和渤海妃无论如何也容不下她，尤其渤海妃自己还满足不了，岂容野狗到她碗里抢食吃，只要皇上在宫里，她就天天到皇上那里去，夜晚更不给贾妃留机会，时间长了，正当芳龄又尝过荤腥的贾花哪能耐得住素日凉夜，总想另外找寻个能开荤的人选。

喜隐一直没有公开与皇上耶律贤闹翻过，经常以皇叔的身份进出皇宫，每次喜隐要进宫见皇上，贾花总是笑吟吟地一口一个"王爷"地叫着，有时还搀扶着喜隐下台阶。这满宫的王公大臣、男男女女，上至皇上、皇后，下至使女、卫士，没有一个不被喜隐诅咒谩骂过的，唯独这枝"贾花"深得王爷的赏识和喜爱。馋猫遇见腥儿，一扑一个准，凡是有出宫办事的机会，贾花绝不会放过，时间久了，喜隐就与贾花勾搭上了，有些宫内关于皇上、皇后的情况就是贾花透露给喜隐的。

对于贾花的所作所为，皇后有些耳闻，但因整天忙于朝政大事和几个孩子，就没有精力调查这些鸡零狗碎的事，只要皇上没有事，就万事大吉、不足挂齿了。

喜隐被儿子点拨了一下，眼前突然亮了起来，晚上他偷偷找到贾花，贾花以为王爷又要与她风雨柔情一番，上去就抱住喜隐的脖子，她娇滴滴地问道："王爷，你又给我带什么好东西来了？"

喜隐从兜里掏出一串玉珠，放在贾花手上，贾花一闻竟是一股女人味，就不高兴地说："你那黄脸婆的东西我不要，整天闻她妹妹的味儿早就闻够了。"

喜隐说："你先拿着，如果我当了皇上正宫娘娘就是你，大辽国所有的宝贝随你挑。"

"说话当真？"贾花着急地问道。

喜隐说："不过你要帮我办好一件事。"

贾花问："什么事？莫说一件，就是一万件我也去办，不过你不能骗我，说话要算数。"

喜隐小声说："算数，算数，你想办法把皇上的玉玺拿来用一下，再找一个腰牌给我。"

贾花两眼一瞪说："您这不是要我的命吗，朝廷的大印能随便用吗？再说那玩意儿都是皇后随身携带，谁都不能乱动，腰牌好办，玉玺我可办不到。"

喜隐说："哪儿有我的花儿办不到的事，要是没有玉玺我封你为皇后谁信呀！"说着亲了一口她的脸蛋儿。

贾花只想着当皇后没有想到当皇后的代价，就说："那好，我试试吧。"

过了几天，贾花好不容易找到一个皇后和渤海妃都不在宫里的机会，抓紧时间与皇上亲热一番，耶律贤许多日子没捞到机会与贾花亲热了，强努着虚弱的身子试图在贾花身上找寻昔日的仙境。由于过分激动和劳累，不一会儿就滚鞍下马败下阵来，竟呼呼地睡着了。贾花赶紧穿好衣裳找到玉玺，用衣服包裹着出了宫，喜隐耐着性子在一个寺庙里等着她，喜隐一见贾花包裹着一件东西过来，异常高兴地迎上前去，贾花说："快，快用，一会儿皇上不醒，皇后和皇妃也该回宫了。"

喜隐拿过大印就在两张黄绢左下角盖了两个印，贾花一看什么字也没写，就放心地收回玉玺匆匆回宫了。她刚把玉玺放回印匣里，皇后就回宫了，贾花急忙起身说："皇上有点儿累，刚刚睡着。"说着给皇后递上一碗不凉不热的奶茶。

皇后见印匣上的绢纱有些异样，以为宫女打扫寝宫时动过，就没太在意。她倒是为皇上的身体担心，几个月来，皇上日渐消瘦，饮食渐少，痰中还带些血丝，她对贾花说："皇上近来身体不太好，饮食和穿戴上要多操些心，要是有个好歹咱们谁也过不好。"

贾花说："是，皇后，我一定把皇上侍奉好，有什么不对的您多指点。"

喜隐拿着盖好印的黄绢回到家里，儿子耶律留礼寿正等着他开饭，喜隐匆匆吃完饭把儿子叫到自己的书房里，他对儿子说："我说你写，替皇上拟诏。"

他把盖了印的空白黄绢打开铺在桌子上，留礼寿佩服父亲的机智果敢，他按照喜隐的口述在一张黄绫上写道："奉天承运，皇帝诏曰，我契丹臣民乃上苍赐予大地的优秀儿女，应肩负起拯救世上所有民族的重任，多年来，南朝赵氏家族陷中原大批良民于水深火热之中，并诱骗他们骚扰我大辽边境，今命燕王韩匡嗣、南府宰相耶律沙、惕隐耶律休哥、南院大王耶律斜轸分东、西、南、西南四路进发中原，直至宋朝都城汴京，耶律抹只匿于大同府南的群山中等候接应，各路大军分散行动，勿得混杂，不获全胜不得还朝，违者严惩，胆敢抗旨不遵者，满门抄斩。"

另一张黄绫留礼寿刚要动笔写，喜隐说："这张暂不写吧，省得让人发现找麻烦，事成以后再写不迟。"

留礼寿说："要能上了台还用偷着干吗，那不光明正大地宣旨了吗？"

喜隐说："对，对。"随后他把一块腰牌递给儿子说："你拿着腰牌带几个人深夜出城，让两个人快马找到韩匡嗣，向他们宣旨，催他们走得越远越好，你亲自带两个快枪手埋伏在南京北的古北口咽喉处，只要皇后一露面就——"

他用双手做了个掐死的动作。

留礼寿说："明白了。"

一切布置妥当之后，喜隐恢复了往日的正人君子模样。一天他到宫里去探望皇上的病体，见皇上对他毫无戒备之意，一边关心皇上的身体，一边漫无边际地聊着天，当谈到宋辽关系时，喜隐感到入了题，他不无忧愁地说："这次南征皇后决心不小，点的将也确都是久经沙场的老将，智谋尤佳、豪勇绝强，若能如愿击败南朝，我大辽的地图又要改画了。"

皇上见喜隐面带忧郁的表情，就问："皇叔认为还有什么不妥之处吗？"

喜隐说："总都统韩匡嗣功勋卓著，但年事已高，近年来处事总有些保守求稳，关键时刻可能犹豫不决，而底下那些契丹大将骁勇善战但性格急躁，往往求战心切，容易发生矛盾，那耶律沙只监畏缩不前者，对急躁冒进者他就无能为力了，如没有皇上和皇后监阵，恐怕要乱营，到那时后果就难以想象了。"

耶律贤听喜隐一分析，也觉得有些道理，问："皇叔有什么高见吗？"

这是耶律贤头一次耐心地听喜隐讲话，而且肯听听他的意见，喜隐故意表现出受宠若惊的样子说："大军已经出发，也不可能退回重新点将，依微臣愚见，无论如何皇上也要到前边去，即使您什么也不讲，只要您在大营一坐，他们就不敢不听指挥，有了矛盾一句话就可以解决。"

耶律贤动了动身子说："朕近日身体有些不舒服，你看我还能上阵吗？等我和皇后商议一下再说。"

这是喜隐最想听到的一句话，只要皇后一出城，半路等着她的是留礼寿的快刀利剑，我对付宫里这个窝囊皇帝不是如同宰只鸡吗，到那时，那些忠臣良将早已被宋军打得落花流水，命大能回到朝廷的就该拜在我脚下喊"万岁，万万岁"了。喜隐喜滋滋地告别皇上出了宫。

皇后回宫后，耶律贤把喜隐进宫来看望的事告诉了她，皇后说："黄鼠狼给鸡拜年，他能安什么好心！"

耶律贤说："我也不待见他，但他对这次南征的看法我倒觉得有些道理。"皇后听皇上重复了一遍喜隐的话后，她也感到有些匆忙，但这话从喜隐口里说出来总觉得有些别扭，他恨不得我们马上垮架下台，他什么时候关心过朝廷的安危，皇后越想越觉得应该警惕，于是她对皇上说："我想想该怎么办，明天早朝也可议一议。"

韩匡嗣率领的十万大军刚过南京，就有两匹快骑追上来，其中一个人下马从怀中掏出圣旨喊道："南征都统燕王韩匡嗣等接旨！奉天承运，皇帝诏曰——"

几个大将军立即下马跪拜接旨，听完圣旨后总觉得有些不对劲儿，但谁也不敢当场说出个不字，耶律沙灵机一动说："二位军爷稍慢，因天热又赶路太急，双耳蒸火，刚才风大又嘈杂，臣没有听清，请把圣旨让我仔细看一下，以免误解圣旨原意，贻误战机。"

一个大个军士说："刚才不是宣过了吗？"

耶律沙说："如果不明圣意贻误了战机，是二位没有宣清还是未将没听清可就讲不清了。"

另一个年纪稍大点儿的军士说："就让他自己看吧。"

耶律沙接过圣旨一看，原文没有读错，只是落款和日期是写在朝廷大印的上面，这就是说是先盖了印，后写的文字，皇后一般是不会犯这样的错误的。他又拿给统军韩匡嗣和耶律休哥看，用手指了指落款处没有讲话，韩匡嗣从小苦背医书，熟读

"四书五经"，深谙行文用字及款格的严格规定，凭他对皇后的了解，她是绝不会犯这个常识性错误的，他马上怀疑这份圣旨的真实性。韩匡嗣刚要提出疑问，耶律沙踢了一下他的脚，并抢先说："谢谢二位军爷，请回禀皇上和皇后，我们一定遵旨分头快速前进，包围宋军老巢，不获全胜，绝不还朝。"

二位传达圣旨的军士走后，韩匡嗣命令各部队原地休息，他们几位将军琢磨这份圣旨到底是怎么回事，耶律沙认为肯定是假的，不应执行，耶律休哥也认为有问题，但又想不通这葫芦里到底卖的什么药，耶律斜轸说："我们领兵在外，朝廷之中到底出了什么情况也不清楚，万一皇上或皇后真的疏忽了，我们抗旨的罪过是谁也承担不起的，不如派人找个理由悄悄返回宫里，直接问问皇后为妥。"

大家都同意这个意见，最后还由统军韩匡嗣拿主意，韩匡嗣回头望着监军耶律沙问："您是监军，您看行吗？"

耶律沙说："就按斜轸大将军的意思办。"

韩匡嗣说："此事关系重大，不能派下边的人办，斜轸将军的部队暂由监军耶律沙带领，斜轸将军以病情严重，随军医生不敢断诊需回上京找御医看病为由，顺便向皇后直接陈述此事，即使圣旨没有毛病，皇后念你年纪大也不会怪罪的，注意须深夜进城，不得透露半点儿风声。"

皇后几天来正琢磨着耶律喜隐的馊主意，深夜未能入眠，突然御卫报告说南院大王耶律斜轸深夜来见，皇后就意识到前方一定出了大问题，就说："快请！"

斜轸进寝殿即拜："请皇后原谅微臣未奏先行，臣前日突然晕厥倒地，浑身抽动，军医不敢断诊，又怕出意外影响军机大事，建议找御医看病，臣未报擅自闯宫，请皇后恕罪。"

皇后了解耶律斜轸，没有大事他是绝不会深夜闯宫的，就问："恐怕还有别的事吧？"

斜轸说："启奏陛下，臣不明白，出征时您命燕王韩将军为统军，为什么又要我们分别独立行动，并且一下打到汴京，不获全胜不准回朝，几千里之遥，只带那么多粮草，这不是自取灭亡吗？"

皇后说："我和皇上没有改过军令呀，你讲清楚，这到底是怎么回事。"

耶律斜轸一五一十地把接到圣旨的情况讲了一遍,皇后马上意识到问题的严重性,就说:"第一,这个圣旨是假的,我和皇上不可能下这样的圣旨;第二,你千万不要声张,就当没有发生过任何事,你要是身体挺得住,就马上赶回前线,通知统军韩匡嗣,各路大军按原计划行动,打赢打不赢三十天后回朝。"

耶律斜轸怀着激动和紧张的心情趁夜赶回部队。

皇后送走斜轸后,把皇上叫醒商量此事,皇上也吓出一身冷汗,他们把宫里几个心腹叫到寝宫,问他们前几天谁到内宫来过,什么人动过玉玺。

经过几天的调查,缩小了范围,能够接触到玉玺又与进过宫的政敌喜隐关系密切的只有贾花一个人,皇后决定将计就计,捉贼要捉赃,她叫来御卫长交代说:"朝廷出了叛臣,他们为了篡政夺权要谋害我和皇上,你们说怎么办?"

御卫长说:"我们誓死保卫皇上和皇后,皇后您下命令吧,抓谁?"

皇后对他小声地交代了第一如何、第二如何……然后布置要把皇后亲自到前线的消息尽快传达到各府各院。

为了让人相信皇后真的御驾出征,特意举行了盛大的以青牛白马祭天地的仪式,祈求神灵保佑得胜而归,祭拜之后的第二天即可出征。

八月底一个晴朗的早晨,皇后乘御辇出城南征,百余名御卫紧跟其后,喜隐和其他留守人员都出城送行,一直到看不清出征队伍的影子才回城。喜隐急急回到他的府邸,大门紧闭不许闲杂人等随意出入。

皇后带领御卫队缓缓行进在塞外草原上,当天色全黑下来时,她命令队伍停下来,向领队的御卫交代完注意事项即下辇改为骑马,让御辇继续前进。皇后骑马向上京方向飞奔而去,天亮之前就带领部分御卫队返回上京城。

喜隐既兴奋又有些忐忑不安,成功与否在此一举,琢磨着一旦留礼寿半途杀掉萧燕燕,这个糟糠皇帝就是我的盘中餐,那大辽国可就是我说了算了,万一不成功那可就要脑袋搬家了,喜隐越想越觉得可怕,在屋里不停地走来走去,边走边嘟囔着什么。

贾花的舅舅原先在军队里任过文职小官,因粗通文墨,又写得一手好字,很快被留在汴京翰林学士院任职,他为了谋求高升,千方百计地利用他的方便条件与宋太宗赵光义接触。当他从外甥女那里得知耶律喜隐与皇上和皇后争权时，就鼓励贾花不惜一切代价鼓动喜隐作乱，万一不行就来宋朝做官，如果能将契丹王爷贡献给宋朝皇帝，他肯定会大大提升。喜隐有了这条退路就更加放心大胆地组织叛乱夺权，他怕万一把这最后一条路搞砸了，那后果可不堪设想。

喜隐事前没有把真实意图告诉贾花，只说想与宋朝做点儿买卖，万一事情暴露，就以做买卖为由搪塞敷衍周围的人，即使被别人知道了，顶多也是个"不成体统"。

几天后御卫队护卫着的御辇到了南京道，只见前方山峦起伏、层峦叠嶂，那起伏的山峦上似乎有条巨龙蜿蜒盘旋在晚霞中，御卫队长传令说："前方地形险峻，注意防范。"

果然刚走到一个峡谷处，突然从草丛中窜出几个黑贼，一不说，二不叫，举刀直奔御辇而去。御卫急忙奋起抵抗，但他们在明处，贼在暗处，一个蒙面贼一个鹞子翻身飞上了御辇，撩开帘子一看，里边没有人，又飞下御辇见人就砍，只听见铁器的撞击声，并没有战场上那种威武的喊杀声。双方武艺高强，刀来剑往不断，就是不见输赢，蒙面贼既然找不到要找的人，便不再恋战，欲夺路逃跑，不料天黑路滑，有个黑贼摔在地上爬不起来，几个御卫扑上去，三下五除二绑了个结结实实，其他黑贼拼命地往宋朝方向跑去。

天亮以后，经过审讯知道他是辽国的人，但姓甚名谁、为何来抢劫、头目是谁，他死也不肯讲，御卫只好将他押上车带回上京再审。

几天后，将这个黑贼蒙上眼睛押回了朝廷，皇后听说抓了个辽国黑贼，便要亲自审问，她对御卫说："让我认识认识这位'英雄'。"

那个蒙面人抬头睁眼一看，是皇后站在面前，知道小命难保，吓得浑身哆嗦，像捣蒜似的磕头连连求饶，皇后问道："不要害怕，只要讲真话，免你一死。"

那人又连连磕头说："我讲，我讲，只要放我一条生路，我全交代。"

皇后说："这里没人，你讲吧。"

他说："我叫利物，是小王爷留礼寿手下的一个卫士，小王爷说有紧急军务，让我们埋伏在通往南京的峡谷处，见到有骑马的又有坐车的队伍就下手，先把车里的人杀掉再对付其他人，如果成功，就赶紧回京报告老王爷。"

皇后问："你知道坐车的人是谁吗？"

利物说："不知道，小王爷不让多问。"

皇后说："坐车的人应该是我，可是我没有坐，你们要杀皇后，知道该当何罪吗？"

"罪该万死，罪该万死！"利物又磕起了头。

皇后说："你知道还有立功赎罪吗？"

利物说："知道。"

皇后说："如果你愿意立功赎罪的话，就按我说的办。"

利物说："我一定照办，一定照办。"

皇后把御卫长叫到一边问："王爷那边知道消息了吗？"

御卫长说："那些黑贼知道事败，没有敢回上京，有的逃回老家，有的奔了宋国。这边我们盯得紧，还没有人向老王爷通报消息。"

皇后转回来对那个黑贼说："那好，你在天黑后，到老王爷府里报告，就说一切成功，如果问到小王爷，就说他正收拾那几个卫兵，让你先回来报告，听懂了吗？"

利物说："听懂了，不过……"

皇后说："不过什么，放心去报告，我保证你的安全。"

喜隐正等留礼寿的消息急得火上房时，忽听利物从前边回来了，马上说："快，快让他进来。"

利物因十分害怕，进屋就哆嗦着说："报告王爷，一切顺利成功，小王爷收拾完那几个卫兵就回来。"

喜隐一听说顺利成功，马上来了精神，对旁边的卫士说："马上集合！到宫里去保卫皇上。"

还没等卫士出门，皇后就进来了，她对喜隐说："就不劳王爷大驾了，我来了。"

喜隐一见皇后就傻了眼，但终究是见过世面的人，他很快平静下来，刚要说什么，皇后大声喊道："给我拿下！"

喜隐冷笑着说："皇后，您拿谁啊？"

说着向旁边一挥手："上！给我把皇后保护好。"

两边的卫士都举刀摆开了架势，刚要开打，就听门外喊道："韩将军的南征队伍回来了。"

皇后说："组织迎接，就说喜隐王爷派人保护我呢。"

正当喜隐琢磨着如何收场时，大部队已经进了城，他只好长脸一改变圆脸，笑着说："还不赶快给皇后备座！愣着干什么？"

皇后说："就不麻烦王爷了，请王爷到夷离毕院叙旧吧。"

夷离毕院是专掌刑狱的机关，喜隐知道已经事败，顽抗也无济于事，只好跟着卫士乖乖地走出了这座再也回不来的王府大院。

半途跳上御辇杀皇后的那个人就是留礼寿，他发现皇后没在车上就知道大事不好，带几个人向宋朝方向奔去，没走多远就被韩匡嗣派人抓住，关在大营里，这次也被带了回来。经过初步审讯，这是一场有组织、有阴谋的篡政叛乱活动，为了彻底清除所有的叛乱分子，断绝他们的联系，乾亨二年（980）六月，暂将喜隐解往祖州隔离关押。

喜隐父子心不甘
先斩根蘖整朝纲

祖州是契丹耶律家族祖先的发祥地，太祖的父辈、祖辈都出生在那里，那里距上京城有六十多里，过去是一个荒僻的游猎之地，太祖生前就曾到这里打过猎，死后也葬在这里，除了守陵的天成军外，几乎没有什么人迹。

喜隐被关在祖州的前期，尚能自由活动，喜隐对前来探望他的儿子说："你的太祖母（应天皇太后）就曾被世宗皇帝关在这里，后又被你爷爷的同伙救回上京，只要我们好好活着，兴许有一天也能有出头之日。"

于是，喜隐除了吃饭睡觉外，每天晨操暮练，不仅自己练，还让身边的侍人也练，日子稍长，他们就不服管教，经常冲撞天成军的值勤人员，消息传到上京，皇后命令械其手足，不准他们乱说乱动，并筑一个高高的环形土城，把他关在里边。

留礼寿到底年轻，经过几次软硬兼施的审讯，他相信了皇后的许诺，就把这次谋乱活动的主要情节做了交代，希望父王早日获得自由。

皇后问他："你们拿的圣旨是谁盖的印？"

留礼寿说："我不清楚，是父王给我的。"

"你父亲找谁盖的印？"

"可能是贾花帮的忙。"

"好，我放你出去，但你不要到处乱串，如果翻供串供罪加一等，明白吗？"

"不敢。"

留礼寿走后，皇后布下了监控。

留礼寿得到了"自由"，回家美餐了一顿，又睡了一大觉。正在似睡非睡、似醒非醒的时候，就听有人敲门，他打开门后，有几个士兵模样打扮的人进来，一眼可以看出他们是汉人，那人说："小王爷，睡舒服啦？"

留礼寿说："睡好了，你们有什么事？"

那人说："你舒服了，可老王爷还在祖州受罪，你不会忘了吧？我们是被辽国俘来的宋军士兵，愿意为小王爷效劳。"

留礼寿真是喜出望外，没想到汉人还真讲义气，早把皇后的嘱咐和警告忘在了脑后，他问那几个宋军："好，你们说怎么干？"

宋军俘虏说："我们有几百名弟兄等在城外，只要小王爷出面带头，我们就前往祖州解救老王爷，搭救不成，我们拥戴小王爷为皇帝，另立朝廷，与萧燕燕斗到底。"

留礼寿听说有几百人拥护自己，更来了精神，说干就干，简单收拾了一下就要出门，他们前脚刚走，就有几个黑影紧随其后，当他们要出城时，皇后已经得到了消息，她命令上京留守除室派人继续侦探，发现他们出城后聚集了几百人的队伍向祖州方向开去。

留礼寿和这伙人到达祖州后，冲破了天成军的第一道防线，直奔环城而去，但土城高大坚固，根本就攻不进去，喜隐听到有人攻城非常高兴，急得抓耳挠腮也没有办法和他们取得联系。

又一次强攻失败，天成军越聚越多，双方力量对比明显悬殊，他们只好往城外退去。刚一出城，除室率领的大部队已经截住了他们的退路，在腹背受敌的情况下，他们惊恐万状，但为了活命，则拼死抵抗，双方都有些伤亡，终因寡不敌众，除部分逃跑者外，大部分都缴械投降，留礼寿也在被俘之列。

皇后正在审问贾花与叛贼喜隐的阴谋勾当，贾花并不知道宫外所发生的惊天动地的事情，只交代了一些男男女女的勾当，拒不承认她参与了篡政夺权的活动，更不承认盖印的事情。

上京留守除室把留礼寿抓回上京，皇后这回再也没有那么仁慈了，她决定斩草除根，所有参与阴谋篡政活动的死硬分子一律凌迟而死，尽管皇后有权力、有理由处斩这些叛臣逆贼，但皇上尚在，程序上不能乱。当报请皇上签批时，皇帝说："喜隐无论如何是太祖的嫡孙，怎么也得法外施恩吧。贾花年纪轻轻，多年来为我做了不少事，如确有悔改之意，也可从轻发落。"

行刑那天，皇后让御卫把贾花带到刑场，对贾花说："留礼寿就要走了，你不和他说些什么吗？"

贾花整天跟皇上、王爷在深宫大院，哪儿见过这等阵势，一见那些刽子手就吓破了胆，连站都站不起来。留礼寿平时最恨这些宫女，不是打小报告就是搬弄是非，贾花这等女人今天跟皇上，明天跟王公大臣，就是她搞得全家不宁，但转而又想到，她也确实为我父子二人夺权出了力，事情败露不能怪她，年纪轻轻就弄到这步田地未免太可惜，就对贾花说："你年纪尚小，讲了吧，好歹留个整身，也好到那边去见你的爹娘，事情不怪你，都是我和父王连累了你。"

这么一讲，贾花倒挺起了腰，回头对皇后说："我讲，全讲。"

皇后说："带下去再审。"

贾花详细交代了作案的全过程，皇后看着她那细嫩的小脸突生怜悯之情，欲免她一死，但又恐后有效仿者不好应付，便狠了狠心把一条八尺白绫扔到她面前说："穿身好衣裳，去见你的爹娘吧。"说完就走了。

喜隐是重犯，又是贼首，被打入死牢，择日再处决不晚。

当初是皇后自己做主把二姐嫁给喜隐的，想利用这层关系拢住这位爱闹事的王爷，不想这位嫡传王爷从小血脉中就流淌着不安分的因子，他和他的太祖爷爷一样，争强好胜，从不服输，对权力有着强烈的占有欲，但缺少宽广的心胸和对本民族的责任心，所以常常不得人心，常常以失败而告终。过去二姐活着的时候，作为妻子仅能给他以安慰，不能帮他拿到急需得到的权力。她的公公李胡死在狱中，丈夫早晚也要踏上这条归途，如果萧甄仁在天有灵，能看到这些残酷的现实的话，无论如何也接受不了，作为一个女人，还有什么比这些事更让人伤心的呢，杀人的竟是她的嫡亲妹妹。萧燕燕想，自己也是一个女人，下这样的决定是不是太无情了？她简直不敢再想下去，她仰天长叹："天啊！我该怎么办啊？"

萧燕燕毕竟是萧燕燕，她很快就想通了，世上本无所谓爱和恨，就因为有了爱争高下的人，有了恨财不得的人，有了爱权如命的人，才有了爱和恨。从这一点上讲，人和豺狼虎豹没什么本质的区别，要想达到自己的目的，就顾不上那么多缠绵的儿女柔情。凡是敢与朝政作对，敢正眼盯住权力攥拳的人，死一百个、一千个、一万个都不算多。

皇后来到喜隐的王府，门前没有了卫士，院子里破败凌乱，只有几个用人在胡乱收拾着什么，那些人见了皇后吓得不知做何动作。皇后问他们："王爷要走了，你们打算怎么办？"

一个年纪稍大些的人说："回皇后，树没了根，我们这些小叶还有什么活头，听天由命吧。"说着抹起了眼泪。

皇后说："喜隐和留礼寿阴谋作乱那是咎由自取，你们和他们不一样，人都是父母生父母养，人心都是肉长的，本后绝不会把你们也看作喜隐那样的人，凡愿意留下来的，部分留下看好王府，但不得随意往外拿东西，男人愿意当兵的就去当兵，不愿意可以回家侍奉爹娘，朝廷会给你们一些盘缠。"

话音刚落，呼啦跪倒一大片，他们一边磕头一边喊着："谢皇后隆恩，谢皇后隆恩！"

佣人们都走了，院子里只剩下皇后一个人，忽然间她好像看见屋子里坐着一个人，模模糊糊像二姐萧甄仁坐在堂室里流眼泪，皇后不由自主地叫了声："二姐。"

二姐却没看见、没听见，仍愣愣地坐在那里。

"二姐，燕燕对不起你，我也是不得已而为之。"皇后接着说道。

甄仁突然像疯了似的吼道："不得已，对不起，你怎么不杀你自己的儿子！"

皇后说："我的儿子如果谋反乱政照样杀头，国有国法，家有家规，喜隐多次谋乱不轨，早该问罪，如果他不是太祖爷的孙子，留礼寿不是你的儿子，可能活不到今天。大辽刚刚立国六十多年，就内忧外患不断，如果任内乱发展下去，大辽国要垮台，契丹要灭亡，留着你的儿子、丈夫还有什么用！"

门外一声报告声，皇后打了一个激灵清醒过来，再看那屋里，什么也没有，她头也不回地赶紧退出了这座不祥的王府。

第二天早朝，照例把皇上摆在正位上，皇后坐在皇上旁边，但皇上已经勉强在那里摆个样子，什么话也说不出来了。皇后问道："南征的将军们都到了吗？"

耶律沙站起来说："回皇后，都已到齐。"

皇后说："皇上近日身体欠佳，诸位将军肯以国事为重，领兵伐宋，一路风尘劳顿，能按时得胜而归，应该奖励你们什么啊？"

其实皇后已经知道他们在满城打了败仗，为了压一压高梁河胜仗后的骄矜之气故意这样讲的。都统韩匡嗣已经坐不住了，马上站起来回道："满城之战败于南朝，都是微臣指挥不力所致，各路领兵将军已经尽了力，一切罪过都由微臣承担，陛下降旨吧。"

说着脱冠下跪，其他几位将军也都跪下请罪。皇后不紧不慢地说："韩将军老迈年高，起来坐下讲吧，其他几位将军也起来吧。"

见韩匡嗣站起来，耶律沙、耶律休哥、耶律斜轸、耶律抹只等也都站起来重又落座。韩匡嗣说："大军半途遇到叛臣喜隐的假圣旨，军心有些不稳，刚到满城就遭遇了宋军的伏击，又急于按时回朝，所以战败而归。"

皇后说："看来这败仗的原因一是喜隐捣乱，二是我让你们三十天后回朝，三是宋军不该设埋伏。这罪就好定了，喜隐已经被关进了死牢，宋朝皇帝赵光义抓不着，那只有摘我的人头了，对吗？"

殿内一片喧哗，尤其那些契丹大臣本来憋了一肚子气没处发泄，你一枪我一炮地冲韩匡嗣开了火。

耶律沙说："宋军高梁河一战失利，经过整顿改编，士气高涨，复仇雪恨之心正旺，我军理应先探虚实，以决进取，在敌强我弱的情况下，宜避其锋芒，击其薄弱，情况不明而匆忙上阵，焉有不败之理。"

耶律休哥说："南朝闻我军将至宋，早已布阵以待，我军刚刚扎寨，就有宋使乞降，韩将军不听众言，因求功心切，执意收降，我军一入敌阵即遭包围，作为全军统帅，理应沉着应战，巧妙指挥，即使不胜，也不至于死伤如此惨重。"

耶律斜轸平时以稳重理智著称，很少冲撞同朝阁僚，这次可没有给韩匡嗣留情面，他直言快语地批评道："我军士兵溃散四逃时，正遇敌人埋伏，一军之帅，竟息鼓丢旗抢先逃遁，若不是休哥将军及时聚拢了逃散的士兵，并收敛丢掉的武器，恐怕要全军覆没了，以后这样的都统越少越好！"

皇后听了大家的发言后，心里琢磨着：按韩匡嗣的表现和造成的损失，以军法论处诛杀并不为过，但年少时的温馨回忆让她下不了这个决心，这位韩叔叔确实对她如亲生女，再说韩匡嗣虽是汉人，但祖孙三代忠于契丹政权，曾为大辽做出过契丹人无法做到的卓越贡献；耶律沙、休哥和抹只等人作战有功，但骄纵之气渐生，如不加矫正必惹后患，于是她对耶律沙说："你是朝廷委任的监军，大军的所有行动都在你的监管范围之内，此次南征的严重失误难道没有你的责任吗？"

韩匡嗣说："耶律沙将军曾提出过建议，我没有采纳，这次兵败的责任由微臣负责。"

皇后说："你是统军，死伤那么多战士，丢失那么多武器和马匹，别着急，光荣榜上少不了你！你们都是国家的重臣，朝廷把军队交到你们手上，高梁河打了一场胜仗就滋生骄矜之气，四仗三败，还有什么好骄傲的！至于韩匡嗣此次的严重——"

皇上一直有气无力地坐在龙椅上没有讲话，听到皇后提到韩匡嗣兵败满城时，突然一拍龙案说："燕王匡嗣辜负了朝廷的信任，不听众将规劝，不明敌阵擅闯敌营，犯了一个连士兵都不应该犯的错误，此为罪过之一；出兵打仗如同儿戏，号令不严，队伍不整，坏我大辽军威，此为罪过之二；作为全军统帅，不是带头冲锋陷阵，而是在战局失利时率先逃跑，此为罪过之三；轻信诈降之计，又无防备措施，给敌军留下可乘之机，此为罪过之四；最不可原谅的是丢掉战鼓，舍弃神纛，有辱大辽国威、军威。这样的首领不杀何能服众！"

这五条罪状哪一条都够得上杀头之罪，皇后见皇上突然发了火，有些措手不及，不管皇后有多大的权力，只要皇上还有一口气，他的话就是一言九鼎的金口玉言，对是对，错也是对，皇后和其他臣僚只有执行照办的份儿，没有任何表达异议的权力，否则就是抗旨不遵。如果真的杀了韩老将军，不仅打击了忠于大辽的汉人官吏的积极性，日后也没法再见韩德让，这对扩大契丹领土和巩固大辽政权是极其不利的，同时也违背了她整顿朝纲的本来用意，于是她马上接过话来激昂地讲："燕王韩匡嗣，你可知罪？"

韩匡嗣立即跪在殿前答道："臣知罪。"

不容皇上和其他官员发言，皇后便厉声喝道："马上把韩匡嗣押下去候令审决！"

皇上的火发完之后，就再也不理会下文如何。皇后正好利用这个机会狠狠把翘尾巴的官员教训了一顿，官员们吓得个个低头不语、额冒冷汗。皇后问："哪位大人还有奏本？有什么高见可当堂陈述。"

官员们哪里还有心思提意见，只希望早早散朝，他们分别喊道："臣无奏本。""臣没有意见。""臣无话讲。"

散朝之后，皇后对皇上说："我朝自皇上登极以来，开疆扩土，国力倍增，黎民百姓安居乐业，南朝屡犯辽土，但无一得逞，皆因皇上神威，臣将忠勇。时下我们面对的已不是北方的游散狄夷，而是中原的宋朝，这些汉人知书识谋、精通兵法，凭借万里沃野疆土和丰厚的麦黍物产，方敢与我大辽对抗，要想勇而取之、谋而治之，契丹和汉人官吏缺一不可。"

皇上听了连连点头称是。

皇后又说："燕王韩匡嗣三代是我契丹忠良，此次兵败满城，为妻也有不可推卸的责任，在没有充分准备的情况下草草下令出兵，又有喜隐以假圣旨惑乱，燕王作为都统有不可饶恕的罪过，但罪加一人也显失公平，不如降衔降级，让其戴罪立功，对汉人官吏对朝廷更为有利。"

皇上允奏批准，皇后自是欣喜不已。皇后亲自给皇上递上一碗温口的奶茶后，又说："正因为连年太平，一些官员渐生骄娇二气，长期独统一方，免不了有些小圈子，不如适当做些调整，省得日后尾大不掉，为国之累。"

皇上说："这些事你去办吧。"

有了皇上的允准，皇后便开始调整一些官员的职务和位置，她首先想到的就是韩匡嗣父子，韩匡嗣虽可免死，但官职不动定难以服众，于是诏令杖刑四十，放出监狱。杖刑前，皇后密使御卫告诉行刑官，韩将军年迈体弱，杖到为止，不可用力，杖刑完毕，韩匡嗣知是皇后关爱，不仅免死，而且免遭皮肉之苦，见皇后即行大拜之礼，皇后对韩匡嗣说："我在皇上那里几番求情方免你一死，要谢应谢皇上的宽量隆恩，根据皇上的旨意，免去你燕王之衔，降封秦王，改授晋昌军节度使，即日可启程赴任，不知老将军有何不便之处，但讲无妨。"

韩匡嗣说："感谢皇上、皇后不杀之恩，微臣定当图报，老臣无甚难，无所求，只望皇后自恤凤体，以保安康。"说着连连叩首而去。

韩德让任南京留守已有多年，娶汉人李氏为妻，生活习惯且安逸，乐得远离朝廷明争暗斗的角逐场。有了李氏的温爱关怀，他几乎忘掉了旧日的燕燕妹妹，但已是皇后的燕燕妹妹可没有忘记他。在皇上龙体日渐衰下，朝臣蜂拥欲出的情况下，皇后感到身边的宠臣不忠、近戚不孝，他们除了对地位、金钱关心外，对国家安危、朝盛民安都不感兴趣，这样下去大辽早晚会被宋朝消灭。一直忠于朝廷的韩匡嗣被降级远放后，她第一个想到的就是韩德让，但韩匡嗣刚刚贬职离开上京，就让其子韩德让进上京，未免太过显眼。

朝政再忙，萧燕燕也放心不下南京的韩德让，眼瞅着皇上"日薄西山"的龙体，她越发心急地想要把韩德让弄到自己身边来，琢磨了几天，虽然自己有权调动任何一个官员，但为了日后少生闲话，她觉得还是让皇上做这堵挡风的墙。

一天，她对皇上说："据前方奏报，高丽国蠢蠢欲动，企图鼓动女真部闹事，这些年我们只注意了西线和南线，东线有些不得力，如不趁早处置东线的问题，后患无穷。"

耶律贤虽身为一国之主，但糟糕的龙体已经让他拿不出什么好主意了，就随便答道："就让南官东调吧。"

萧燕燕随口又问："皇上您看调谁呢？"

皇上问："南边有谁？"

"南京留守韩德让，南线统军——"

萧燕燕还没有讲完，皇上有气无力地说："就韩德让。"

于是皇后马上召见群臣，把皇上对她说的话又讲了一遍，似乎要征求群臣的意见，但有人刚要讲话，她抢先讲道："皇上的意思是让南京留守韩德让调往东京任辽兴军节度使，全力抗击高丽入侵，那么谁去南京任职呢？大家可以广泛议荐。"

群臣摸不透皇后的真实用意，觉得皇后真想听从大家的意见，就纷纷陈述己见，最后比较集中的意见是让沉稳的耶律道隐去南京补缺。皇后说："朝廷的事就是国家的事，国家的事就是大家的事，感谢诸位老臣肯以国家大事为重，以后就应当如此关心朝政大事，既然大家都同意让韩将军到东京抗击高丽，让蜀王耶律道隐将军赴任南京留守，本后就听从大家的意见，传旨二位将军速速赴职到任。"

很快，韩德让糊里糊涂地到了东京。

就这样，萧燕燕顺利走完第一步棋，她感到十分满意。

一年之后，没打一次像样的仗，东部边境就已"安如泰山"。萧燕燕又以"边境安宁，朝廷急需重臣"为由，下旨把韩德让调到上京，韩德让"凯旋"回到上京不久，很快就升为掌管朝廷内政大权的南院枢密使，原南院枢密使郭袭任武定军节度使。

在如意安排了韩德让的职务后，皇后为作战有功的耶律休哥、耶律沙等人举办了专门的庆功酒宴，并将惕隐耶律休哥晋升为分掌部族军政事物的北院大王，封枢密使耶律贤适为西平郡王。

韩德让上任南院枢密使后，就去拜见皇后，问道："皇上龙体可安康？"

皇后笑着说："你怎么不问我的凤体可安康？"

一句玩笑话一下子就拉近了君臣之间的距离，韩德让说："皇后身体不是好好的，你不是最厌烦俗礼旧套的弯弯绕吗？"

又一句话把他们之间的日月前推了十几年，两个人彼此对笑不语。

沉默了一会儿，皇后不无忧愁地说："皇上的身子一天不如一天，什么万岁万万岁，要能活到40岁就阿弥陀佛了。"

韩德让又问："立太子的事考虑得如何了？"

这一问立即把皇后从沉思中唤醒，她说："长子隆绪刚10岁，次子隆庆才8岁，他们还不谙世事，万一皇上圣躬不豫，那可更让我难以应付，所以我把你调进上京，希望你助我一臂之力。"

韩德让说："既然皇上龙体欠佳，就更应该早立太子，以安朝野。"

在韩德让的积极促使下，皇上于乾亨二年（980）正月封长子耶律隆绪为梁王，封次子耶律隆庆为恒王，择吉日立长子隆绪为太子。

在繁忙紧张的人事调动后，皇后没有忘记被关在牢中的叛乱首领耶律喜隐，无论如何不能在皇上驾崩后给他留下狗急跳墙的机会，按照皇上的意旨，免他凌迟之死，赐喜隐自尽。皇上说留礼寿年幼无知，免死以观后效，皇后只好同意。留礼寿表示会痛改前非，永远忠于皇上和皇后，耶律贤信以为真，但皇后却没有放松对他的警惕。

四、从萧皇后到承天皇太后

耶律贤焦山晏驾
韩德让救驾及时

上次满城之战,败得如此惨重,让皇后刻骨铭心,皇上也为此焦急万分。虽然战役结束后处分了一些失职的军政人员,皇后自己也进行了深刻反思,但这口窝囊气还是憋在心里,大臣们都知道,排解皇后这口窝囊气的唯一办法就是再打一场大胜仗。

辽乾亨二年(980)秋天,草原上天高气爽,皇后亲自视察全军的操练,分兵单练和整军团的演习都非常认真。

军政要员们一次次地修改作战方案,经过数日的精心策划和准备,于十月底再次举兵南伐,出征前由巫师祭旗鼓,以青牛白马祭天地,并以上次擒获的俘虏做靶子,行开箭仪式(即射鬼箭)。

十一月初,皇上和皇后亲率大军到达雄州(今河北省雄具)境内,以迅雷不及掩耳之势包围了瓦桥关,宋军发现后,局面已无法改变,因此宋军不敢正面发动进攻,只好在夜间派小股部队偷袭辽营,却不知辽军早已做好了充分的防袭准备,皇后命突吕不部节度使萧干和四捷军详稳耶律痕德出战迎敌。

满山遍野的火把照亮了整个山谷,呐喊声响彻云天,宋军一看寡不敌众欲掉头逃窜,不料与耶律休哥的部队碰了个正着,一通猛打,宋军死伤惨重。在此危急关头,瓦桥关宋军守将张师出关救援,他们更不是休哥的对手,没几个回合,休哥就将这两股宋军打得落花流水,宋军只好渡河南逃,休哥穷追不舍,一直追至莫州(今河北省任丘市),宋军几乎全军覆没,辽军截获数千俘虏和数不清的武器、粮草,皇上和皇后高高兴兴地班师南京休整。

全军上下胜利后的喜悦溢于言表,皇上也非常兴奋,腰杆儿挺直,话音激昂有力,皇后看在眼里,喜在心里,这下可好了,只要皇上龙体康健,平天下有何难乎!

然而天下没有绝对平静的水,也没有不拐弯儿的路。辽乾亨三年(981)二月,皇上和皇后再次巡幸南京城,一是巡视宋、辽边界防守情况,决定下次的进攻目标;

二是来南京避避风寒。正当他们与南京的大臣们饮酒回味瓦桥关胜利的喜悦时，上京传来消息，说皇子韩八（药师奴）病重，希望皇上尽快返回上京。这位皇子不是萧燕燕所生，她不甚着急，但他却是皇帝耶律贤亲播的龙种，在皇上的坚持下，双双起驾回上京。

　　二三月的北方仍是寒风朔朔，有些路段还有尺多厚的积雪，那白毛风刮起来，让人分不清哪儿是路哪儿是河，所以行进速度很慢。三月初到达上京时，韩八仅剩一丝微弱的呼吸，到后来只有出气没有进气了，皇上耶律贤虽为一国之君，但他缺乏辽太祖开疆扩土的阳刚之气，他沉迷女色、心性柔弱，见心爱的小儿子如此惨状，心如刀绞，刚想要去抱一下孩子，自己却先晕倒了，这下可忙坏了皇后和宫女们，急传御医。御医到达现场后不知是先抢救皇子还是先抢救皇上，皇后当然是让先抢救皇上，皇上醒过来之后，第一句话就问："皇子如何？"

　　皇后怕他着急，就说："经过御医抢救，皇子大有好转。"

　　耶律贤不信，非要亲眼看一看孩子，皇后无奈只好把实情告诉他："御医尽了全力抢救，皇子还是执意追随太祖而去，望皇上节哀，以保龙体康健。"

　　韩八皇子的死对耶律贤的打击非同一般，以后几个月他一直饮食见少，精神不振，身子一天不如一天，朝政大事全都落在皇后一个人身上。

　　转眼又是一年过去，乾亨四年（982）立秋后，草原上微风煦煦，凉爽宜人，遍野的草丛微黄，籽粒饱满泛香，各种牲畜膘肥体壮。经过御医多方调治，皇上又有了些精神，不到用膳的时间就要吃东西，皇后听了非常高兴，亲自到御膳房布置营养食谱，宫中自是一片欢喜。皇上与宫中的人有说有笑，吃喝宛如常人，连续几天夜晚离不了后妃，皇后萧燕燕时年29岁，正是欲火旺盛之年，但因朝政繁忙，朝中大事小情都要她点头，还有几双儿女要操挂，不免有些力不从心，但为了让皇上高兴，也只好陪着皇上尽情欢乐。

　　几天之后，皇后传来御医，询问给皇上用的什么药，御医说："皇上没有什么大病，但操劳朝廷和宫中大事过甚，又非常疼爱皇后和各房爱妃，有些劳累，精血不足、肾虚阳亏，我给皇上用的鹿茸血、红参、三鞭、淫羊藿、雄蚕蛾、首乌、枸杞、黄芪和几味理中消食的药，这些药大多在草原上很容易找到，只要坚持用药，皇上可永葆常青，万年不老。如果皇后自觉不适，卑职也可特配一些女用药。"

萧燕燕少年时曾久住燕京，韩德让的祖父和父亲韩匡嗣颇善医道，曾为太祖医过病，燕燕到韩德让府上去玩时，看到过不少医卷，在德让哥的帮助下，略懂一些国药常识。她知道御医开的大多是强肾补气的药物，又听御医说可配女用药，就知道皇上本来根底薄弱，纵欲过度就会阳气不足、体质下降，因此她愤恨那些小妖精，只知道哄着皇上给她们赐宝物，没完没了地劳动皇上，不知道爱惜皇上的身子，大辽国没有这几个小妖精可以，没有皇上行吗！于是她琢磨着要保护皇上，首先要让皇上躲开那几个抽精拔血的小妖精。

如何安排皇上的生活已是皇后的当务之急，但南朝的情况如何，边境是否安宁，宋朝何时再次发动进攻，这些都直接影响到整体部署和安排。多年来皇后已经养成了不耻下问和集思广益的理政习惯，凡有难事，总要征询几位社稷重臣的意见，她也总能从大臣们的吵吵嚷嚷声中得到答案和启发。

于是皇后又一次召集了军政和部族、院署联席会议。首先，皇后向各方介绍了朝廷面临的形势，讲了讲财政和国库情况，然后又重点说了说皇上的健康状况及保证皇上身体强健的重要性，希望各位朝臣和王爷、国舅们议政发表高见，皇帝耶律贤说："朕身体好好的，有什么好讨论的。"

皇后说："正因为陛下身体好好的，才要讨论如何保持您身体的良好状态，朝廷没有谁都可以，唯独不能没有一个'健康的皇上'。"

她把"健康"二字说得很重，有心计的朝臣似乎从中闻出了一点儿味道，琢磨着说些什么。耶律休哥是位杰出的军事家，他觉得皇上的身体安危很重要，但这事他插不上手，关心国家的安危是他义不容辞的责任，他琢磨的是几次吃了宋军的败仗，心里很不是滋味，尤其是五月满城一仗，输得有些憋气，他站起来说："皇后陛下，皇上的龙体您就多操心了。微臣觉得满城一战输得憋气，那崔彦进、刘廷翰哪是我等的对手，几千人马、数万件兵械器物丢给了他们，如今我朝虽说财力有限，但有仇不报却不是我契丹人的性格，微臣认为攻宋复仇倒是需要好好商计一下。"

这几句话勾起了耶律沙和耶律斜轸的复仇之心，皇后也跃跃欲试，最后决定与宋军再一决雌雄。

　　乾亨二年（980）三月，他们率领由皇后特选的十万远征军开至雁门关（今山西省代县境内）时，杨继业父子以几千人偷袭辽营，辽军死伤甚多，作为一个军事家，这是他们从不愿启齿却是永远忘不掉、抹不去的耻辱，他们也慷慨陈词要求再战。皇后虽然认为他们是不可多得的军事干才，也佩服他们的忠贞不渝，但对他们今天的发言却不甚入脑。

　　耶律奚底老到持重，摸不清底数从不乱发评论。同平章事萧道宁是国舅帐出名的小诸葛，他知道凡是没有题目的议会，皇后肯定是有道难解的题，但从不直接挑明，在大家漫无边际的谈论中找寻她的答案。萧道宁说："皇上和皇后是我大辽国的太阳和月亮，日夜照耀着大辽国的臣民，陛下的光芒照到哪里，哪里就福光满堂，我们就有奋斗和前进的方向。皇上和皇后的龙体康健是头等大事，也是我等臣僚日夜关心的首要任务，请皇后降旨，只要能保陛下康健，我等肝脑涂地在所不辞。"

　　小诸葛到底是与众不同，一番肉麻地吹捧虽然让萧燕燕有些不舒服，但他总算入了题，而且把球踢给了皇后，只要皇后一表态，就知道皇后葫芦里装的什么药了，萧燕燕暗自赞叹萧氏家族出了这么个能说会道的马屁精。

　　要说真正了解皇后心思的唯有一人，那就是新上任的南院枢密使韩德让，从小青梅竹马的伙伴，没有走到尽头的恋人，虽然燕燕先行入宫嫁给了新皇耶律贤，但他没办法责怪燕燕，皇命不可违，谁也没有办法扭转，他只好承认现实，默默地娶了汉人李氏为妻。萧燕燕虽然贵为皇后，但少女心中"德让哥"的影子却怎么也抹不去，碍于皇上的威势和自己的名声，几年来她很少单独接触韩德让，但对韩德让的为人和品格信任有加，对他的文韬武略更是赞赏，她深信韩德让对自己和朝廷的忠诚，因此她只好将对韩德让的感情深深埋藏在心底，韩德让对此也是心领神会。

　　今天无题目的议政会，韩德让知道皇后是想让皇上离开深宫大院，一可保证皇上的身体健康，二可随时与皇上商量对付宋朝的计策，那些庸医的烂方子只图让皇上一时高兴，不管日见亏空的体质。韩德让站起来说："自从皇上和皇后执政以来，国运昌盛、万民得安，国土日渐扩增，国力日渐强大，但宋朝对我大辽一直虎视眈眈。自从燕云十六州归顺我朝那天起，南线就没有消停过一天，仰仗皇上和皇后威名，高梁河一战我军火胜，只要皇上和皇后健在，燕云十六州将永远飘扬着大辽的神纛，因此保证皇上和皇后的康健是当前的头等大事。秋凉之后很快就进入隆冬之季，汉人受不了北方的寒冷，今冬不会再主动进攻，不如趁此机会让皇上和皇后好好出猎休息一下，等到大雪纷飞时我们再打他个措手不及。"

皇后心里十分高兴，这下可说到她心坎儿上了，不由得一阵暗喜，她立即表态说："爱卿说得对，为了大辽的利益，必须保证皇上的健康，各位爱卿讲讲到哪里去好啊？"

耶律奚底看出了门道，他望着皇后的眼神小心翼翼地讲："皇上和皇后的身体犹如支撑朝廷大厦的栋梁，这关系着国家的安危和众生的存亡，要选择一个既能休息，又方便皇后与皇上商讨军政大事的地方。云州（今山西省大同市）位于我大辽之西南，气候凉爽宜人，山势险要峻美，城南有桑干河流过，隔河与南朝的太原府也很近，在那里不仅能得到很好的休养，还可以观察南朝的军事动向，如有紧急情况，南京的守备军日内即可到达。"

休哥和斜轸赞同韩德让的意见，接着奏道："此地位于战略前沿，进攻、退守都非常方便。"

韩德让又说："既然带有军政任务去休息，皇后一人陪皇上即可，后宫以精简为好。"

皇后高兴地说："好！那就按众卿的意见办，去云州！"其实，真正说到她心坎儿里去的只有韩德让这位"爱卿"。

九月初，伴着萧瑟的秋风，一队皇家人马踏上了南去的征途，北方草原上大部分花朵已经凋零，树上的枝叶开始枯萎飘落，地面也由青变黄，但成群的牛羊却不理会路边的行人和车马，只低头啃着脚下发黄的草皮，它们吃得那么认真，仿佛秋去不复春。

坐在凤辇上的皇后凝视着前方的秋色和抢食秋草的成群牛羊，若有所思地静听着"吧嗒吧嗒"的马蹄声，一会儿望望天上慢慢飘游的白云，她想起少年时读过的一首唐诗："荆卿西去不复返，易水东流无尽期。落日萧条蓟城北，黄沙白草任风吹。"

一阵惆怅忧伤的热流涌上心头，也许是在临行前韩德让那句真诚的嘱咐触动了她。

韩德让的祖父是个汉医，自己也略通些医道，根据他多年对皇上的观察，皇上先天阳气不足，但这位不服输的皇上却又偏爱女色，三十多岁的男人，脸色铁青，唇部绛紫，弓腰含胸，气促无力，那些讨好的庸医只顾让皇上一时痛快，乱用补阳的药，外强中干的身子，一旦恶气攻心，就会彻底垮台。临行前，他小声对皇后说："皇上近来出奇地兴奋不是好征兆，怕是胆气亢进所致，望皇后任何时候也不要离开皇上，顺去顺回，万福安康，祝皇上、皇后万寿无疆！记住，有紧急情况通知微臣，微臣会火速赶到。"

西下的夕阳像一盘火红的巨轮，将雪白的羊群染成橙红色，远处的山峦像一条飞奔的青龙，此情此景在诗人和画师的眼中是难得的好素材，但皇后看了却火烧火燎，她命车夫停车，在御卫的搀扶下走出自己的凤辇，很快又进了皇上的龙辇，她不放心地坐在皇上旁边，皇上见皇后对自己如此钟情恩爱十分高兴。

经过一路颠簸，总算到了云州，在云州城里只住了一夜，皇帝就急着要出城巡猎，第一天队伍到达东郊的祥古山，在那崇山峻岭间仍是百花争艳，哗啦哗啦的溪水声清脆悦耳，叫不出名字的飞虫和小鸟穿梭于树丛中，突然一只全白的野山羊跳到小溪边喝水，把正在草丛中歇息的山野兔惊跑，耶律贤连忙弯弓搭箭，皇后说："慢！这是一只母羊，你看它的肚子那么鼓，把它射死就等于杀死一群幼崽。"

这位皇上天性柔弱，性情温和，接受了皇后的建议，把箭从弦上移走，紧拉着弓弦的右手一松，"嗡——"一阵清脆的响声从弓下发出，皇后瞥了皇上一眼，满脸笑意。

在皇后的建议下，他们策马向一片开阔的山坳跑去，皇上在前，皇后在后，几个御卫紧跟在左、右后方，突然前方又有一只野山羊昂首挺立在一棵榆树旁，头上的角弯成一个圆钩状，显然是只公羊。耶律贤立即拔箭就射，但只射中它的前腿，那只山羊打了一个趔趄爬起来就跑，耶律贤策马追赶，皇后和其他人紧随其后，当跑到一个山口处时，一阵阴风迎面吹来，耶律贤不由得打了一个冷战，顿觉浑身发冷，但他对谁也没讲，就草草率众回营了。

白天没有在意，夜晚他却发起高烧来，御医给皇上用了两副自备的药物，高烧退去，但咳嗽不止，且痰中带血，皇后主张收营回上京，但耶律贤说什么也不肯，硬撑着说养两天就好，皇后只好哄着皇上边游猎边向云州方向移动。

三天后在焦山宿营扎寨，睡至半夜时分，皇上猛地坐起，然后重重地摔下，浑身抽搐抖动，口吐白沫，这可把皇后吓坏了，女人本能的惊叫声刚要发出，她欲喊又止，她静了静神，悄悄关上帐门，小声告诉卫士传御医来给皇上看病。很快御医来到皇上的营帐，他伸手给皇上切脉，额头上的汗珠直往下流，皇后急问："皇上的病情如何？"

御医说话也口吃结巴起来，在皇后的追问下，御医说："回皇后，皇上的病情非常严重，出外游猎不可能带那么多药物，请皇后速速派人前往云州聘请名医为皇上看病。"

皇后说："你带几个卫士火速赶往云州，找最好的大夫，要多少钱都答应他，注意不要走漏风声。"

多年的宫廷生活已经磨炼了御医的性格和习惯，他知道如何应付这些紧急事务。

第二天晌午，云州城两个最有名的大夫来到御帐，他们一看帐篷的装饰和警卫情况，就知道可能是皇家打猎的营寨。二人一句话也不敢多问，第一个大夫进帐后，见躺着的那个瘦小男人缩成一团，脉相极微，嘴唇抽动，对皇后说："夫人，学生初出茅庐，不敢妄断，还是请李先生诊病吧。"说着就退出营帐。

那位姓李的大夫小心翼翼地进帐诊脉，让病人伸舌，但病人已经张不开嘴巴了，这位李大夫从刚才那位大夫的脸上已经看出了门道。第一，这个病人不是一般人；第二，他的病情非常严重，要是一般病人直说也无妨，但今天这位病人不是皇族也是朝廷重臣，说错一句话可能要掉脑袋，更谈不上挣钱了，他畏畏缩缩地告诉皇后："回夫人，大人的病情确实不轻，小可才疏学浅，还是另请高明吧，以免耽搁治疗。"

说着也退出营帐，皇后也跟着走出帐外，她问三个大夫："病人真的没法治了吗？你们给我交个实底。"

云州来的两个名医谁也不敢讲话，最后还是御医讲了实话："病入膏肓已无常药可用，只好祈求苍天保佑了，也许上天有灵，赐皇——"

他刚要说皇上，皇后瞪了他一眼，他马上改口说："赐黄帝的子民以神灵，病人会神奇般地恢复健康。"

皇后沉静地说："但愿如此，好人会有好报的，告诉账房，如数支付两位先生的诊费，送先生回城。"

那两位名医哪敢接钱，也不要人送，速速离开行营自己回城去了。

两位先生走后不久，耶律贤又睁开了双眼，他努力地想抬起头好像要说什么，皇后赶紧跑过去把他的上身抱起，皇上额头上又渗出几滴冷汗，他用微弱的气息挤出几个字，因为太低沉，只听清："太——绪——"断断续续两个字，只有皇后明白，他是说还没有立太子，要立长子隆绪为太子，但时间已经来不及了，皇上的头向皇后怀里一歪，两手从燕燕紧握的掌中滑脱而落，双脚轻轻一蹬闭上了眼睛，刚刚35岁的耶律贤走完他人生的最后旅程，就在爱他、疼他、替他支撑朝政大厦的爱妻萧燕燕的怀里咽下了最后一口气。

这时的萧燕燕眼前灰蒙蒙一片，站在床前的御医一动不动，燕燕没有哭，也没有喊叫，半天她对御医说："皇上没大事，他太累了，需要休息，你守在这里不要动。"

她走出营帐对卫士说："没有我的命令任何人不许进出御帐。"

卫士问："也包括皇上吗？"

燕燕说："是！包括皇上，所有的人都不许出入！"

自从太祖爷逝世后，没有哪个皇帝不是在刀光剑影下完成交接的，就因为应天皇太后剥夺了太子耶律倍的继承权，而让次子耶律德光继承了皇位，造成了耶律倍一支的极度愤恨。后来耶律德光突然病死栾城，耶律倍的长子耶律阮抢先夺得皇位，险些被其三叔李胡杀掉，这个短命的皇上只做了四年，最后还是死在了察割的刀下。耶律德光的长子耶律璟又重新夺回父亲本应传给他的皇权，把一直阴谋与他作对的三叔李胡杀掉。十八年之后，耶律璟也在李胡之子喜隐的阴谋策划下被杀，多年的积怨酿成多次的谋反和流血。

耶律贤自从把耶律喜隐及其同党铲除之后，两年来稍显安静，但如何对待契丹和汉人两派官员，朝廷上下的分歧仍然很大，是固守契丹旧土还是走强国平天下的路子，两种观念的斗争还十分激烈。

在契丹旧臣中，有些人认为萧氏家族抢占了耶律家族的领导权，尤其对一个女人执掌大辽的军政大权愤愤不平，时刻会出现一股邪恶势力变着法儿与她对抗，只不过有的在明、有的在暗，对此萧燕燕有足够的警惕性，所以她严密封锁了皇上驾崩的消息。这时她想起的第一个人就是南院枢密使韩德让，满朝文武只有他了解自己的宏图大愿，也只有他可以帮助自己摆平朝廷上下的复杂关系，此时此刻容不得她有过多的犹豫和选择，多耽搁一刻就会多一分危险。于是，她亲自书写密札一封装入蜡丸，交到最可靠的御卫手里，千叮咛万嘱咐，"一定要火速亲自交到韩大人手里，对任何人不许透露半点行营的消息。"

韩德让深夜听说有密札从云州传来，就知道出了大事，急忙打开蜡丸一看，果然不出所料，皇上已经驾崩了，这时的韩大将军第一个想到的就是稳住军队，然后就是让已密定的皇储立即赶到先帝的灵位前宣布即位。虽然军队不在他的直接控制下，但他在军界还是有些影响的，于是韩德让深夜找到耶律休哥和耶律斜轸，对他们说："皇后从行营传来消息，说宋朝军队正往南京方向集结靠近，命令各营区保持高度警惕，皇后很快就要回朝，没有皇后的懿旨任何人不得调动一兵一卒。"

休哥和斜轸是军人出身，知道对命令只能服从，他们没有提出任何意见。

韩德让又说："皇后传旨让我马上到行营去见皇上，我速去速回，望二位大人坐守上京，好自为之。"

离开休哥和斜轸后，韩德让马上进宫找到几个嫔妃说："皇上想念梁王隆绪，让微臣陪同梁王前往见驾。"

不等嫔妃答应，他就带着12岁的耶律隆绪离开了皇宫。

幼帝登基年太少
太后摄政掌军机

被关在御帐里的御医知道皇上已经驾崩，但皇后说皇上太累了需要休息，御医就得按活着的皇上对待。他站在皇上的病榻前一动不动，时间长了小腿酸胀、大腿发软，门卫看得严又出不去，他只好一会儿给皇上擦汗倒水，一会儿整理帐内的器件物品，擦擦尘土，这样可以活动活动手脚。

最难打发时间的还是皇后萧燕燕，她一会儿坐在帐里凝神发呆，一会儿到帐外漫无目的地走着，她内藏焦急万分，外表却不露分毫，装作若无其事的样子出出入入跟人打招呼，但她的脑海里却装着万马雷霆。悦耳的鸟鸣在她那里变成了人嘶马叫，红艳艳的鲜花变成了一摊一摊的鲜血，轻轻的关门声也像是刀枪剑戟的撞击声，此时此刻皇后全身的神经绷紧到了极限，这滋味儿不是常人所能体会和忍受的。

大辽国只有几十年的历史，却有不少的"豪杰""谋士"丧生在这个不长的时间中，"权力"是何等的怪物，为什么会让人如此痴迷，它诡秘地变化着形态，又无情地捉弄着所有迷恋着它的人们，它可以让一些"疯子""呆子"高高在上地胡乱指挥千军万马，也可以把贤人俊杰引入死亡之海或推下万丈悬崖，我萧燕燕是个什么样的人呢？我既不是"疯子""呆子"，也绝不能掉下死海或悬崖，老太后错冤了一个耶律倍，引来了一个又疯又呆的混蛋李胡，李胡死在穆宗的权力棒下，喜隐步其父亲李胡后尘还要死命夺回权力这个怪物，他阳奉阴违、耍尽花招，最后也被权力的大棒砸死，喜隐之后还有谁会与我争斗呢？现在没有，也许明天会有，明天没有，也许不知哪天会从哪个暗沟里蹦出个恶鬼，对此绝不能放松警惕。此时任何风吹草动都会让皇后的神经崩折，德让啊，德让，你怎么还不来？皇后心急如焚，其实她派出的御卫刚走一天多，千里之遥就是神马也没有那么快的速度。

第三天傍晚，皇后正在稀疏的星光下凝神望着湛蓝的天空，突然听到一阵急促的马蹄声由远而近，行营的随从们都已入帐休息，不可能会有人跑马打猎，皇后心里明白，肯定是上京来人了，但来的是谁，是凶是吉还很难想象。没等她肚子里的鼓打匀实，有两匹马已经进了营寨，影影绰绰地看见一个大人和一个孩子翻身下马，走近一瞧，正是她朝思暮想的韩德让和长子隆绪，她下意识地往后瞧了瞧，除了那个御卫外没有别人，那颗悬着的心这才落地放实。皇后顾不得多问什么，就把他们拉进皇上的御帐内，这时她才像受了多大委屈似的抽抽噎噎地哭起来，边哭边诉说着皇上发病的过程。

在韩德让面前，这个在平日里伟严神明、在战场上威风凛凛的女中豪杰，竟变成一个悲切可怜的小女人，她似乎找到了靠山和后盾，弄得韩德让不知如何是好，最后还是那位忠于职守的御医对皇后说："皇后您不要过分伤心，小王爷隆绪已经接来了，还是商量一下皇上的后事吧。"

这时皇后才从痛苦中清醒过来，她明白现在的首先任务要宣布新皇帝即位，天下不能没有神灵，朝廷不能没有皇上，国家不能没有君主，只有顺从天意，国家才能安定，臣民才能有所依靠。她叫了声："德让。"很快发现称呼不对，马上改口说："韩将军。"

韩德让应声答道："微臣在。"

"你看新帝什么时候登基好啊？"她问道。

韩德让说："国不能一日无君，当然越快越好。"

她又问："你看谁继承皇位好呢？"

韩德让心里当然明白，无论是原先预定的，还是眼前的现实，只有一个隆绪可以选择，他答道："梁王隆绪自幼勤奋好学，凡事明大义、识大体，他继承皇位可顺民心、得民意。"

她又回头问那个御医："你看呢？"

御医没有想到皇后会征求他的意见，顺口说了声："不。"

她马上转身瞪着眼睛哼了声："嗯？"

御医吓得低头解释说："不！"

问："不什么？说！"

御医说："不是不同意，是说社稷大事，小臣不敢妄言。"

她转怒为喜地说："这么说你同意梁王即位了，好！臣民一致同意梁王继承皇位，隆绪来向父皇叩首谢恩。"

12岁的梁王耶律隆绪还不知道大人们在玩什么游戏，就被拉到父亲的遗体前三叩首，然后被按在椅子上，接受母亲和韩德让及御医的叩拜，小隆绪吓得直向一边躲身。

萧燕燕说："韩爱卿，传令大林牙院随营林牙拟行文书，诏告天下臣民及临邦属国，大辽国景宗皇帝龙驭上宾，举国不幸，万民悲痛，所幸梁王隆绪遵遗诏继承皇位，举国臣民倾尽拥戴，但凡今后朝政不变，与友好待我之邦国亲善如初，各部族院署臣僚宜恪尽职守，南北国民亦应安分耕牧，任何人不得哗乱，如有图谋不轨之举，朝廷将严惩不贷！"

这位新帝就是大辽的第六位皇帝，史称辽圣宗，所谓圣宗盛世即从此开始。

韩德让应声往外走，御医趁机也想往外走，被萧燕燕叫住，问："你干什么去？"

御医说："回皇后，不！太后，微臣有些不适，出去方便方便。"

萧燕燕说："还没到你叫太后的时候，急什么，刚才我和韩大人讲的话你都听见了？"

御医着急地说："没听见，我什么也没听见。"

萧燕燕说："听见就是听见了，如果有人问，就按刚才我说的话讲，只要不是不怀好意，说错了一个半个字朝廷也不会治你罪的。"

御医说："微臣明白。"便站在那里仍一动不动。

萧燕燕说："快去方便吧，这要传扬出去，连御医大小便都不允许，那我不成了昏君恶魔了吗，去吧去吧！"

御医一边擦汗，一边往外走，一股凉风吹过来，御医感到一阵清爽，天啊！这几天他体会到了度日如年的感觉，自由对人是多么重要啊。这次随君捺钵可真是不同寻常呀，御医长长地出了口气。

此次景宗耶律贤病死焦山，所有的丧葬处理及新皇即位都可以在当地进行，大行皇帝遗诏和新帝宣诏即在云州行宫进行，文武大臣及诸部族的王爷国舅都聚集在临时的议政帐内。首先由南院枢密使韩德让带领所有议政官员向景宗皇帝的遗像鞠躬致哀，然后皇后萧燕燕擦了擦红肿的眼睛说："皇帝在位十三年，享年35岁，正值中年英豪之际，突然山陵崩颓，这不仅是国之巨损、朝廷之悲哀，也是大辽臣民的极大不幸，但不幸之幸是先帝洞烛万里早有预料，在病情危急时刻，留下遗言，请韩大人宣布遗诏。"

韩德让从案几上拿起一卷诏书，轻轻展开后，又看了一眼皇后，皇后说："宣！"

韩德让以十分悲切的语调读着："大辽起自远古，迄至今朝，历经千年演化，终成文明之邦，列祖列宗佑护太祖立国，虽数履内乱外患，经我朝蕃汉臣民不懈努力，今朝运日渐昌盛，国力大增，民丁兴旺。朕体力日渐不支，无缘与众爱卿同振江山，朕知必不久于人世，恳托众爱卿佑护梁王耶律隆绪执掌皇权。梁王隆绪幼喜书翰，

10岁能诗,又精骑射,通晓音律,偏好绘画,天性宽容庄重,聪颖过人,伟仪有帝王之度,但隆绪十年有二,适值习练上进之时,母后萧氏才思敏锐,通军机、善理政,军机人事必见奏闻而施行。北院枢密使耶律斜轸、南院枢密使韩德让及诸部署臣僚也应以苍生百姓为念,以既定方略为纲,忠君辅政,切切此嘱,不负朕托。"

这份遗嘱言简意赅,感情真挚,词通意切,不仅总结了历史,也肯定了列祖列宗及当朝君臣的功绩,并指出了今后的国政方针,会上没有一个人提出异议。于是韩德让再次讲话时,除了称隆绪为皇上外,还迫不及待地称萧燕燕为皇太后。萧燕燕说:"新帝尚未颁诏,还是暂不称太后好,不过先帝把如此重任托于我等,是对我等的极端信任,为了大辽国民和不辱皇恩,我们只有以继承太祖的'治国平天下'为使命,无须他途,为了不辜负列祖列宗的殷切期望,纵然肝脑涂地也在所不辞。党项、高丽始终没有真正臣服过,表面上礼贡常往,背地里边事不断,还有那个女真部,你们不要小看他们,虽还没有大动作,但他们武艺精、人心齐,终有一天会成大气候。南边的宋朝觊觎我大辽非止一日,每天都能听闻霍霍磨刀声,不知爱卿们能否睡得安稳?众卿拥戴隆绪为帝,未亡人深感欣慰,但皇上毕竟只有12岁,处事尚浅,先帝委我辅佐,我只有一个脑袋一颗心,后有豺豹千千万,前有虎狼万万千,我纵有三头六臂也难以应付这复杂的局面,谁来辅佐本后啊?迄今为止,不准再分本帮和汉官,众卿都是我大辽国的重臣,只有同心协力治国,才能打败豺狼虎豹平天下。"

以韩德让为代表的汉官心喜不语,耶律和萧氏家族的官员并不十分愉悦,尤其是耶律族的一些老臣,仍感有皇权旁落的滋味,因正值国丧,为防"图谋不轨"之嫌,不便发表议论,所以这次内部议政会顺利通过了所有议程。

会后文武大臣的反应并不完全一样,萧氏家族的人当然高兴,耶律家族的人对萧燕燕当太后摄国政非常不放心,于是有人对先帝遗诏提出质疑,既然是梁王隆绪继承皇位,皇后升为皇太后倒也合情合理,但遗诏上只让她辅佐皇上,为什么没有直接封她为太后呢?难道另有蹊跷?老到世故的契丹官员缄默不语,顶多在极小的范围内饮酒时议论几句。

一个无名之辈乃万十饮酒过量,在宫卫中口出狂言,称刚刚逝去的景宗皇帝的遗诏是假的，老皇帝临死前根本没来得及留遗嘱。一些高层官员只有以怒斥乃万十的形式才敢议论遗诏的问题，有人记起景宗皇帝临终前有个御医一直守在御帐里，他们设法找到了那个御医，问他遗诏是不是伪造的。御医回答说不知道，问他景宗皇帝到底有没有留过遗诏，他也说不知道，问他先帝临终前新帝在没在身边，他都说不知道，这下可就带来了麻烦。吃饭只能顺着吃，听话可以反着听，御医越说不知道，越说明他知道得清清楚楚，迫于压力他只有说不知道，事情越传越大，越传越邪乎，很快就传到韩德让耳朵里，韩德让知道此事非同小可，必须马上向太后禀报。

其实太后也已经听到了这些风言风语，处死这几个小人易如捻蚁，但她琢磨的是，无风不起浪，风又从何处起，她问前来禀报的韩德让："你说有没有遗诏？"

"有啊！"韩德让立即回答。

太后又问："我这个太后是假的吗？"

韩德让说："先帝的长子即位是天经地义，长子的母后做太后当然也是天经地义。"

"那么假从何来？"她捋了捋头发问道。

韩德让不急不忙地回答道："假就假在那些烂嘴舌的官员的脑袋里，多少年来，似乎大辽国的皇权只有抢来的、夺来的才是合法的，因为没有形成一个真正合乎法制的秩序，所以一有先帝离世就会议论纷纷，子承父位有什么不对？子皇母后当然天经地义。"

太后说："好！咱们就把这个天经地义定下来，先帝驾崩长子即位，长子确实因病因残不能理政的，依次递补，没有儿子的可由兄弟或侄辈即位，但要经议政会通过，由皇太后宣诏立帝。过去就因没有定制，每逢先帝驾崩、新帝即位时总要以刀枪说话，甚至皇帝健在时就阴谋篡位，常常为争权夺位兵戎相见，所以皇权不稳，内政混乱，血的教训告诉我们，治国必先治政，治政必先治党，治党必先治朝班，朝纲不正，必出奸佞，我朝短短几十年的历史证明，少则七八年，多则十来年，总有人跳出来乱纲乱政。我们已经不是一个只懂得放牧的游牧群体，而是一个堂堂正正的大辽国，对于那些小人奸佞，不整他们行吗？"

　　她越说越激动，越说声调越高，弄得韩德让插不上嘴，只会随声："是，是！"

　　"不行。"

　　最后韩德让问："太后您看乃万十和那个御医如何处置？"

　　太后说："杀！"

　　韩德让刚要传御卫，太后又说："慢！德让你看如何处置好？"

　　韩德让说："太后，乃万十狂贬朝政十恶不赦，论罪当斩，但他确实是酒后之言，况且又是耶律皇族支系，太后不是说过凡善意议政或指出朝廷不足者不予论罪吗？新帝刚立，人心不稳，不如教训一顿逐出上京更妥。那个御医其实什么话都没说，听说自上次从御帐出去之后，就一直木讷讷的，跟谁也不讲话，两眼直勾勾的，他是个老实人，杀他容易，但罪证不足啊，不如给他些银两放他回乡更得人心，太后您说呢？"

　　太后满意地看了一眼韩德让，只说了一个字："准！"

　　这位新太后训诫不杀的政策得到了中下级官吏的赞赏，一场有惊无险的小小风波很快就过去了，因此朝局稳定，民心所向，没流一滴血就完成了新旧帝位的更迭，这在辽代历史上实属少见。到底辽景宗有没有留下遗诏，遗诏的内容是什么，只有留待后世考证评说，但圣宗盛世确是一段抹不掉的赞歌。

　　辽乾亨二年（980）十月，新帝和太后回到上京，耶律隆绪在母亲萧燕燕的陪同下第一次登上正殿。记得在他6岁时，隆绪和弟弟妹妹玩儿游戏，他们趁御卫不注意，偷偷钻进大殿一通乱折腾，隆绪跳到了龙椅上，弟弟妹妹们个子矮小上不去，急得哇哇直叫。后被御卫发现，御卫劝他们赶快离开，隆绪不听，说什么也不离开，御卫只好报告了皇上，皇上见隆绪在龙椅上跳来跳去十分恼火，并大声吼着让御卫把隆绪拿下，吓得弟弟妹妹们乖乖地跑掉。皇后得知此事后也十分生气，按照宫里的规矩，亵渎神灵和惊驾本应凌迟处死，念其年幼无知，将看护皇子的宫女重责十鞭，"首犯"隆绪关在黑帐里罚念经三天。从此之后，隆绪再也不敢随意靠近这座空荡荡的大殿。今天母亲拉着他的手又一次来到这座森冷的大殿，虽然不是空荡荡的，仍是余惊未除，他瞧着殿内殿外一个个严肃呆立的文武大臣，活像一座座泥塑木雕。太后刚把他扶上龙椅，他下意识地立即翻滚下来，躲在母亲怀里一动不动，萧燕燕对隆绪说："我的儿，你已经是我们大辽国的皇帝了，你必须坐在中间的龙椅上，下边的那些人都是你的臣子，你可以像你父皇一样对他们发号施令，他们会按你的命令办事，哪个敢不听话，你可以任意处置他们，不信你试一试。"

小隆绪眨巴着似信非信的眼睛望着母亲，仍是一动不动。萧燕燕说："去吧，母亲坐在你旁边，从今天起，你就是'万岁'了，但你不能随便发号施令，有事必须先告诉我，我同意了你再下命令。"

说着又把小皇帝隆绪领到龙椅上，这次他没有跑，直挺挺地坐在母亲旁边。刚刚坐好，只见下边那些"泥塑木雕"突然活动起来，转身望着他大声喊道："皇上万岁，万岁，万万岁！皇太后万岁，万岁，万万岁！"就在这第一次的朝臣会上，群臣为新皇帝上尊号曰昭圣皇帝（即辽圣宗），萧燕燕也被尊为皇太后。

新帝在皇太后的导演下，宣布全国大赦。为了安抚耶律家族不平衡的心理，在重新任命的一批大臣中，主要是耶律家族中有影响的人物，其中南院大王耶律勃古哲为山西诸州总领管，北院大王耶律休哥为南面行军都统，奚王耶律和朔奴为南面行军副都统，老资格的荆王耶律道隐为南京留守，为了平衡势力，把同章政事门下平章事萧道宁派为本部军驻南京首领。

两个月后，韩德让的老父亲韩匡嗣和老臣荆王耶律道隐相继病逝，太后追封耶律道隐为晋王，为此而辍朝三日，太后亲自到道隐的府上抚慰眷属。后马上改派耶律休哥为南京留守，赐授南面行营总管印绶，总管边境事务，并封景宗皇帝的庶兄耶律只没为宁王。对其他有贡献却没有加封的臣僚则予以重奖。

经过一阵紧锣密鼓的操划，在完成了以上实质性的程序之后，才开始处理景宗皇帝的后事，操办皇帝登极、册封皇太后的仪式，接待邻邦的吊唁和对新帝上任、太后就位的祝贺。

统和元年（983）五月，即开始册封皇太后仪式的准备工作，先是杀青牛白马祭天地，然后拜祖岭木叶山。六月正式册封皇太后的仪式如同当年册封应天皇太后，但规模比老太后那时要大得多，也热闹得多。皇上率群臣上皇太后尊号为承天皇太后，同年改年号为统和，诏令大赦，万民欢腾，人神同乐。

白天欢歌曼舞，夜晚灯火辉煌，三品以上的官员，太后和圣上亲赐御酒，酒至正酣，韩德让问萧太后：“先帝一生为大辽国臣民鞠躬尽瘁，太后克己奉公、体恤众生，为群臣谋福谋利，先帝已乘鹤而去，在此万众欢庆的日子，太后难道什么都不要吗？”

其他官员也附和着说：“是啊，太后您要点什么呢？”

太后抿了一口酒说：“既然爱卿肯大方，就请把我那只草青马换换吧。”

韩德让立即喊道：“为太后呈献神骑御马！”

话音刚落，一匹雪白色的高头神驹已经牵到殿门外，那马好像找到了疼爱它的主人，一阵“虎儿，虎儿”地欢叫，冲太后晃着头颈，右前蹄不断跺着地，这是太后盼望已久的神骑，白色象征着纯清的神明，高头大马象征着至高无上的权力，契丹人的始祖是骑着白马来到潢河河边的男人，今天我要骑着白马越过潢河，骑男人的马，做男人的事，让天下的男子汉都问一问，“大辽国的掌权人是女还是男？”

理朝治家图大计
巧解纲常服人心

自从景宗皇帝病情加重时开始，朝政大事几乎都落在萧燕燕一人身上，由于喜隐父子的阴谋捣乱，朝纲紊乱，国事被搅得一塌糊涂。家事也无暇顾及，女儿到了婚嫁的年纪尚未选偶，连立太子的大事都未及处理，自己虽有军政决断之权，但皇上尚在，一个权力再大的皇后终究不能为所欲为地发号施令，需要经过议政后向皇帝汇报请示，然后才可以发布诏令。一个刚刚30岁的女人，正是柔情似水、风华正茂的时候，但燕燕却气力双亏，面带青色，白净的皮肤上爬出道道细纹，细心的女儿们常能在她的耳后找出几根银丝，唯一让人感到青春活力的是那双闪光的眸子，她进宫十几年来，不仅尝尽人间欢乐之情，也看够了世上的鬼蜮魍魉，战争和贫困使她增长了许多新学问，不服输的倔强性格和一双聪颖的慧眼给了她战胜一切的勇气。

景宗皇帝的去世给了她沉重的打击，也给她增添了巨大的压力，但同时又让她有了一种如释重负的感觉，一是不用再每天为病重的丈夫操心，二是少了一个"顶头上司"，做事情更干净利索。虽然还有一个新皇帝在身边，但这个儿皇帝毕竟只有12岁，他还不知道怎样做皇帝，朝会已经明确母后代帝摄政，这样她就可以重新规划未来，放心自主地决断大事小情。

在梳理密麻烦乱的朝系、族系和复杂的人事关系时，她又感到无从下手，五六十年来织成的这张巨网揪不折、扯不断，有时抽一丝会牵动全身，尽管她有至高无上的权力，但也不能把所有的朝臣、族戚都罢免掉，更新朝政和维持稳定哪个更重要，哪个更要摆在前边？连续数日的苦苦思索也理不出一个头绪。如今喜隐父子式的明枪已经不见，但有没有蓄势待发的暗箭呢？这又不得而知，半个月后她终于得出一个结论：在稳定的基础上更新，更新为了更加稳定，大辽国是盘磨，我就是磨盘芯，磨盘转动可以快、可以慢，也可以颠簸起伏，但轴心不能乱更不能倒。谁来保我轴心不乱不倒？靠皇亲大王？靠国舅族帐？他们关心的不是朝廷的安危和大辽国的百姓，他们关心的是自己官位俸禄的高低、奴隶和牲畜的多少，这些人不能不用，但不可重用。思来想去，还是她的德让哥德才兼备、文武双全，一个汉人，明知永远也当不上大辽的皇上，却也忠心保国，一心为朝廷，他对我从没有三心二意过，倒是我慑于皇命背叛了他的一片衷情，主意已定，我要找德让哥聊聊。

唐乾宁三年（896）六月，萧燕燕被正式册封为皇太后，七月皇太后开始临朝听政，大殿正位上同时坐着两个人，一个是皇太后，旁边是小皇上耶律隆绪。隆绪不耐烦地听着大人们说些无聊的话题，正坐得难受时，一只燕子追着一只飞虫进了大殿，隆绪开始坐不住了，眼睛盯着燕子，身体不停地扭动，太后用腿碰了一下隆绪的腿，隆绪似乎毫无知觉，继续追踪着殿内盘旋的飞燕，太后只好对站在后边的侍卫说："去，侍候皇上下去方便。"

隆绪像出笼的小鸟似的跑出这烦人的大殿，两个侍卫跟在后边一溜小跑奔向后宫苑。

太后接着说："皇上年纪尚小，我们这些皇族国戚更应该为朝廷分忧，几年来，我们忙着与宋朝作战，无暇顾及北边的几个小对手，现在高丽与我朝面合心离，女真蠢蠢欲动，突厥残部和党项各部复叛，如果让南朝钻了空子，与东边的高丽、女真，北边的突厥和西边的党项勾结在一起，我们就真要四面受敌，从而陷入人家的包围圈了。你们的牛羊，统统都是人家锅里的肉，到那时，奴隶们就会起来加入人家的队伍，咱们就只好当人家的奴隶，你们的娇妻美妾会变成人家的宫使，你们的公主会被送给饥渴如狼的下层兵吏，不顺从的就被刀劈斧剁变成一堆肉酱，我这不是危言耸听，形势如此，确实得好好掂量掂量。"

一番耸人听闻的煽侃真把这些王公大臣们吓住了，个个目瞪口呆，面面相觑。

经常参加军政会议的人员大体上分三类：一是耶律家族的皇叔、皇兄、皇弟及各类军政大臣；二是萧氏家族的国舅们；三是各个时期投奔契丹王朝的各族臣僚，其中以汉人为主。除了一些非常统一的问题外，凡涉及根本利益的问题，基本上是以这三个派别分成三种意见，听了太后的国情通报后，最先表示效忠新帝和太后的当然是萧氏家族的国舅派，他们欣喜若狂地欢庆萧氏家族得到了国家最高权力，因害怕权力得而复失，所以争先恐后地表示要与异族势力斗争到底，保卫国家、保卫朝廷、保卫皇权。

耶律氏的一些官员则不那么热烈，景宗的庶兄耶律只没为人本分，对权力没有太大的兴趣，所以在宫中和朝中矛盾较少，有一定的威望和影响，他对太后说："家事再大较之国事也是小事，虎狼当道，应齐心协力拒虎狼于门外。万望太后不避辛劳，辅佐皇上以固国防。"这些话让太后感到一丝欣慰。

老臣耶律道隐是耶律倍的第五子，是太祖的孙子，母亲为高氏，早年耶律倍遭唐主李从珂迫害时，道隐尚小，多亏了洛阳一个和尚匿而养之，故名道隐。直到太宗灭唐后才返回上京，长大后的道隐文武双全，景宗即位后封为蜀王，任上京和南京留守期间，他恪尽职守，所辖之地业乐民安，后被封为荆王，是朝臣中资深倚重、最为正统的元老派代表。他对萧太后执掌辽国大权也有疑惑，但自己年迈多病，所以缄口不言，太后看在眼里，记在心上。

老将耶律沙和耶律休哥一直征战疆场，对打仗虽不喜欢，但并不害怕，作为久经沙场的朝臣，在战争的当口无论如何也不能示弱，在皇权面前只能表示为朝廷和国家而战不惜牺牲一切，他们几乎同时向太后表示："臣在，皇土在，决不让异族势力掠走半寸土地，请皇上和太后放心。"

耶律奚底、耶律抹只和耶律斜轸欲言又止的神态太后看得清清楚楚，太后心里明白，好听的话说出来帮不了多大的忙，反对的话他们不敢也不可能讲，存在心里犹犹豫豫的话不说也罢，大家彼此磨合观察，总比激化矛盾好。

年近七旬的汉臣室昉是南京人，自幼勤学好问，进士出身，太宗时即入辽为总礼仪等职，官至枢密使兼北府宰相，默默无闻地负责监修国史。景宗皇帝宾天后，欲以老告退，在他眼里，谁上谁下、孰是孰非都无关紧要，在好友韩德让和耶律斜轸的劝说下，才同意留下来同心辅政。他听了太后对形式的一番分析后，如同喝了一碗白开水，有滋而无味，他不紧不慢地说："我掂量着，要想草原上不刮风是不可能的，但无论多大的风只能吹走浮尘和枯草，根深的大树和底硬的山石是刮不走的，宋人也好，北方各部落也好，无论他们结成什么联盟，只要我们不分裂，没有什么了不起的。"

太后听了默默点头，她心里想：到底是多喝了几年墨水。

而同是汉臣的韩德让却对政权的更迭和巩固异常关心，在他的心里，契丹和汉唐、汉宋没有什么区别，只有地域的不同，皇室和黎民地位的不同。他的地位和前程已经紧紧系在了太后的马鞍上，听了诸位大臣的发言后，他心里明白，说与不说是一个样，这就如同棋盘上的每一颗棋子，各有各的路，各尽各的力，战和守都有胜和败两种可能，关键是走什么路，看团体作战的能力如何，但他没有讲，只说了句："微臣愿听太后调遣。"这让太后非常失望。

在半天的议政会上，大家各吹各的号，各唱各的调，总算都亮了亮相，散会时，太后说："晚上请韩爱卿到后宫来一趟，我们再议一议。"

韩德让说："是，微臣领旨。"

太后回到后宫，几个儿女都围拢过来，二女儿长寿女说："母后，您快把我们忘记了。"

小女儿延寿女也搂住她的脖子说："我叫什么？您还记得吗？"说着咯咯地笑起来。

太后感到一身的轻松，也笑着说："我不认识你，去！死丫头，黑夜里我能看清你的影，扒在草堆里我也能闻出你的味，看你大姐多老实。"

大姐观音女和次子隆庆站在一边抿着嘴光乐不说话，长寿女说："她老实？她一肚子弯弯肠子，光想着她的继先叔，我和小妹没的惦记，就整天想着母后，对吧，小妹？"

延寿女说："对，对。"

观音女也不示弱："母后您快给长寿女找个惦记的人吧，要不她憋得难受，我可受不了。"

三子隆佑说："延寿女呢？"

观音女说："小妹不要那东西，光要母后和大姐，是吧？"

延寿女说："不要，不要！"她一下子就站在了大姐观音女一边。萧燕燕看着满屋的儿女喜在心里，笑在脸上。

一会儿御膳房送上晚餐，一家人围在餐桌旁有说有笑，其乐融融。饭前长寿女挑起的战争，她没有取胜不服气，吃饱喝足又要发起进攻，燕燕正想看个热闹，突然御卫报告："总宿卫韩大人到！"

她这才想起自己还约了韩德让，正要起身迎接，韩德让已经跨进了门，施礼后落座，见满屋的儿女谈兴正浓，不好意思地说："微臣来得不是时候。"

太后说："爱卿不必客气，你来得正好，看看他们有没有长进。"

韩德让说："皇子、公主在太后的教诲下，还能有错？皇子浓眉大眼、体壮肩阔，公主们容貌美丽、活泼开朗，太后您好福气啊！"

太后让孩子们到书房去读书，她要和韩德让商讨朝政大事。太后问："今天的朝政会你以为开得如何？"

在太后一个人面前，韩德让可以放心大胆地讲话了，他说："有的人心直口快但无关大局，有的人——"

太后抢先说："犹抱琵琶半遮面吧？"

"对，对对！"韩德让说。

太后又问："还有的人呢？"

韩德让说："心怀不悦装哑巴。"

太后说："一个国家如同一个家庭，对败家反叛的厉行家法，绝不客气，但这是少数，能跟上走的就拉着他走，心存疑虑的允许他走着看，真正顶梁扛柱的不多，德让你的责任不轻啊，大辽这座大厦我们不撑谁撑？我一个妇道人家，总有一天要下来，唐朝的武则天怎么样？名副其实的皇帝到了时候不还是要交权。但我在一天，就要把大厦的基础打牢一天。"

韩德让说："微臣才薄，难免让太后失望，只要太后健在，德让愿尽犬马之劳。"

萧燕燕摸准了韩德让的心思之后，主动把凳子往韩德让跟前挪了挪，摇着头嗔怪地说："德让啊，我找你可不是让你来唱赞歌或表决心的，你的心我早在十几年前就知道了，大辽这驾车是你拉还是我拉？"

一句话把韩德让说得不自在起来，但同时也让他增添了几分温情暖意，景宗皇帝已经永远离开了，他心里倒也坦然许多，两个人越谈越热乎。

在谈到朝政大事和人事安排时，萧燕燕又一脸严肃地问："下边的戏你看怎么唱？"

刚才的一番温情回忆大大拉近了君臣之间的距离，韩德让说："我们就唱'霸王别姬'吧。"

萧燕燕说："你想溜？没那么容易，上了我的船就别想下去，内内外外这么多事都要我去处理，累死我也处理不完，既然你口口声声说愿尽犬马之劳，我就成全了你，本后任你为宫禁宿卫总司使，加开府仪同三司，并兼任政事令，今后宫中的大事小情都离不开你，有人上奏、上令下谕、迎来送往都要先经你审办，再交到我这里。"

韩德让明白，太后这是不让自己离她太远，关键是宫禁宿卫总司使一职，要随叫随到。

关于邻邦关系，他们很快达成共识，对北面异族小部的挑衅，坚决予以还击，不给他们留任何喘息的机会。国朝正处于调整时期，对宋朝则应暂取"人不犯我，我不犯人"的策略，南朝皇帝赵光义因打了几次胜仗而得意扬扬，士气也正旺，应避其锋芒，伺机而战。萧燕燕心里明白：辽国地处漠北荒原，气候恶劣，粮草匮乏，作战物资奇缺，要打败宋朝谈何容易。韩德让说："要平天下不能单靠勇猛拼杀，孙子兵法十三篇，第二篇就讲：'凡用兵之法，驰车千驷，革车千乘，带甲十万，千里馈粮，则内外之费，宾客之用，胶漆之才，车甲之奉，日费千金，然后十万之师举之'。"

萧燕燕说："我一直在思虑，契丹人以圣马占取草原可以，但要占取中原则难之又难，我主张契丹人也要耕种粟米、冶炼铜铁，女人要学习纺织，不仅要学习技术，更要学习中原文化，过去一些元老旧臣目光短浅，反对学习中原文化，反对重用汉官，要不是石敬瑭主动送来燕云十六州，大辽至今仍然还是那片荒漠和草原，今后凡有汉人来投，一定要以礼相待，量才重用。"

韩德让说："太后明鉴，实我大辽臣民之福。"

萧燕燕会意地一笑，笑得那么天真，那么灿烂，似乎时间又回到二十年前的那段幸福时刻。

渤海挞马解里曾受先帝厚恩，听到太后礼厚老臣的消息，乞求殉葬，以表忠孝之心，太后十分感动，但绝不允许。她立即派遣休哥和奚王筹宁送去熬好的汤药，嘱慰好好调养身体，努力为国效劳。经过一番抚慰安置，大部分朝臣已不再心存疑虑，耶律沙、耶律奚底和耶律斜轸见太后如此厚待老臣，逐渐消除了隔阂，太后也没动他们的职位，彼此之间又建立了新的君臣关系，上下和谐，相安无事。

粗看起来，这似乎已经完成了朝政的更新，但太后肚子里的主意只有韩德让明白，抚慰老将、安排旧臣只是更新的一小部分，更重要的是要让自己信得过的新一代递补上去。汉官室昉天资聪慧、博学多才，在韩德让的提议下升为宰相。耶律化哥为北院大王，解领为南院大王。在派耶律抹只任东京留守的同时，派萧氏家族的后起之秀萧道宁为辽兴军节度使，并赐"忠臣左理功臣"勋号，名曰"协助"抹只。两个月后又将国舅萧道宁调回上京任政事门下平章事，太后的远房弟弟萧挞凛任彰德军节度使。国舅帐的萧排押善骑射、多谋略，委以左皮室军详稳之职，萧恒德任南面的文职林牙。这次朝政更新最显眼的是韩德让的几个弟弟，他们都在军界担任了职务，官阶虽不高，但职位十分重要，韩德威为西北面招讨使，负责荡平党项等异寇，韩德凝为崇义军节度使。

新的施政纲领一项一项落实后，不仅没有引起轩然大波，一些中下级官吏还表示了很大的热情，对新的朝政寄予希望。上层少数守旧派还有些疑虑，但眼下没有损伤他们的利益，所以对此也没有任何明显的反对活动。

太后在高兴之余又想起了她的德让哥，宿卫总司使的执事室离后宫很近，三天两头被传进后宫的韩德让不仅不嫌麻烦，而且乐意为太后做任何事情，他看到太后几乎采纳了他的所有建议，心里有一种成就感和满足感。太后有了这个难得的高参，事事顺利，心情愉悦，从此德让哥的影子总在她的脑海里转悠，不管大事小事总爱找韩德让商量。

一天夜里，太后无论如何也睡不着，一会儿在南京手牵手，一会儿在草原上追逐戏耍。"传令韩将军！"她的叫声惊醒了旁边的小公主，问道："母后，怎么了？"萧燕燕马上说："母后做了一个梦，没事，睡吧。"

第二天一早，她就要召见韩德让，向他讲述夜里的梦，韩德让边听边笑着问："太后不会只是让我来听梦的吧？"

萧燕燕说："看着这些儿女真高兴，可有时也真麻烦，该走的就让他们走，没走的也要找个主儿，我找你来商量一下这几个女儿的婚姻大事。"

韩德让不仅是朝廷大事的参谋，对太后的家事也是尽心尽力，韩德让说："长公主观音女既然定了下嫁萧继先，就抓紧办了吧，继先是咱们看着长大的，封了驸马后可以让他担更重的担子。二公主长寿女机灵活泼，将来能成大事，要找个有出息、有能力的人，太后您看上谁了？"

太后说："我看汉人小伙子个个都不错，但祖上的规矩不能破，为了契丹和大辽的团结和巩固，耶律氏的公主还要进萧家，你看排押这孩子怎么样？"

韩德让说："国舅少父房的后代还能有错，不仅骑射技术好，办事也肯动脑子，刚刚任了左皮室详稳，操练认真，办事利索，是个好苗子。"

就这样又一个驸马选定了。小公主尚小，过几年再选不晚。韩德让说："隆庆也很聪明，也应封王了。"

太后说："议政会上定吧。"后经议政会认定，封次子耶律隆庆为恒王。

就在那次议政上，萧燕燕遇到了意想不到的麻烦，国舅族老臣萧干对太后鼓吹的汉人文化提出挑战，当太后说到要以汉治汉必须学习汉人文化时，几次会上一直没发言的萧干站起来说道："太后秉承先帝遗志辅佐摄政深得朝臣拥戴，我契丹祖先创造了契丹文化，太后一直倡导学习汉人文化，这恐有悖于列祖列宗的原意。"

太后看了一眼萧干说："学习先进的东西，为我所用，这不会违背祖先的遗志吧？"

萧干问："太后，微臣知道汉人的文化里有'三纲五常'的说法，太后认为也要学习吗？"

太后说："一切有用的东西都要学。"

萧干又问道："请太后明示哪三纲？"

韩德让怕惹出麻烦，赶紧站起来想打个圆场，太后说："韩将军坐下，既然萧爱卿出了考题，我这个学生不能不答题，君为臣纲，父为子纲，夫为妻纲。"

萧干追问："五常呢？"

群臣面面相觑，都为萧干捏着一把汗。

太后说："仁、义、礼、智、信。学生答得对吗？太师。"

萧干是北府宰相萧敌鲁的儿子，敌鲁日夜跟随太祖左右，深得太祖宠信，萧干也就从小养成了憨直的性格，认准的事情不回头，因屡立战功，先皇景宗和太后对他一直很尊重。他看不惯太后迷信汉人汉文化的行为，尤其不喜欢汉官，所以提出这么个刁钻的问题。太后答出三纲五常后，他又挑衅地问："太后提倡学习汉文化，我朝如何学呢？太后和皇上之间谁是君谁是臣？皇上无父何以论纲？太后无夫又何以论常？"

这下把群臣吓得面无血色，有的已大汗淋漓。韩德让也沉不住气了，但又不知如何是好。太后却不慌不忙地说："三纲五常乃汉礼要典，是规范所有人的纲纪，皇上当然是君，其他人都是臣，在皇上无力行使君权时，他的母后暂行摄政，行使君权，这符合契丹礼仪吧，谁在君位行使君权谁就是君，其他人都是臣。小皇帝无父不能论纲，先皇帝无父的先例更多，难道就不能论纲，父亲已经故去，但父亲的神灵在、陵墓在，他就永远是纲，尊父、敬父、按父王的遗愿理家、理政就可以论纲，母亲代行父权就是纲。同样，丈夫死了仍然可以论纲，众位爱卿发现本后有不忠于丈夫的行为吗？常乃常伦、常纲，如果做到了三纲，仁、义、礼、智、信易如五指抓物，不知萧爱卿发现本朝有何违背三纲五常之举？"

太后的一席话把萧干问得哑口无言，群臣听得目瞪口呆，这时韩德让也从惊骇中清醒过来，他接过太后的话茬儿说："上天以其好生之德，安排其子民于四方，其实契丹人与南方之汉人只是地域不同，习惯不同，才形成了不同的文化理念，这并不影响我们强国富民，更不会影响我们治国平天下。"

散朝后，韩德让心有余悸地望着太后说："这位萧大人可把我吓着了，对如此狂妄之徒该如何处治？请太后降旨。"

太后说："议政会允许人家讲话，不必理会他，一个莽撞的粗人，早晚会碰壁的，何必劳累本后呢，能在朝堂上公开质问摄政太后，总比躲在阴沟里放暗箭好，他输了理无言可答，众臣不是都听见了吗，还是那句话，治国先治人，治人要治心，身服不如口服，口服不如心服。"

韩德让叹道："对公开敌视君王的人，太后竟如此豁然处之，实属古今罕有，有如此大度明君治国，臣焉能不服，国焉能不强，天下又何能不平。"

太后没有讲话，只是温情地朝韩德让一笑，韩德让看着她无言的一笑，先是左眉往上一挑，然后两眼微闭着转过了身去。

此时的萧燕燕已是铁拳在握的皇太后，她清楚韩德让这细微的感情变化。久而久之，他们的举动被人发现传到了韩氏家族中，韩德让的夫人李氏也是个大家闺秀，岂能容得下丈夫如此不忠，开头想以夫妻之情感化韩德让，后又以把事情当众公开相威胁，韩德让也曾表示过不再与萧燕燕来往，但萧燕燕岂能轻易放过这块到嘴的肉，经常以商讨军机大事为由把其他人赶走，两个人一商量就是大半夜。

李氏与韩德让成亲已经有些年头，可是从没给韩德让怀过一儿半女，韩德让见夫人经常监视自己的行踪，逐渐对李氏失去了耐心，但毕竟没有找到什么可责怪李氏的把柄，就这么凑合着过日子，但这明不明、暗不暗的感情生活确实让他有些为难。

出三军虚张声势
打女真一箭三雕

经过更新整顿，朝廷上下对太后的摄政纲领再无异议，南、北两院各司其职，皇族、国舅帐也都齐心治国。萧燕燕紧张的情绪才有所放松，她突然想起应该去祭扫父亲萧思温的陵墓，告诉他老人家，女儿没有辜负他的希望。

在琢磨如何去告慰父亲的同时，一个阴毒可怕的想法也产生了。她一方面让韩德让和萧继先做些准备，另一方面琢磨着李氏这块绊脚石，如果不把她搬掉，不仅自己没有幸福，而且还会闹出许多事端来。虽然拿掉李氏易如割草，但弄不好也会惹麻烦，所以此事必须做得干净利索，不留马脚。她刚刚舒展开的眉头重又拧成一个疙瘩，在殿里来回踱着步子，口里轻轻念着"一、二、三"，当她正聚精会神地思考着自己的计划时，韩德让进殿问道："太后，一切准备停当，我们何时动身？"

萧燕燕说："既然已经准备好，明日即可动身。"

八月初的清晨，草原上仍是百花争艳，晶莹的露珠挂在花枝上，在朝阳的映衬下放射着迷人的光彩。一队皇家人马急促西行而过，鸟不惊飞，花不羞闭，似乎都在为出行的人们欢送、歌唱。太后和小皇上隆绪并缰齐驱，这是小皇上第一次为外公扫墓，他显得特别兴奋。紧随其后的王公大臣也乐得出城换换空气，韩德让可不敢有半点儿松懈，他一边催促领头的御卫走快，又要走好。一路上太后心情愉悦，不断地向旁边的大臣问这问那，当走到一个用树枝围成的屯子时，屯外有几个农夫在翻过的土里埋撒什么东西，太后问："他们在干什么？"

韩德让回道："他们在练习播种黍米。"

太后说："现在太晚了吧？"

韩德让说："这是汉人带给他们的种子，只是练习一下，明年四月才正式播种呢。"

太后十分高兴地说："好，好！要让所有的契丹牧民都学会种粮食，有了牲畜再有粮食吃，我们的日子就好过了。"

在祭扫完父亲萧思温回来的路上，大臣们提出太后这些日子十分辛劳，应该打几只猎物休息几天再走，韩德让也同意这个意见，太后也想让隆绪、隆庆演练演练跑马射箭的真功夫，于是决定在赤山东麓安营扎寨。一天下来收获颇丰，不分官职大小，只按猎物的多少赐御酒，但猎物少的要多喝酒，没有猎物的要给人家倒酒，然后跳舞为大家助兴，太后边喝酒边看着臣子们戏耍玩闹，几天的劳累全消。

正当君臣们玩得兴高采烈时，营卫报告："南京遣差来报，党项残寇犯境作乱，掳走我朝边民和牲畜，请太后降旨，是否征讨。"

太后说："知道了。"继续参与臣子们的罚酒游戏。

一会儿营卫又来报告说："东京来报，生女真部首领完颜石鲁与高丽勾结，大量打造兵器，并从高丽购进新弩，集结数十万兵民，正向西缓缓移动，东京附近的熟女真亦蠢蠢欲动，请太后降旨。"

太后说："看来敌人是不愿意让我休息，他们到了哪里？"

营卫说："东京差使说刚过鸭绿江。"

太后说："敌人不让休息就不休息，通知北院枢密使、东京留守和东北面招讨使火速来赤山。"

军政大臣们集中在赤山的御帐里，文官们若无其事，武官们早已跃跃欲试，主张全面出击，让贼寇们尝尝大辽的厉害。也有的人不同意全面出击，他们认为大辽虽然经过更新整顿，清除了叛臣，上下齐心，但有限的兵力不可分散，否则会首尾不能相顾，易遭敌人暗算。太后一言不发，任大臣们随意地争论，她心里的算盘只有韩德让清楚，但韩德让也不明显站在哪一方。约莫过了两个时辰，论战的烽火才逐步熄灭，太后对坐在她身边的韩德让耳语了几句，谁也没有听清楚，太后从御榻上站起来说："好！众爱卿赤胆忠心为大辽献计献策，我和皇上感谢你们，列祖列宗在天有灵也会为有这样的忠臣良将感到欣慰。凡是犯我大辽的异寇我们绝不留情，命韩德威将军率领十万大军西征党项，耶律颇德为南京统军使，协助韩部征讨。耶律斜轸将军率两万大军屯军东京，阻挡女真西进，驸马都尉萧恩德为监军。萧挞凛将军率两万大军东征高丽。耶律抹只将军率三万大军征突厥残部。大家回去准备一下，十日后听令出征，此次会议内容不保密，要广泛宣传圣战的重要性和正义性，鼓舞军心，壮我国威。"

　　一些武将感到有些疑惑，但决定已下，他们不再提任何建议，文官们也有些不适应，不知太后的葫芦里卖的什么药，也不敢乱发议论，都乖乖地离开了御帐。

　　短短十天的时间里，大辽要四面出击的消息不胫而走，首先害怕的是党项，十万大军对付小小的党项，犹如以石击卵。女真没有被列入重点攻击对象，心里要比高丽踏实得多。最紧张的倒是没有列入攻击对象的宋军，宋太宗急忙召集军政联席会议，分析辽军的虚实动态，他们知道萧太后有汉官韩德让作谋划，经过更新整顿后的辽军上下齐心、士气旺盛，萧太后会不会声东击西，此事不可不防，于是一边派出探马奸细探听南京方面的真实消息，一边紧急调集部队布防北部边境。

　　八月下旬，太后回到上京的第三天，四路人马会集在上京南郊的练兵场，各路帅旗迎风招展，鼓声震天，乐声齐鸣，四周围满了送行和看热闹的各族百姓。只见北边方向一阵骚动，但很快就安静下来，太后全身披挂，在八个高大御卫的护卫下健步登上山丘，然后又登上临时搭起的祭天台，后边跟着小皇上耶律隆绪，礼仪官高喊："青牛白马祭天地！"

　　四个健壮的军士立即将一头白马和一头青牛牵到左侧的台地上，拴在早已准备好的宰牲架上，军士手持利剑以利落的动作将青牛和白马刺死，然后把牛血和马血接入盛着酒的大缸里，军士抬着血酒走到祭天台下，由御卫盛出一碗送到太后跟前，太后象征性地喝了一口，御卫把其他的血酒洒在山坡上。礼仪官又喊："射鬼箭！"

　　只见祭天台右侧的柱子上绑着一个刚从狱中提出的死囚，听到喊声，一队军士搭在弓上的箭立即射出，"嗖嗖嗖"一箭不空地扎在死囚的身上，那个"鬼"应声坠地，全场欢声雷动。太后正了正头盔，向台下挥了挥手，全场鸦雀无声，她对台下的将士们喊道："大辽能有今天，一是有列祖列宗的护佑，二是有千万忠心保国的贤臣良将和勇猛军士，今又有异邦贼寇犯我边境，企图亡我大辽，你们答应吗？问问你们手中的利刀快剑答应吗？"

　　"不答应！"

　　站在远处的士兵根本听不清太后说的什么话，也跟着举起手中的武器。太后说："那好，御敌于国门外，杀敌于疆场。要牢牢记住，兵贵神速，兵贵善变，兵贵铁的纪律！一定要令行禁止。待你们凯旋时，我亲自迎接你们，为你们接风，兵分四路，出发！"

乐声四起，旌旗飞舞，鼓声震耳欲聋，韩德威、耶律斜轸、萧挞凛和耶律抹只四路统军元帅骑在战马上一声吼，各路大军立即开拔，几十万大军浩浩荡荡地向着各自的目标进发。

萧太后虽然披挂整齐，但并没有跟随哪路大军出发，她望着渐渐远去的各路大军，心绪起伏，凝眉锁目，小皇上隆绪第一次见这么大的阵势，觉得既新鲜又好玩儿，不断地拉着太后的手问这问那，太后满脸严肃地告诉他："这是出征仪式，你长大以后就可以向他们发令，他们必须按你的命令行动，杀敌保国，忠于朝廷，这就是皇上应该做的。"

耶律隆绪似懂非懂地点着头。

这种大规模的出征仪式，是辽代历史上少有的军事行动，震动了朝野，更惊动了邻邦属国，他们纷纷采取行动，或整伍待战，或遣使进贡以探究竟。

韩德威和耶律颇德骑马走在队伍的最前方，他们分析着这次讨伐党项的胜败与得失，也疑惑太后发动全面进攻的真实用意，韩德威说："既然领了战牌，不管是什么用意，十万大军对付党项，只能胜不能败。"

萧恳德说："太后肯发十万大军给我们，就说明太后对西线十分重视，对！只能赢不能输，否则不仅不能面君，跟自己的儿子也没法交代。"他们边走边盘算着如何打好这一仗。

党项是一个古老的少数民族，最初活动在四川西北部及青海一带，过着狩猎和游牧的生活，其中以拓跋氏部落最强盛。唐朝时，他们沿黄河向东北方向迁移，与汉族杂居的过程中，学会了耕种，在汉文化的影响下，不仅经济有了发展，而且产生了商品交换。日渐强盛的党项不断地在唐朝西部地区进行骚扰和掠夺，因此也遭到唐朝的残酷镇压。

契丹人成立了大辽国后，党项仍不断袭扰辽西部边境，辽太祖和辽太宗时，曾多次征讨他们，党项首领曾对辽称臣，并进贡修好，几十年来，他们与大辽的关系时紧时松。自辽景宗去世后，他们以为新帝尚小，无力攻打他们，便放肆地抢掠牲畜和边民，有时竟深入潢河以东，直接威胁到大辽西南地区的安全。太后非常重视这次征讨，但对付小小的党项用十万大军确实令人不解，这个谜底只有韩德让等少数几个人知道。

党项方面得知大辽派重兵征讨他们时，深知自己不是辽军的对手，还没等韩德威的部队进入云州地区，便收兵缩回山里。

其实韩德威的十万大军出发两天后，就接到太后的手谕，命他们留两万人马由耶律颇德率领继续向西南方向进发，其他八万人马由韩德威率领折头返回，从上京南侧向东开去，党项并不了解这一重大军事变故，被十万之众吓坏，急忙撤退，所以辽军没费一枪一箭就取得了"辉煌胜利"，这是萧太后预料之中的事。

韩德威率领的八万军队按太后的命令三天后追上了萧挞凛的部队，两军混合编制，由萧挞凛任统军，韩德威任监军，共计十万大军沿潢河南侧向东进发，经过三天三夜的急行军，不仅士兵们劳累不堪，一些将校指挥官也感到吃不消，萧挞凛说："休息一下再走吧，长时间的急行军士兵们会累病的。"

韩德威说："好，磨刀不误砍柴工，不过前方就是潢河与土河的交汇处，我们驻扎在两河之间非常危险，等渡过土河再休息吧。"

他们于当天深夜渡往西南过了土河，一边安排军队原地休息，不准袭扰百姓，一边派出探马了解前方熟女真的动静。拂晓前探马回来报告说："东京附近的百姓安然无事，部分熟女真人开始有些恐慌，但听说这次主要是征讨高丽，也就不再有人害怕，一路未见异常。"

萧挞凛和韩德威也放了心，只要熟女真不闹事，就不会坏大事，萧挞凛两眼发涩，头颈酸软，不一会儿就呼呼地睡着了。韩德威也回自己的帐里休息去了。

第二天当第一缕晨光透进军帐时，韩德威已经爬起来凝神细看绘在丝绸上的军事地图，他两眼布满血丝，满脸的灰尘没顾得上擦一把，这时除了值勤放哨的士兵外，所有的战士还打着鼾，他们实在太累了。韩德威走进萧挞凛的帐中，萧挞凛刚刚从毛毡上爬起来。萧挞凛说："潢河与土河交汇处北边的木叶山是契丹始祖兴发的地方，按照契丹的习惯，所有经过这里的人都要祭祖朝拜天地，今天的阳光格外灿烂，兴许是个好兆头。"

韩德威说："忘掉祖宗就等于忘掉自己，末将今为辽臣，理应尊重契丹习俗，这是先父早年的教诲。"

萧挞凛很高兴，他对帐外的营卫说："传令三军，立即起身集合拜祖！"很快十万大军起身整理完毕，他们先朝木叶山三鞠躬，然后面向东方刚刚升起的太阳三鞠躬。

队伍一边向东方挺进，韩德威和萧挞凛一边商量着前进的路线，萧挞凛说："这下我弄明白了，太后搞的是声东击西战术，只要十万大军一跨过鸭绿江，高丽军队也会不战自溃。"

韩德威说："恐怕没有那么简单，太后命令我们一路远离生、熟女真，肯定还有文章，所以我们的部队要避开东京（今辽宁省辽阳市）斜向东南，直插鸭绿江入海口，等待太后新的命令。"

队伍静静地路过东京附近时，军纪严明，秋毫无犯，那里的女真人没有丝毫的惊慌，长白山一带的生女真得知辽军沿海滨向高丽方向前进，就相信了萧太后要攻打高丽的舆论宣传，没有把辽军当回事。

沿鸭绿江两岸都有高丽军队活动，但主要力量分布在鸭绿江以南，高丽山高水恶，粮草奇缺，倚仗着险要的自然地形偏处一方，当探知辽军不是两万而是十万大军时，高丽首领十分惊慌，经过紧急磋商，决定把所有军队撤回江南，以防为主，这也是太后预料之中的事。辽军一鼓作气追过鸭绿江，一直追到两国边境线上，萧挞凛部歇马扎营不再进攻，高丽军队主力已撤回到西京（今平壤市）以北的山谷里，再也无心抵抗，两军对峙而不战。

十万辽军积聚在鸭绿江以南，长白山一带的女真像看热闹似的观察着辽军的动静，他们希望双方打一场大仗，无论哪一方战败，对他们来说都是好事。但不知为什么，辽军或只围不打，或追追停停，高丽方面甚至已经准备好了议和条件，无论如何他们不能与辽军硬拼，女真首领完颜石鲁越来越看不明白。

正当完颜石鲁全神贯注地琢磨大辽和高丽到底打不打时，耶律斜轸和萧恩德率领的两万精兵夜行昼伏、无惊无扰，悄然无声地摸到了长白山东麓，他们埋伏在渌州（今吉林省临江市附近）的丛林中，又很快与"攻打"高丽的萧挞凛、韩德威部取得了联系，两军对女真形成了合围之势。一天夜里，耶律斜轸部突然对女真发起猛烈进攻，勇士们手举火把，火速东进，沿途所到之处，无论是军是民，凡抵抗者一律杀绝，牲畜物品暂不收敛，胆小命大的穿山林东逃，逃到女真叛军营地企求保护。

女真是我国东北地区的一个古老民族，是商周时期的肃慎人，隋唐时称"肃慎"人为"靺鞨"人，他们以渔猎为生，大多在黑龙江、松花江和长白山一带活动，唐朝中期靺鞨人建立了渤海国，大部分靺鞨人归渤海国管辖，后来渤海国被灭，他们大部分南迁到渤海故地（今吉林省南部、辽宁省东部一带）。到了辽代，"肃慎"已演绎为"女真"族（史书记载为"女直"二字），辽太祖和辽太宗为了扩大势力范围，凭借着强盛的骑兵，将渤海国击垮，大部分女真人成了大辽的属民，大辽把一部分女真人迁到今辽宁省辽阳市南部地区，他们与汉人杂居甚至通婚，这部分人称"熟女真"，仍然留在两江及长白山地区的那一部分称"生女真"。

女真部虽然向大辽进贡称臣，但并不真正服气，一有机会就企图独立，他们的南方就是高丽国，对大辽来讲，这是绝对不允许的。如果他们独立，大辽将前迎宋朝，背对高丽、女真，若宋朝与女真或高丽联合起来，大辽将处于腹背受敌的境地，其结果将不堪设想。因此萧太后下定决心，要不惜一切代价，打服女真叛军，否则大辽永世不得安宁。

在与契丹、汉等民族多年的交融杂居中，女真人学会了简单的耕种和养殖，经济有了较大的发展，文化也受到很大的影响。因此这时的女真已不是从前只知捕鱼打猎的原始部落了，他们内部逐渐强盛，对外多方接触，形成了一个较为完整的独立体系，从战马到武器，从士兵到作战物资一应齐全，具备了相当的作战能力，因此对大辽的高压统治耿耿于怀，不断制造些麻烦，东京南部的熟女真也跟着蠢蠢欲动。

这次大辽发动对女真叛军的进攻，他们虽然缺乏思想准备，但也确有一定的抵抗能力。当得知耶律斜轸从长白山东侧进攻的消息后，他们先是一惊，但很快就镇静下来，立即组织先锋力量阻击辽军的进攻，两军对垒，杀声震天，士兵们手持长矛利剑，在火把的映照下拼杀厮打，部分矮小的树木已被烧毁，漫山遍野火光通天，杀声四起。尽管女真叛军人数较少，但个个能打善战，又熟悉环境，他们抢占了高处的有利地势，辽军连续数日长途跋涉，人困马乏，又不适应原始森林里的环境，所以前进速度很慢，双方都有很大的伤亡。后来耶律斜轸改变了布兵阵势，拉长南北战线，使女真军队首尾不能相顾，终因人数相差悬殊，辽军突破了封锁线，呼啦啦一下子冲到女真的大营区，女真军队便开始后撤。

盘踞在东南方的萧挞凛、韩德威部见时机成熟，立即从后方向女真发起猛烈攻击，完颜石鲁更加慌张，马上整理队伍向北转移，每经过一个山谷险地或摆上许多滚石，或埋下陷阱，辽军经过时总有些伤亡，起码会耽搁一些时间，让女真有机会逃窜。

辽军两支部队十几万人马追击只有一万多人马的女真军队，并不占有明显的优势，女真军队在自己熟悉的地方迂回曲折，打打停停，灵活多变的战术让辽军手足无措，辽军的高头大马在草原上能以一顶十，但在山间老林里却十不能抵一，辽军进攻速度很慢，因急于取胜，经常遭到女真埋伏暗算，耶律斜轸和萧挞凛十分恼火，韩德威说："与其十里追狼，不如守株待兔，我们按兵不动，歇息兵马，敌人肯定会玩弄花招重来袭击，我们让出通道，掩兵在四周，等敌军进入埋伏圈时，从四面包剿过去，来个瓮中捉鳖，我们不就有了下酒菜了吗？"

斜轸和萧挞凛笑着说："还是你们汉人花花肠子多。"

韩德威说："这可是太后教给我的。"

说着三个人哈哈大笑起来。

完颜石鲁跑了一阵，见后边的辽军悄无声息，他知道辽军队伍庞大，没法在深山老林里打运动战，肯定还在葫芦坳里捉迷藏，于是拨几千人马掉转方向往回走，准备再啃掉辽军几块肉。他们顺着原路返回，但始终不见人影，正当他们找寻辽军时，突然从四面密林中响起"咚咚"作响的战鼓声，随之"冲啊！杀呀！"的喊声响彻山谷，这回他们可真成了闷葫芦里的蝈蝈，东闯不行，西闯受阻，到了面对面的肉搏战时，女真绝不是辽军的对手，辽军追了一天一夜，刚刚见到女真的庐山真面目，个个像饿红了眼的狼，刀起头落，鲜血染红了山石和草丛。女真士兵腿快要逃的，背后就会连中几箭，返回袭击辽军的几千女真士兵死伤大半，剩下的人四散逃窜，辽军乘胜追击北逃的女真大部队主力，所谓大部队主力所剩也不足一万人马。

完颜石鲁率领的女真主力不见派出的人马返回，正欲再派人去探听消息时，辽军先锋部队已追到离女真主力不足十里处，只一个时辰，辽军的帅旗已清晰可见，人马嘈杂，气势汹涌。完颜石鲁料到派出的几千人马定是惨遭杀挫，他不顾一切地继续向北逃去，约莫过了两个时辰，前方有块开阔地，这里是混同江和鸭绿江的交汇处，完颜石鲁琢磨，如果继续钻山林逃跑速度太慢，万一再次被辽军再次，自己的一万人马与大辽十万大军抗衡绝无好结果，于是沿江往西北逃去，一会儿工夫，辽军也赶到了两江交汇处，山下的女真部队都在辽军的视野范围内，韩德威笑着对萧挞凛说："吃肉的时候到了，该萧将军立功了。"

萧挞凛说："还是让斜轸老将军立这个功吧。"

三个人推来让去，似乎不是去打仗，而是入席吃肉，在他们看来这场仗是赢定了。韩德威说："都不抢这个功，好，咱们就歇一下，不久他们还会把肉送回来。"

完颜石鲁顺江往西北跑得确实不慢，但第二天就遇到了守在那里的耶律抹只部队，耶律抹只被太后派去征讨突厥残部是假，做辽军接应是真，半个月来闷得难受，闲得无聊，一看女真部队跑过来，起马就迎，完颜将军仰天长叹："天算地算不如人算，我与你萧燕燕无怨，何故陷我于死地？"

虽已败定，但也绝不能让辽军活捉，他大声喊道："女真儿女宁可做死鬼，绝不做活奴，冲出去就是胜利，逃吧！"

女真部队乱作一团，有的向南，有的奔北，有的沿原路东逃。慌乱中，完颜石鲁脱掉帅服，带领几个亲随钻入丛林中，一万多女真叛军所剩无几，三股辽军会集于此，庆祝这场大胜。

此次战略进攻，在太后的亲自指挥下西震党项，东慑高丽，以绝对的优势战胜了女真叛军，回到上京后，太后十分高兴地为他们接风赐御酒，她对韩德让说："将士们打得好，要好好庆贺一下，按贡献大小赐重奖。"

韩德让说："是要好好庆祝庆祝，这头功当属太后。"

太后温情地看了一眼坐在对面的这位韩大人没有讲什么。

韩德让接着说："依微臣浅见，打一次胜仗容易，要消灭一个敌对的部落和民族可不是件容易的事，女真吃了败仗肯定不会服气，在养好伤、备足粮草后他们还会闹事的，不给他们喘息的机会，再打他个措手不及，直到他们真心服服帖帖地称臣纳贡为止。"

太后笑着说："你个狠毒的韩德让，要不我怎么让你牵着走呢，好，你说怎么打就怎么打，打完仗咱们一块儿庆祝。"

太后说话时的眼神让韩德让感到丝丝温情暖意，为了彻底镇服东边的各部落，于统和三年（985）五月和十一月发动了两次对女真的征讨，女真部再也不敢挑起纷争，完颜石鲁老老实实地向大辽进贡纳税，后来他被大辽任命为惕隐，负责管理完颜联盟的事务。在此之后的十几年间，东西两翼安定，太后没有为女真问题操过太多的心，腾出了精力准备与宋朝再决雌雄。

庆全胜太后醉酒
除情敌绝不手软

按旧例，征讨得胜要向皇上呈献俘虏和战利品，举行盛大的庆祝仪式，北院枢密使向太后请示，此次献礼仪式有什么特别要求。萧太后博览群书，熟悉礼仪，从小就爱抛头露面，希望成为管人的人，当嫔妃时盼望着早一天升为皇后，当上了皇后又盼着当一个说话算数的皇太后，现在她不仅说话算数，而且可以指挥千军万马，一呼百应，但萧太后却说："以后那些繁文缛节要尽量精简，国家要富强，朝廷要巩固，光靠那些玩意儿不行，喊一百句万寿无疆不如多打一斗粮，韩大人你说呢？"

坐在一旁的韩德让说："太后所言极是，没有实力的空架子只能吓唬小孩子。"

萧太后接着说："但不要怠慢了那些功勋卓著的将军们，无论是将帅还是兵士，都要论功行赏，伤残的一定要抚慰好他们的眷属，就算是俘虏，只要肯放下武器归顺大辽，也要给予照顾，绝不能歧视和虐待他们，得人心者得天下。"

几年以来，应付南北方的敌对势力，办理景宗皇帝的丧事，尤其儿子耶律隆绪的即位更让她操碎了心，平时最讲究穿着打扮的燕燕也顾不上打扮了，细看那匀称的脸庞失去了往日的光彩，不仅干涩枯黄，而且增加了几道细纹，虽然有几双儿女的温情爱意，但紧急的战报和朝廷大事让她心烦透了，有时她也会发几句牢骚，说下辈子再也不找皇家做亲，就是嫁到平民家，也绝不掌权做主。当然这只是烦心劳累极了时的气话，现实中的内外紧急军政大事，没有哪一样可以懈怠。

这几次胜仗确实让太后开心，不仅因为打赢了仗，更让她开心的是皇上隆绪也能带兵亲征了，她琢磨着要好好休息一下，要好好庆祝一下，该奖的一定要重奖，该晋升的一定要提拔重用，这次庆功酒会，无论官级大小，都可以携家眷参加，让眷属们知道，她们的丈夫为国立功是多么光荣。

在为官员们着想的同时，她也琢磨着好好和韩德让轻松一下……

她沉思在幸福和温馨的憧憬中。

大内各殿都张灯结彩，所有通道口不仅悬挂了彩灯，而且都用松枝搭起了牌坊，职守在大城四门的卫士也比平时增加了一个岗位，身着崭新的皇卫服，显得格外威猛精神。进出各门的人们脸上都飘着笑云，虽然不是节日，但城内城外却比过节更显隆重。

天刚擦黑，各殿里就掌起明灯，太后乘着御辇出了西大院，御辇后边是皇上耶律隆绪的御骑，一走到承天门，就听见了轻盈悦耳的音乐声，一会儿散乐，一会儿雅乐，甚是动听。当太后与皇上行进至金銮门时，一行童子弟子乐队立即迎导在前，一阵清脆的鞭声响后，大乐戛然奏起，那悠扬而严肃的气氛让人感觉既兴奋又肃穆。太后走下御辇说："不是册封，不是国祭，也没有外宾，何必搞得那么严肃，今天都是自己内部族戚和朝政官员，可以轻松些。"

礼仪官高声唤道："奏——散乐。"

轻漫柔细的笙箫笛弦伴着清脆和谐的琵琶箜篌，间或几声鼓筮板打着节奏，悠扬悦耳、沁人肺腑。

太后身着粉红镶黄的丝裙，在微黄橙红的灯光映衬下，显得容光焕发，格外年轻。她坐在大殿正中的龙椅上，明眸望着殿内外热烈的场面，看着大臣和将军们携妻扶子登上大殿，入席间，她的脸上如春风、似桃花，刹那间吹走了战争抹在她额头上的横纹和愁云。

坐在她旁边的小皇上耶律隆绪很久没有看见母后这么高兴了，他侧过身子对她说："母后，看到您今晚高兴的样子，孩儿也非常高兴，大辽能有今天，全凭母后的英明决策，来，孩儿先敬您一杯。"

太后笑着说："好儿子，母后有再大的能耐，也不能跟你一辈子，大辽的江山，不是你我两个人镇守得了的，如果没有这些忠臣良将，没有他们眷属的支持，别说扩疆增土平天下，恐怕连祖宗留给我们的这点儿基业也保不住。"

"是，母后，我们契丹臣将就是了不起。"

"为大辽保江山、平天下的可不光是咱们契丹人，耶律也好，述律也好，他们勇猛无比，但智谋欠缺，与宋朝那些汉人斗，不仅需要勇猛，还要靠智慧，今天在座的南北官员都是有功之臣，都是不可或缺的忠臣良将，母后早晚有一天要离开你，希望你要牢记母亲这几句话。"

"儿臣一定牢记母后的谆谆教诲。"

母子俩正谈得入神时，礼仪官高喊一声："庆功晚宴开始！"

轻柔的散乐突然打住，一阵肃穆的国乐又重新响起，所有的官员和眷属都停止了谈话。这时，太后冲礼仪官挥挥手说："今晚是官员军民同乐，还是轻乐好，大家可以尽情地喝酒。"

尽管太后发了令，但是没有一个人端起酒杯，太后见状自己先端起御杯，微笑着扫了一眼满堂的官员和眷属说："我们打了大胜仗，全靠在座的将军们，大辽能有今天稳固的江山，也全靠在座的贤臣良将，今后'平天下'的大业还是要靠诸位臣将的忠勇和努力奋斗，我先敬大家一杯！"

众臣将见太后如此高兴，呼啦一声站起来，连连端起酒杯，就连有些不会饮酒的眷属也端起酒杯，大家同声高颂："谢太后圣恩！""祝皇太后万寿无疆！祝皇上万寿无疆！"

一杯酒下肚，满堂文武话就多了起来，两巡酒过后，太后的脸上像抹上一层红胭脂，她忘了自己的太后身份，竟向身边的侍女让酒，别的官员难得见太后如此不分尊卑，也都争着向她敬酒，太后越喝越高兴，不一会儿眼睛里也像抹上了红胭脂。

那红红的眼球横扫殿内殿外的热烈场面，突然她的双目凝成一道光，穿过灯红酒绿，停留在韩德让身边那个女人身上，她心里明白那是韩德让的妻子李氏，看着他们夫妇二人的高兴劲儿，萧燕燕的酒劲儿突然变成了醋意。她端着酒杯来到了韩德让的桌前，韩德让夫妇见太后来敬酒，急忙站起来让座，萧燕燕醉眼蒙眬地瞧了瞧韩德让，她暗暗问自己：这是我的德让哥吗？她又瞧了瞧李氏，那匀称端庄的脸庞上长着一双明亮的大眼睛，两腮浅浅的酒窝里藏着笑意，她对韩德让说："韩大人，你好福气呀。"

韩德让只是端着酒杯笑，一句话也说不出来。

她又冲着李氏笑道："妹妹真是个好妹妹，来，我敬你一杯。"

李氏连忙说："太后，可不敢这么称呼。"

太后趔趄了一下，眯着眼说："这么好的男人，这么好的女人，我祝你们幸福。来，姐姐再敬妹妹一杯。"说完又是一个趔趄，要不是侍女扶着，她差点儿扑在李氏的身上。

刚才太后这几句话把李氏吓得够呛，过去她只听说萧皇后如何睿智和多才多艺，可从没亲眼见过她，今天眼前的太后虽说雍容华贵，却没有一点儿架子，这几句话尽管是酒后之言，却让她既兴奋又害怕，不知如何对答是好。韩德让心里明白燕燕葫芦里卖的什么药，今天这场合，一肚子的学问却不知如何发挥，他窘迫得只陪着傻笑，一句话也插不上。

酒宴还没结束，太后就醉得站不稳了，皇上隆绪怕她过分失态，命侍女搀扶她回后宫了。

回到后宫，她怎么也不肯宽衣入睡，侍女伺候她喝了些茶水，她更兴奋了，一会儿哼曲，一会儿哭着说想念景宗皇帝，一直折腾到三更天才和衣睡下，侍女知道太后喝多了，也都没敢离开寝宫，就这么陪着她。

"鬼！鬼！快抓鬼！"太后突然喊道。

她这一喊可把侍女吓着了，大家急忙上前扶起她，太后右手胡乱指着一个侍女说："白骨精，她是白骨精！"

被指的那个侍女哆嗦着不知如何是好，其他的侍女也战战兢兢地一边轻抚着太后的前胸一边说："太后醒醒，太后醒醒。"

她睁开眼睛，抹了抹额头的汗珠说："我做了一个梦，把你们吓着了吧？"

侍女们这才松了一口气，几个人帮太后沐浴、更衣，伺候太后躺下才轻轻地离开了内寝。

萧燕燕躺在床上翻来覆去怎么也睡不着，一闭上眼就看见韩德让与夫人李氏亲密地坐在她的面前，德让哥是她的呀，怎么让这么一个女人占据着呢，不行，我要夺回来，一定要夺回来，没有他我不得安宁，大辽不得安宁，为了大辽的强盛……

一个三十多岁的女人，一个丢失了爱情的女人，那醋意，那嫉妒心，不是一般人能体会得到的，她想了很多办法，设计了许多方案，做了无数个假想，一直折腾到五更天才迷迷糊糊似睡非睡地安静下来。

第二天日头斜照进寝殿半天了，她睁开双眼喊侍女服侍她起床，这天她感到格外地轻松，精神也格外地好，梳洗、早膳后，她把侍女全打发走，把一个平时最信得过的御卫叫进内殿，说："嘎拉，本宫平时待你如何？"

"恩重如山。"御卫回答说。

"我有件重要的事交给你一个人去办，你一定不能告诉任何人，能答应我吗？"她盯着嘎拉问。

嘎拉跪在地上仰望着太后答道："奴才的命是太后给的，只要能让太后满意，奴才搭上这条命也值得。"

"没有那么严重，起来说吧，办好这件事我一定重重赏你，不仅要活着，而且要好好活着，还有许多大事要事等着你去办。"

她看了一眼关好了的殿门，凑近嘎拉的耳边小声说了一阵，问道："听明白了吗？"

嘎拉嘴里说着"明白了"，两眼却忽闪着疑惑的目光。

因为打了大胜仗，又受到太后的御宴款待，各府帐几天来一直沉浸在欢乐的气氛中，人人喜形于色，个个笑逐颜开。

韩德让这天正和妻子李氏在家饮茶闲聊，门卫报告说："太后殿里来人了。"韩德让赶紧起身出迎，一见是御卫嘎拉，因为是熟人，韩德让笑着说："快请，来一块儿喝茶。"李氏也笑着迎接。

嘎拉忙摆摆手说："小人可不敢与韩大人平坐，太后这几日高兴，非让我把从南朝弄来的这块丝绸送过来，算是对大人照顾的一份奖赏。"说着双手把丝绸递了过去。

因为是太后赏赐的礼品，再平凡的物件也是宝物，两个人也都双手去接，并且故作认真地拿到窗下仔细欣赏，就在他们夫妇赞赏这块丝绸时，嘎拉用手指悄悄在李氏茶杯里点了一下，然后就站起来说："太后那边事多，我就不打搅二位了。"

韩德让和李氏想拦住嘎拉坐一会儿，顺便也送点礼物给他，但嘎拉已经笑着出了屋。

因为正是初夏，天气非常干燥，韩德让回来端起茶杯喝了一口说："太后事儿多，我明天必须亲自到太后那里去感谢才行。"说着就走出堂室进了书屋。

李氏也乐滋滋地端起杯想喝口茶，这时韩德让又急转回来对妻子说："你给我找出从南京带来的那方古砚，明天我一定要还这个礼。"其实韩德让也是想借故去见见太后。

李氏没顾得上喝茶就跟着韩德让也出了堂室。用人以为他们喝够了茶，主人刚出屋，就赶紧把剩茶倒掉收拾利索，这是李氏的一贯要求，所以用人们就养成了习惯。在倒掉剩茶时，用人似乎觉得泼在地上的茶水与往常有些不一样，但没有多想。

李氏帮韩德让找到古砚后又回到堂室，想继续喝那碗茶，见茶水已被倒掉，就对用人说："我刚喝了一遍，这茶第二碗才更有味道。"用人想重新给她沏一杯，李氏说："算了，晚上再喝吧。"李氏的命就这样被用人无意中救下了。

第二天，韩德让到太后殿里去还礼，萧燕燕见到让她既想念又生气的人到来，脸上露着五分笑意，嘴里欢迎的话语里也透出三分嗔怪，还有两分深藏心底永远也不可能说出来的绝对隐私，要想真正得到自己的心上人，必须除掉与她竞争的人。此时，她无法用语言和外部表情完整地表达自己的真情实意。她笑着对韩德让说："难为你还想着我，谢谢你的美意，夫人还好吗？"

韩德让说："以礼还礼，君子之德，没有太后的关怀，哪还有我和夫人的福分，孝敬太后是我们的天职。"

　　萧燕燕听韩德让这么一说，知道事情失败，她下意识地抽动了一下脸上的肌肉没有说什么，韩德让见燕燕没有心情，放下礼物就匆匆离开了。

　　萧燕燕的心里七上八下，但她很快变得平静起来，她习惯性地用下牙咬了一会儿上唇，然后把御卫长叫进来怒气未消地说："这个嘎拉跟了我这么多年，竟背着我干坏事，这种不忠不义的东西绝不能留，我交给你处置了他，越快越好。"

　　御卫长见太后生着大气，也没敢问嘎拉犯了什么罪，立即应声出去了，后来才知道，嘎拉被割了舌头流放到西北边境。

　　萧燕燕又把从娘家带来的一个老侍女单独叫到内室，嘀咕了好一阵子，凡是遇到这种情况，别的姑娘谁也不敢靠近，更不用说敢偷听，当然也不会有人知道这一主一仆到底说了些什么。

巡游视察富国民
形影不离寻旧欢

　　在太后的坚持下，庆功会后大辽逐步废除了一些酷刑，一些奴隶和俘虏获得了人格上的解放，他们回到家乡后，不忘在大辽受到的优待，不愿意再参加攻打大辽的队伍，因此大辽边境相对稳定了一段时间。各国都有机会恢复生产，百姓生活相对安宁，有条件学习汉人的耕种、纺织、建筑和冶炼等技术，不断传来的好消息让太后兴奋不已。

　　但是这些消息再好也打消不了萧燕燕对韩德让的牵挂，她几天没有见到韩德让了，诧异韩府到底发生了什么事情。她对御卫长说："连续几年的整顿朝政，又为先皇送行，新帝立位，本宫没有机会离开朝廷远行，我多希望到处走走看看啊，特别是日夜思念的燕京城，那里有我的童年，也有我不愉快的回忆，我打算近日就走，你准备一下。"

御卫长问："还是韩大人陪同吧？"

太后假装疑惑地问："你不提我倒忘了，这几日怎么没看到韩大人呀？你去探问一下，让他到我这里来一下。"

下午韩德让哭丧着脸来见太后，她见状已经明白了八九分，急忙问道："德让，怎么了？脸色这么难看，是不是身体不舒服啊？"

韩德让说："内人不幸过世，没有过来探望太后，请太后见谅。"

一听此言，萧燕燕惊讶地问："上次在宴会上不是还好好的吗，怎么说死就死了呢？得的什么病？请大夫看过吗？用过药吗？"

这一连串的问题让韩德让既感激又难过，他不知先回答哪个，就叹了口气说："没有那个命，郎中也找过了，药也吃过了，该走的人留不住，没办法。"

"什么野郎中看的，怎么不找御医呢？"萧燕燕又问。

本来他不愿意再重复那些说了多遍的伤心话，但太后一再询问，就望着燕燕说："一天，她感到有些腹疼，喝了些热汤也不管用，正好门外有个郎中摇铃，下人把郎中叫进来，那个郎中切了脉说：'夫人的病确实不轻，请原谅小人初出茅庐。'说着出门就走，我问他，你看这病什么人能治，他犹豫了一下说：'按说同行是冤家，但夫人病得这么厉害，我不能见死不救，你出门往西，刚才我看见宋老道在大柳树下歇息，他医术很高，说不定能治好夫人的病，但你不要给他太多的钱，这个人太贪财，但他贪财不害命。'我赶紧把那个老道请回家，经过切脉问诊，他开了三服药，当时吃了他的药的确不疼了，但那个郎中走后一个时辰，疼痛逐渐厉害，不到半夜就一命呜呼了。"

萧燕燕边听边松开了紧皱的眉头，但劝慰的话里却极具同情心，并愤愤不平地问："抓住这个黑心肠的野郎中了吗？"

韩德让哭丧着脸说："走半天了，漆黑的夜里往哪里去找啊。"

"既然夫人命短已走，你可要好好珍爱自己，大辽离不开你，我也离不开你。"说着还用手帕擦了擦眼睛。

韩德让说："我随太后出去散散心也好，在家里看着她用过的东西总是难过，我们往哪里去？"

"南行，保你能散心。"燕燕温情地拉了一下他说。

此次出行当然不是单纯的游山玩水，也不是去怀古寻幽，大辽在她的手心里，在她的心坎儿上，她要出去看看先帝去世后的大辽到底是个什么样子，有韩德让陪同，当然游得更认真、更开心。

这次巡游她没有带上小皇上耶律隆绪，而是将他交给师傅代管，临行前太后嘱咐南、北两院，让皇上好生学习汉书汉礼，日常生活及起居事项由宫使侍候，连同武功和学业由文武师爷全权负责，朝政小事由两院及各府自行处理，大事速报行营裁决。

甩掉了小皇上，萧燕燕可以自由自在地驰骋南北各地，尽情地补偿自己失去的青春和欢乐，作陪的当然是南院枢密使兼宫禁宿卫总司使韩德让。

四月的草原寒气未消，大地仍是苍黄一片，着急的迎春花也才刚刚吐芽。

太后要出巡，各院署府司官员都提前排列在宫门外，城内各街口也站满了欢送和看热闹的百姓。太后身着素洁的服装，仔细看去，她身上既有契丹元素，又有汉族打扮，面带微笑地向官员们打招呼，虽然走得很慢，但步态稳健、神采奕奕，显然内心充满了坚定和喜悦，跟在右后方的韩德让说："请太后上马。"

太后抬头一看，一匹纯白色的高头大马正在前边向她点头示意，两只前蹄交替地跺着地，这就是她的御骑"雪花白"。太后快步走到"雪花白"前，还没等御卫上前搀扶，她左手抓住马鞍，一翻身稳稳地坐在了马鞍上，众臣惊诧不已，韩德让也上马跟在太后身后向城外走去，太后的御辇和帐篷、粮草、辎重等随驾队伍正等在城外，文武官员一直送出大城。

出城后韩德让说："路途遥远，请太后换乘御辇。"

太后说："十几年前，南京一带灾情严重，贪官污吏横行，我受先帝派遣到南方暗访，那年九月，天高气爽，秋色正浓，而我却趁天不亮偷偷出城，一路遭难不说，受的冤枉就更让人心寒。"

韩德让确实不知道萧燕燕从南京回去后受到的冤屈和不公，便好奇地问："谁敢给太后气受，您能遭什么冤枉？"

十几年前的那场冤案是萧燕燕一生中最大的耻辱，让她刻骨铭心，但她也不愿意再重新述说，只淡淡地说："还不是为了你，陈年老酒好喝，多年的苦水就不能饮了，这回我要大大方方好好地看看这一路美景，要是再有人出来给我送苦水就好了。"

他们君臣二人似懂非懂地说着笑着，路旁草丛中跑出的两只野兔把他们的视线吸引过去，韩德让说："是一公一母。"

太后说："搅乱了人家的好时光，应该说一声'对不起'。"

经过几天的游幸和漫无边际的攀谈，韩德让确实大有开心轻松之感，他说："太后真是天上的活菩萨，地上的活观音。"太后听后微微一笑未做回应。

车驾人马、辎重随从足足摆了半里长，这还是太后出行人数最少的一次，虽然没有鼓乐旌旗，但从车饰马鞍的装佩上就知道这是皇家的气派，牧民们从远处望着他们向西南方向走去，没有"避让"和"肃静"的驱赶，人们就心满意足了。

一路上草地越来越绿，农作物越来越多，当走到一个山丘下时，太阳还打着斜，远处冒起滚滚浓烟，显然不是做饭的时间，太后问："那里为什么冒白烟？"

韩德让说："这一带石头中有黑金，可能是有人在炼铁。"

太后只听说汉人可以炼铁炼铜，但从未亲眼见过，她兴致勃勃地对韩德让说："快，我们去看看。"

队伍掉头向山丘后面走去，刚绕过一座小山包，就被那边的热闹场面所吸引，在一个汉人老者的指挥下，几个壮士把石块抬进一个大窑里，窑下烧的是木柴，也有黑色的石块。火不旺时，就有专人往里边浇一些牛油或其他牲口油，火苗立刻浓烈红艳起来，灶膛里一阵噼里啪啦乱响，负责指挥的老汉脸上露出满意的笑容。这些人满脸灰烬，两手黢黑，一时很难看清楚他们的真实面貌，但从简单的服饰上可以分辨出，哪个是汉人，哪个是契丹人，当然也有个别其他少数民族的人。太后趁指挥的老汉松闲时，凑上去问："老人家，炼了几年了？炼这些有何用？"

老汉这才注意到旁边站了几个官差，他抹了一把额上的汗后回答道："刚试了两年，这才摸到门道，如今皇上还小，由太后当政，听说这位太后还算开明，鼓励耕种、纺织和冶炼，不分契丹人还是汉人，都能分上田地和牲畜，这不，我还当上了窑长，国家要打仗，没有铁器哪儿行。"

他指了指旁边一堆硬铁疙瘩说："夫人您看，那边是刚开始时炼的，铁质不纯，没什么用，只能回炉重炼。"他又指着另一些透出暗淡银光的成品说："这些就能用了。"

韩德让想告诉老人，站在你面前的就是太后，他刚说出"这就是"三个字，就被太后用马鞭捅了一下，韩德让改口说："这就是炼铁啊，我们头一次见。"

太后又问道："老人家，你家里还有什么人呀？"

老汉说："小老儿是汉人，太祖时随父亲从蓟州来到这里，现如今膝下有两子，一个在部队当差，一个在家里种田。"

太后接着问道："日子还好过吗？"

老汉说："托皇上和太后的福，日子还过得下去。"

在韩德让的催促下，太后带着满意的微笑离开了炼铁场。

下一个目的地是云州（今山西省大同市），那里是辽、宋和西夏的交界地，也是兵家争夺的军事要地，党项残部利用这一特殊地理位置和复杂的南北及东西关系广结盟友，得以苟延残喘，不断袭扰大辽边境，所以太后也非常重视这里的军事布防和州政治理情况。

越往西走，草地和沙地就越少，沿途山峦起伏、沟壑纵横，从人们的穿着打扮就可以看出这一带以汉人为主，间有其他少数民族，大多以农为生，地里的禾苗已经半尺多高，碧莹莹、绿油油的坡田里飞舞着彩蝶和叫不出名字的小鸟。太后兴奋的心情溢于言表，她边欣赏美景边与随从们轻松地聊着天，"难道真到了太平世界？"太后自己这样琢磨着，也打着许多问号。

离云州城已经不远了，依稀可见高大的城墙矗立在山湾里，城门楼上飘动着大同军的帅旗，显然这是一个军事要塞，城东山口处有一处哨卡，设有军检哨兵。但当太后的队伍走到哨卡附近时，卡上空无一人，走近一看，原来值勤的两个哨兵一个上山捉鸟，一个正靠在石头上歪头大睡，不远处的哨铺里有几个人玩赌，旁边横躺竖卧着三四个下了夜岗的哨兵。当韩德让带着御卫走近哨铺时，玩赌的人因为不是他们的站哨时间，连头都不抬一下。

那边的人马嘈杂声，惊醒了歪睡的哨兵，他不慌不忙地站起来揉揉眼睛问："你们是干什么的？"

当他睁开眼睛看清是朝廷的御卫队时，立即麻利地站起来说："不知大人到此，请大人恕罪。"

御卫长生气地说："大白天在岗位上睡大觉，你们哨长呢？"

哨兵指了指铺舍没有讲话，御卫长说："把哨长叫过来！"

这个瘦矮的哨兵边跑边喊地去找哨长，哨长听到喊声不情愿地放下手中的骰子，趿拉着鞋就往外走，刚出门撞上了韩德让和御卫，一看那穿着和阵势就知道是朝廷的大官，哨长忙请韩德让进铺舍休息。

韩德让把哨长带到哨卡，御卫长喊了声："绑起来！"

马上两个御卫把这个瘦高个的哨长按倒在地，一把利剑架到了他的脖子上，哨长吓得浑身发抖，哆哆嗦嗦地说："不知皇爷到此，有失远迎，请皇爷饶命，小的上有老母，下有妻小……"

韩德让说："云州乃边关要塞，是异邦贼寇经常出没之地，你们饱食皇粮俸饷，而懈怠军机重任，留你们何用！"

说着御卫长举刀欲砍，不料那个哨长却大着胆子喊道："冤枉，冤枉！"

御卫长说："大白天打牌睡大觉，还喊什么冤枉！"

刚要落刀，就听御辇中传出一声："慢！"

太后挑开了幔帘，韩德让立即夺下御卫长的刀，把那个哨长带到御辇前，太后问："有什么冤枉，让他讲。"

哨长说："我们这些当兵的哪有什么俸禄，按标准配给的粮食从没按时发放，菜金、油灯钱给一半就不错了，菜吃的少粮食更是不够吃。您看弟兄们个个面黄肌瘦，大白天躺着睡觉的，都是因为吃了不净的野菜野果跑肚拉稀的，半年没见到家里人了，哪个不是娘肚子掉下的肉。"说着号啕大哭起来，边哭边像捣蒜似的磕头。

太后听了哨长的话有些半信半疑，她对韩德让说："暂且放过他，进城问一问节度使，如果说谎，再回头找他算账不迟。"

韩德让命令御卫把哨长放开，对哨长说："边关要塞是国家的门户，一时一事不可松懈马虎，今天的罪过按律当斩，太后有好生之德，暂免你一死，今后不得违令空岗，还不叩谢太后隆恩！"说着将一把碎钱丢给他。

哨长和其他的兵士听说太后到此，既害怕又感激，呼啦一下子全跪倒在地，高呼："感谢太后不杀之恩，太后万岁，万万岁。"

太后一队人马很快到了城下，城上的守城士兵见这一小队人马有些奇怪，军不像军，民不像民，通知门卫不给他们开门，领头的御卫长说："好大胆的兵徒，连朝廷的队伍都不认得。"

守城士兵说："我们不管朝廷不朝廷，谁知道你们是哪国的朝廷，为了节度使大人的安全，谁来也不开门！"

御卫长又气又急，大声喊道："大胆狂徒，要是太后到来也不开门？"

城上的士兵说："太后吃饱喝足到这儿来干什么，回去吧，没有节度使大人的命令坚决不开门！"

韩德让也没有了招数，只好禀报太后，太后听了并没有大发雷霆，她跳下御辇往城门走去，后边紧跟几个御卫，到了城下，太后说："传你们节度使来城下见我。"

声音并不大，但城上的士兵却听得清清楚楚，士兵们虽然谁也没有见过当今的太后，但从声音、气派上看，此人绝非等闲之辈，如果真是太后到此，节度使大人肯定会拿他们顶罪，于是喊着："城下的诸位大人请稍等，我们马上通报节度使大人。"

不大一会儿，节度使登上了城门楼，他往下一看，果然是太后到此，他一面命令赶紧开城门，一面跑着去见太后，节度使见到太后伏地就拜，哆哆嗦嗦地说："微臣不知太后到此，让太后在城下久等，臣罪该万死，罪该万死，请太后进城歇息。"一面叩头赔罪，一边让部下照顾朝廷的人马进城。

太后说："为了节度使大人的安全，我们就不进城打扰了，本后就在这里问你几个问题，大同军有多少人马？"

节度使说："回太后，有三万五千人马。"

太后又问："朝廷每年拨付多少粮草？"

节度使回答："朝廷每年拨军粮两万石，不足的自行筹集，马草全部自己解决。"

太后问："粮草够用吗？"

节度使说："尚能支持。"

太后问："为什么边卡上的哨兵粮食不够吃？"

节度使赶紧解释说："有几个宋朝俘虏兵，不满大辽的朝廷命官，他们说的全部是瞎话。"

太后说："他们的嘴能说瞎话，皮肉可不会说瞎话。"

太后捅了一下节度使臃鼓的肚皮又说："还会打仗吗？士兵都饿得面黄肌瘦，而你关上城门养肚皮，为了你的安全谁也不准进城。"

节度使说："微臣确实事先不知道太后到此，请太后恕罪。"

太后说："事先通报了我就看不到这里的真情实景了，你们光说好听的，光让我看鲜花美景。云州是边关要地，作为守关的朝廷命官，你不感到耻辱吗！我们就不耽误节度使大人的公事了，起程。"

节度使吓得跪在地上说："这一带地形复杂，道路崎岖，还是请太后进城歇息一夜，明早再走不迟。"说着命军士立即为太后一行准备馆舍和酒宴。

太后说是要走，其实她也确实有些困乏，既然节度使挽留，也就在云州城住下了。

第二天一直睡到日头老高太后才醒来，收拾利索即刻起程，等太后的队伍走远，节度使冲守城的士兵一通大骂。

离开云州城，太后愉悦的心情大减，犹如一件洁白的衣服上溅上了几滴污泥，尽管可以洗掉，但心里非常别扭。太后半天没有跟人讲话，其他人谁也不敢招惹她，只有韩德让可以和她讲话，韩德让问："太后，我们下一站还是南京吧？"

太后一听到"南京"二字，脸上立即由阴转晴，她侧脸问韩德让："难道你不想去南京吗？"

韩德让赔笑道："太后圣驾到哪里，我就跟到哪里，绝对听从太后使唤。"

太后说："就怕关键时刻你不敢上阵。"

说到这里，太后脸上泛出一片红晕，双眼眯成两道细缝，韩德让似乎觉察到了什么，但众人簇拥之下他不敢有半点的放肆，依然摆出一副君臣分明的架势。

燕京城是大辽的陪都南京，其地位当然比云州高，此时的驻南京留守是大将耶律休哥，太后出巡的消息他早已知晓，也知道太后肯定会巡幸南京，只是不知何时到达，不管何时到南京，总要提前做好准备。他通知守城士兵，只要朝廷来人，立即禀报，并不断派人四处探听太后的行踪，休哥是大辽重臣，曾屡立战功，深得太后赏识，因此对太后的来巡并不十分紧张。

大辽陪都南京城城长二十七里，大城开八个城门，每边城两门，因沿袭大辽旧俗，以太阳升起的东方为正向，又因子城位于大城西南隅，所以东城南边的迎春门尤显重要。耶律休哥派最得力的亲信在迎春门（今北京市西城区城改前的南横街东端）迎驾，守门士兵日夜认真值守，不得瞌睡和随意离岗空哨，通往子城宣和门的大街清扫得干干净净，因太后笃信佛教，所以街北的悯忠寺（今法源寺）和街南的法宝寺、崇孝寺（今此二寺已无存）重新油漆粉刷，大城八门红灯高挂，一派节日景象。

一日，探马突报有队人马由正西向南京城走来，休哥知道这肯定是太后的队伍，于是他和南京统军及大小官吏都聚集在迎春门外，准备迎驾。

从西方走来的确实是太后的人马，他们从很远的地方就看到了南京城高大的城垣，太后一阵欣喜，策马飞奔而来，韩德让问："太后，进哪个门？"

太后说："进显西门。"

韩德让说："西城的显西门（今北京市西城区马连道南口附近）紧靠子城后宫，平时紧闭不开，不会有人接待。"

太后说："既然是巡视，就要看真实情况，用不着招摇过市，进显西门，越是平时不开的越要去看一看。"

于是一行人从西城北边的清晋门往南一拐，就到了显西门下，城上守城的士兵一看是朝廷的队伍，就知道是太后到此，大声喊道："是太后驾到吗？留守官休哥大人在东边的迎春门迎接太后驾到。"

然后就听城上的士兵齐声喊道："太后万岁，万万岁！"

太后说："什么万岁万万岁，不如叫我快点儿进城休息，我就进这个门了。"

城上的士兵一边答应着马上下去开门，一边派人飞快到迎春门通报耶律休哥。

耶律休哥和南京统军使耶律颇德一听太后到了西城下，忙整衣正冠，守城士兵气喘吁吁地说："太后要进显西门。"

耶律颇德骂了一声那个士兵说："废物，你不会告诉太后我们在这里等她老人家。"

士兵说："我们禀告了，太后坚持要进显西门。"

耶律休哥说："别责怪他们了，太后要进西边的显西门，你怎么能非要她进东边的迎春门呢，快！跑步到显西门迎接圣驾。"

文武官员要从城外绕到显西门外，那个士兵着急地说："大人，来不及了，从城里走吧。"

于是，他们进迎春门往西跑，休哥和颇德是行伍出身，跑动起来还没有问题，这可苦了那些文官，他们上气不接下气地跑到子城西边时，太后正兴致勃勃地观赏着同乐园的雕龙画坊，士兵们威严整齐、彬彬有礼，紧跟而不靠近，恭敬而不虚假。休哥和颇德一伙官吏见太后并无怒意，也就放了一半心，老远就跪倒在地，休哥说："微臣在迎春门候驾多时，不知太后进了显西门，请太后恕罪。"

太后说："开门不就为走的吗，八个城门不都可以走吗，为什么非要让我走迎春门。"

说着一阵爽朗的笑声让文武众官紧张的心弦彻底松弛下来，看来太后对这里的一切都还比较满意，其实太后真正高兴的原因还有一层，这只有韩德让心里清楚。

当晚，萧太后在元和殿接见文武群臣，并设御宴招待大家，驻南京的军政要员轮番向太后敬酒，太后对南京的景致、建筑和人气都很满意，经不住臣僚的颂扬和劝慰，饮酒有些过量。韩德让见状便主动上阵，接过太后的酒自己代饮，太后嘴上有些不服气，但手已经有些不听使唤，韩德让出生在中医世家，从小知道如何保养身体，吃饭饮酒从不过量，这次也有些招架不住，就小声建议说："太后，天色已晚，早些回寝宫休息吧，明日还要去燕京城东南的延芳淀游赏。"

因为是韩德让的建议，太后就痛快地接受了，但往起一站，身体有点儿不听使唤，随行的宫使赶紧过去搀扶，可是太后却紧紧抓住韩德让的小臂不放，她回头对喝兴正浓的群臣说："爱卿们接着喝吧，我有些劳累，回寝宫歇息一下。"

到了寝宫太后还是抓住韩德让的手臂不放，她两眼湿润，想要对韩德让说话，一见殿里的几个宫使，也就没说什么，仍含情脉脉地盯着韩德让的双眼，韩德让何尝不明白太后的意思呢，但君臣之间的鸿沟不得不让他望而却步，他嘱咐宫使小心侍候太后歇息，就匆匆离开了太后的寝宫。

萧太后对燕京的一切都充满了感情，清晨起来，她主动张罗着早膳和巡游的事，这时韩德让跑来对她讲："延芳淀周围前几日曾有小股流民寇匪出没。"

太后着急地说："我堂堂大辽太后还怕几个蟊贼？"

韩德让说："当然不怕，我话还没讲完您急什么。为了南京地区的安全，沿途正砍树丛、修道路，路很不好走，不如咱们到城北的瑶屿去看看，那里是古卢沟河（今永定河）旧道，由河水冲刷而成的湾渠清澈见底、岛屿奇丽，珍花异草绚丽多彩。"

在韩德让的鼓动下，太后欣然前往，他们出北城的拱宸门斜向东北，不大工夫就到了这处人间仙境（今北海公园），太后跳下"雪花白"兴冲冲地登上岛屿，只见四下烟波浩渺，岸边依稀排列着几座殿舍，头戴斗笠的垂钓者悠闲自得，岛上不仅有奇花异草，还有珍禽异虫，五月的天气，云清气爽，一股股飘着麦香的南风拂面而来，太后头上的青丝被吹得散乱无绪，她不得不经常用手往后撩理着，韩德让说："太后，歇息一下吧。"

太后找了一块平台坐了下来，随行的宫使赶紧掏出梳篦为太后认真地梳理着头发，梳掉的发丝宫使们都捋好保存着，韩德让突发奇想，用石块搭了一座宫殿样式的小房子，他把梳掉下的头发都放在小房子里，太后不赞成也不反对，一笑了之。一直跟在后边的南京副留守马得臣是个好学博古的汉人文官，最懂得此时太后的心趣和雅兴，回来后积极建议为太后修建一座殿宇（殿前的平台即后人传说的萧太后梳妆台）。

从瑶屿回来的路上，太后觉得这里的道路和周围环境眼熟得很，她努力在脑海中搜索着往昔的一景一幕，突然她眼前一亮，想起了这就是她与德让哥比武摔跤的地方，那时候，德让哥压在她的身上，两人咯咯一笑了之，多么傻的一对啊，要是今天再有机会痛痛快快摔个跤多好啊。

晚上回到宫里，太后对宫使们说："我和韩大人商量下一步的行程，你们休息去吧，不叫你们别过来。"

宫使们乐得有这么一天，他们高高兴兴地离开了太后的寝宫。

两人相谈正欢，就听殿外御卫喊报告，她对殿外说："我正在与韩大人处理公务，什么事这么晚来报告？进来讲吧。"

御卫进殿后说："大同军的信使说，西部一股宋军部队正由南向北挺进，先锋已过了五台山，请太后决策。"

萧燕燕一脸严肃地对韩德让说："看来真是树欲静而风不止啊，马上通知大同军节度使和南京统军使，做好迎战准备，明日动身返回上京，召集各府院首脑会议，让宋军见识见识今日之大辽非彼日之大辽。"

就这样，太后的巡游计划只好提前结束了。临行前，她嘱咐耶律休哥探清宋军的人数、动向和目的，及时报告上京。

萧韩共商治国策
宋辽摆阵决死战

萧燕燕怀着喜悦和不安的复杂心情离开了南京，一路上，她一会儿温情脉脉地缠绵细语，一会儿又怒气冲冲地咒骂着什么人。韩德让清楚，太后一是骂赵光义搅了她的幸福时光，二是骂大同军节度使，她对韩德让说："经过治理后的大辽国，明枪暗箭的窝里斗少了，农牧业有了很大的发展，多数百姓安居乐业，但地方官吏腐败渎职的问题还很严重。南朝虎视眈眈，北寇扰边作乱，我们有什么理由躺在安乐床上睡大觉，如果光听万岁声，不闻虎狼吼，用不了多久大辽就会四分五裂，我们都会成为人家的奴隶和囚徒，这绝不是危言耸听，看来不用重典是不行的！"

韩德让说："太后，该用重典时一定要用，但典律是治理手段的最下策、最底线，在典律之上还有道德的高级修养，高级台阶的攀登是永无止境的，这个台阶在哪里？在人们的心坎儿里，一个圣明贤达的君主一定要抓住每个人的心，治国要从治心开始。"

太后会心地一笑问道："说说看，这人心该如何抓？"

韩德让说："一要知人心，二要重视大多数人的心，三要常抓不懈。人心都是肉长得不错，但九流三教，愚贤不等，出身来历不同，心里想的事就不会完全相同，如果不管他是公马母马能跑就是好马的话，那在危难时刻跑到敌人营帐里苟且偷生的马也是好马吗？为了自己肚子吃得饱，偷别的马的草料甚至咬死其他的马，这样的马也算好马吗？大辽有头有脑的品级官只占半成，他们占据了大辽九成半的财富，九成半的人是无权无勇的草民，他们连半成的财产都没有，大家都是先祖的子民，这样的现状能说平等吗？抓住了半成人的心等于有了一根大拇指，但仍攥不上拳，只有把九成半人的心都抓住了，才形成一个有力的拳头。不管是哪一部分人，只要有了歪心，一露芽就掐它，天天掐，月月掐，年年掐，久而久之，人心必正，国家必盛，太后以为何如？"

太后一会儿点点头，一会儿又摇摇头，听韩德让问她的看法，就笑着说："好，好一个鬼头鬼脑的韩德让，从现在开始，我就把你的俸禄削减一半，匀给那些草民，放你到他们中间去替我抓人心，总宿卫使大人以为何如？"

韩德让说："只要你舍得，我明天就去，太后以为何如？"

太后说："你是不是偷吃了'何如'的饭？要不怎么光放'何如'屁。"几个"何如"下来，太后笑得前仰后合，韩德让也笑出了眼泪。

一路说笑，一路轻松，没几天的工夫就进了上京道，当看见绿油油的草地时，南京的特使已经快马赶上了他们，太后问："有什么情况？"

信使气喘吁吁地说："报告太后，留守官大人说，南朝北进的队伍只有两百多人，抓了一个细作，经审问知道，他们北进一是探路了解情况，二是虚张声势看看我大辽的反应。"

太后对特使说："回去告诉留守官和统军使，一是加强军备，时时监视敌军动静；二要内紧外松，严格保密，装作若无其事的样子，一切行动听从朝廷的统一指挥。"

特使领旨快马返回，他们继续前进。

回到上京后，萧燕燕认真地把韩德让的话思虑了几遍，认为很有道理，虽然做起来难，但一定要努力去做。第二年一开春，在战争动员的大会上，作为摄政太后她语重心长地说："大辽国自神册元年（916）至今才刚刚七十年的历史，国土、人口、牧场、军力都有了很大的发展，但别忘了我们连中原大地的一半都不到，而且都是贫瘠的沙漠和草场，北部的异寇还没讨尽，南朝又要伺机进攻我们，而且来头不小，如果让虎狼当了道，我们都成了人家的盘中餐、碗中肉。此时此刻却有一些朝廷命官饱食终日、无所事事，每天关上城门养肚皮，他们克扣兵饷、中饱私囊，大军到了城下仍不知晓，在这些人眼里只有自己和金钱，老百姓养活这些人有什么用！"

说到这里她有些激动，把一只奶盅狠狠地摔在地上，一些平时手脚不干净的官员紧张了起来，而另外一些忠勇爱国的朝臣气得攥紧了拳头，他们愤怒地站起来说："有我们在，大辽国不能丢失一寸土地，不会丢失一只牛羊，太后下命令吧，战场就是墓场，臣等世受国恩，君忧臣辱，君辱臣死，怎么打？愿听太后调遣。"呼啦站起来一大片。

太后扫了一眼殿内外，连平时主和的官吏也不得不跟随着请战，她说："好！爱卿们愿意打，我批准了。但我不是要你们去送死，站着跪着都不能死，用你们的忠勇和智慧狠狠打击敢于来犯之敌，保住我们的家园和牛羊，保住自己的妻儿老小。至于打法，会后要做详细研究和安排，吸取过去的经验和教训，十天后北院拿出作战方案来。最后我告诉那些贪图享受而又贪生怕死的大人们，今天没有工夫给你们算账，想改去战场上改，改好了既往不咎，屡教不改的休怪朝廷的典律不认人！"

在宋、辽休战的几年间，双方都得到了喘息的机会，生产和兵力都有了很大的发展。大辽因为景宗皇帝刚死，新帝尚小，萧太后要掌握军政全权还需要些时日，希望巩固些时间再对外用兵。而宋朝皇帝赵光义自以为政权已经巩固，国力、军力都比大辽强得多，一些老臣经常在他面前念叨收复燕云十六州的事，尤其高粱河大战的惨败更是他的一块心病，他认为这是他大宋朝的耻辱，也是汉人的耻辱，因此总想发动第二次北伐战争，夺回本属于大宋的燕云十六州，一雪高粱河战败的耻辱。

但在宋朝内部，主战派和主和派旗鼓相当，各执一词，谁也说服不了谁，因此一拖就是几年。

宋朝有个散指挥使叫贺怀浦，官位本不大，但他是宋太祖赵匡胤登极前夫人（后追封为孝惠皇后）的哥哥，在朝廷说话有一定的分量。他的儿子贺令图从小出入朝廷如同进出自己家门，赵光义即位后，厚待先帝旧人，视令图为弟兄，封他为供奉官，辽统和三年（985）改任平州（今河北省卢龙县）刺史，并充任幽州行营壕砦使，长期驻守在宋辽边界。贺令图自恃贵为皇亲，轻狂无谋而自大，从不把别人放在眼里。

宋帝赵光义对他们父子非常信任，贺令图经常进京参见皇帝赵光义，为了显示自己的才能，扩大自己的势力范围，他对赵光义说：“契丹人霸占我燕云十六州四十多年，经常犯我北部边境，其实大辽徒有虚名，这些胡人勇而无谋，南京地区水旱灾害连年不断，百姓怨声载道，根本不堪我大宋一击。”

他的父亲贺怀浦也说：“辽国景宗皇帝刚刚去世，小皇帝才十几岁什么事都不懂，虽说太后摄政掌权，但她一个妇道人家能有什么谋略，根本无法与皇上相提并论，这可是个极好的机会，等耶律隆绪羽翼丰满了再打可就费劲了，机不可失，失不再来，请皇上速速决策。”

其实这些都是赵光义天天挂在心头的问题，大举北伐可不是件容易的事，听了贺怀浦父子的话后，犹如在将熄的灯里又添了一勺油，此时一只喜鹊正好落在配殿屋顶上，赵光义眼前一亮，似乎有什么好兆头来临，但此等军政大事，须召集大臣们认真议一议。

在要不要北伐的议政会上，主张打和反对打的各占三成左右，还有两成的人同意打，但不同意现在就打，这让赵光义有些为难。贺怀浦以老国舅的口吻说：“先帝创下基业不容易，我们后代人只有发扬光大的义务，没有坐享其成的资格，更没有遭害不管的权利，四十年啦，人生有几个四十年，您难道还想把这个耻辱传给下一任皇帝吗？”

赵光义听了非常不舒服，但又奈何不得。接着贺怀浦又站起来说：“我们中原地大物博，文明传世几千年，有数十万铁军的大宋朝还能敌不过一帮异寇胡虏？他十个萧太后也顶不了咱们一个智勇善断的大宋皇帝，难道咱们真怕他们不成？"

赵光义文韬武略一般，但非常要面子，他经不住贺氏父子的轮番刺激，不顾众臣的反对，也听不进好的建议，似乎认为大辽军队真的是一群有勇无谋的乌合之众，是一群不堪一击的酒囊饭袋。他毅然同意了主战派的意见，决定月内大举进攻大辽，兵分三路，齐头并进。

既然皇上做出了最后决策，众臣也就不再提反对意见，经过一番议论和挑选，由战功卓著的天平军节度使曹彬任东路军总指挥，这路大军内部又分两路支队。

一支队由曹彬直接统领，以河阳三军节度使崔彦进任副统领。曹彬是真定（今河北省正定县）人，从小喜欢舞刀弄枪，对做官和习文不感兴趣，宋太祖时屡战屡胜，深得器重，宋朝皇帝赵光义对他也寄予很大期望。崔彦进是大名（今河北省大名县）人，善骑射、有胆略，早年曾在后汉、后周军中服役，镇守过澶渊和瓦桥关，对辽宋边界一带非常熟悉，归顺宋朝后，作战勇敢，屡立战功。

二支队由奚族军士出身的彰化军节度使米信将军任主帅，由沙州观察使杜彦圭为副帅。一支队由保州（今河北省保定市）开往涿州，然后翻过大房山沿山路进逼燕京城。二支队从雄州（今河北省雄州镇）过拒马河北上直逼燕京。

中路军由熟悉地形的幽州籍大将田重进统领，从定州沿唐河谷往西北，经由曲阳、涞源等地进入蔚州飞狐口（今河北省蔚县黑石岭），负责攻打军都山以西的诸州县，以切断山西云州和朔州对燕京的支持和联系。

西路军的任务是扰乱辽军的后方阵线，这支部队由忠武军节度使韩国公潘仁美任主帅，由杨继业任副帅。赵光义命令他们到雁门关后直击云州和朔州等地，一方面切断大同军的援助，另一方面分散辽军对燕京的注意力。

除了以上三路主力部队外，赵光义还在沧州以东沿海（今天津市）布置了水师，以防备辽军从海上增援燕京。其决心之大、组织之严密、出动人马之众、将帅之多超过了任何一次战役，在赵光义看来，此举必得，此仗必胜。

宋雍熙三年（辽统和四年，986）正月，宋朝的三十万大军整备完毕，赵光义首先对东路军和中路军发出进军令，一路旌旗招展、锣鼓齐鸣，以铺天盖地之势对燕京摆开了强大的进攻架势，但一再要求这两路军持重缓行，不要着急与辽军接触，只要达到吸引辽军注意力的目的即可，等西路军到达预定目的地后，再听令开打。

二月初，赵光义命令西路军出发，要求他们一旦与辽军西线部队接战即狠狠予以打击，抢先攻占西翼州县，不准大同军方面有一兵一卒越过军事防御线，为中路、东路军攻占燕京创造条件，等中、东两路军与燕京一带的辽军打起来后，立即回头攻打燕京，形成三面包剿之势。应该说这是一个十分周密完备的战略部署，只要各路军严格按照部署办事，凯旋指日可待。

北方草原上的阳春三月，艳阳高照，微风煦煦，姑娘和小伙子们哼着自编的牧羊曲漫步在蓝天白云间，老母亲们把帐篷里的衣物抱到山坡上晾晒。由于近年来的边境安定和谷物的丰足，人们脸上总挂着笑，春天的来临，预示着美好生活的开始，大家充分享受着太阳神赐予的温暖和快乐。

萧燕燕作为一国之主、万民之母，除了分享温暖和快乐外，考虑更多的则是国家的安危和发展，对宋朝的入侵她做好了充分的军事部署和财力准备。这天她闲来无事，与小皇上耶律隆绪到郊外赏景，不时与农牧民们打着招呼，正当她在河边兴致勃勃地看着一只小骆驼吃奶时，三个骑马的军士赶过来，其中一个是御卫，另外两个是南京派来的特使，御卫说："紧急军情，他们不肯让我们转交，非要面见太后不可，所以臣把他们带来了。"

特使立即下马叩见太后，并从怀中掏出一封密札说："这是南京留守官休哥将军命小的送来的十万火急战报，请太后速作回复。"

太后打开密札一看，立马双眉紧锁，两只手很自然握上了拳，神情紧张严肃，上齿咬住下唇，这还是她第一次在下级面前露出如此神色，一旁的御卫猜出一定是出了什么大事情，但又不敢乱插嘴。太后把信札交给小皇上看，她对信使说："知道了，回去禀报休哥大人，不日即可发兵，严密监视敌军动静，只可虚张声势拒敌，不可贸然进攻。"

信使领命策马速回，太后也急急上马回宫。

太后对宋朝早有戒备，但无论如何没有料到赵光义会发三十万大兵伐辽，于是她立即召集第二次军政大会，除了各地方军和坚守边防的首领外，在上京的文武大臣全都出席了会议，会上她严肃而坚定地说："刚刚接到南京快报，宋朝发兵三十万分东、西、中三路正向南京方向开来，很明确，他们的目标首先就是攻下南京城，然后收复燕云十六州，再下一步是什么景象，你们自己可以想象，过去我经常跟你们讲些被认为不吉利或叫丧气的话，有些人不爱听，但我的那些话绝不是空穴来风，也不是吓唬大家，今天鬼真来了，你们说怎么办？"

文臣说："燕云十六州是后晋时并入契丹的，且早已划入我大辽版图，那时宋朝还没有建立，他们今天向我们讨要燕云十六州毫无道理，应派使与他们辩说。"

武官说："如果辩说能够解决问题，还要军队干什么，没什么好讲的，跟他们打！"

太后说："敌人快到家门口了，不打也不行，你们讲讲怎么个打法？"坐在小皇上旁边的韩德让说："我们对外号称有四十万大军，这四十万是什么样的军队？宫卫骑兵、部族军，连同各地乡丁和属国军加起来刚刚接近四十万，主力部队宫卫骑兵是平战结合的队伍，平时从事农牧业生产，有战事才出阵打仗，我们与宋朝硬拼等于以卵击石。"

太后说："你说应该怎么打？"

韩德让接着说："只能巧克，不可硬拼，他们三十万大军分三路齐头并进，东路和西路相隔数百里，联系起来十分不便，战衅一开，战场上的形势变幻莫测，如果失去联系必然漏洞百出，要想以小击大就要充分利用敌人的弱点和漏洞，灵活机动地与敌人周旋。"

太后没等韩德让说完就猛拍了一下龙案说："好一个韩德让，与本后的想法不谋而合。我们要充分利用骑兵机动灵活的优势，打乱敌人的战略部署，抓住敌方'大而笨、大而慢'的弱点，打游击战、打消耗战，用不了多久就能以少胜多，以弱胜强，是不是这个意思？"

经过太后这一解释，所有的官员都清楚了这次战役的特点，同声说道："对，对，就是这个意思。"

韩德让则说："这都是太后的战略思想和英明决策。"

萧燕燕抿嘴笑着斜眼看了一下韩德让后说道："算是咱们共同合作吧。"

她又问旁边的耶律隆绪："皇上你看如何？"

耶律隆绪说："母后英明决策万无一失，就派兵吧。"

太后完成了战役动员和决策的全部程序，压力减轻了一大半，最后她站起来发布战斗命令："命南京留守耶律休哥为前敌兵马都统，全权指挥前线作战。命耶律斜轸为山后兵马都统，先期主要抵御潘仁美、杨继业的西路军北进，待消灭了西路的主力部队后，再与休哥的主力部队会合。命东京留守耶律抹只带领东京统军司火速赶往南京援助休哥部队，由休哥统一指挥。命林牙耶律勤德率领三千兵马驻防平州（今河北省卢龙县），以防宋军从海上进攻。另外，还要招集各地乡丁、部族和属国部队集结南京，作为机动力量参战。我和皇上亲自带领御卫队赴南京督战，望各参战部队英勇杀敌，留守上京的官员和各京留守要恪尽职守，配合前线做好保障供应，并随时准备参战。"

一切部署完毕，萧燕燕全副披挂，英姿飒爽地跨上她的御骑"雪花白"，与皇上耶律隆绪率领众臣祭拜木叶山、杀青牛白马祭天地，之后就踏上了奔赴南京的征途。

一路上，太后给耶律隆绪讲了许多治国治军的道理，隆绪聪颖好学，10岁时就能写诗作画，在武师的训导下，进步很快，尤其箭术成绩最佳，百步之内箭无虚发，太后看在眼里喜在心里。过去太后总觉得隆绪尚小，应以学习为主，许多军政大事很少让他直接参与，而今皇上已经16岁了，应该让他通过战争实践得到锻炼，学习治国治军之道，同时让他了解建国、治国之艰辛，了解母后摄政的必要和艰难，将来独立掌权时，一要勤政亲贤、爱国爱民；二要文武兼备、谋勇双全；三要不忘祖训、不忘长先。太后对身旁的儿子说："隆绪，咱们大辽国来之不易，南朝要趁帝幼母寡之危，企图灭我大辽，虽然有文武诸臣奋勇抵挡，但大敌当前阵前无帅或阵后无主仗是打不赢的，所以我带你到南京前线去，一可鼓舞士气，二可学习御敌治国之术，这次战役是大辽历史上前未有过的大战役，你看看我们是如何以少制多、以弱胜强的，这是在宫里学不到的。"

隆绪说："儿愿随母后阵前观战，请母后也要爱惜自己的身子，母后一身系天下之安危，母后健在是儿之幸福，是国之幸运。"

进出涿州犯大忌
曹彬覆没岐沟关

却说那东路统军曹彬，正旦还没过完即离开东京开封府，一路快马加鞭奔赴保州（今河北省保定市）大军驻地，按照战斗部署，他要摆出进攻燕京的态势，等西路军和中路军完成既定任务后，他们才可以攻打燕京城。曹彬在大营召开了两个支队的首领会，详细研究了行动方案，曹彬说："皇上下旨要求我们不可操之过急，是从整体战役部署讲的，真正拿下燕京城主要还是靠我们东路军。如果我们离燕京太远，等中、西两路军完成既定目标后他们就会抢先一步攻进燕京，那功劳就是人家的了，所以我们必须尽快到达燕京城下，一旦时机成熟，马上攻进燕京城。"

崔彦进、米信和杜彦圭等人都表示同意，于是他们决定不再迟疑，立即北进攻打燕京门户涿州城。

在从保州进军涿州的路上，因正值北方的冬闲时期，田野空旷，路不见人，部队行进非常顺利，春天还没到，冬麦还没有返青，道路上和田野里都是北进的队伍。过了雄州后，曹彬又觉得速度太快，怕招惹皇上不满，就命令一支队和二支队在霸州和定兴之间交叉曲折地前进。

因队伍庞大，前后左右照顾起来非常不方便，右翼的一支队先头部队已经遭遇了小股辽军游击马队，后边的队伍还在霸州到固安的路上，曹彬生怕耽误了进攻燕京的时间，就催赶着后边的队伍急行赶上。

三天后的一个晚上，大队人马赶到了涿州城东南三十里的地方，他命令队伍静悄悄地原地休息，不准埋锅造饭，不准骚扰百姓。曹彬和米信带领一支队的三十名攻城手潜到涿州城下，借着朦胧的月光详细观察了全城设防情况，除了南门城楼上灯火通明外，东、西、北三门悄无声响，灯火若有似无，尤其北城上半天也见不到一个哨兵游动的身影。他看出守城部队只把防御重点放在了南门，而放松了对其他三门的防守，曹彬对米信说："你看到了吧，我们先把大部队从东西两翼悄悄调到城东北和城西北，留二支队一小部分人马大造声势佯攻南门，待城内兵力都被吸引到南门后，我们再从北门强攻入城，攻城成功后，我们就以涿州为据守大本营，随时可以攻进燕京城。"

两个支队的兵力在三月十三日夜调遣部署完毕，已近黎明时分，二支队佯攻南门的人马在杜彦圭的指挥下突然鼓声大震，战士们高喊："冲啊！杀呀！"

灯笼、火把照亮了半边天，两队人马东西交叉着举着火把跑来跑去，似乎有千军万马围城，有个士兵把一支带火的箭射向城门楼，差点儿把城门楼插的军旗燃着。城上的辽军慌作一团，急忙往下射箭，但一看城下那阵势，吓得躲在垛口下不敢抬头，为了确保大城不失，守城官吏把其他三门的兵力几乎全调到了南门。这时埋伏在北城的宋军主要兵力已做好了攻城准备，曹彬一看时机已到，一声令下，十几架云梯几乎同时架起在北门城墙上，宋军毫不费力地登上城墙，把几个不值一打的辽军士兵三下五除二地解决掉，然后下到城里把北门打开，部分宋军进入城里。东门和西门也被顺利打开，集结南城的辽军还没反应过来，就成了宋军的俘虏，曹彬一阵大笑说："原来辽军的城防是如此坚固啊！"

攻下涿州城后，曹彬下令大半人马驻扎在北、东、西三城门外，不得擅自入城，他和米信先入城安抚百姓，做继续进北门的准备。

涿州失守的消息很快传到南京城，耶律休哥马上报告了太后和皇上，太后也十分紧张，她平时并不在乎一城一地的得失，但涿州的地位和作用非同一般，她拼命让自己镇静下来，对休哥说："涿州一城丢失没有关系，但涿州这道防线不能丢，一定要派出得力部队阻止宋军继续北进。"

于是耶律休哥把铁军轻骑主力拉出来，嘱咐他们："趁机巧打，不得恋战，得进则进，得退则退，机动灵活，专打主力。"

曹彬虽然攻下了涿州，但没有宋太宗赵光义的命令他不敢贸然进攻燕京。休哥的铁骑也确实厉害，一会儿涿州城下，一会儿新城北，一会儿又固安南，他们前五天白天打晚上歇，几天后夜晚打白天睡，让宋军摸不着头脑也摸不清规律，一连折腾了半个多月，宋军不仅损伤不少士兵，还死了几员偏将。因疲于应付辽军的偷袭，宋军士兵中产生了急躁和厌战情绪，他们进又进不得、退又退不得，只好盘守在固安和涿州两个死城内外，犹如困守在两座孤岛上的一支无援部队，周围的老百姓早已逃之夭夭，他们把粮食和能带走的东西全部带走，不能带走的都深藏起来，连水井也被掩盖起来，时间一长，宋军的粮草、饮水都成了问题。

萧太后早已料到会有这一天，她派出了铁骑军的同时，催促东京的耶律抹只部队火速开来南京前线支援，还派出专门的部队截断了宋军由南往北的粮道。时间一长，宋军粮草匮乏，士兵厌战情绪严重，连高级将领也有些埋怨情绪，于是曹彬决定暂时撤回雄州，崔彦进表示支持。二支队的杜彦圭却说："退去容易，返回难，再说也没有皇上的命令，此举似有不妥，请曹将军三思而后行。"

曹彬说："将在外，君命有所不受，为了弟兄们的安全，此举有何不可。"

米信说："要不留一部分守住涿州，撤回一部分人马，等再回涿州时也方便些。"

曹彬认为二支队企图搞独立，坚决否定了他们的提议，他以不容置疑的坚定口气命令说："想投靠辽军可以，脱掉军装、放下武器走人，如果还想跟着皇上打天下，就跟着本帅后撤回雄州。"

杜彦圭和米信没有办法，只好跟着后撤。

东路军后撤的消息很快传到开封，赵光义非常生气，他自言自语地骂道："好一个无法无天的曹彬，你跟随太祖征战南北多年，大仗小仗打了无数次，岂能犯此兵家大忌，已经占领了南京大门口，过几天再往前迈一步，大门之内既有粮草又有甜水，这时怎么能后撤寻粮草呢，等辽军大部队集结起来，你想再回去谈何容易。"

赵光义命御卫以八百里飞骑给曹彬传送御旨，要求他立即停止后退，返回涿州坚守，但为时已晚，曹彬接到御旨时，部队已快到雄州，他们只好在雄州驻扎下来。

田重进率领的中路军自定州（今河北省定州市）出发，他的目标是快速进入蔚州（今河北省蔚县），切断军都山以西各州县辽军对南京的军事援助，途经曲阳、涞源一路北上，一路顺利，但到了飞狐口（今河北省蔚县境内的黑石岭）时，遇到了辽军大将冀州防御使大鹏翼部队的顽强抵抗。这一带山高水深，地形复杂，大鹏翼和康州刺史马赟、马军指挥使何万通早已占领了险关飞狐城，田重进攻打飞狐口时很是费了一番力气。城下发起多次强攻，城上巨石、滚木飞如雨下，宋军被砸死压伤的士兵不计其数，宋军燃起浓烟，欲借机爬上城关，都被辽军击退，后又往城上射带火的箭，无奈城上没有可燃之物，几进几退双方都有很大伤亡，打了两天两夜，田重进的部队仍是不能过关。如果不能按时到达指定地点，这次战役有可能全盘失利，到那时，皇上追究起来，田重进是吃不消的。

正在为难之际，部下有个军校突生一计说："田将军不是幽州人吗？你的口音与本地人相似，何不化装成过路的商人问问当地的老百姓，有没有去关城后边的小道呢。"

田重进很高兴地采纳了他的意见，很快找到了一个放羊的山民，诚厚的老乡不仅告诉他们有一条小道，还带他走了一段路。这下可解决了大问题，田重进带领一支精干的小分队沿着老乡指引的羊肠小道快速前进，到了关城附近潜伏下来，等到天黑后，悄悄摸到城下，以迅雷不及掩耳之势登上了关城，杀掉几个守城士兵后，燃起火把高喊："弟兄们赶快过城，到前方河边集合待命。"

说着城门大开，宋军像决了口的洪涛冲破险关往北跑去。这时有人喊："有几个辽军头目向东逃窜。"

田重进命令部下紧急追赶，不一会儿抓到了三个辽军头目，正是大鹏翼、马赟和何万通三人。辽军听说三个统帅被活捉，也无心恋战，很快东逃西窜、溃不成军，在这次战斗中，宋军生擒、杀死辽军数千人，俘获车马物资无数，这下大大激发了宋军士兵的战斗精神，只一天工夫就通过了近百里崎岖不平的山路。

再说那西路军，在潘仁美、杨继业的率领下一路北上，一路无敌，北出雁门关后，横扫辽军防线，三月十二日一举攻下寰州（今山西省代县境内）。他们还没来得及喘息，第二天又北进攻打朔州（今山西省朔州），经过一天的激烈战斗，很快朔州也被拿下，除了留下部分守城人员外，大部分人马继续向东北方向进发。三月十六日把应州（今山西省应县）围住，守城的辽军是汉人彰国军节度使艾正和观察判官宋雄，他们开始拒不开城门，企图负隅顽抗，当听说城下是杨无敌杨继业将军的人马时，他们就被杨无敌的威名吓住，艾正看看宋雄，宋雄瞧瞧艾正，二人都希望对方提出开门投诚的建议，但谁都没有开口说话。正在这时，一支利箭从城下飞上城门楼，不偏不倚，正好扎在城门楼匾额正中，箭尾绑着一封信，守城士兵拔出箭镞，打开信笺一看，是劝降书，他们没敢声张，又原封不动地绑好信跑下城去交给艾正，艾正打开一看，上写着：

"燕云本属汉土,天福(后晋)三年汉臣奸佞卖土求荣,契丹胡虏霸占已近六十年,当今皇帝匡正祛邪、拯救万民,决意收回十六州,以雪大汉耻辱,十万大军分三路已包围燕京,将军都是大汉血脉,望速启城援宋,大宋皇帝将诚信厚待,否则难免血火之苦,何去何从,速速抉择。"

艾正把劝降书拿给宋雄看,宋雄说:"节度使大人的意见呢?"

皮球又踢回给艾正,艾正主要是怕观察判官不同意,不仅叛不成,反遭连坐,他见宋雄不但不咒骂宋军的劝降书,反问自己的意见,就知道有门儿,艾正说:"我们共同决定吧,都在左手心里写个字,如果同意就写个'反',不同意就写个'正'。"

宋雄说:"'反'字不好,同意画个'十'字,不同意画个'一'字。"艾正更明白了宋雄的心思,就拿起笔大大方方画了个"十"字,写完后两人同时打开手心,你看看我的手心,我看看你的手心,同时哈哈大笑起来,因为都是"十"字,这时他们才痛痛快快地商量投诚之事。这时第二支箭又扎在匾额上,他们连箭都没拔,就举起白旗。很快城门大开,宋军涌进城里,没费一枪一箭,没伤一兵一卒,应州城就归属了宋朝。

宋帝接到战报后十分高兴,立即发布嘉奖令,并以牛酒犒赏。

东路军曹彬一伙在雄州吃得饱饱的,马喂得肥肥的,正琢磨着如何应付皇上召见问话时,得知中路军顺利进军和西路军立功获奖的消息,马上意识到攻取燕京的大功可能要被别人拿走,于是他们没有做任何侦探准备,也没有做任何战斗部署,就决定立即开拔返回涿州。如果第一次盲目后撤是个错误的话,那这次盲目返回就是一次无可挽回的罪过,等待他的将是灭顶之灾。

萧太后和皇帝耶律隆绪一直坐镇南京城,耶律休哥对付宋军的所有战术决策都是在太后的直接策划下进行的。自从曹彬撤出涿州后,休哥立即派兵重又占领了这座门户之城,半个月后东京的耶律抹只部队也奉命赶到南京前线,见涿州城里没有一个宋军,就对太后说:"太后您太偏心,肥肉都给了休哥将军,我们来了只能喝汤了。"

太后笑了笑说:"还怕吃不到肉,别着急,真正的肥肉还在后边呢。"

耶律休哥也打笑说："你不来我们哪敢吃呀。"

于是君臣三人对宋军的兵力部署和战术特点进行了认真分析，太后说："赵光义肯以三十万大军伐我大辽，能这样简单结束吗？他们究竟为什么主动退出涿州，还不十分清楚，但有一条是清楚的，就是他们还会打回来的，幸亏当时没大打起来，抹只的部队还没来到，否则我们会吃大亏的。"

耶律抹只说："那好，我就等着他们，让我们士兵的军刀好好开开荤。"

曹彬骑在马上不快不慢地跟在队伍中间，他的眼睛并不关注士兵的队列是否整齐，而是看着西北方天边的几片灰云，此时太阳刚刚升起一丈高，曹彬的心情却格外沉重，他捂着心口自言自语地说道："会下雨吗？但愿明天是个艳阳天。"

走在他后边的崔彦进说："民间的谚语是早看东南，晚看西北，一早上你看西北的云彩做什么。"

曹彬说："倒行逆施违背常理的事情是经常发生的，老天爷也不例外。"

其实崔彦进明白，这位正帅嘴上说的是天上的云，心里想的却是地上的事。他本想轻而易举地取得这次战役的胜利而荣立头功，不想打下涿州却被辽军骑兵搅得一塌糊涂，时间一长又因粮草不继差点儿被困死在涿州，刚想回雄州补充些粮草，就遭到皇帝的申斥，不得不速速赶回涿州，否则头功就会被中、西路军拿走，但明天的天气、运气如何谁又能说得准呢。

正当他们快要接近涿州城时，队首突然乱作一团。曹彬快马赶过去一看，队首刚过了一条小河，队伍就被从树林中杀出的辽军分成了两半，辽军不打被分割在河北岸的先头部队，有意放他们进城，专杀河西南岸的中后部宋军，曹彬大喊："不要乱，不要乱！以中队为单位，各自为战……"

后边的话被辽军震天的鼓声和喊杀声淹没，曹彬飞马冲过辽军的防线，渡河追上前面的队伍，宋军二支队都没有过河，米信和杜彦圭尚可统一指挥，他们缩小阵地范围，与辽军展开了激烈的反包围战，双方实力相当，不分胜负。米信欲指挥二支队强行过河，但辽军早有防备，宋军刚下了河岸，就被事先埋伏下的绊马索勒倒，后边的再闯，仍是马啃泥、人坠地，宋军只得回岸继续与辽军周旋作战，几个回合下来双方都有不少伤亡。米信和杜彦圭不愧是久经沙场的老将，又有崔彦进的直接指挥和督战，他们的部下都英勇顽强、不怕流血牺牲，虽然没有冲过河去，但对辽军的打击也是非常大的。

辽军出战的大多是训练有素的骑兵部队，打游击战、伏击战有绝对的优势，但面对宋军上万人马却略显吃力。就在辽军陷入困境时，从东北方又杀来一支辽军，一看大旗，就知这是从东京赶来的耶律抹只部队的援军。抹只的队伍能打善战，几乎是百战百胜，让东北边境的异国（族）边寇闻风丧胆，他们老远一见宋军的大旗，就自动脚下生风，飞也似的冲向宋军阵营。他们前推后挡、左刺右扎，只两个回合，宋军便尸横遍野，崔彦进不得不喊着："后撤，后撤！"

宋军留守涿州城的部队早就在耶律休哥的监视和包围下，像水缸里养的鲫鱼，可以随意取食。太后预料到宋军早晚还会回来的，因此没有急于啃掉他们，等他们再回来时，耶律抹只的东北援军也会来到南京，到那时，只需抽一小部分兵力就可以吃掉他们，留下大部主力去对付潘、杨的西路军。

宋军过了河的一支队部分人马在主帅曹彬的指挥下直奔涿州城里，太后和耶律休哥在远处瞧着他们进城，没有任何阻挡，等他们全进了城之后，也就进了耶律休哥设下的捉鼠笼。

太后命令南京地区的部队缩小包围圈，无论各部队驻扎在什么地方，限四月三十日天黑之前准时赶到涿州城东门外。各路人马一接到命令即火速赶往涿州，四月三十日中午，各路大军已经提前汇集在涿州城东门外，在太后的亲自指挥下，把涿州城围得如铁桶一般，耶律休哥一边布置向城上喊话劝降，一边指挥向四城运送物资器材。两天后，宋军虽拒不投降，但因小小的涿州城粮食和水几乎断绝，伤员得不到救治，人心开始不稳，尽管曹彬当众杀掉了几个意欲投降的士兵，但仍镇不住几乎沸腾的怨言。

曹彬与崔彦进和米信等人失去了联系，几天也没有城外的消息，希望城外来救援的打算也成了泡影，于是曹彬决定趁阴沉的黑夜突围杀出城去。半夜刚过，突降暴雨，他以为辽军在这样的天气不会守围太严，命士兵打开城门向南突围。此时的辽军早已摸到城下，云梯、火箭、刀斧手、沙袋等准备齐全，只要一声令下，北、东、南三门一齐登城，只留西门放百姓和不愿抵抗的士兵逃命用。宋军冒着大雨打开南门后，辽军已经把城门团团围住，见宋军开门，就蜂拥而上，见一个杀一个，一会儿工夫尸横遍野，后边的士兵知道情况后，就缩回城里，然后又打开西门往外冲，因辽军西门防卫较松，大部分活着的宋军士兵从西门冲出城外。部分辽军冲进城里，部分辽军在休哥的指挥下继续追击往西南逃窜的宋军。

从涿州城跑出来的宋军死命地往西南奔命而逃，溃不成军的士兵一路自顾自地跑，不断回头看看离辽军还有多远。到了五月三日早上，在涿州西南四十里的岐沟关才见到统帅曹彬，伤残有病的士兵就像见到救星似的哭着诉说他们的痛苦经历，曹彬也上气不接下气地说："这里不是歇息的地方，也不是诉委屈的时候，等冲出突围，打败胡蛮，我向皇上为弟兄们请功邀赏，放你们回家探望父母妻儿。"

憨直的年轻士兵们对曹彬的话信以为真，重又打起精神准备抵抗辽军的进攻。没等队伍整齐，耶律休哥的大队人马就追到岐沟关，宋军是跑不了了，干脆摆开阵势要与辽军决一死战。

尽管宋军伤残疲惫不堪，但终是一支久经沙场、敢打硬仗的队伍，战士们手举大刀长矛向辽军阵营杀去，休哥手下的这支队伍也绝不是吃素的软草包，见宋军返回头死搏，立即按平时训练的战术迅速拉开队形，很快形成了一个半圆形的包围圈。宋军三面受敌，一面背对山坡，双方厮杀拼打，都有些伤亡，但辽军人数远远超过宋军，又有"剩勇追穷寇"的必胜信念，拼杀起来更加奋勇。他们越打越起劲，宋军士兵的头盔在辽军士兵的眼里就像一个个蘑菇，接连不断地砍、铲、刺、撩，地上的尸体已经成堆成摞，曹彬见状叹息道："岐沟关，岐沟关，高梁河大战你不助宋，雍熙战役你又长胡蛮野气，等我得胜返回时，定将你摧毁铲平！"

曹彬说完带领一拨亲信从山间小道朝拒马河方向逃窜，休哥命令辽军追赶不放，曹彬刚想休息清点一人数，休哥率领的辽军也赶到河边，他急忙草速应战，此时已是无可奈何花落去，宋军只有招架之功，却无还手之力。在辽军的强势攻击下，赵光义寄予重望的东路军全线溃散，河水被鲜血染成红色，河面死尸横流，地上尸首堆成小丘。被辽军俘获的战马、各种轻重武器不计其数。十几万的东路军主力，逃的逃，死的死，除曹彬带领的少数卫队趁乱过河逃走外，几乎全军覆没。

斜轸大战西路军
潘贼害死杨无敌

　　三月初飞狐关被宋军攻陷，大鹏翼、何万通等大将被生擒的消息传到南京后，太后并不惊慌，这是战争史上常见的事。但三月十六日应州驻军首领艾正和宋雄主动打开城门迎降的消息却让太后怒不可遏，这时守旧派官员趁机向太后煽动不应该过分相信和重用汉人，太后也有些犹豫，她看了一眼韩德让，问："难道我重用汉官真的错了吗？"

　　韩德让说："太后，你真错了，汉人就是汉人，他们和太后不是一条心，早就应该全部革职换成契丹人。"

　　太后问："也包括你吗？"

　　韩德让答："当然，第一个革职的就应该是微臣。"

　　太后知道这话问得不合适，见殿里没有别的人，就推了推韩德让的腰改口说："我是责问那些整天给我叨叨咕咕的皇族国戚，他们眼光短浅，不学无术，要是连你也不肯帮我，那咱们一块儿向宋军扯旗投降，要么现在就一块儿自尽，死也死在一个梁上。"说着将斗篷撕成两半，一半扔给韩德让。

　　韩德让见太后认了真，就赶紧把她按在椅子上说："太后的心思我还不知道，我是随便说的，为大辽尽忠献身的有契丹人也有汉人，投敌卖身、祸国殃民的有汉人也有契丹人，这次艾正、宋雄主动迎降，无论有什么理由也是叛国投敌的行径，实属罪大恶极、十恶不赦！为了杜绝此类事情再次发生，应派可信赖之人前往督导处理。"

　　太后说："此议极是，你看派谁去合适呢？"

　　韩德让想了想说："驸马都尉萧继先虽处富贵却洁身自律，文武兼备、声望甚好，不知太后以为如何？"

　　太后说："继先虽说聪颖本分，但初出军道，未免挂一漏十，不过让他闯练闯练也好，没办过几件服众的军事、政事，日后也难降部下。"

萧继先是萧燕燕伯伯的儿子，从小就在萧思温帐里跑来跑去，燕燕也把他当成亲弟弟看待，后来又把自己的大女儿观音女许给了他，可以说是亲上加亲。韩德让点了他的阵，一是太后绝对信任，二是堵住那些保守派契丹官员的嘴巴。这对萧继先来说也是责无旁贷、义不容辞的事情。萧继先首先从自己的府里选拔了几名骨干军校，第二天一大早，率领三万人马告别了大公主观音女，火速奔赴应州前线。

当队伍开到灵丘和蔚州附近时，不断有小股宋军部队拦截骚扰，都被他们突破或铲除，当走到一座犬齿状的山下时，利箭密如雨下，山上喊声阵阵，他问军校："这是什么地方？"

军校说："这里是狼山，是宋军西路军的一个营垒。"

萧继先说："此地不可久留，这里也不是我们的主攻地，拔掉它！"

在萧继先的指挥下，正面只留少部分人马佯攻，其他大队人马一分为三，分别从左、后、右三个方向包抄，只一个时辰就除掉了这块绊路石，他们以急行军的速度向着西南方向开去。

应州城落入宋军之手后，艾正和宋雄被调往别处，宋帝赵光义派宋军军官值守应州城，守城的士兵正庆祝这一胜利时，萧继先率领三万人马悄悄围住了应州城，探马报告说："城里只有一千宋军，东门、南门防守很严，西门、北门哨兵较少。"

萧继先立即召集军校进行战前动员，他在会上讲："应州城乃大辽领土，叛军艾正和宋雄不战而开城迎降，使应州城无端落入宋军之手，这是我军的耻辱，是大辽的耻辱！进城后如发现叛军可以就地正法，如俘获艾正和宋雄或打死他们，经验尸确定，报太后和皇上批准，立功者官升两级，发银两三千，望我军官兵奋勇杀敌，一举拿下应州城。"

萧继先把人马调配到城下，以西门为突破口，没想到一夜就攻下了应州城，全城大搜捕，活人死人一块儿检认，并未发现艾正和宋雄的人影。萧继先并没有欢庆胜利，除留少部分人马守城外，其他大部分向西南朔州方向继续开进。

太后和皇上得到萧继先一举攻下应州城的战报后自然欢心，并通报全军予以表彰。

萧继先的队伍还没走多远，就被突如其来的宋军大部队包围在两山之间，一看大旗就知道这是潘、杨的队伍，萧继先无论如何突围也冲不出包围圈，而且包围圈越缩越小。萧继先骑在马上望着高高的山峰叹道："应州一战刚刚取胜，太后和皇上的褒奖还没有谢恩，难道就葬身在这无名大山里吗！"

正在无计可施的危难之际，就见东山口的宋军乱作一团，战马嘶鸣声、士兵喊杀声不绝于耳，远远望去，一面醒目的大旗在空中摇曳飞舞，虽然看不清写的什么字，但从颜色和绣边上就知这是辽军的大旗，宋军指挥官放弃了对萧继先的围攻，直奔东山口而去，显然那边是一支比自己人马更多、更难对付的部队。

萧继先趁机收拢被分割散开的队伍，一举冲出了包围圈。

那边与潘、杨大军厮杀的辽军不是别人，正是辽北院枢密使耶律斜轸大将军率领的抗宋西路军。太后一得到宋军分三路进攻燕京的消息后，就与韩德让和耶律斜轸制定了抗宋的战役部署，并让斜轸亲任西路军总指挥，萧挞凛任副总指挥，他们的任务主要就是对付由潘仁美、杨继业率领的北伐西路军，即使不能全歼潘、杨军队，也要把他们挡在云州以西，不让他们靠近燕京一步。

临行前，太后特意嘱咐斜轸："继先年纪尚轻，初次率军西征，一是为了解决应州城的叛军，二是为了让他得到些锻炼，望老将军在必要时助他一臂之力。"

耶律斜轸奉命出师，当然不能辜负太后的谆谆嘱托。刚到山西境就遇到了萧继先被围，解除险境后他嘱咐萧继先马上率兵东进保卫燕京，自己和萧挞凛继续追击后撤的潘、杨军队。

包围萧继先后又撤退的不是潘、杨的主力部队，而是极力鼓动赵光义发动这次北伐战役的贺怀浦、贺令图父子的部队，他们在前面跑，耶律斜轸在后边追，贺令图年轻气盛，觉得被辽军追着跑实在憋气，就对父亲说："我堂堂大宋朝的皇家军队，被一帮蛮胡追得上气不接下气，实在愧对皇上的信任，也有辱我贺家的名声，应来个回马枪，打他个措手不及。"

贺怀浦觉得儿子的话不无道理，就同意了他的意见，命令部队停止前进，突然掉转头来与辽军厮杀。

耶律斜轸是久经沙场的老将军，对此举早有防备，他立即命令队伍往左右散开，只留中间少数人马抵挡，只要宋军进攻，就佯装势单而后撤。贺令图一马当先冲在前边，斜轸的队伍两边的不动手，中间的节节败退，贺令图横冲直闯，等他的人马半数深入辽军的腹地时，萧挞凛一声吼："切断敌军，打！"

宋军被分割成两部分，首尾不能相顾，贺令图在前边，贺怀浦被拦在后边，萧挞凛指挥着五六万人马围杀贺令图，耶律斜轸指挥着四五万人马冲杀后边的贺怀浦，兵对兵，将对将，一时间，兵器撞击声、人喊马叫声响彻云天。无论人数还是功夫，宋军哪里是辽军的对手，不到两个时辰，宋军被杀过半，贺怀浦向来以皇后之兄自居，说得多练得少，又因年纪偏大，没几个回合就被耶律斜轸刺下马来，贺怀浦捂着受伤的胸口打了个踉跄摔倒在地上。

那边的贺令图见父亲被刺下马，不仅忘记了身为指挥官的使命，就连基本的兵法也全然忘记，顾不上指挥部下战斗，单枪匹马往贺怀浦躺倒的地方冲过去，萧挞凛也紧追过去。

这边的辽军见宋军指挥官冲过来，十几个士兵围过去，贺令图的功夫的确非同一般，十几个士兵也不能靠近。他正想冲出包围圈飞马前奔时，不料一条绊马索把他和马都放倒在地，几支亮闪闪的枪头同时压在他的胸部和喉咙上，他双手拨开枪头，一个鲤鱼打挺跃身跳起，这个突如其来的动作确实把辽军士兵吓了一大跳，辽军士兵正在愣神之际，贺令图跳上一匹马飞奔而去。

此次北伐西征，赵光义交给潘仁美和杨继业的任务除了打援分散燕京注意力外，还要把被辽军侵占的云、朔、应等州县的地方官吏和要员护送回内地，因军民混杂，所以他们行军速度很慢。

六月底太后亲自率领休哥的部分突击队北出居庸关去支援耶律斜轸，七月初两支队伍在朔州附近混编，研究下一步的作战方案。这时潘、杨带领的军民混编的队伍也正走到朔州东南，为了顺利完成皇上交付的任务，杨继业对潘仁美说："辽军实力强大，刚刚打了胜仗士气正旺，萧太后又亲临西线指挥，我们应避实就虚，待时机成熟时择隙击之。"

这是一个成熟军事家的真知灼见，但话到了潘仁美耳朵里，却变成了"投降派"和"胆小鬼"。

潘仁美是河北大名人，父亲潘璘是军校出身的武官，潘仁美从小倜傥聪颖，常以小聪明获得大人们的喜欢，稍大又习文练武，早在后周世宗时，他凭借聪明灵活的头脑在军中任下级军官，后周灭亡后，他投靠了宋太祖，因多次立功，又能说会道，至宋开宝七年（974）封为宋宣徽北院使，太平兴国八年（983）升为忠武军节度使，并晋封为韩国公。此次奉命北伐，他邀功心切，总想露一手给别人看看，摆平因杨继业父子忠勇善战多次受褒奖而产生的不平衡心理。他要让人们知道，宋朝不仅有个"杨无敌"，还有个"潘常胜"，于是他对监军王侁说："遇辽军绕着走可不是杨将军的风格呀，您说呢王将军？"

王侁是后周枢密使王朴的儿子，父亲死后，周朝灭亡，他成为宋朝的一名普通官员，赵光义念及他跟随太祖多年，又干练多智，经常派他单独完成某项任务，所以王侁逐步变得刚愎自用，在军中、朝中飞扬跋扈。监军虽不是统军，但统军却惧他三分，平时他对潘仁美颇多微词，但在声望盖天的"杨无敌"面前，又与潘仁美沆瀣一气，他打算先扳倒"杨无敌"再与潘仁美比个高低。听潘仁美这么一问，就知道话中有话，于是他挑衅地说："杨将军在北汉就是有名的'杨无敌'，难道怕几个胡蛮不成？"

杨继业因归宋前曾是北汉一名小官，多年背着这个历史包袱，所以言语谨慎、埋头苦干，但仍被一些贪功不及的小人嫉妒，他听王侁这么一激就着急想解释一番，刚一开口就被潘仁美"杨将军可不是那种人，不仅能护送官民成功，也能保住云、应、朔不丢一城一池"一句话堵住了口。杨继业面对两个同僚，明知他们不怀好意，也不愿落个胆小惧战之名，在这样的场合，即使按照自己的意见办了，事后也要被诬告，他想：在哪里都是死，宁可死在战场上，也绝不死在污浊钩斗的官场上。他对潘仁美说："潘将军，您是主帅，我是副帅，在下愿听主帅调遣，请下命令吧。"

潘仁美摆了摆手说："哪里哪里，同在朝廷为国出力，有事大家共商，如果杨将军没有意见，就请出兵迎战耶律斜轸，将军威名在天，胡人听到将军大名就会不战而退。为防万一，请少将军延昭、延玉随将军同去，击溃胡人夺下城池后，我一定向皇上为杨家将请功邀赏。"

杨继业说："谢谢潘将军对我和犬子的关照和信任，多大的功劳都是您和王将军的，您的美意我领了，在下只有一事请大将军相助，明天天黑之后，请将军务必派兵在前边的陈家谷接应一下，如无特殊情况，我在二更之前会在陈家谷与潘将军会合。"

潘仁美说："放心吧，我一定派人接应你。"

说完杨继业挥刀跃马，带队向辽军阵营冲杀过去。

那边耶律斜轸也从探马那里得知不远处就是宋军的宿营地，他与副帅萧挞凛分析了宋军的兵力和可能采用的战术，认为领兵冲锋的肯定是杨继业。虽然战场上大家是死对头，但杨家将忠勇保国、死而后已的大无畏精神着实令人敬佩，太后多次念叨过他，说肯以万骑换一个这样的忠勇之将。因此，斜轸告诉辽军各部，不到万不得已，千万不要伤害杨将军的性命。

根据当时的地形和路线，宋军肯定会从陈家谷通过，斜轸命副帅萧挞凛领八千人马在陈家谷设伏，一旦宋军出现，就狠狠予以打击。萧挞凛在天黑前悄悄把八千人马隐藏在山涧的乱草丛中。七月的北方，白天骄阳似火，傍晚闷热难耐，蚊虫疯狂叮咬，士兵们没有一个乱动的，因为他们知道，今天等待的不是一般的敌军，是既厉害又不能伤其性命的杨家将。

杨继业边走边琢磨这场仗该如何打，他只怀疑潘、王二人会分他的功，却没有往更坏的方面去想，只要到了陈家谷与主力一会合，就大功告成了。当他们走到一个叫狼牙村的小村子时，两边高山耸立、岩壁陡峭，只有一条大道可走，光"狼牙村"三个字就是一种不祥的预兆，自己往狼嘴里走还能有好结果吗？前方道路情况不明朗，万一有个好歹，我杨继业死了不要紧，这一万多弟兄们都要跟着遭殃，岂不辜负皇上重托，他下意识地停下马来，对儿子杨延昭说："探明情况再往前走吧。"

杨延昭说："请父帅在此扎寨休息，等我探明情况，明日再前进也不迟。"

杨继业一想到主帅和监军的命令，就容不得他再多犹豫，于是继续策马前行。因村子里的百姓得到两军会在这一带决战的消息，早已跑得无影无踪，别说是人声，就连鸡鸣狗吠也没有。杨继业越走心里越没底，为了找口井给战士们解解渴，还是骑马进了村。

当先头部队刚刚走到村子中间，村外突然响起急促的鼓声和浑厚呜咽的号角声，辽军士兵高亢的喊杀声伴着低沉浑厚的鼓号声冲天而起，杨继业知道中了辽军的埋伏，命令队伍立即掉头撤出狼牙村。但为时已晚，萧挞凛已经断绝了他的后路，很快兵器撞击的声音越来越响，两军已开始了生死决斗，宋军被辽军包围在村子中间，眼看越来越被动，杨继业高喊着："冲出村去，冲出村去！"

于是宋军向外突围，但后路已经被堵死，左前方辽军兵力强盛，正前方又怕辽军有埋伏，经过冷静地观察，发现右侧兵力部署很少，宋军以为找到了突破口，就蜂拥着向右前方跑出了村，殊不知这是萧挞凛特意给宋军留下的口袋嘴。

宋军从右前方出村后，前面就是一条小河，河对面就是山谷，这条小河虽不宽，但正值盛夏暴雨季节，水深可没顶。刚刚冲出村子的宋军以为总算出了虎口，不顾一切地想渡过河去，当部分宋军刚上岸，大部分士兵还在河水中用力泅渡时，河对岸的山谷里突然杀出大批辽军士兵，这次可比包围村子的人马多得多，杨继业看帅旗就知道这是北院枢密使耶律斜轸的队伍，肯定是辽军的主力。退无路，进不得，怎么办？难道这么多弟兄就此丧命狼牙村？杨继业略加思忖，凭借他多年与辽军作战的经验，无论如何也要与胡蛮决一胜负，即使一时难以得胜，等把辽军拖到陈家谷，我与潘、王二位将军就会一口一口地把辽军吃掉，云、朔、应州等城池将回归我大宋。想到这里他长出了一口气，挥舞着大刀吼道："弟兄们冲呀！杀掉北蛮，保我大宋江山！"

他话音未落，从另一个山谷又冲出一支辽军，杨继业就这样被左、右、后三面大军牢牢围堵起来，河岸上、河谷里、山前空地上都成了血与火的战场，尽管宋军训练有素，也难抵辽军突如其来的三面围击，不到两个时辰已死伤近半，一直跟在杨继业身边的杨延玉对父亲说："父帅，我军长途跋涉，过度劳累，天色已晚，再战下去恐对我军不利，不如收兵歇息，明日待机再战。"

杨继业说："堂堂杨无敌，让一帮蛮夷打死这么多弟兄，不战而撤，岂不招天下人耻笑，也对不起大宋皇帝对我杨家的信任。"

杨延昭着急地说："父帅，如果再战下去，死伤的弟兄会更多，人都死光了更对不起皇上和弟兄们！"

杨继业问："你说怎么办？"

延昭说："事已至此，只好冒死突围，父帅年纪大了，您在队伍中间指挥即可，我打前锋，延玉断后。"说着扬鞭策马往陈家谷方向冲去。

潘仁美和监军王侁按约定提前到了陈家谷，但刚等了半天就不耐烦起来，第二天早上仍不见杨继业的影子，作为一个军事指挥官，他们应该马上意识到杨继业遇到了麻烦，应立即出兵接应，但潘仁美却说："杨将军可能剿灭了辽军到皇上那里领赏去了。"

王侁心里虽不信，但为了看杨继业的笑话，就干脆以假当真地默认了潘仁美的话，反正皇上怪罪下来也是总指挥提出来的，他顺水推舟地说："既然领不到头功，我们也得向朝廷报到交差啊，走吧。"

于是他们率领吃饱喝足的部队离开了陈家谷。

杨继业父子带领着剩下的几千人马边打边撤，一路狼狈至极，好不容易到了陈家谷，连个接应的人影儿都没见到，杨继业意识到全军覆没的日子要到了。他心疼两个儿子，他们正值年轻气盛，还能继续为朝廷效力，自己已是昏花之年，人终有一死，倒在保卫疆土的战场上也算是死得其所，他一手拔下左臂上的箭，对两个爱子说："父亲无能，不能继续为朝廷效忠了，你们无论如何也要把剩下的人马带回去，代我向皇上谢罪，快走！"

杨延昭弟兄两个无论如何也舍不得丢下年迈的父亲自己逃走，他们一定要保护好父亲，因此不肯离开战场。杨继业用刀背猛砍了一下杨延昭战马的屁股，又拍了一下杨延玉战马的屁股，两匹马疯了似的向前跑去，他不顾左臂正流着血，挥舞着大刀冲向辽营，刀起刀落之间，辽军士兵人头落地。

因辽军事先接到通知，不准伤害宋军副帅杨将军，即使活擒，也要以礼相待，所以辽军士兵都不敢靠近杨继业，因此杨继业如入无人之境，耶律斜轸见辽军伤亡过大，就命护卫军射杨继业的马头，这时杨延玉正返回营救父帅，一阵阵"嗖嗖"作响的箭镞正好射中杨延玉的胸部，他捂着流血的胸口喊道："父帅快撤！"话没说完就断了气。

又一阵急箭射中了杨继业的右臂，他实在支撑不住了，跟随了他十几年的大刀滚落在地，紧接着他的战马也中箭摔倒，辽军士兵一拥而上把杨继业围了起来，一个士兵用长矛杵着他的胸部，杨继业在地上吼道："胡蛮，快对你杨爷爷动手吧！"

这时耶律斜轸快马赶到，说："不得无礼！快扶起杨将军带回大营救治。"于是几个士兵下马去搀扶杨继业，他因失血过多，已经没有力量反抗辽军的任何动作，只好听之任之。

到了辽军大营，两个军医马上给杨继业实施救治，血虽然止住了，但他不吃不喝，发起了高烧，第三天就奄奄一息。太后得知杨继业被俘的消息非常高兴，她要亲自去见见这位忠勇无比的大将军，被韩德让劝阻了，韩德让说："杨将军伤势较重，需要静养治疗，等他病情好转之后，叫他来拜见太后不是更好吗？何必亲劳太后大驾呢。"

太后说："难得的忠臣勇将啊，大辽需要这样的人，快请御医去诊治，无论如何也要救活杨将军。"

尽管御医一步不离地守护着杨继业，终因伤势过重，连续三天高烧不退，第四天凌晨他吐出最后一口微弱的气息，怀着对奸臣潘仁美的仇恨和被辽军生俘的耻辱永远离开了人间。

褒惩肃政固南京
太后击破反间计

由赵光义发动的这次伐燕战争，因正值宋雍熙三年（986），史称雍熙之战。经过半年的浴血奋战，大辽取得了决定性的胜利，七月的狼牙村和陈家谷之战，辽军在太后的指挥下，不仅挫败了宋军的几十万大军，而且连毙几个宋军火将，尤其是生擒杨继业，大大震动了宋、辽两国的朝野内外。宋军官兵愤恨不满，由对潘仁美和王侁的议论纷纷，到进一步怀疑发动这次战争的必要性，朝野上下，民心浮动，军心不稳。

辽军由于打了大胜仗，因此滋长了骄傲、浮躁甚至不按章法办事的风气，太后对胜利却没有昏昏然，始终保持着清醒的头脑。陈家谷之战结束后，太后见胜利在握，就匆匆返回南京城。

杨继业的死让耶律斜轸和萧挞凛犯了难，太后曾特意嘱咐不要伤害杨继业，到底还是没有保住他的命，两人商量的结果是让萧挞凛到南京向太后汇报情况，耶律斜轸留下来继续追击南逃的宋军残部。

为了减少麻烦，萧挞凛带领着几十名护卫队员化装成商人赶往南京。山西境内仍是一番战争气氛，每到一地都是城门紧闭、警戒森严，村子里鸡犬不鸣，农舍全无炊烟，地里禾苗还不如荒草长得高，路边到处都是两军战斗时丢弃的衣甲车帐，四野荒凉，满目疮痍。

一过五台山，情形大不一样，到处都是庆祝胜利的欢歌声。百姓们开始返回家园，守城士兵心不在焉，有的士兵聚集在城门楼下用石块下五子棋，稍微有点儿官衔的就在城门楼上饮酒赌牌。萧挞凛看在眼里，气在心上，因为他的任务是到南京向太后报告杨继业身亡的消息，没有工夫解决这些违纪问题，只好听之任之，继续赶路。

到了涿州时，却意外遇到了麻烦，从城外关卡到涿州城设了好几道检查站，等候进城或过路的商人和百姓，要层层检查。盘查的士兵对真正穷苦的百姓骂骂咧咧、连推带搡地催他们快走，而对那些驮着大包小包的商人，则以检查奸细为名，查得十分认真仔细，这一站检查了，下一站还要重新检查一遍，不交点儿过路费，半天也别想进城，弄得商人们叫苦不迭，道路交通也因此严重受阻。

萧挞凛一伙走到涿州城照样接受检查，守城的士兵不认识这位大将军，见他们马背上有些包裹，说什么也要打开检查，护卫队长说："我们是西路军的军士，有要事去南京城，请你们速速放行。"

检查站的士兵瞅了他们一眼说："谁知道你们是哪国的西路军，统统要检查！"

萧挞凛不愿意耽误时间，示意护卫队长交几个钱赶快过去，但到了下一站还是那一套，说什么也不让他们通过。

萧挞凛实在忍无可忍，拔出佩剑说："谁敢阻挠本将军执行军务？小心你的脑袋！"

萧挞凛命令队员们闯进城去，怎料这帮在宋军打来时就知道逃跑的兵痞在老百姓面前却来了精神和勇气，呼啦一下子聚集了百十号人把萧挞凛围了起来。

这时城楼上的军士长才问道："城下发生了什么事？"

城下士兵大声答道："这几个人不是奸商就是奸细，他们冒充大辽的大将军闯关。"

"问问他是哪位大将军？"城楼上问道。

城下的士兵说："他说是萧挞凛。"

城楼上的军士长正在喝庆功酒，本不愿下来，一听说是萧挞凛，虽说没有见过面，但知道这位萧将军是当今太后的近亲，无论如何也得罪不得，因此赶紧下城接待，但又怕认错了人，放过真正的奸细，欲带他去见留守官，他对萧挞凛说："在下不知大将军到此，有失远迎，请将军到城里留守处歇息。"

萧挞凛说："本帅有紧急军务去见太后，没有时间休息。"说着挥鞭急驰而去。军士长一听说去见太后，就再也没有敢阻拦，只好放行。

萧挞凛到达南京后，考虑到太后正为战争的胜利而高兴，不愿意扫了太后的兴，所以先把杨继业的死和一路所见所闻向韩德让做了汇报，希望韩德让能拿个主意。

韩德让说："这几件事，都是太后非常关心但又不愿意听到的坏消息，你躲得过初一躲不过十五，再说这样的大事隐瞒不报是天大的罪过。这样吧，我先向皇上透透风，再找个机会向太后汇报，有我和皇上在场替你解围，太后不会问你们罪的。"

萧挞凛马上就要向韩德让施礼拜谢，被韩德让拉住了，并且说："德让不才，受太后和大辽国恩宠，已是感恩不尽，往后你我同为朝廷出力尽忠，大将军是开国元勋，又是朝廷重臣，德让如有不周之处，还请将军见谅，若有什么差错，还请大将军在皇上和太后面前多美言几句才是。"

萧挞凛明知韩德让与太后的关系不一般，但这几句客套话却把他惊得不知如何是好。

太后得知杨继业被擒后不肯进食滴水粒米而亡的消息后，感到既可气又可惜，可气的是萧挞凛和耶律斜轸没有按她的旨意保护好杨继业，可惜的是一位忠勇无比的贤才良将过早谢世，她对韩德让说："难得的人才呀，若大辽多几个杨继业，何愁不能平天下，这样的忠臣良将无论死在哪里，都要厚葬并予以褒奖，应该为他树碑立传，昭示大辽国的臣民向他学习。"

韩德让说："燕京城东北的古北口是我大辽臣民来往于上京与中原地区的必经之路，在古北口的山梁上立一座杨将军的祠堂……"

"一来可以让山前山后的契丹臣民和汉族臣民仰望效仿，二来可瓦解宋军将士的斗志，是不是？"太后抢先补充道。

韩德让笑着说："太后就是太后，绝顶的聪明，要不为什么我当不上太后呢。"

太后笑着说："德让，你记住，祠堂竣工时，我要亲自去祭奠杨将军。听说杨继业满门忠孝，武艺高强，只可惜这位杨老夫人要守寡了，告诉南、北两院，今后凡是杨家无论任何人来祭奠，一律不许刁难得罪，均以国宾相待。"

韩德让说："太后不仅有雄才大略，还有一副菩萨心肠。"

太后说："南京是个多民族的聚集地，自唐武宗以来，陆续从西方迁来大量的佛教信徒，又有许多天方教徒在南京落户，因此要特别注意多民族、多信仰这个特点，要想稳固中原，必先安定燕京，要安定燕京就要尊重他们的信仰和习俗。听说有个西域传教士筛海那速鲁定要在南京城内（今牛街）修建礼拜寺，告诉休哥，一定要帮助他完成这项任务，要不惜财力和物力把礼拜寺修建好。还有，悯忠寺（今法源寺）和天王寺（今天宁寺）有些殿舍损坏严重，凡寺院没有能力修复的，休哥也要派人出资帮助修缮。西郊白带山的藏经洞（今云居寺）也有些损坏，不仅要修缮洞室，还要续刻经文，不可马虎行事。"韩德让一一记下。

对于下层官吏以胜利者自居的骄纵情绪，太后认为一可以理解，二可以教育，但对于那些依仗权势，耀武扬威、鱼肉百姓的恶劣行为绝不可放纵。她一脸严肃地对韩德让说："涿州是南京的门户，也是大辽国的南大门，在南京的眼皮子底下竟出现如此的腐败恶迹，查查谁是那里的留守官，先将他革职严办，下级官吏逐级降级降饷，直接违纪者，格杀勿论！"

韩德让说："太后，此等腐败之风不止涿州一处，古北口、榆关、松亭等要卡也经常出现胡乱征税、任意罚没的现象，甚至有将罚没的钱物私分或装入自己腰包的行为，搞得商人不敢来往，部分地区物资奇缺。这两年来，虫旱灾害严重，山南的农民们食不果腹，苦不堪言，辽军来了向辽国交粮交草，宋军来了向宋朝纳钱纳粮，如此下去，我们的边境永远也安宁不了。凡宋军掳掠过的山西各州郡，十室九空，粮食熟了也无人收割，冬季一到，难民大批流窜，对中原地区的安宁十分不利。"

太后听后默然不语，过了好一会儿她才抬起头对韩德让说："如果是如此大面积的天灾人祸，祸秧在下面，祸根还在上面，看来统率一个部落容易，治理一个国家难啊！过去我们以渔猎为生，在驼峰马背上度日，异族人来了连草料都不用带，一通穷追猛杀即可。可今天不一样了，大辽国有几百万人口、几十万军队，没有一个统一的法度，如何战胜四周强大的敌人，应该有法必依，执法必严。对于真正支撑大辽国大厦的臣民，要爱民如子，对于边民，要实行特惠优待，只有让他们得到实惠，他们才能信任大辽，忠于大辽。北院要以皇上的名义赶紧起草一份诏书，诏告举国臣民，使民众安居乐业，官吏廉洁奉公，部队军心稳固，勇敢地杀敌保国。"

七月下旬的北方，太阳仍是毫无遮拦地把阳光洒向大地，但没有了那股毒辣辣的劲头。在微风的吹拂下，谷穗点着头，高粱晃着腰，尽管穗小腰细，那诱人的谷香仍随风飘进农舍和军营，人们似乎毫无察觉，仍然专心致志地听着识字的人读那份朝廷诏书，"……凡大辽国的官民人等，都有守土保疆之责。为永保大辽基业稳固，不断展疆扩土，承太祖平天下之志，望官尽其职，民尽其力，兵献其身。朝廷鼓励耕织、冶炼和买卖，重灾免租，轻灾减半。宋军占领区成熟的庄稼，以无主处理，允各州县募人收割，收割者得半。对从事贩运、买卖的人，各关卡哨所一律不得刁难乱收费，更不得中饱私囊。对恪尽其守、管理有绩者予以褒奖。杀敌立功的士兵依次晋级封赏，为国殉难者，厚葬表彰，家属免五年租税，无田者赠田，无畜者给畜。鼓励边民垦荒，两年免税，三年减半。凡通敌为奸者、中饱私囊者、贪赂腐败者、包庇窝藏者，从严惩处！情节严重者，高官诛灭九族，军校以下，眷属没入头下州充奴。"

下半年里，仅南京道和云、朔、应、寰等地就杀掉了一百多名贪官污吏，三百多名地方官降级夺俸。

看过或听过诏书的军民人等，见朝廷动了真格的，无不欢欣鼓舞。农民们精心耕种，细心收割，连掉在地上的粮食也一粒粒捡拾起来，小心翼翼地装进口袋，他们感谢贤明的皇上和太后，主动上缴军粮、田租。部队的战士路过家乡时，看见粮满仓、羊满圈的喜人景象，再也不担心父母和兄弟姐妹挨饥受冻，他们安心服役，勇敢杀敌。整天提心吊胆的是那些脑满肠肥的漏网者，他们好不容易躲过死神的纠缠，再也不敢为非作歹了，民众怨气大减，社会日趋稳定。

辽统和四年（宋雍熙三年，公元986年）是宋朝皇帝赵光义自执政以来最为尴尬的一年，三十万北伐大军只剩三万多人，被辽军追得东逃西躲，赵光义面对主和派无言以对。为了挽回面子，他仍是不肯撤兵，东、西两路军已经完全不能指望，唯一的希望就是中路军在某天夜里打出一个奇迹来。

中路军总指挥田重进被辽军打得节节南退，他知道这场仗输定了，正想找个理由返回南方时，突然接到皇上御旨，要他坚决顶住，想尽一切办法扭转局势，打不赢也要落个和局。田重进看过诏书后仰天长叹道："谈何容易！皇上真是站着说话不腰疼。"

从东路军逃奔田重进来的贺令图说："辽军威猛强悍，但拙于心计，硬拼肯定是死路一条，若用巧计或许能反败为胜。"

田重进平时就看不惯贺令图夸夸其谈的小谋小计，今天又是败兵之将，打心眼儿里就腻烦听他讲话，因此就没拿正眼瞧他。正要跨步迈出军帐，他突然转念一想，万一贺令图的小谋小计能起点儿作用，总比老被辽军追着跑强，他对贺令图说："贺将军有什么高招，本帅愿闻其详。"

贺令图看了看四周没有讲话。

田重进对帐里的随从说："你们都下去吧。"那些人就都出了军帐。

贺令图趴在田重进的耳边，上下嘴唇一阵紧煽忽，他的小眼睛也随着一通乱转，田重进开头毫无表情，但很快脸色又多云转晴，并不断点着头，看来田重进是接受了贺令图的建议。

由于太后推行了一系列改革政策，农牧业产呈现大幅提升，经济上有了较大发展。在军界和各府署衙门狠狠镇压了一批贪财忘义、胡作非为的中下层腐败分子后，民气上升，士气旺盛，连续几场大胜仗，辽军声威大震，周围几个部族属国纷纷向大辽进贡修好。从九月开始，太后在上京连续接受了党项、阻卜、高丽和女真几拨使臣，她的心里明白，来贡者有烧香的，有摸底的，也有想拆庙的，太后均以国宾施礼相待。

刚进十一月，隆冬伴着寒风也进入塞北草原，太后正在灯下专心阅读《论语》，旁边放着《周礼》《孙子兵法》《汉书》《列女传》等一大摞书籍，她嘴里不断重复着"唯女子与小人为难养也"这句话，越念叨，双眉间拧成的疙瘩越深，突然一阵寒风猛地推开了案前的窗户，她回头看了看快要熄灭的火盆，赶紧关上了窗户，她浑身打了一个激灵，对昏昏欲睡的宫使说："添些炭火，通知韩大人来见我。"

"太后，快三更天了，韩大人已经睡下了，不能等到明天吗？"宫使强打着精神说。

"就是四更天也要把他叫来。"太后不容置疑地命令道。

太后见韩德让懵懵懂懂地进殿来，面色马上由阴转晴，笑着说："搅了你的好梦了吧？"

"太后有什么军机大事，要半夜三更召臣进宫？"韩德让问太后。

"天越来越冷，我变得不习惯北方的冬天了。另外我也惦记着休哥他们，不知仗打得怎么样了。咱们还是回南京去吧，那里比上京暖和多了。"太后说。

韩德让愿意同她在一块儿，但也怕招惹是非，害怕那些元老保守派的闲言碎语。但太后的意旨也是不能违背的，就问："什么时候动身？"

太后说："你准备一下，三天后就走。"

到了南京之后，她急着要听休哥汇报战局，当得知宋军节节南退时，大大松了一口气。第二天韩德让陪她去长春宫赏菊，正在兴浓时，留守司派人来报告说："宋朝派使臣来谈议和的事，要求亲自拜见太后，请太后回殿接待。"

太后说："这茶喝了多半年才喝出点味道来，打不赢了才想起来要和谈，晚点儿了吧？要谈让你们副留守去谈，我没有工夫，告诉使臣，嫌官儿小就到战场上找我谈。"

韩德让说："这样做是不是有失大国风度，打归打，谈归谈。"

"不谈，要谈你去谈，到了宋军只剩三个人的时候，你们准备好隆重的欢迎仪式，我亲自跟赵光义谈。"见太后的态度如此坚决，韩德让也没再说什么。

副留守礼节性地简单接待了一下，宋使没有表示什么就回去复命了。

宋朝使臣走后，太后自言自语地说："我刚到南京，他们就来找我和谈，消息好快呀。"

十一月中旬，田重进的队伍被逼到了滹沱河以北。耶律休哥正在帐里书写向太后汇报战局的奏折，帐外护卫队进来报告说："昨天半夜，有一个南边的人悄悄摸过河来，我们抓住他一看问，还是个军官，他说是来投诚的。"

"带进来！"休哥道。

那个宋军头目进帐后，先是四周扫了一圈，见了休哥将军不下跪也不行礼，休哥问他："既是来投诚的，为何如此无礼？"

"不见太后我什么都不能说。"宋军头目说。

休哥瞪了他一眼说："既然不讲，拉出去砍了！"

那个宋军头目说："我知道将军手握重兵，执掌生死大权，但事关重大，只能请将军向太后禀报，望将军恕罪！"休哥见他临危不惧的神态，又口口声声说事关重大，非要见太后不可，怕万一真有军机大事耽误在自己手里，只好派人把他送往南京。这几日进出南京各城门的商贩特别多，听口音多半是中原人，解差带着这位宋军降将进迎春门时，有几个商人紧紧盯着他们，但没有一个人讲话，解差没有注意。

太后近几日心情特别好，听说有个宋军军官来投诚，还点名让她亲自接待，就笑着对韩德让说："刚走了一个使臣，又来了一个降将，点名非要见我，我倒要看看这位降将能给我带来什么宝贝。"

太后、皇上、韩德让、南京副留守在元和殿北配殿分主次坐定，御卫把宋军降将带进殿后即退出，那个宋军降将见殿里正中端坐着一个女人，认定这就是萧太后，好像没看见殿里的其他几个男人似的。他趴跪在太后面前就拜，太后指了指旁边的耶律隆绪说："这是皇上。"

"皇上万福隆安。"宋军降将又冲隆绪一拜。

太后问："说说你是何人，为何来降。"

他说："罪臣姓窦名其旦，祖籍青州，是德州厢军指挥，贺氏父子鼓动皇上北伐大辽，要从本州征调大批粮草和兵力。连续两年的虫旱灾害，粮食严重匮乏，兵力不足，罪臣粮草供应不足，就遭到权臣斥责，差点儿丢了官。贺怀浦被大辽杀掉后，他的儿子贺令图疏通奸臣诬告我通辽，这不活活冤枉死我，通辽不仅是死罪，还要灭九族，说我通辽就通辽，干脆我就痛痛快快通一次辽，这不就投奔太后来了，望太后给我一条立功赎罪的出路。"

"就这些话值得非找本后讲吗？"萧太后问。

"还有——"他犹豫地拉长了声调，看看四周，又瞅瞅太后。

太后对韩德让和南京副留守说："你们先下去吧。窦其旦你也站起来讲吧。"

窦其旦凑近太后和皇上小声说："上次我在开封府听一个朋友讲，大辽有个汉人军官，好像姓韩，与宋军同乡勾勾搭搭，被耶律休哥发现，姓韩的军官送给休哥将军几件宝物，事情就过去了，这事我对任何人也没讲过。"

太后皱了皱眉头说："你先到馆驿歇息，过几日就是皇上寿诞，之后一定召见你。"随之向门外的御卫使了个眼色说："带窦将军去馆驿休息，一定要好好侍候。"

几天后，御卫向太后报告说："没有发现什么特殊情况，就是他特别爱给小商小贩搭讪，打完价也不买。"

"好好侍候，日夜不可离人，有情况及时禀报。"太后嘱咐说。

太后听了这位窦其旦的密报，开始还真有些半信半疑，但他对韩德威和耶律休哥是非常了解的，又反复琢磨他的名字，叫"窦其旦"，这和"斗契丹"有什么区别？于是他让韩德让通过内线了解一下，德州的厢军指挥或留守有没有窦其旦这个人。

到统和四年（986）十二月，隆绪皇帝就满15周岁了，朝廷上下张罗着要给皇上庆祝寿诞，太后因为心里有事，对寿诞的准备并不积极，她吩咐说："皇上乃一国之君，庆祝寿诞是个人事情，但仗还在打，国家还不太平，皇上尚小，应以读书习武为主，不应计较表面上的繁华热闹，祝寿之事规模不可人大，更不得铺张，等天下太平了，我们再好好庆贺一番。"

尽管大辽内部不做过分地宣扬，四周的邻邦属国还是早早派使臣前来送礼祝贺，尤其是宋朝送礼的队伍非常庞大隆重，是表示友善？还是暗藏杀机？太后做好了两手准备，她嘱咐下属：一要热情接待，不卑不亢；二要提高警惕，严守纪律。

正当寿诞庆祝活动即将进入高潮之际，韩德让派出的细作摸到可靠情报回来了，细作报告说："德州根本没有窦其旦这个人，他是在第一个和谈使臣摸清太后确实在南京后，宋朝派出的第二个细作头目。"

经过几天的拷问，"斗契丹"受不住酷刑，终于交代了实情。他的任务是在南京扎下来，摸清南京的情况，由化装成商贩的人把毒器送到南京，当第三批庆贺寿诞的人马到达南京后，由为首的使臣选择适当时机，只要他喊一声"斗契丹（窦其旦）"，所有的毒器将全部射向太后，然后再把皇上绑走，由城里化装成商人的宋军掩护他们出城，只要能杀掉萧太后，皇上……不！赵光义，嘱咐说，就是丢掉一万个大将也在所不惜，只要太后一死，辽军无论有多少人马，那都是宋军锅里的肉，莫说是燕云十六州，就是整个大辽也将纳入宋朝的版图。

太后听了以后长长出了一口气说："好毒的赵光义啊！好傻的赵光义啊！真把我大辽看成三岁孩童了，等着吧，看谁能抓住谁。"

庆寿活动以简单的仪式在南京举行，太后把宋朝派来的所有官员和下差都请上宴席，城里的商铺摊贩一律免税，自由买卖五天，宫里宫外好不热闹。

酒宴刚开始，从前线飞马来报的军差也赶到内城宣和门外，韩德让单独接见了军差后向太后报告说："我军将士在休哥将军的指挥下越战越勇，十二月初直逼瀛州城下，把雄州知州刘廷让和中路军田重进的部队死死包围住，君子馆一战，经过一天一夜的生死拼搏，除刘廷让逃跑、李敬源战死外，田重进、贺令图等大将均被擒获，宋军几乎全军覆没。"

太后拍案高兴地说："好，好！你给皇上带来了最好的贺礼，你给我带来了好胃口，你到酒席宴上向所有的宾客报告这一消息，让大家共同分享这份喜悦。"

韩德让报告完毕，太后说："各位钦差大臣，尽情地多喝几杯。"

按照常规，下一个仪式应该是射鬼箭，韩德让问："还是老规矩？"

太后说："意思一下即可，酷刑可免，但要让宋朝'使臣'长长见识，我大辽君臣战场上不是软草包，战场外也不是糊涂虫。"

韩德让端起酒杯说："今天是我朝皇上寿诞，感谢四海嘉宾前来祝贺，为了答谢各位盛情美意，请各位看一个好节目。"

话音刚落，四个护卫在酒席上抓起一个宋朝下差，把他带到绑殿外，然后利索地将他绑在一根立柱上，此时所有宾客都吓得放下了酒杯不知所措。太后慢吞吞地站起来，痛痛快快地把宋朝的阴谋狠狠揭露一番。最后她说："按照我朝国礼，胜利后要举行射鬼箭，这次恰逢皇上寿诞，同时又有各国贵宾在此，只能意思意思了。"

韩德让一挥手，"嗖嗖嗖"三支利箭落在那个宋使脑袋的上、左、右三个地方，每支箭离头只有一厘米，这个节目可把其他宾客吓得不轻，不到半个时辰就有人说喝高了起身要走，太后还异常热情地挽留了一番。

前后方的这一特大胜利喜讯，不仅给皇上的寿诞增添了异彩，而且大大鼓舞了大辽军民战胜宋军的信心，举国上下，一片欢腾。

举国同庆万民欢
剩勇追寇图大业

几年以来，辽军与宋军打过无数次大大小小的战役，各有胜败，也都有不同程度的损失，但一年多的战斗，辽军连连得胜，太后总是不露声色地把笑藏在心里。

最近刚刚打垮战场上的宋朝三十万北伐大军，又在酒席宴上揭穿了宋朝的阴谋毒计，太后控制不住内心的喜悦，很久不见的酒窝又在脸上显露出来，这成了宫里的新闻。"太后的酒窝又出来了。""太后乐了，有什么事赶紧说去。"诸如此类的消息在宫人和下级官员中传递着。

十二月中旬的一天，上京城的天上布满阴云，洁白的雪花淅淅沥沥地飘落而下，不大会儿工夫，屋顶上、树枝上就全变成了白色，天色越晚，长春宫里的灯光和火盆越发显得耀眼红亮，酒香从窗缝儿和门缝儿里飘出来。

上席是太后和皇上，今天的酒席不是长条桌，而是一个大圆桌，紧靠皇上一边的是弟弟隆庆和隆佑，挨太后一边坐的是她两个未出嫁的女儿长寿女和延寿女，坐在太后对面的有爱臣韩德让、耶律休哥，还有再从侄萧挞凛和驸马都尉萧继先。

太后掩饰不住内心的喜悦，笑容满面地说："今天是小小的家宴，既然是家宴，就免去一切君臣之礼，大家可以随意些，要吃要喝就痛痛快快自己动手，德让你带个头，先喝了这第一杯。"

韩德让举起酒杯说："太后，酒要喝个明白，是庆功酒，那头功当属太后您，是慰问臣子的家宴，应该皇上先喝，是喜酒，那我还要等一个人来敬酒，是不是？休哥将军。"

此时的耶律休哥丈二和尚摸不着头脑，只有太后清楚韩德让的话，她笑着说："就你韩德让猴儿精，无论是庆功酒，还是喜酒，你都要喝第一杯。战场上、酒席宴上两场漂亮仗当然要好好庆祝一番，你们真评我个一等功，我就领了，本后命韩大人代饮这头杯酒，敢不从命？违令者——"

韩德让说："不敢，不敢。"说着喝下手里的一杯酒。

他刚要坐下，太后又说："如果说喜酒，按照汉人的习惯请你做长寿女的月下老，这杯酒该喝不该喝？"

韩德让说："该喝，该喝。"他望着长寿女又喝了第二杯酒，大家哈哈一阵大笑。

休哥说："韩大人啊，韩大人，太后照顾你头一杯酒，你喝下也就完事，找了那么多理由想拖过去，结果倒多喝了一杯。"

太后说："自从观音女下嫁萧继先后，我还指望长寿女和延寿女给我解闷宽心，这不，挞凛又找上门来为排押求亲。排押智勇双全、屡立战功，德让肯做这个月下老，我就许了这门亲事。"

韩德让说："这么好的事，岂有推辞之理，我做，我做。"

太后说："李继迁放弃了党项酋长归顺我大辽，任定难军节度使尽职尽责，他也向我求亲，为了大辽的长远大计，我答应将王子帐节度使耶律襄之女耶律汀封为公主，下嫁于他。我和皇上商量过，等长寿女和萧排押的婚事办完后，就给李继迁和汀儿完婚，这个正旦节要好好热闹热闹。"

长寿女坐在一边抿着嘴笑，一句话也不说，从她那绯红的脸庞和羞涩的眼神里就知道，长寿女是个安分守己的姑娘，她不仅认识萧排押，而且十分佩服他的聪明才智和精湛武艺。

胜利后的喜事喜酒，大家自然越喝越高兴，外边已然是铺天盖地的银白色，宫里仍是红彤彤、暖融融的欢乐殿堂，太后因为多喝了几杯，双颊泛出红晕，一对漂亮的酒窝越发楚楚动人，韩德让不时地盯看她几眼，两人眉来眼去、推杯换盏，除了皇子和公主外，大臣们都看得清清楚楚，心里也明明白白，但谁也不敢开这个玩笑。

正当太后的家宴推向一个新高潮时，御卫报告说："东京快马来报，说东北的高丽部见我大辽把主要精力用在对付宋军上，他们蠢蠢欲动，又想联合女真部趁机攻辽，请太后、皇上派主力部队援助。"

"他们真会凑热闹，诸位大人意下如何？"太后满脸不高兴地问。

韩德让说："休哥将军以为如何？"

"不行，不行！分不清主次大小，高丽和女真绑在一块儿也抵不上半个宋朝，让你们坐守东北，一点儿小事就报告太后，干脆让太后和皇上去替你镇守东京吧。"休哥着急地说。

萧挞凛说："虽说高丽和女真地处边远，人数又少，但正是因为偏远，所以他们要千方百计掠夺内陆的土地和财富，不要小看这些夷邦劣种，搞不好会危及上京的安全。"

韩德让说："宋军、高丽和女真都不可轻视，有一方出事，太后和皇上就不得安宁。休哥将军说得好，须分清主次和先后，依微臣愚见，当前仍须以南方战场为主，与宋军的仗打得越漂亮，高丽和女真就越不敢轻举妄动。宋军虽屡遭重创，但我们越往南也就越不好打，不好打也要打，应趁宋军虚弱之时，大举南攻，再接再厉，歼其残部，让他们一想到辽军就闻风丧胆，再也不敢犯我大辽。东北的形势虽不同南京，但不可不予重视，如果太后能分成两个人就好了。"

太后接过韩德让的话说："我们的目标是不仅让宋军不犯我边境，而且要让出黄河以北的所有土地，否则我不会善罢甘休。韩大人要把我分成两个人，这不现成的两个人吗？皇上已经16岁了，光在书斋里是练不出大本事的，不如让他到东北去闯练闯练，真刀真枪地去磨炼一下，将来我老了，不至于让人家欺负我们有君无主。你们都要记住，一段苦难是一笔财富，南方战局仍是我们的主战场，休哥不能松懈，要利用冬季休战时间，补充缺员和粮草，整顿军纪军风，操演新队形、新战法，苦练杀敌本领。把萧排押编在你的部下，越是苦仗硬仗越要让驸马、王爷和皇亲国戚去打，只有这样才能服众，才能打胜仗，否则别说是统率一个国家，就连一个小队也指挥不好，等待我们的只有投降和灭亡，这绝非危言耸听，历史的教训已无数次地告诫过我们。"

萧挞凛激动地站起来说："太后所言极是，是应该让排押他们这一代吃点儿苦、受点儿难，休哥将军尽管严加管教，这对他们的成长有百利而无一害。"

萧挞凛见太后点头微笑，他又补充说道："我知道，长寿女、延寿女两位公主感情最好，长寿女过去后，我肯定不会亏待她，但她想念妹妹我可解决不了，不如让延寿女也过去，反正恒德也不小了，太后您看——"

太后笑着说："好个萧挞凛，你吃着碗里的，又盯着锅里的，我们家的姑娘都让你家娶走了，等等吧，我看先让萧恒德到东京接任留守一职，如果能把高丽赶回去，把女真整顺了，咱们再商量娶嫁延寿女的问题，怎么样？"

"好，好，好！多谢太后、皇上的宠信，跟着皇上东征，也好让他长长见识。"君臣之间又是一片欢声笑语，这欢乐的气氛冲淡了刚才御卫带来的不愉快。

辽统和四年（986）的正月，太后、皇上与他们的臣民在上京度过了一个安乐祥和的正旦节，君臣之间、同僚之间、亲友之间互致问候，探拜频频。太后每天都沉浸在一片叩拜和赞颂声中，心情自然十分愉快，但高兴之余她仍然惦记着南方的战局，琢磨着什么时候打到黄河以南去。

刚进四月，草原上乍暖还寒，太后就急着要回南京。经过几天的紧赶慢赶，四月初十到了南京东北郊的望京馆，夕阳的余晖把燕京城抹成了金黄色，远远望去，城垣逶迤，楼阁耸立，徐徐吹拂的南风飘来阵阵清香。太后骑在"雪花白"上极目眺望，仿佛菩提佛国就在眼前，她还要催促着往前赶，韩德让说："西下的太阳如飞石坠地，不消一个时辰天就完全黑下来，三十多里路要走到大半夜，因虫旱灾害严重，近日常有盗匪出没，不如在馆驿住下来歇息，明晨起早就走，这样不仅安全，城里的官员也好组织叩迎太后和皇上驾临。"

皇上表示同意，太后觉得韩德让的话也有道理，只好同意住下来。

四月中旬，一个艳阳高照的上午，南京城各门张灯结彩，仪仗队和内卫部队换上了崭新的节日盛装，三通鼓后，随着号角鸣响，鼓乐手齐奏大乐，元和殿前卤簿仪仗整齐，殿外执戟甲士森然，金色的阳光斜照在太后的御座上。御前侍卫导引文武百官由殿外鱼贯而入，群臣在丹墀上肃立，小皇帝耶律隆绪迈过高大的门槛后，双跪而拜，殿外的文武百官呼啦一下子全都跪在地上，隆绪仰望着龙椅上的太后称颂道："天地间万民万物，皆由神灵主宰，契丹民族由弱小分散的游牧部落，发展到今天富强昌盛的大辽国，上有神灵和列祖列宗的保佑，下有太后秉承神灵旨意谆谆教诲举国臣民，现在我大辽国土广阔、民富国强，为了感谢母后的圣恩圣德，儿臣受举朝文武百官之托，奉母后'睿德神略应运启化承天皇太后'之尊号，唯愿母后德配天地，万寿无疆。"

殿内殿外一片"太后万岁，万岁，万万岁！"的呼号声。

隆绪皇帝在承天皇太后的旁边落座后，北院枢密使韩德让起立跨进殿内，三跪九叩后说："皇帝启承神明，与太后共理朝政国事，使我大辽日渐强盛，当朝文武百官奉'至德广孝昭圣天辅皇帝'之尊号，望皇上纳之。"

殿内外又是一片"皇上万岁，万岁，万万岁！"的呼号声。

随后，根据品级和功劳大小，太后和皇上赐予文武群臣不同的恩赏。

承天皇太后笑盈盈地扫视了一眼殿内外跪拜着的文武群臣说："诸位大臣和将军快快请起，我和皇上诚领大家的一番美誉，但就我们母子二人，再大的能耐也难抵宋军十个兵，莫说几十万大军，今后要扩疆保土还须诸位爱卿同心协力，众志方可成城。"

说完她一脸严肃地走下龙椅，在殿里转了一圈，突然提高嗓门又说道："今天既是庆功会，又是战前动员会。根据可靠的探报，宋朝皇帝赵光义对这次北伐失败甚不服气，三十万大军只剩几万人马，他窝着火又重新组织精兵强将，企图卷土重来，这回来头肯定不会太小。正当我军举全力应付宋军时，东北的高丽欲联合女真趁机扰乱我后方，这对我军十分不利，我要问问诸位将军，对此何以当之？"

武将显然比文官声音要大，"誓死保卫大辽！继承太祖遗志，与所有敢犯我之敌血战到底！"

太后说："好！有志者事竟成。自明日起，各院、帐、署、衙进入紧急战备状态，皇上亲自带军阻击高丽的猖狂进攻，老将军耶律抹只为前敌总指挥，韩德威为副总指挥，萧恒德调任东京留守兼任前敌监军。对高丽这头不可教化的野狼予以狠狠打击，歼敌越多越好。对女真部，只要他们不与高丽狼狈为奸，肯降顺大辽，就给他们一条出路。对宋朝这头老狼，则要认真对付，他们人多地广、兵强马壮，不是他们吃掉我们，就是我们吞掉他们，中原地区的黄金、丝绸、稻麦极其丰富，那里的姑娘细润秀美，将来仗打赢了，给我们的小伙子每人配一个细妹，你们这些大臣和将军们，可着心地挑选贴身用人。为了把这场仗打好，我就住在南京不走了，给你们助威，休哥将军仍是阵前总指挥，萧排押为副指挥，隆庆调任南京副留守兼任前敌监军。你们回去好好准备一下，择吉日出发。"

承天皇太后这番鼓动人心的战前动员，确实拨动了大臣们的心弦，殿外一阵细声的喧哗，三三两两地议论起来。散朝后，有的急着回宫，有的还想找太后要求些条件。

皇上耶律隆绪到底还是年轻，他不回宫，更不想找太后细谈打仗的事，而是拉着几个年轻的官员直奔迎春门外的马球场。

马球场四周插满了三角形的彩旗，围观的人群里三层外三层，因为有皇上参加比赛，大家的兴致特别高。

比赛双方各出五人，分别穿着红、黄两种颜色的坎肩。皇上骑在马上手握球杆，不顾一切地追赶着用野猪皮缝制的马球，对方的球员很想夺回那只球，但又怕冲撞了皇上出意外，只好紧追其后，眼睁睁看着皇上把球抽进了球门，场外爆发出一阵欢呼声。

对方有个主力队员叫耶律胡里室，是皇室成员，论辈分比皇上还高一辈，眼看他们队就要输了，他用球杆猛抽了一下马屁股，那马"噌"一下窜到皇上的马前，挡住了皇上的去路。皇上耶律隆绪非常生气，就用球杆使劲捅了一下胡里室的马屁股，那枣红马从未受过这种刺激，一声尖吼，四蹄飞蹬地冲出场外，场外的人根本没有思想准备，那马飞出场外后，撞倒了一大片观众，不一会儿人们大多站了起来，只有一个年纪较大的人半天站不起来，人们定睛一看，那人正是南院枢密使韩德让，旁边的人给他揉了半天的腰，他仍然站不直。

承天皇太后听说韩德让受了伤非常生气，当得知是胡里室撞伤了韩德让时，就更生气了。因平时太后就听说他不把皇上放在眼里，只是找不到借口惩处他，这次可算找到了，她以故意伤害南院枢密使之罪下令立即处死胡里室，大臣们一再劝解仍无济于事，最后经韩德让亲自求情方免一死。令太后更为不满的是皇上耶律隆绪，大敌当前，他不思如何御敌，却终日嬉戏，当然任何人都不许当众批评皇上的缺点，只有皇太后可以单独指出皇上的错误。于是，她把隆绪传到内宫，对他说："你作为一国之君，仍是玩心不减，如此不思进取，当我百年之后，你能独撑辽国大业吗？皇祖爷创下的天下，不用说光大，就这点儿基业你能传下去吗？"她的几句话把皇上问得哑口无言。

皇上耶律隆绪连连点头认错，他低着头说："儿臣知错，一定不辜负母后教诲，继承皇祖大业，永葆大辽江山不倒。"

太后说："不倒就行了？要记住，修身、齐家、治国、平天下。天下有多大？太阳从东方升起，打西方落下，凡是太阳照到的地方，都是天下，都是需要我们平定的地方，没有本事行吗？即日起，不许再浑浑噩噩的度日，好好准备高丽这一仗，只能打胜，不准打败。"

耶律隆绪应诺着退出内宫。

为保南京修运河
野狼计划未得逞

皇上耶律隆绪走后，太后继续与韩德让商讨一些南北战局的细节，谈到军需供应时，韩德让说："过去契丹与北方部落打仗全靠勇猛的拼杀和抢掠，出征时不带粮草，如今的宋朝可不是那些北方的异族小部，他们人多地广。财力丰厚，打多大的仗也不愁供应问题，咱们要实现太祖爷平天下的愿望，必须学会打有准备的仗，没有充足的粮草供应是不行的。"

太后点了点头，说："韩大人说得对。"

韩德让没等她说完就插嘴道："你叫我什么？"

太后说："韩大人呀。"

"不是你立的规矩只有咱们两个人在时可以直呼其名吗？"韩德让望着太后的眼睛说。

太后忙改口道："德让，德让，你看我当太后当出架子来了，请枢密使大人见谅。"

说完两人一阵哈哈大笑。

笑完她问道："德让你有什么好建议吗？"

韩德让说："要想有充足的粮草物资，必须有一个可靠的根据地，北方离上京近好办，南方打起仗来，全靠上京的供应可有点儿鞭长莫及。我们的粮食主产地在辽河以东一带，南京道下领六州十一县，人口有二十四万七千户，光乡丁就有五十多万，如此密集的人口，他们那里粮食本来就紧张，宋辽之战打起来，粮食供应就成了大问题，要想把辽东的粮食运到南京去谈何容易，辽东的粮食海运到大运河南京段附近尚可办到，但从大运河走的船只无法进城，遥远的旱路运输十分艰难，必须想一个好办法才行。"

听了韩德让的分析，太后陷入了沉思，多年的经验告诉她，造锁的工匠必会造钥匙，这个造钥匙的人不是别人，正是面前的韩德让。于是，她笑着说："那就请韩大师指点迷津吧。"

韩德让也笑了，说："坐而论道不如亲转一遭，据我所知，南京迎春门东南的延芳淀水域辽阔，如果能把粮食从海上运到近南京的岸边，再把延芳淀的水面利用起来，送到南京城应该是不成问题的。另外，这条河道并非解一日之急，今后恐怕要经常使用这条运粮河道，工程要保万年牢固，因此需派要员监工。"

太后听韩德让这么一说，眼睛突然一亮，她说："这个巧匠不难找，哎呀！韩大师，你可拨亮了我这个有油点不着的灯。这是个好主意，不过工程浩大，恐一时难以奏效，要办也要好好议一议。韩大人说的工程质量十分重要，万不可马虎从事。"

几天以后，议政会在宣政殿里举行，皇上耶律隆绪坐在正座上，他只宣布了一句议政会开始就没有太多的话讲了，太后接着说："今天各院、帐、府、衙都到齐了，今天的议政会讨论两个问题，一是讨论我契丹文字的改革问题，由大字改成了小字，表达的意思更丰满了一些，但作为大辽的国文，是用契丹小字还是引用汉文？"

一说到这里，还没等太后把话讲完，绝大部分官员纷纷表示反对用汉文，太后说："不要急，还有一个更重要的问题是为了保证南京的粮草和物资供应，要不要在南京和上京之间开一条水上运输线，这不仅是为了南京，更是为了上京。"

"把粮食物资都运到南京去了，还说为了上京，真让人难以理解。"马上就有人起来反驳太后的话。

也有部分汉人官员同意太后的意见，但生怕寡不敌众就没有急于发言。太后看了一眼身边的韩德让，韩德让领会太后的意思，他扫视了一眼殿里大大小小的官员说："汉文和契丹文只是一个表达意思的符号，其实契丹文字都是用了汉文的部首或整个汉字组成的，从先祖创造契丹文字起就已经把汉土和契丹融合到了一块儿，所以大家不必过分计较。"

说到这里，太后插话道："依本后看，官方文书可以用契丹文字，其余情况各随其便。"太后这句话一下子缓和了殿里的气氛。

韩德让接着说："关于南京的粮草物资供应问题，下官认为太后是高瞻远瞩，南京是宋军的吗？那明明是我大辽的国土，汉人也是我大辽的臣民，那里出了任何的问题都于朝廷不利。试想如果宋军攻打南京，现从上京运粮草来得及吗？南京失守，上京就受到严重威胁，这就是'唇亡齿寒'的道理。"

经韩德让简单一讲，大部分官员都理解了太后的意思，于是有人急忙问道："那工程量有多大的呢？"

韩德让说："本人在南京居住多年，迎春门外有一条古河道，通州东南有一个绵延百里的延芳淀，延芳淀东面就是隋唐大运河，大运河东面就是渤海湾，如果能把这些水面连起来不就是一条很好的水道吗？"

听了韩德让的话，太后一阵欣喜，但她没有急于表态，想再听一听其他官员的意见。

坐在最后排的耶律留礼寿，一边聚精会神地听别人讲话，一边与坐在对面的人传递着眼神，太后似乎看出了其中的门道，她侧脸说道："留礼寿，你是河防使，这是你的主务，谈谈你的看法吧。"

留礼寿上次幸免一死，非但不感谢皇后的不杀之恩，反而把这杀父之仇牢牢记在心里，平时很少讲话。当时的皇后萧燕燕认为他毕竟是皇系嫡孙，且有悔改之意，就建议皇上委了他一个闲差河防使，草原上很少有河防工程，这闲差倒给了他充分的时间到处交朋结友，因为要讨论南京的水路运输问题，所以特别让他参加了这次议政会。

听到太后点他的名，留礼寿心里先是一阵紧张，但很快就平静下来，他不慌不忙地说："太后和韩大人所言极是，没有上京就没有南京，没有南京上京也危险，不过我还没有去过南京，不知那里的地形地势如何，工程所需心中也无底，若能随韩大人到南京看看地形就更好了。"

太后一听这小子的话也有些道理，看来上次没杀他是对的，她与韩德让交换了一下眼神后说："好，留礼寿的话有理，韩大人就带上他，此事不可久拖，要办越快越好，因为宋军亡我之心不死，随时可能再次进攻南京。"

散朝后留礼寿琢磨着如何对付这个局面，夜晚他找到了胡里室，把议政会的情况向他讲了一遍，胡里室一拍大腿说："好！机会来了，你总说你是没有用的闲差，这下不就有用武之地了。"

留礼寿摸不透他的真正用意，就小心地问道："真干？"

"机不可失，失不再来。"胡里室伸长了脖子瞪着眼睛说。

"如何干？"留礼寿捋了捋两侧的鬓发试探地问。

胡里室站起来把门窗关好后小声地说："水火刀枪一块儿干。"

留礼寿自从父王喜隐被狠心的小姨萧燕燕杀掉后，自觉没有了后台，所以说话处处小心谨慎，更不敢贸然乱干，他对胡里室的话还是摸不着底，但有一点是清楚的，胡里室上次因为在马球场上冲闯了汉官韩德让差点被杀头，他的心里肯定是愤恨的，两人的命都是从阎王爷脚底下捡回来的，所以他分析胡里室与他的心情是一样的，于是假装糊涂，继续两手捋着髭发慢吞吞地说："这事我心中没底，还是看看再说吧。"

胡里室是个急性子，他见留礼寿要撤火就腾地站起来，指着留礼寿的髭发说："我的小王爷，咱们契丹人的髭发不是一边一绺吗？一边是母亲给的，一边父亲给的，咱们也把她和他分成两半，部分人照顾太后，部分人照顾那个汉官，只要机会一到，两边一起下手，不愁完不成任务。"

留礼寿忙问："要是机会不来或者错过机会怎么办？"

"那就去老老实实修你的河。"胡里室答道。

留礼寿感到胡里室不是糊里糊涂蛮干，就铁了心与这位知己大干一场，要干就干出个名堂来，反正这小命也是捡来的，于是他长长地出了一口气说："别捉迷藏了，明说吧，怎么干？杀了他们，把心挖出来祭奠父母亡灵。他们不是喜欢汉文吗？到时我用汉文给他们刻一个耻辱碑，让他们遗臭万年。"

胡里室见留礼寿挑明了话题，高兴地拍了一下留礼寿说："你先跟韩德让去南京，我已经安排了人马半路接应你。等你们到了山口，只要听到三声狼叫，就下手，韩德让一死，剩下那个寡王就好办了，如果事情有变，就随机应变，到了南京再找机会下手，如果实在找不到机会，就在河防上做文章。"

留礼寿嘱咐说："好！你要稳住萧燕燕，一定要让他们按咱们的计划行事，大功一成，南、北两院枢密使随你挑选。"

他们又对可能发生的问题详细商量一番，然后两个人击掌互致祝贺，深夜方才散去。

他们连日紧张地调兵遣将安排半路起事的具体事项，一再嘱咐几个亲信要绝对保密，谁走漏风声立即除掉，绝不留情。

太后和韩德让这边也是一通忙活，只不过一个是明里一个是暗里而已。出发的日子到了，太后稍露犹豫地问韩德让："有问题吗？"

韩德让坚定地回道："没问题，这点儿小坎上不去还保什么南京城。"

太后说："好！小心谨慎为重，明日就走吧。"

　　韩德让和留礼寿走在队伍的一前一后，留礼寿紧紧锁住心中的紧张，一路上有说有笑，表露出从未有过的高兴面容，韩德让回头对留礼寿说："太后信任你，这件事一定要干利索，否则就是辜负了太后的一片真心。"

　　留礼寿说："放心吧韩大人，我绝不会让您和太后失望。"

　　韩德让说："那就拿出你的聪明才智，干漂亮这一仗。"

　　留礼寿一听说"这一仗"就立即纠正韩德让说："这又不是作战，不就是挖条河吗？谈什么打仗不打仗。"

　　韩德让一听留礼寿忌讳"打仗"这个词，就转了话题，二人你一句我一句，听不出一点儿不入辙之处。

　　两天以后，草原渐渐远离他们而去，座座山峰出现在队伍的两侧，眼看天色已晚，韩德让说："我们还是打尖宿营吧，弟兄们也够累了。"

　　留礼寿着急地说："韩大人，依卑下愚见，此处山阴风大，秋风渐凉，不如到前边找个避风处歇息好些，再说去年南京道闹旱灾，不断有小股蟊贼出没，虽说不会伤我大局，但骚扰弟兄们休息也讨厌。"

　　韩德让心里明白，这里就可能有戏，他没有反对留礼寿的意见，命令队伍转了一个弯向正南方开去，一夜急赶，很快就过了长城。留礼寿没来过南京城，着急地东瞧瞧，西望望，他心想：怎么没听见一声狼叫呢？

　　初秋的晨风略带寒意，随行的士兵没有一点儿倦意，一轮红日冲破东方的薄雾喷薄欲出，人们高兴地走着喊着，只有留礼寿心里七上八下地打着鼓，他暗暗骂韩德让："我上了你这个老贼的当了，等着吧，你涮了老子，我也不会让你痛快。"他边走边琢磨着下一步对策。

　　留礼寿一路没有听见狼叫声，是因为他们的阴谋全在太后的掌握和监视之中。那天他和胡里室刚商量完杀害韩德让和太后的计划，太后就通过线人得知此事，她把奶杯往地上一摔骂道："不知好歹的东西，看来该死的就不能留，留下也是祸害，也好，我倒要看看你们要出什么新花招来。"说着就把这一消息告诉了韩德让。

　　韩德让问："南京还去不去？"

　　她斩钉截铁地说："去，一定要去，你前边带着留礼寿走，我在后边对付胡里室。"

韩德让按照事先与太后商定的路线避开了他们的埋伏圈，不仅如此，还在他们的埋伏圈外围部署了三倍于"野狼"的兵力。

韩德让出发的前一天，太后让耶律休哥带领的"打狼"部队秘密隐藏在"野狼"的四周，因为都是保密行动，所以不知道杀手埋伏的确切地点，只好等他们自己跳出来。

这些"野狼"也不知道韩德让到达埋伏圈的确切时间，只知道有队伍经过就发出三声狼叫，立即动手先杀掉那个韩德让，等太后来了再把她解决掉，可是等了一天一夜也没有一个人路过，杀手们等得不耐烦了，有的就打起盹儿来。四更天时，突然一阵马蹄声由远而近，杀手们立即瞪大了眼睛，一会儿急促的马蹄声在山谷里响起，一个大个儿站起来发出了"嗷，嗷，嗷"三声狼叫，那些杀手们认为立功领赏的机会来了，举着刀枪斧全从山洞里草丛里跳出来，高喊着："杀呀，杀呀，杀掉韩德让老贼！"可是当他们跳出来一看，只有一匹屁股上插着箭的黑马没命地疯奔，没见一个人影儿，正当他们纳闷儿时，埋伏在四周的军队看清了他们的身影，一阵喊杀声冲下山来，不一会儿就把他们包围得严严实实，聪明的丢掉兵器跪下顺降求饶，想逃跑的被一阵乱箭射死，不消一顿饭的工夫，死的死，伤的伤，其余全部被活捉，战斗很快结束。

天亮后耶律休哥清点人数时，发现俘虏中并没有胡里室，就命令挨个检查死了的，当一个军校检查到一棵大树旁边时，发现一具死尸的脊背微微浮动，他用枪挑了一下那具身材高大的"尸体"，那个"死尸"突然从身下捅出一支快枪，那个军校没有防备，阴部被重重扎了一下，顿时鲜血从裤裆流到了脚面上。趁军校低头检查自己的伤口时，那个家伙一个鲤鱼打挺蹿了起来，顺着一条小山路往上奔跑，但大山也不帮他的忙，他刚踩上一块石板，那块半悬着的石板往下一翻，这家伙连人带枪一下子摔到了山脚下，嘴角淌着血，他迷迷糊糊地躺在地上喘着粗气，一丝求生的意识让他喊出一声"救命"后就昏了过去，过了半个时辰，他轻轻睁开眼睛一看，周围都是手持兵器的士兵，他问："你们是什么人？"

这时从旁边走过一个身穿便装的中年女子，她就是皇太后萧燕燕，太后说："不用问，你就是留礼寿的生死之交胡里室了，说吧，有什么事，也许本后能帮你点儿忙。"

胡里室一听到"本后"两个字，就立即清醒过来，努着劲儿想爬起来向太后下跪求饶，但已经身不由己了。

太后说："给他点儿水喝，让他起来讲。"

喝完一碗水胡里室果然有了精神，他踉踉跄跄地站起来骂道："我上了那个留礼寿的当了，太后您是知道的，我是最忠于您和皇上的。"

太后说："我最了解你，可是留礼寿交代说全是你出的主意，你们自己争论去吧，把他绑在马后边，走！"

太后和韩德让先后到达南京后，没有好好休息一下就要去视察运河现场，他们出了迎春门往东，见一条干涸的小沟向东南方向延伸着，韩德让告诉太后："这是一条古代的自然河道，如果把它挖掘一下，和通州东南的延芳淀连通，不就解决了一大半问题了吗？"

太后说："再想办法把延芳淀与北运河连接上，那么只要海上的货物一上岸，就离大运河不远了。"

"还是燕——"他刚想说"燕燕"两个字，一转眼见留礼寿等几个人站在身旁，就赶紧改口说："还是延芳淀帮了我们大忙。"

太后回头问留礼寿："河防使大人，你看这个方案可行吗？"

留礼寿说："没有绝对做不到的事情，只要太后和皇上舍本肯上，三年不行五年，五年不行八年，总能干得成。"

太后皱了皱眉头说："你看要花多少银子？"

留礼寿假装认真地掰了一番手指说："如果朝廷库银充足，最少也得三千万两。"

韩德让以为自己的耳朵不好使，他大声问道："什么？三千万两？"

留礼寿接着认真地说："这还是省着花，太后，这两年南京一带连年灾荒，百姓出工都够呛，不如等明后年好转了再修不迟。"

太后说："留礼寿，你还是真为咱大辽着想啊，回去吧，见到一个人你也许就能想出更好的办法来。"

摆战南北两战场
痛打高丽拢女真

太后和韩德让出了城之后，耶律休哥就在城里审问那个胡里室，开始他只胡乱交代一些无关痛痒的芝麻小事，等用了一遍刑之后，休哥告诉他："人家留礼寿比你聪明多了，痛痛快快全交代了，太后宽大为怀，还是让他负责燕京运河工程。"

正说着，太后、韩德让和留礼寿几个人从城外回来路过关押胡里室的大门口，胡里室离得较远，听不见他们说什么，只见留礼寿很随意地跟在太后和韩德让后边，这个家伙不得不痛快地交代了一些问题，休哥将军说："要是有半点儿虚假，小心你的狗头！"

太后和韩德让安排妥当之后，就开始审问胡里室。开头还让留礼寿和韩德让分别坐在太后左右两侧，胡里室被押上来之后，见留礼寿人五人六地坐在上堂，他拿不准主意，不知道留礼寿到底交代了什么问题，但他又向耶律休哥如实交代了问题，随意翻供也不会有好下场，他意识到无论如何都是有罪，反正落到人家手里，不如有个好态度，也许能幸免一死。他双腿一跪一痛交代了两个时辰，太后旁边的留礼寿越来越坐不住，他气呼呼地站起来骂道："好你个胡里室，你敢污蔑朝廷官，太后，让我亲手杀掉你这个无耻的东西！"说着就要抢拔离他最近的一个侍卫腰里的刀。

刀还没拿到手，太后就命令道："把留礼寿给我拿下！"

两个侍卫立即把留礼寿捆绑起来按到地上，留礼寿喊着："冤枉啊，太后，你们不要听这个野贼的胡言乱语，他是成心扰乱朝纲，陷害我皇家子孙。"

太后说："不是野贼，是野狼吧？"

留礼寿一听"野狼"两字，便浑身一阵哆嗦。

又说："休哥将军，把他们都关在死牢里，等修完了运河再收拾他们。"

太后果断地清除了这两个捣乱的内贼，仔细安排了挖修运河的具体事项，没有来得及与韩德让在南京回味往事，就匆匆返回上京了，因为那里还有许多重大事项等她处理。

回到上京后的一天，内宫只剩太后和韩德让，正当他们想说说体己话时，一个四五岁的小男孩儿不顾宫使劝告跑进内宫来，毫不顾及两位长辈的存在，手里摇晃着一根树枝，一会儿在太后面前抖动，一会儿又在韩德让头上乱抽。韩德让一点儿也不恼怒，太后在制止无效的情况下，顺手抄起皮鞭欲动用家法，韩德让一把将孩子搂到自己怀里，除了帽饰和脸上的皱纹不同外，这一老一小简直是一个窑里的坯，但孩子不姓韩，他是太后最小的一个皇子。韩德让好说歹说，总算把这位混世魔王劝出宫外，太后面带温情地看着韩德让，嘴里嗔怪道："都是你娇惯的坏毛病，我们都不在了，有他吃苦的那一天。"

韩德让说："咱们不说孩子了，说说大人们的事吧，这南北一起开战可是兵家的禁忌啊，打得好，全面胜利，皆大欢喜，搞不好腹背受敌，兵力、财力分散，要吃大亏的。"

太后说："几年来，我们虽然也打过几次败仗，根据我的观察和判断，宋朝尽管兵多地广、财力丰厚，但赵光义何时真指挥过打仗？再说他是如何不光彩地从他哥哥赵匡胤手里得到权力的，所以皇朝内部并不安静。有人说宋太祖快死的时候，赵光义借故支走了内宫所有的人，赵匡胤是怎么死的无人能说得清。即使他不是赵光义害死的，赵匡胤留下什么遗言，还不是他怎么说就怎么往外传。这种传言都传到我们这里了，说明宋朝内部混乱，赵光义根基不稳，这不正是我们攻宋的大好时机吗，如果——"太后压低了声音附在韩德让的耳朵边一二三四了一番。

当韩德让提到北线战事时，太后说："南北都一样，我们对敌人了解几分就打几分，有多大的准备就打多大的仗，绝不可打无准备之仗，绝不可盲目硬拼，我已告诉了皇上和隆庆他们，总的原则是：北线打垮高丽，打服女真；南线打过黄河，打服宋军。特别是对宋作战，牵扯的兵力财力过大，不可盲目深入，打着看，能进则进，不能进则守，守不成则退。"

韩德让虽然在宏观治理社会、加强文化统治上高出太后一头，但在具体的战役和战术部署上他不得不佩服这个女人的才能，他对太后说："天下能有太后这种军事谋略的女才不多呀，咱们到营区看看士兵们去吧。"太后双眼笑眯成一条缝儿，和韩德让一起出了内宫。

在鸭绿江北边的一个山窝里，有一座高大豪华的营帐，帐外戒备森严，帐内气氛严肃，高丽国特使朴良柔正与女真首领完颜石鲁的儿子完颜乌古乃商量着联合攻辽的事，朴良柔说："你们女真完颜部的始祖函普就是高丽人，他为了调解女真与周邻的关系来到原始的完颜部，一直没有回到高丽，后来成了完颜部的成员，实际上我们是一家人，今天我们联合攻辽是大家共同的责任和义务。"

完颜乌古乃说："这事关系重大，出兵必须请示家父，家父已经受封为大辽惕隐，负责管理完颜部事务。末将也是辽东的节度使，尽管这是违心的，但您知道，这寒荒的山林里长不出稻黍，也织不出丝绵，我们的武器都是大辽供给的，我们不怕落个反叛的罪名，我们的吃喝穿戴、武器粮草从哪里来？端人家的碗，受人家的管，这也是无奈之举啊。"

朴良柔听得出来，这是在讲条件，他担心给了他们粮草武器，女真不出兵怎么办？如果两家的矛盾闹大了，不正如契丹人的意吗？朴良柔说："本人受国君之命前来商议联合攻辽之事，如果贵部不肯协助，我就回朝如实禀报，不过国君有话在先，假若你们不与高丽结好，我们就只有与大辽结盟这一条路了。当然这是都不愿意看到的结局，毕竟咱们是同宗同根，我想令尊也不是个糊涂人。"

听了这番"好话"，乌古乃心里有些嘀咕，万一高丽真与大辽结了盟，女真肯定是死路一条，他望着朴良柔那一睁一合的眼睛说："容末将禀报家父一声再定。"

朴良柔见威胁起了作用，满脸堆笑地说："好，我在驿帐耐心等候，你告诉惕隐大人，如果同意联合攻辽，你们确定了出兵日期，我一定在你们出兵之日，按你们开出的单子把粮草物资如数送到，另派三万精兵在左右两翼协助你们，胜仗之后，所获之地一半归高丽，所有兵马器材和其他物资统归女真。"

他们在守卫森严的营帐里密谋和交易，双方都以达到了自己的目的而庆幸胜利时，三天后消息由乌古乃的贴身卫士经一个外卫传到了东京辽阳府，新任留守官萧恒德听后十分高兴，他很快找到耶律抹只和韩德威商量对策。经过一番仔细认真地分析和斟酌，认为这是一条真实的消息，要想打破他们的联盟，首先必须离而间之，然后重击主谋，孤立从伙。

萧恒德找来部下一个高丽叛臣，他口述大意，让高丽叛臣书写一封带有高丽口吻、字形又带有高丽文特点的书信。信是高丽王治密捎给大辽皇太后的，信的大意是高丽欲与辽国修好，条件是两国瓜分掉生女真占领的地盘，混同江以西的地盘归辽国，混同江以东的地盘归高丽，事成之后，高丽每年向辽国进贡二十万担稻谷，二十万担生铁和铜锭，至此两国永世修好，互不犯境。信写好之后，又把一个高丽俘虏兵关在囚牢里，然后萧恒德召见女真部首领完颜乌古乃，当众审问那个假冒的高丽俘虏兵，因为事先做好了工作，那个俘虏兵交代的和信上写的完全吻合，乌古乃看过信后，脸上一阵白一阵红，坐在那里喘粗气，萧恒德问："完颜将军，你看要如何处置？"

"凌迟处死！不留后患！"乌古乃腾地站起来说。

萧恒德摆了摆手说："他是送信的，两国交战不斩来使，连这点儿气度都没有，还算是什么大国风度。自太祖开始，一直把女真视为亲兄弟，高丽乃山野异类，太后交代说绝不可轻信夷狄之语，绝不可伤害女真兄弟，只要你们肯协助朝廷固疆守土，每年再增加三十万担粮食，马匹军械保证供应。除此之外，再从南京道迁去两万年轻人，以妇女为主。这个信使是不是放他回去？"

乌古乃说："既然留守官大人仁慈大义，就留他一条狗命，滚吧！一个山野海蛮还想算计我女真，瞎了你的狗眼！萧大人，请你看在祖辈友善和君臣之交的份儿上，万万不可与高丽为盟，请转告承天皇太后，女真永远忠于大辽，忠于皇太后和皇上，我要在太后的英明指挥下，与高丽蛮贼血战到底！"

萧恒德从小就机敏好学，经常出入太后宫中，太后很喜欢他，在太后的教诲和影响下，不仅头脑越发灵活，而且处事圆滑细致，他对乌古乃的背叛行为深恶痛绝，但又不想捅破这层窗户纸，如果乌古乃不坚持顽抗到底，就给他一条主动立功的路，不仅保住了两个人的面子，而且对争取女真人也有利。他对乌古乃说："自己的路自己走，选择走什么路都由自己定，你可以按照自己事先预定的目标继续走下去，有困难我会帮助你的，只要你真心跟着太后走，你知道会如何处理，到了关键时刻我会出现在你面前的。"

完颜乌古乃听了萧恒德的话十分不安，他与父亲完颜石鲁商量了整整一夜，认为萧恒德肯定掌握了自己与高丽人勾结的证据，是投奔高丽还是继续依靠大辽，这真让他们犯了难，经过反复权衡，最后还是下决心留在大辽。父子俩认真分析了"按照自己事先预定的目标继续走下去，到了关键时刻我会出现在你面前的"这句话，基本上明晰了萧恒德的用意，他们决定暂时还是留在萧太后的羽翼下，留得青山在，不怕没柴烧。

按照事先的约定，乌古乃带领队伍沿长白山南麓向西进发，乌古乃走在队伍最前边，他把步子压得很慢，既想让高丽部队快点出现，又怕辽军来不了，他左顾右盼、前后张望，心情十分复杂。他做好了准备，一旦辽军和高丽打起来，他就趁机躲在一边，无论谁打胜对他来讲都是好事。

走着走着，听见一阵马蹄声，回头一望，是高丽的军队从左右两翼跟上来了，双方谁也没有打招呼，继续向西开进。走了好一阵子，也不见辽军出现，乌古乃不知如何是好，总走得太慢会让高丽人怀疑，如果与高丽打得太热乎了，辽军来了也会说不清。

在这茫茫的黑夜里，几支微弱的火把只能照到眼前的路，两丈开外就什么也看不清，两支部队的行军声混杂在一起，谁也没注意还有第三支队伍从他们的外圈朝着相反的方向挺进。

乌古乃突然发现前方人马声嘈杂，火光通亮。他知道这是辽军的大部队出现了，犹豫了一阵子，还是大声喊起来："冲啊，杀呀！"但他的马不跑，谁也不敢朝前冲。朴良柔一听到喊声，就知道女真和辽军遇上了，一声令下，高丽军队从两翼向火光处杀去，辽军虽然兵强马壮，熟悉地形，但并不认真与高丽拼杀，只是边打边退，朴良柔以为辽军抵不过两支部队的进攻而节节败退，就拼命追赶辽军，在山坳里绕来绕去，不大会儿工夫，高丽军队就首尾不能相顾了。

皇上耶律隆绪隐蔽在一座山顶上树丛下的指挥帐里，他急切地向外张望着，虽然分不清哪儿是辽军，哪儿是高丽和女真，但从火把光胡乱画圈的情形可以看出，高丽这条野狼已入了圈套，只要大吼一声，就会往前蹿跳，耶律抹只要在后边一勒口袋嘴儿，高丽军队就会全军覆灭。站在一旁的萧恒德问："皇上您看——"

"按原定方案执行，传朕的命令，命韩德威全力出击！"

这是耶律隆绪即位以来第一次单独指挥如此大的战役，既紧张又高兴，当他发出这道命令后，长长地出了一口气。

韩德威接到出击的命令，一声"杀呀"之后，不知从哪儿突然冒出了两万猛虎军，他们不再与高丽军捉迷藏，而是将高丽军分段堵在山坳里，手持利器，双目放光，一个个如同饿虎扑食般冲向高丽军营。女真军队缩在高丽军队的后边，没有乌古乃的命令，谁也不敢轻举妄动，他们躲在树丛中，藏在乱石背后。

刚开始，高丽军队在朴良柔地指挥下还能抵挡一阵子，因为没有女真军队的配合，明显感到势单力薄，几个回合之后，由于力不从心，队形开始混乱，朴良柔也有些心烦意乱，死伤者的血迹染红了石壁和马蹄，刚刚钻出石缝的小草也都变成了绛红色。朴良柔见势不妙，欲冲出山谷夺路逃跑，因对地形不熟悉，绕来绕去也找不到出山的路，刚刚几个时辰已死伤数千人。

相较于朴良柔，女真首领完颜乌古乃对这一带的地形要熟悉得多，他见高丽军死伤如此惨重，心里有些不忍，但又不敢公开帮助高丽军，只好在前边领路后退。

天近放亮时，朴良柔总算冲出了迷魂阵，顺着一条干涸的河道向东南退去，这时东方已经泛起鱼肚白，晨曦中的山峦略显沉重和宁静，一种自然的安全感让战士们自动放慢了脚步，朴良柔顾不上清点队伍，强打精神召唤着无精打采的高丽军，"吧嗒、吧嗒"的马蹄声让人厌烦，催人困倦，朴良柔一个哈欠接着一个哈欠，上下眼皮不断打着架，这时的女真军队早已离开了他的队伍，但他并没有发现。似睡非睡中隐约听到了人马嘈杂声，他还以为是女真的队伍在远处傍着他走，等他清醒过来时，一面鲜艳的大旗已经飘扬在他头顶的山坡上，他一个激灵认出这是辽军的帅旗，旗上用辽汉两种文体绣了"抹只"两个大字，不等高丽军弄清是怎么回事，辽军突然从天而降，高丽军队乱作一团，右侧崇山陡立，左侧河水湍急，河对岸是一片不大的树林，前进不行，后退不得，唯一的选择就是冒险渡河。耶律抹只在马上喊道："高丽老贼，我军已布下了天罗地网，如若识相主动缴械投降，不仅免死，还可委以重任，如胆敢对阵动武，管叫你全军覆灭，片甲不留，何去何从，速速选择！"

朴良柔毕竟也是久经沙场的一员老将，面对这突如其来的拦路虎反而镇静下来，这里离高丽只有一山之隔，他知道高丽王最恨叛国投敌的软骨头，山那边的高丽王正等着他胜利的喜讯，如果投降大辽，早晚会被高丽派到大辽的内奸杀掉，与其死在敌营，不如留个全尸埋在家乡亲人身旁。于是，他亲自摇晃着大旗高喊："弟兄们冲啊！与辽贼血战到底，死也死在高丽的国土上，能翻过山的，每人赏田三十亩，杀呀！"听到喊声，战士们都振作起精神，手持兵器冲向辽营，战马嘶鸣，兵器铿锵作响。

辽军在这里吃饱喝足等了大半夜，正想抻抻胳膊蹬蹬腿活动一下身子，见兵困马乏的高丽军送上来一堆活靶子，个个精神抖擞，拍马迎敌，困饿了一夜的高丽军哪里是辽军的对手，他们肚里无食，手脚乏劲，只有招架之功，没有还手之力，辽军刀起刀落，刀刀不空，不一会儿高丽军就被放倒了一大片。

耶律抹只骑在马上像看戏一样一动不动，脸上露出满意的笑容，突然他发现高丽帅旗下没有军帅，他意识到朴良柔可能见势不妙逃跑了，立即带领几个卫军策马追赶过去。到了高丽帅旗下，才发现旗是插在石缝中的，朴良柔和卫队早已不见踪影，抹只生气地抡起大刀一砍，空守阵地的高丽大旗飘飘忽忽地趴在了地下，还在拼死挣扎的高丽军士兵见帅旗没有了，有的四散逃命，有的扔掉武器跪地求饶，失掉主人的伤马到处乱窜，重伤的马眼里流着泪水、喘着粗气，横尸遍坡，血迹斑斑，晨风吹起的一股股血腥味引来了一群群虎豹豺狼，没等主人退场，这些贪婪的家伙就已经跃跃欲试了。

逃离战场的女真首领乌古乃带领部队一气向西跑了三十多里，清点了一下人数，一个都不少，他高兴地回头望了望，自言自语地说："谁也别想算计我，我还是我。"

吃过早饭后乌古乃继续向根据地开进，到了女真大营，他把队伍安顿好后，又马不停蹄地带领少数卫队去向萧恒德报功请赏。中午时分乌古乃找到了向他许愿的萧恒德，见皇上也在，他赶紧跪地拜见皇上耶律隆绪，然后又高高兴兴地向萧恒德叙述如何引诱朴良柔入圈套，如何配合耶律抹只将军杀败高丽军，自己的队伍一人不少，最后又说用了多少粮草、花了多少代价。萧恒德对皇上说："乌古乃将军配合主力部队反击高丽功不可没，应予以褒奖。"

耶律隆绪说："无论哪个部族和地方首领，只要为大辽出力，能维护大辽的团结和统一，朝廷是不会忘记他们的，谁立了战功，都应该得到应得的嘉奖，等我回朝禀报太后，即可颁布嘉奖令，望尔等继续努力，为守土保疆作出新的贡献。"

乌古乃眨鼓着小眼睛赶紧跪下说："谢皇上隆恩，皇上、太后万岁，万岁，万万岁！"

他庆幸不仅躲过了叛逆的罪责，而且即将得到大辽的褒奖，他从内心里感谢远见卓识、料事如神的父亲，只要一念之差就可能粉身碎骨。乌古乃虽然从地上站了起来，但他弯着的腰一直伸不直，那诚惶诚恐的样子着实让皇上顿生怜悯之情。

一场险象环生的阴谋战就这样轻松地结束了，耶律隆绪非常高兴，这是他亲政以来干得最漂亮的一件事，因为他可以在太后面前坐着讲话，他可以不必事事先经过太后点头再发布诏令，他可以大大方方地做自己想做的事了，他可以……他想了很多很多，今天他过得非常开心。

隆绪得胜回南京
隆庆乘胜拔狼山

东北战场的胜利消息传到南京后，太后非常高兴，她欣喜地看到自己的儿子已经长大，而且有了大作为，大辽国的新君已经成长起来，还有什么比这更让她兴奋不已的呢。

这场漂亮的胜仗也极大地鼓舞了南线的广大军民，百姓们盼望边境的安宁，军士们希望快点儿打败敌人结束战事，早点儿回到亲人身边，官员们想着胜利后的嘉奖和提升。琢磨最多、闹得最厉害的是皇弟耶律隆庆，他一方面为皇上打赢女真和高丽高兴，另一方面认为自己并不比哥哥差，你能打败小小的高丽，只要给我权力，我完全可以打败强大的宋朝军队。他找到太后说："我们什么时候出兵？"

"向哪里出兵？"太后问。

"向南方出兵啊！"

"出兵打谁？"

"打宋军呀！"

太后看了一眼又问："宋军有多少人马？你怎么打？"

耶律隆庆翻了翻眼珠说："可能有二三十万人马，他们使用什么战术我不太清楚。"

"那我们用什么战术呢？"太后问。

"你说用什么战术就用什么战术。"

"庆儿，你是南京留守，我是国之太后，什么都让我去干，要你们这些地方官有什么用呢，当年太祖爷也是你这个年纪，已经独率千军万马横扫塞外草原了，如果太祖爷只会弯弓射箭，不过一介武夫而已，他靠勇武更靠才智征服了所有的对手，建立了今天的大辽国。你不知彼，不知己，还打什么仗！"太后一番训诫，把隆庆说得低下了头。

辽统和十七年（999）六月的盛夏，南京城里骄阳似火，多半年的干旱少雨，越发让人焦躁不宁。按惯例，酷暑季节太后和皇上肯定是留在上京，或到东北的深山去打猎避暑，为了打败宋军这个强大而不好对付的敌人，太后一直没有离开南京。

御卫抬着冰块往元和殿里送，沿路洒下一趟冰水，来来往往的宫人挤着走在有冰水的路上，大家谁也不能直接进殿，有事都是通过御卫传递，很明显，殿内正在召开十分重要且需要保密的会议。有个胆大好奇的御卫，不断用一只眼睛和一只耳朵从门缝里窥窃着殿内的秘密，只见文武官员们个个满头大汗，太后虽然紧挨着冰盆，也不断用丝帕拭着额头，他断断续续听见太后说："……平原地区沃野千里，宜兵团作战……攻势凌厉、寸草不留……慎重渡河，适时返回……梁王隆庆总指挥。"太后最后的几句话声音压得很低，勉强可以听清几个字"……回上京"。

第三天一早，南京城里热闹非凡，听说太后要回上京避暑，南京地区大小官员，无紧急大事可以休假避暑，百姓们、军属们，特别是官员的眷属们，对此举非常拥护，他们纷纷走上街头欢送太后出城的队伍，有人带头喊着："太后万岁万万岁！""皇上万岁万万岁！"

太后回上京避暑的消息不胫而走，刚刚登极的宋朝新帝赵恒听后不辨真伪，长长地出了口气，他对母亲说："契丹人喜温惧热，萧绰回临潢府避暑，一时半会儿回不来，母后不必为儿臣过分操心，北部边境有忠臣良将把守，不会有什么问题，您尽管回后宫静心休养，有什么事等过了暑期再说不迟。"

"你虽是30岁的人了，但终究是刚刚主持朝政，凡事小心为好。"宋太后李氏一边说着一边慢慢往外走。

赵恒说："儿臣记下了，请太后走好。"

这边的萧太后出城后走得非常慢，一会儿要小解，一会儿又要下辇松松腿脚，日头快落山时，刚走出二十多里，太后吩咐到前面的望京馆歇息，随从们只好服从。眼看天色就黑下来了，太后却要坚持上路，但到了山脚下，太后又换乘御马，那"雪花白"就像懂事似的立即掉头向南站着，这时太后召集所有随从交代道："我们立即返回南京城里，速度要快，声音要小，不许惊动一户百姓，进城后，不许乱讲话，不许说出今天的任何情况。"

太后半夜回到城里的消息，除了韩德让无任何人知晓，太后闷在后宫哪儿也不去，所有的消息和指示都由韩德让一人带出带入。就在宋帝赵恒度暑假的日子里，太后和韩德让足足密商了半个月，等方案万无一失时，韩德让才把耶律隆庆领到太后寝宫里，这位梁王着实大吃一惊，太后说："不是有意瞒着你，朝廷里有些人实在让人不放心，军机大事，容不得半点疏忽。"

耶律隆庆说："母后难道连儿臣也不信任吗？"

"不信任能第一个找你吗？你不是着急打仗吗？今天委你为攻宋总指挥，你必须在十天之内做好一切战役部署，斜轸将军年老病逝，由韩大人兼任北院枢密使，一切重大军事行动要听从韩大人统一指挥调遣。再派萧挞凛将军做你的副帅，此次不设监军一职，望吾儿不要辜负朝廷重托，服从命令，以谋制勇，以勇制胜，用好兵权，好自为之。"

隆庆听了母亲的一番教诲，虽然觉得有些啰唆，但他知道太后确实把这次攻宋的大权交给了他，心里非常高兴，憋着一股劲要打赢这次战役，让母后看看自己不比哥哥差，他赶紧跪地而拜："谢圣母皇太后信任，儿臣牢记母后教诲，不灭宋朝，死不瞑目！宋朝虽大，宋军虽多，但在我大辽面前，不过是一堆肉而已，看我如何一个个吃掉他。"

韩德让一个汉人，同时兼任南、北两院枢密使，这在辽国历史上是绝无仅有的事情，尽管太后对他百般信任，但他的脑海里闪电般地计算比较出，情夫和丈夫、契丹和汉人之间有着巨大差距，因此对耶律隆庆空洞狂妄的誓言未作反应，只说了句："请梁王通知萧挞凛及其他将军速来领命并研究作战方案。"

这次攻宋是辽国历史上规模最大、战线最长、环境最为特殊的战役之一，空旷的平原上，到处聚集着汉人，要想打赢这场仗，必须采取特殊的战役战术。太后与辽国将军们经过一番周密的研究，认为一下占领宋军统治区是不可能的，他们决定采用契丹人原始的作战方法，所有参战部队，只带半个月的粮草，以迅雷不及掩耳之势冲进汉人区，见人就杀，见城就烧，粮草没了自行解决，打过黄河后，听从统一指挥，做到令行禁止。返回南京时，能带多少东西就带多少东西，不给宋军一点儿喘息的机会。

八月底，南京聚集了二十多万大军，其中八成是训练有素的精锐骑兵。九月初，以青牛白马祭天地后，大队人马浩浩荡荡地向南开去。辽宋交界处的宋军发现了如此强大的辽军阵容，没有一个敢反抗的，都纷纷南逃而去，耶律隆庆见状微微一笑不予理会，继续策马扬鞭南行，辽军在耶律隆庆和萧挞凛的指挥下，胜利通过高碑店直奔遂城（今河北省徐水境内）。

太后站在晨曦中望着远去的队伍，正凝神思索时，忽听有人报告："皇上驾到！"

不一会儿，御驾亲征的耶律隆绪快马跑到太后面前，他异常兴奋地下马向太后施礼问安，没等太后询问，年轻的皇上就滔滔不绝地向太后讲述如何巧妙地打败高丽、如何智服女真等件件战斗故事。太后听了内心非常高兴，但并没有对他大加赞扬，只面带微笑地说："我儿长大了，先帝在天有灵，定会欣喜异常。打败高丽，征服女真固然应该高兴，但真正强大的敌人却是宋军，你弟弟隆庆的秉性你是知道的，这次让他带兵南征，是为了磨炼他，我心里可是不踏实啊！"

耶律隆绪说："弟弟已经这么大了，不会有什么问题的。"

太后说："战争可不同儿戏，弄不好会出大乱子的，我想让你陪我前去助阵监战，可你刚刚打完仗回来，太辛苦了。"

"为了大辽国安危和强大，儿臣何惧些许辛劳，什么时候动身？"

"你休息两天，后天即可出发。"

"儿臣愿随太后亲征。"

守卫遂城的是杨继业的儿子杨延昭，遂城虽小，但防守十分坚固，杨延昭一想到被辽军杀害的父亲，就怒发冲冠。城中的兵民十分敬佩杨家父子，情愿拼死保卫城池，城上城下到处都是手握武器的士卒和老百姓，随时准备与辽军拼个你死我活。

耶律隆庆围着城垣转来转去，就是找不到突破口，整整两天两夜，城内城外对峙的双方都没有合过眼。耶律隆庆急于立功，不顾萧挞凛的劝阻，准备冒险带头架梯强攻，城上已经做好了反攻的准备，一旦有人登城，就将涂上猪油和豆油的干草抛向城下，然后以滚木礌石砸向登城的人，即使砸不死，掉在燃烧的猪油堆上也必死无疑。如果久拖不决，有限的粮草肯定会影响整体战役进程。

正在进退为难时，太后和皇上一队人马赶来，及时制止了这场冒险行动。同行的还有韩德让，他虽为南、北两院枢密使，握有调兵遣将的绝对权力，但有太后和皇上在此，他没有开口。皇上耶律隆绪说："皇弟不可冒此大险，城上防卫严密，正面强攻，无异于送死。"

耶律隆庆看都没看一眼皇上，只说了声："请皇兄赐教。"

没等皇上回话，太后就把隆庆叫到自己身边说："整个战役不在一城一池，如果这么个小城就耗费太多的粮草和兵力，后边的仗怎么打，时间一长，南方的宋军就会有充分的时间准备，下边的仗就更难打了，我们何时打过黄河去，立功的机会有的是。"

太后最后的一句话点在了隆庆的心坎上，他没再争执，老老实实地整理队伍跟随太后向南开拔。

当辽军到达镇（今河北省正定县）、定（今河北省保定市）两州附近的狼山寨时，又一次遭遇宋军的顽强抵抗。狼山寨是定州、镇州、高阳的军事和交通要塞，狼山寨如果失守，定州、镇州、高阳很容易就会被契丹攻破，时任三路行营都部署总指挥的傅潜见辽军来势凶猛非常着急，但又怕打不过辽军，迟迟不敢开城迎战。

此时，宋帝赵恒已经得到辽军进攻的消息，立即派钦差命令傅潜坚决截住南犯的辽军，几万部下将士也纷纷请缨抗辽，在上压下挤的情况下，傅潜没有办法，只好开城与辽军决战。

北方的十月，已经寒风凛冽，宋军多数都是中原一带的战士，虽然对突然袭来的寒冷还有些不适应，但对辽军烧杀抢掠的恶行非常愤恨，战士们的一腔热血化作勇猛的行动，与辽军展开了殊死搏斗。"叮当""咔嚓"的武器撞击声与人吼、马嘶的嘈杂声混成一片，鲜血染红了黄土，双方都有很大伤亡。

尽管辽军兵马精壮，士兵能忍耐饥寒，无奈几天几夜的困乏，总还是显得力不从心，从凌晨一直打到下午，狼山寨还是攻不下，此时辽军已粮草全无，伤亡十分惨重，因为有太后和皇上督阵，后退肯定是不可能的，留在辽军面前两条路，要么被宋军消灭或俘虏，要么就是冒死攻下狼山寨，装满草袋和粮囊。这时韩德让对太后说："羊群走路看头羊，派个得力主将上去，兴许战士们还能再拼杀一阵子，希望可能就出现在再努力一下之中。"

太后问："你看派谁好呢？"

韩德让犹豫了一下没有说话。

太后说："但说无妨。"

"让驸马都尉萧继先将军上吧，驸马爷不仅勇猛善战，而且一向威望甚高，他上去肯定会激发将士们的斗志，只要狼山寨一拔，我们就可以长驱直入黄河岸边。"韩德让看着太后答道。

萧继先是长公主观音女的丈夫，是萧思温的亲侄子，俗话说一个女婿半个儿，萧思温把他看作亲儿子，萧燕燕把他当成亲弟弟。如今虽当上了驸马爷，太后可没有把他当成外戚对待，他不仅比皇上耶律隆绪和皇弟耶律隆庆年纪大，而且沉着稳重、机智勇敢，此时让萧继先领兵啃狼山寨这块硬骨头，太后先是愣了一下，但很快恢复了理智，她回头看了一眼皇上，耶律隆绪点了点头，于是太后喊道："左将军萧继先——"

萧继先应道："末将在。"

"本后命你明早天亮前撬开狼山寨门，倘若贻误战机，提头来见！"

萧继先随之把他府上武艺最精的几员亲兵叫到阵前，双手拱抱着说："请太后等候胜利佳音！"说着拍马飞奔冲向宋营，后边的大队人马呼啸着杀将出去。

傅潜见一彪人马冲杀过来，他向西北方望去，在斜阳的余晖笼罩下，地平线上的黑影由远渐近、由小变大，走在队伍最前边的身影威武雄壮，飞尘伴着震天的吼声，那铺天盖地的架势让人不寒而栗。

傅潜率领的几万人马已经苦苦支撑了一天，刚刚把最后一拨辽军打退，正想罢兵休息一下，不料这从天边飞来的恶魔看来更不好对付，他欲拨出一队人马与之周旋应付，自己率大队人马返城躲避，但为时已晚，黑压压的辽军已把进城的路截断，傅潜没有办法，只好慌忙应战。傅潜哪里是萧继先的对手，不到两个时辰，傅潜的队伍就溃不成军，死尸横野，侥幸活下来的士兵没命地四散逃奔，眼看狼山寨已被辽军劈碎，傅潜只好带领少数士兵向南边打边退。萧继先的任务是抢夺粮草、烧掉城池，他顾不上追赶败逃的傅潜，径直奔城而去。

不到三更天，一个亲兵飞马来到太后大营前，太后不知出了什么事，急忙出帐迎问，那个亲兵报告说："禀报太后，狼山寨拔掉，粮草全部装齐，请太后、皇上进城歇息。"

太后非常高兴，没来得及梳洗就骑上了"雪花白"，那御马也像知道了好消息似的，精神抖擞地前腿踩着地，随时准备飞速把主人送到目的地。

太后与皇上和韩德让等一干人马在御卫的保护下直奔狼山寨而去，她哪儿有闲心在城里休息，站在冒着烟的城墩上向南瞭望，她大声地向打了胜仗的战士们问好，士兵们什么也听不清，但从那挥舞的手势和飘起的衣裙可以知道，太后与他们在一起，战士们高呼："太后万岁万万岁！大辽国万岁！"

听到这喊声，梁王耶律隆庆和萧继先欣喜若狂，两院枢密使韩德让脸上平静如水，皇上耶律隆绪的心里却有些不自在，一丝阴云浮上他的脸庞，但很快被胜利的气氛所融化。太后扫了一眼前后左右要臣重将的眼神，皇上神色的变化也被太后锐利的目光扫进脑海里，太后只对皇上和韩德让说了句："奔黄河？"

韩德让心领神会，立即发布命令："各路人马向黄河进发！"

攻德州、占滨州
宋辽决战黄河岸

拔掉狼山寨后，宋军完全失去了黄河以北的防御能力，辽军可以痛快地挥师南下。一路上，没粮抢粮，没草夺草，稍有反抗就杀人烧村，有些士兵将妇女奸污完就杀掉，辽军所经之地，鸡狗绝迹、人无踪影，河北一带的大人哄孩子，只要一说"再闹辽军就来了"，孩子马上就会不哭不闹。

耶律隆庆走在队伍的最前方，似乎这场战斗的伟大胜利是在他的英明指挥下取得的，他放纵士兵们过分的杀戮行为，一会儿与左边的人东聊西扯，一会儿又冲后面的战士哈哈大笑，心中的喜悦难以自控。

太后走在队伍的最后，陪伴她的当然是韩德让，他们君臣二人并驾齐驱，窃窃私语，这在大辽已不是秘密，没有人敢随便议论，就算皇上也只能睁一只眼闭一只眼。韩德让望着太后泛着红光的脸庞说："哎，你注意到皇上的表情了吗？他已经是名副其实的一国之君了，但事事还都是你先说了算，官员和百姓先喊'太后万岁'，再喊'皇上万岁'，这是不是有伤皇上的自尊？"

太后说："你观察得够仔细的，你还有什么建议？"

"契丹人是人，汉人百姓也是人，上天有好生之德，照这样杀戮无辜，会招致百姓们的愤恨，这样对我们将来管理汉人区是不利的。"韩德让补充道。

太后向左拉了一下缰绳，两个人靠得更近了，太后压低了声音问："你是不是准备告老还乡，回家清享晚年？"

韩德让赶紧解释说："德让不敢违背太后意旨，您误解我的意思了。"

太后说："君待臣以礼，臣事君以忠，随你的便吧。关于皇上和我的关系，在家是母子，出朝是君臣，但隆绪年纪还轻，我不帮他谁帮他，到我不行了的时候，自然是他说了算。"

韩德让低下头不无忧伤地说："你不行了我也就不行了，隆庆都不服皇上，大臣们还不知怎么想的呢，千万不要让太宗、世宗时期的故事复现于今日。"

这句话提醒了太后，她深情地望了一眼这位谋臣低下头去，陷入了深深的沉思。

她对大辽前期为争权夺势而自相残杀的情景深感忧虑，但对韩德让告诫她的"不要乱杀无辜"没有引起足够重视，仍是一路烧杀、一路抢掠，河北东路的百姓闻风愤怒至极，平时与当地官僚的矛盾立时化为乌有，他们乖乖地听从州县官员的指挥，囤粮筑城、秣马厉兵，准备与契丹人决一死战。

辽军从河北西路斜向东南进发，在衡水只打了一天，就把衡水城拿下，前方就是安德县（今山东省陵县），县城也是德州治所所在地。知州靳怀德是高唐人，虽然是个文官，因博读群书，也略知些军武之道，他首先动员全城的百姓把粮食和值钱之物深埋地下，无论男女老少一起到城外运土，将唐代夯筑的大城加高加固，趁封冻前把城西马颊河的水引入护城壕。男壮劳力上城与守城士兵日夜守城，妇女和体弱的人在城下运送武器和砖石，辽军一旦攻城，军民严阵以待，绝不能让一个辽军进城。

耶律隆庆率领着几万大军浩浩荡荡来到了德州城外，此时已是十一月初，他先是绕城巡视一周，发现二十里长的城垣已被修复一新，没有找到突破口。安德城是州治所，兵力财力肯定不同于一般县城，不攻破安德就没办法前进，耶律隆庆企图用激将法让靳怀德开城迎战，于是派了很多兵士在城下叫骂，但这位靳知州虽不是行伍出身，基本的御敌战术还是懂的，他向部下交代说："你们不要中了胡人的奸计，咱们是'君子动口不动手'，看这些蛮子能坚持多长时间。"

耶律隆庆在城外骂了一天一夜，城上的士兵并不搭理，更不会开城对打。

太后派亲兵到城下询问为什么迟迟不见进展，耶律隆庆已经沉不住气了，一会儿又接到两院枢密使韩德让的命令，让他们无论如何在次日拂晓前拿下安德城。耶律隆庆本就想立功，又迫于压力，在与副将萧挞凛商量后，决定遣一部分非主力队伍白天佯攻南城和东城，而留精锐的主力部队夜间强攻西城，只要突破一个缺口，就能拿下安德城。

北风呼呼地吹着，阴沉沉的天上飘着雪花，耶律隆庆认为这是大好时机，天冷对辽军来说不是大问题，而城上的宋军可能因怕冷而疏于防守。天黑之后，南城和东城的辽军大喊大叫地要攻城，但不真行动，西边的精兵强将不喊不叫，一声令下就像出圈的羊群似的蜂拥着向西门攻去，城门吊桥早已高高吊起，战士们就想踩着护城河上的冰过去竖云梯登城。这护城河的水是几天前刚刚灌满的，河岸边上的冰较厚，而河中间只有薄薄一层冰，几万辽军蜂拥着挤上去，大部分士兵都陷入冰冷的河水中，霎时间谁都顾不上救谁，靠近云梯的士兵都抓住梯子过河到了城下，其他人还在冰水里挣扎着。在耶律隆庆和萧挞凛的监督下，没有一个士兵敢后退，凡是活着的士兵都穿着带冰碴儿的湿衣哆哆嗦嗦地爬上了河对岸，当他们摸黑触到城墙时，高大的墙体和地面到处都是滑溜溜的冰，要想空手登城是万万不可能的，有的云梯刚刚立起，就被城上的士兵掀翻，连人带梯重又摔入河里，也有的侥幸爬上了云梯，刚爬到一半就被城上乱如飞雨的砖石砸伤，就这样轮番攻了大半夜，没有一个人爬上城去。

萧挞凛和耶律隆庆互相对视着谁也没有讲话，天一亮宋军就会识破辽军的布阵，攻城就更加困难，他们焦急地转来转去，萧挞凛说："与其死等，不如到其他三面看看。"

耶律隆庆说："走！我就不信宋朝的城池真会绝我大辽之路。"

两个人转到了北城下，没有发现任何可乘之隙，又骑马奔了东城，也没有找到突破口，最后来到了南城外，用火把照了照，发现南城墙上不仅没有厚厚的冰层，而且墙面凹凸不平，土质松软。原来德州知州靳怀德在修复城垣时，只注意监督西、北两面的筑城质量，放松了对东、南两面的监督，民工们也认为辽军从西北方向来，不会攻打南城和东城，因而马虎从事，不料却给耶律隆庆留下了攻城的绝好机会。

城里的靳怀德先是调精兵防守辽军喊声震天的东城和南城，后来发现辽军的实际进攻重点是西城，又急把精兵强将都调到了西城，南城和东城只留一些老弱病残的民众防守。

到了后半夜，守城的兵民听不到辽军的叫喊声，紧张的心情有些松弛，上下眼皮便不停地打起架来，有些人已经东倒西歪地闭上了眼睛。天快放亮时，一个年老的军官听到城墙上有耗子盗洞的声音，而且声音越来越大，他警惕地叫醒了左右两边的士兵，等士兵都清醒过来时，一块墙土轰然倒塌，不等这个老兵弄明白，城墙上就出现了一个大口子，辽军士兵像决了口的洪水涌进城来，守城的军民想堵也堵不住了。辽军见人就砍，见房就烧，等守卫西城的士兵调到南城时，辽军早已冲进了州府衙门。太后得知辽军已经进城的消息后，马上与韩德让跟随队伍进了城，到了衙门内，见几个士兵正举着火把欲烧大堂，韩德让大喊一声："慢！"

太后问道："为什么不让烧？"

韩德让把太后领到大堂旁边的院子内，只见一大两小三个亭子连在一起，中间的大亭是八角双檐顶，两端的小亭为攒尖式顶盖，在朱漆立柱的环抱内有三方石碑，韩德让指着碑亭说："太后，这是大唐平原郡太守颜真卿为纪念西汉人文学家东方朔撰写的碑文，碑刻都是颜体真迹，几百年的宝物烧掉可惜啊！"

太后问："东方朔是何方人士？"

"就是安德城东二十五里厌次（今山东省陵县神头镇）人，汉武帝时曾任太中大夫，著有多部著作，厌次镇北有东方朔的百亩陵园，汉人如此尊重文化和人才值得我朝效仿啊，将来我朝占领了汉地，不能是一片瓦砾和焦土，没有文化的民族是没有前途的民族。"韩德让小心地阐述着自己的看法。

"那烧不得。"太后终于接受了韩德让的意见。

靳怀德见部分辽军进了城并没有慌张，库存的粮食任凭他们抢，草料任凭他们装。他一边指挥守城部队与辽军周旋，一边派人通知驻守在厌次和滋博镇（今山东省陵县滋镇）的预备部队速来救援。

辽军的骑兵进了城就失去了作战优势，被守城士兵拖得疲惫不堪，近中午时分，宋军的救援部队来到了安德城下。他们首先堵住了南城被辽军凿开的洞口，摆开阵势要与辽军决一死战，这时太后已经打开东门出了城，她意识到如果队伍被分割成两块，城外队伍的战斗力就会削弱，城里的队伍也会被一点一点吃掉，她立即命令耶律隆庆指挥城里的队伍冒死冲出城外，两军在城东南展开了殊死拼杀，平原上的战斗不同于山间和森林里的战斗，冬天空旷田野里无遮无挡，大兵团摆开阵势，兵对兵，将对将，将士呼喊声、兵器撞击声、战马嘶鸣声，简直就是一场大型"音乐剧"，战斗从过午一直打到天黑，双方都有很大伤亡，宋军因有粮草武器的及时补给，士兵们仍保持着旺盛的战斗力，而辽军凭借着良好的骑术，虽然杀掉了不少宋军，但再坚持下去，不仅人困马乏，这漆黑的夜晚对他们也十分不利。耶律隆庆对萧挞凛说："你坚持指挥战斗，我去禀报太后。"说完勒马退出了主战场。

太后见天色已晚，如再坚持下去确实对辽军不利，她与皇上和韩德让简短商量了一下，对耶律隆庆说："仗再这样打下去，我们就会大伤元气，既然德州攻不下，我们过黄河的计划就会落空，先撤！"

耶律隆庆本想指挥军队往南撤，但宋军的主力全都布防在城东南一线，他们不得不向东移。

宋军因保住了德州，也就没有追赶东去的辽军。辽军往东刚走出二十多里，就到了东方朔的故乡厌次，太后下令说："只要没有宋军抵抗，不得破坏东方先生的陵园，就地过夜休息。"

第二天天刚放亮，耶律隆庆就催赶着部队上路，为了躲开宋军的围堵，他们继续东行，约莫走了十几里，就见前方的洄河冰面上闪着白光，因在安德城吃过冰河的亏，耶律隆庆不敢贸然指挥部队过河。当太阳从地平线上露出头时，听到前方有部队的操练声，耶律隆庆知道这是滋博镇的守军在上晨操，他们便掉头往北，绕过滋博镇直奔德平而去。德平县四门紧闭，辽军沿途已经抢足了粮草，所以没有惊动德平，大队人马径直向棣州（今山东省惠民县）开去。

棣州距黄河岸边的滨州只有百多里路程，为了做好顺利拿下滨州的准备，辽军在棣州南郊安营扎寨。棣州是个不大的小城，守城士兵深知辽军骑兵的厉害，只要辽军不攻城，他们不敢主动进攻辽军。而辽军为了不形成两面受敌的不利局面，同时要把棣州作为攻打滨州的后方根据地，他们也没有主动攻城，这就形成了两军彼此相安无事的局面。

滨州知州路振得知辽军布防棣州的情况后，曾派遣团练使夜间摸进棣州城，要求与棣州知州联合反击辽军，棣州口头表示同意，但一直没有任何具体行动。路振只好派员赴汴梁上报朝廷，一是要求朝廷派增援部队，二是希望朝廷下令让棣州的守军与滨州守军联合击辽。

滨州送信的官员还在半途上，太后就命令部队向滨州发起了强攻，路振与守城官兵日夜坚守在高大的城垣上，辽军几次强攻都没有成功。腊月的天气，寒风刺骨，城里的百姓几乎淘干了所有的井，把冒着热气的井水浇到城墙上，沿城外侧四面城墙几乎变成了冰山玉壁，只要辽军竖云梯，砖石就像冰雹似的飞砸下来，就这样坚持了四天四夜，双方都很疲惫。耶律隆庆急于立功，但连续几个城都没有攻下来，他心里窝着火，几乎失去了理智，连续几天阵前督战疲惫不堪，由于外寒内热相激，他发起了高烧，但还是涨红着脸指挥攻城，他见谁都不顺眼，连萧挞凛也挨过他的骂。

太后见几天攻不下城，想听听皇上的意见，耶律隆绪本来就知道弟弟对他不服气，又有太后临阵督战，他不急不慢地说："请母后拿主意。"

太后不满意地说："我现在问你的意见呢。"

耶律隆绪还是不紧不慢地回道："要不问问韩大人，看这仗怎么打法。"

韩德让因有太后、皇上亲自督战，又明知朝廷一些官员对他有看法，也不愿意表态，但他身为两院枢密使，不能不出个点子。他看了看太后布满灰尘的干涩的脸，寒风吹起的头发已经有些灰白，他心疼这个女人，在帐里走了几步后说："汉人经不起寒冷，城里的水井也有限，我们昼夜轮班坚持佯攻，四城都堆起干柴，用微火熏烤，这样他们就会拼命地淘水浇城，总有一天水井会被淘干，到那时，城里的宋军也累得没有了还击的能力，滨州城就会不攻而破，太后不妨照此一试。"

太后看了看皇上，耶律隆绪点了点头说："我看韩爱卿的主意值得一试。"

太后马上召集主帅耶律隆庆和萧挞凛到大营，研究和布置具体的实施方案，耶律隆庆对韩德让的主意并不认可，但自己又拿不出好办法，只好委屈领命而行。

城外的辽军分黑、白两班轮流点火烤城，士兵们得到了很好的休息，又重新恢复了旺盛的士气。十几天来，城郊农户的柴火几乎被抢空，城里的官兵连冻带累已经失去了开始时的锐气，伤病号不断增加，老百姓更经不住这样的折腾，半个月过后，连煮饭都找不到干净的水了。这时有人向知州路振建议说："这样守下去军民都要拖垮的，与其坐以待毙，不如出城与胡贼拼死一战，打不赢还可以逃，辽军不会待太久的，房子烧了可以再盖，这座城他们是带不走的。"

路振细细琢磨了一夜，为了全城军民的死活和根本利益，只有这么办了。于是他命令全城军民打起精神，佯装反击辽军攻城，城下偷偷打开南门和西门，辽军一见两门大开，便蜂拥着要进城，两军在城门外展开了殊死的搏斗，无奈宋军早已筋疲力尽，只几个回合就伤亡大半。辽军因得到充分的休息，士气正旺，不到半天工夫就占领了滨州城，没有逃出城的老弱病残大都烧死在灰烬中，耶律隆庆登上城楼，看着通天的大火，第一次露出笑容，他哈哈大笑着自言自语道："滨州啊滨州，到底被我拿下！"

太后告诉他："隆庆，现在不是庆功的时候，说不定宋朝很快派兵前来救援，装满粮食快过河。"

滨州是黄河岸边的要塞，只要拿下滨州，渡过黄河易如反掌。当他们走到黄河大堤上时，棣州也接到朝廷的命令，让他们随主力部队一起去救援滨州，无论如何不能让辽军渡过黄河。

太后站在黄河岸边向西北望去，只见远处黄土扬天，依稀听见兵马的嘈杂声，太后拢了拢被风吹乱了的头发说："赵恒啊赵恒，你派兵派得太晚了，如若早两个月或晚三个月，我再厉害的铁蹄也难渡这滔滔河水，无奈天助我也，踏坚冰如履平地耳，你在汴梁准备欢迎会吧！"

站在一边的皇上和韩德让也露出了自信的笑容。

"三十步一行，拉开距离，过河！"太后发出了强劲的命令。

当宋军主力救援部队到达黄河岸边时，只见河上五里之内都翻滚着被辽军砸烂了的碎冰，辽军早已开出十里之外。

辽军渡过黄河之后，赵恒才开始有些紧张，他命令河北东路及京东的东、西两路各州县严加防守，绝不能让辽军再向南进犯。

但过了河的卒子能当帅，辽军像决了口的洪涛，沿黄河南岸向西南方向杀将而去，那金戈铁马所向之处，如入无人之地，各州县的宋军在辽军凌厉的攻势下，只有招架之功，绝无还手之力。

次年（1000）二月，辽军一举攻占了齐州（今山东省济南市），一阵烧杀抢掠之后，折头又向东杀去，辽军粮草丰足，斗志昂扬，豪气冲天，所向披靡，京东东路（今鲁南和半岛地区）的守军已闻风丧胆，很快淄州（今山东省淄博市）也被攻破。

在当时水上运输极为落后的条件下，半岛地区的军民已无处可退，如果不想做契丹人的奴隶，与其跳海身亡，倒不如与辽军拼个你死我活，各地百姓已经忘掉了州县衙门对他们的盘剥和压榨，纷纷出粮出人，主动参加到抗辽的队伍中去。

在一连大胜的形势下，耶律隆庆又开始忘乎所以，他坚决主张继续南下攻宋，直捣宋朝的老窝。但历经战争磨难的太后头脑却非常清醒，自己的队伍已经减员严重，长期在异土他乡奔波劳累，还会继续减员，在没有充分准备的情况下想一口吞下宋朝那是不可能的，万一赵恒调集强军堵住我们的西北后路，不用打仗，只要拖过严冬，冰河一化，我们再返回河北就难上加难了。于是她当机立断，毫不犹豫地召开了首领会议，向大家说明了利害关系，大多数将领都表示同意，只有耶律隆庆及少数人持反对意见，太后顾不上那么多了，毅然决定装满要带的粮草物品，迅速向西北撤去，趁严寒冰封时期，渡河北上回到了南京。

太后温情延芳淀
大动家法振朝纲

此次南征，由于过度杀掠，使得黄河以北地区的百姓流离失所，生产受到了极大的破坏，让宋朝皇帝赵恒又一次尝到了这个夷狄之邦的厉害。辽军的铁骑屡战屡胜、所向披靡，他们一举跨过了朝思暮想的黄河，进一步了解了宋朝统治的中原地区的地形和军事部署，也锻炼了辽军在平原地区的作战能力，鼓舞了将士们的斗志。因此，这次南征不仅是取得了战争的胜利，更重要的是进一步提高了大辽特别是契丹官员独霸天下的信心。

在返回南京的路上，无论是统帅还是士兵，个个都兴高采烈，因为他们都是胜利者，在朝廷的功劳簿上没准儿就有自己的大名。想得最厉害的莫过于梁王耶律隆庆，不管怎么说，他是这次南征的总指挥，如果没有哥哥耶律隆绪，这皇位不就是自己的了吗，要是皇兄在这次战争中不幸身亡，那继位的当然就是我了，要是自己真的当了皇上，首先就是派自己府里的人接替韩德让这个老家伙的职位，要是哥哥隆绪不死呢……他不敢再想下去了。

皇上耶律隆绪虽然参加了这次南征伐宋，但大事有太后，具体战役指挥有弟弟隆庆，战术决策有惹不起的老臣两院枢密使韩德让，我这个皇上算什么呢？想起来就窝心。但一想到"不管怎么讲，皇上就是皇上，况且我是在东北打了大胜仗又来参战的"，于是又转忧为喜，当然要是没有太后，我会更加运筹帷幄、常胜在手。

韩德让身为两院枢密使，掌管着大辽的军、政两大权，在太后的羽翼下，他实际上成了第二个太上皇，莫说是一个汉人，就算是契丹人也从未享过此种待遇，他该满意了。从太后对他的重用角度讲，从他在大辽享受到的待遇讲，这是他的祖辈想都不敢想的事情。但汉人毕竟是汉人，有太后在，别人不能如何于他，要是有一天疼他的人不在了，他今天越是显山露水，明天的下场可能越惨，除非有一天他真正掌握了大辽的实权，到那时……他不敢再往下想，但有一条他清楚，我这条枯藤绝不能离开太后这棵大树，毕竟她比我年轻得多。

萧挞凛和萧继先都是太后娘家的族人，在朝廷是重臣，在后宫是亲信，论名分、论地位，别说是掌朝，就连王爷的边也别想沾一点儿，如果真的拿下中原，弄个留守官、节度使干干还是绰绰有余，当然朝廷出现大乱，到时谁说了算还很难说。萧挞凛与皇上、太后无亲可攀，谁上谁下对他而言都无所谓，而萧继先则不然，他是太后娘家的叔伯弟弟，又是太后的乘龙快婿，从小就受到景宗皇帝的宠爱，他的荣辱与太后的地位是绑在一起的，他是真心实意希望太后能万寿无疆。

士兵们也都欢欢喜喜地琢磨着，能有一个回家探亲的机会，把朝廷给的奖赏带给父母或妻儿。当然，战争能够尽快结束，每天可以和亲人在一起，那是求之不得的事情，连年的征战，饥寒交迫已算不上什么劳苦，比之那些战死疆场的弟兄他们要幸运得多。

部队迎着呼啸作响的寒风向北运动着，太后坐在御辇里仍感浑身僵冷，仗打完了，下一步怎么办？几个儿子都在想些什么？几个月来，一张张各怀心腹的面孔，一句句摸不着头脑的冷言冷语，重又浮现在眼前，她使劲攥了一下双拳，然后双臂内抱，两手平缓地揣进袖筒里，虚闭上双眼，一动不动地侧倚在龙辇的前箱板上，似乎静心聆听着车轮有节奏的"嘎吱"声和"嗒嗒"的马蹄声。

经过半个多月的跋涉，南征的队伍重又回到南京。

　　和风煦煦南京春来早，二月底的太阳一大早就爬上东方的树梢，喜鹊在泛绿的枝头上欢腾地跳来跳去，似乎它也知道今天有什么好事情要发生。

　　庆功、授奖、献俘大会在元和殿举行，太后端坐在正殿当中，文武群臣按品级排列在殿内殿外，一张张严肃的脸上又暗含微笑，皇上虽说坐的也是龙椅，但比正中太后的龙椅仍是偏一尺距离，太后脸上的喜悦发自内心，皇上满脸的笑容却是强打起的精神，太后对此看得明明白白，心里想得清清楚楚。她侧首对耶律隆绪说："皇上，开始吧。"

　　耶律隆绪答道："好，开始！"

　　礼仪官报完所有的礼仪程序，殿内、殿外高呼："皇太后万岁，万万岁！皇上万岁，万万岁！"

　　献俘和射鬼箭之后，宣读授奖将士名单，凡是作战有功之人都得到了不同等级的奖励。按照太后的特别关照，在瀛州被俘的高阳关都部署康照裔也被朝廷正式委任为昭顺军节度使。

　　庆功会之后，各路大军回归各道，沸腾了数日的南京城又恢复了往日的平静。

　　在大臣和宫人的劝说下，太后同意到延芳淀去散散心。庆功会后的第三天一大早，通往东郊（今北京市通州区境内）延芳淀的路上，一黑一白两匹马联缰并行，和暖的东风轻轻拨开运河水面上的薄冰，初春的暖风吹绿了柳枝，吹醒了冬眠的细虫，也吹动了这一对起早的赏春者。太后望着碧清的运河水，脸上笑意融融，二人几乎同时扬起了马鞭，不等鞭子落下，两匹马就张开四蹄向着太阳升起的方向奔去，那急驰的"吧嗒"声惊飞了近岸的一群野鸭，但却吓不跑水中的白天鹅，它们高昂着头颈向着岸边一阵"呱呱呱"地高歌后，仍是自由自在地游弋在湖面上。

　　到了延芳淀，太后和韩德让在宫人的服侍下更衣，一身轻打扮的女主人抿了一口香茶就往外走，韩德让也急急地跟出了春寿殿，侍卫们捧着皮斗篷，挎着箭镞、箭兜紧随其后。太后抻了抻双臂，又活动了一下双膝，脸上露出几个月来少见的笑容，她望着水天相连的百里延芳淀吟诵道：

　　"回首览燕赵，春生两河间。旷然万里余，际海不见山。雨歇青林润，烟空绿野闲。问乡何处所？目送白云还。"

侍卫们虽然不能全部听懂诗的含义，但太后今天难得有这样的好心情，不由自主地鼓起掌来。太后说："我不是诗人，真正的诗人在你们旁边呢。"

侍卫们又鼓着掌喊道："韩大人来一首吧。"

韩德让笑了笑说："我哪里会作诗，好吧，我哼几句陶翰的《燕歌行》，算是给太后助兴吧。"

"请君留楚调，听我吟燕歌。家住辽水头，边风意气多。出身为汉将，正值戎未和。雪中凌天山，冰上渡交河。大小百余战，封侯竟蹉跎。归来灞陵下，故旧无相过。雄剑委尘匣，空门垂雀罗。玉簪还赵女，宝瑟付齐娥。昔日不为乐，时哉今奈何！"

侍卫们不管听不听得懂，仍是一阵掌声。太后从字里行间听得出，韩德让的心里淌的是凉血，但当着众人的面，她不仅没有指责韩德让，反而高兴地说："好，好！既然韩大人如此高兴，我们就借着诗兴打几只野味下酒。"

众人簇拥着他们向湖心岛走去，水边的柳丝轻摇细摆，晃动的残荷间游弋着胆大的小鱼儿，远处枯黄的芦苇丛中不断有各种飞鸟起落。突然在一个小岛后游出一队白天鹅，侍卫们立即捶鼓鸣金，白天鹅受不住惊吓，马上忽闪着大翅腾空而起，就在它们离开水面还没有确定方向的时候，从人群中飞出几只鹰鹘扑向鹅群，白天鹅一阵混乱，太后立即投出几支特制的刺鹅锥，带伤的天鹅飞了一会儿就扑啦啦地落在了湖心岛上，正在侍卫们准备抓获时，鹰鹘也抓回两只天鹅回到主人身边。太后让侍卫砸开鹅头，把带血的鹅头赐给鹰鹘以示奖赏。

晚上，热闹的鹅头宴一直到后半夜才结束，侍卫把春寿殿前后两宫准备好，请太后和韩德让各自入宫休息，太后说："你们也劳累了一天，都休息去吧，我和韩大人还有些事情要商量，有事我会叫你们的。"

年轻的侍卫们巴不得听到这句话，从天不亮就起来准备，一直忙活到深夜，他们回到寝舍后，一沾枕头就进入了梦乡。

萧燕燕亲自关上内寝的门，两眼盯望着韩德让，但韩德让没有就座的意思，自从他的夫人死后，与太后的幽会并不少，大臣们也没有敢公开议论他和太后关系的，又因心中有事，迟迟不肯脱掉内衣，萧燕燕却按捺不住情火的燃烧，一把将韩德让拉到自己的床边，紧紧地抱住他，韩德让不主动也不反对，轻柔的春风吹进和暖的春寿殿，一阵柔风细雨之后，再刚强的汉子也会被春风细雨柔化……几个月来的鞍马劳顿被春风春雨一扫而光，她得到了极大的满足。云雨过后，韩德让的脸上并没有太多的笑容，萧燕燕问道："德让，难道你还没过够瘾？"

韩德让说："您是太后，臣安敢贪恋太后的圣欲，您需要我时，我可以在大树下庇荫乘凉，有一天您不需要我了，我还是个儒生汉臣。"

"我能离得开你吗？"

"总会有那么一天的。"

韩德让从萧燕燕头上揪下一根银丝又说："要是你真能万万岁就好了。"

其实她明白韩德让的心思，深情地望着眼前这个男人说："你们父子为大辽出了大力，我心中是有数的，我也知道一些眼光短浅的契丹官员暗地里嘀咕什么。隆庆这孩子从小受宠，不仅看不上你们，他连皇上也不买账，这样下去，同室操戈、自相残杀的旧戏还会重演。不错，我不会活一万岁，连一百岁都活不到，如果我真的不在这个世上了，恐怕后果难想。上次庆功会上，我故意没有给你记功，就是怕给你带来不必要的麻烦，你不会生气吧？"

韩德让站起来说："功劳对我已是白水一碗，两院枢密使的官职已经远远高过了任何一等功，我永远不会忘记你对我的天高地厚之恩，但这日子还会长吗？"

她低下头，陷入了沉思。

就在太后与韩德让到延芳淀度假休息的几天里，南京城里和上京也暗地里酝酿着"龙虎斗"的戏码。

皇上耶律隆绪的根底在上京，太后前一天去延芳淀，他第二天就去了上京。到上京后，第一个大发牢骚的就是萧皇后，她虽然是太后的娘家人，但对耶律隆绪迟迟不能掌权颇为不满。有一天耶律隆绪喝得醉醺醺的，哼着汉腔回到后宫，萧皇后对隆绪说："你以为你是李隆基，你那个'隆'和人家那个'隆'可差着价呢，我更不是杨贵妃，你空戴一顶皇上帽，什么事也管不了，说要修修咱的殿，太后不同意你敢动吗？攻打宋朝有功，难道攻打高丽就没有功劳？"

耶律隆绪一边喝茶一边说："我算什么屁皇上！还不如人家一个偏将，隆庆这小子满肚子的小聪明，一遇到大事就没主意了，我看母后是老糊涂了。"

萧皇后不仅肆无忌惮地在后宫中说一些不利于皇族弟兄团结的话，而且公然煽动一些人对太后不满，闹得朝廷内外议论纷纷。

萧继先听到这些风言风语后，先是不信，但有一次他在宫里听到耶律隆绪话中有话，才引起他的警觉，他借口到南京办理公事，把上京的传闻和听到的话报告给了太后。那时太后正为耶律隆庆在南京放荡不羁的行为生着气，萧继先的报告更是火上浇油。

韩德让说："如果梁王光是选秀喝酒那事情还好办，就是横征暴敛、挥霍浪费也只是南京一个地方的事，但他经常聚集一些酒徒昏官大骂朝廷不公，放言早晚要尝尝说话算数的滋味。"

太后听到此处再也坐不住了，铁青着脸说："我还没死呢，他想要干什么！"

还没等韩德让回话，她又怒问道："挞凛干什么去了，怎么不管管呢。"

韩德让说："我的好太后，这不是在战场打仗，他是皇子，皇上都让他三分，挞凛能拿他如何。"

"那就任他胡闹？"太后嗔怪道。

韩德让说："你先别急，他还说韩德让把太后弄得昏头昏脑，分不清里外，早晚要收拾我这个老家伙，我已是60岁的人了，就是今天死了也算是长寿了，可你还早着呢，再说大辽国也不能没有你呀。"

太后见韩德让心灰意冷的样子立刻停止了怒吼，反倒平静下来，她拍着韩德让的肩头，心头一阵难过，几颗玉珠从眼眶滚落。她像是自言自语又像是问韩德让："我们真的老了吗？"

韩德让说："是我老了，你没有老，大辽国离不开你，我看咱们为了大辽国的利益分开吧。"

这句话却像一把利剑扎进了太后的心窝，她突然两手紧紧抓住韩德让的前胸大声喊道："不，不！我们谁也没老，我要让他们看看，到底大辽国谁说了算！"

一会儿又温言细语地讲："这些年来，若没有你的帮助，我一个妇道人家，再大的本事也难撑起这面大旗啊。契丹人和汉人都是同源同种，过去应天皇太后协助太祖爷征战南北、平定四方，费尽心血建立了大辽国，可他们的子孙们为了争权夺势，弟兄父子之间竟互相残杀、兵戎相见，这样的窝里斗只能让亲者痛、仇者快。大辽国刚刚稳定几年，就又要折腾，看来真是杀敌容易保国难呀。德让，你说我能跳出这个阴影吗？"

韩德让说："只要能大义灭亲，真正以国为重，公正待人处世，你一定会跳出这个阴影，大辽国一定会越来越兴旺，草原是你的，山峦是你的，中原大地都是你的。"

"那好，借你吉言，看我如何行事。"

隆庆指挥的保卅一战已取得决定性胜利，天气也越来越暖和，与其说太后惦记着隆佑和其他几个未成年儿女，不如说惦记着上京的政权更准确，她等不到夏季来临，就急急回到了上京。隆佑和几个弟妹见母亲回来非常高兴，要说最高兴的还是最小的弟弟，他长相不仅酷似母亲，而且很像韩德让，韩德让越是喜欢他，几个懂事的哥哥越是不待见他，儿女们都想在母亲身边多待会儿，与母亲说说离别后弟弟妹妹之间是是非非的故事。但太后没有心思听他们多讲，亲了一口小儿子说："母亲还有些大事要办，等事情办完了我再听你们讲故事。"

常住南京的耶律隆庆听说太后回了上京非常高兴，太后一走，他就可以为所欲为地瞎折腾，但好戏不长，半个月后就接到上京圣谕，要他七天之内赶到朝廷述职。这次上朝不同以往，坐在正座上的只有太后一个人，皇上也和其他皇族一样分坐在太后两侧，其他大臣依次排列在皇族后边。殿外是中下等军将和仪仗人员，韩德让和所有汉人臣僚将军也都排列在殿外，耶律隆庆一看这架势不同往常，就一声不吭地在皇族队伍里找了个座位安顿下来。

没有过去的繁文缛节，开头太后就问："你们对今天的排列满意吗，我们今天开的是家政、族政、国政联席会，论家我坐在这里可以吧？论国我是一国太后，坐在这里也说得过去吧？"

大家摸不透太后葫芦里卖的什么药，谁也不敢吭声。太后又说："大家没有意见，就由我主持今天的会议了。没有我萧绰就没有你们这些皇子皇孙，就没有朝廷，就没有大辽国，是这个关系吧？我问你们，如果没有大辽国，还有什么朝廷，没有朝廷，哪里还有什么皇亲国戚！如果宋军打来，党项打过来，高丽打过来，女真打过来，最先出去反击的应该是你们这些皇亲国戚，可是如果没有各族将士的积极参与，你们行吗？如果没有汉人的帮助，你们只会弯弓射箭，只能住帐篷，我们这些宫殿你们会修建吗？你们会看病吗？整天想着统霸中原，中原到了手，你们看得懂汉文吗？你们会冶炼铜铁吗？你们会绩麻织布吗？"

一连串的问题没有一个人敢回答，殿内、殿外一片寂静。

太后见没有人作答，又接着说："有人口口声声说没有自由，没有权力，我给你权力，给你自由。殿外那根柱子就是宋军，皇上你把殿外那根柱子拔掉，如果一个人拔不动，就看看柱子上的文字。"

耶律隆绪用手推了推，那根腰粗的大柱子纹丝不动，再看看柱子上的文字，全是生僻的汉文，他犯了愁。

太后说："梁王能耐大，你帮皇上拔。"

耶律隆庆看了看也不明白，太后又让皇族的官宦都上去，还是拔不动柱子，看不明白字。

太后说："韩大人，你给他们讲讲怎么拔。"

韩德让叫上一个殿外的御卫，按照柱子上的说明一点点拔，那个御卫很容易就将柱子拔起。

太后又说："你们的能耐呢？"

殿里没人吭声，太后越说声音越大："有人嫌我挡道，有人骂我重用汉人，隆绪、隆庆你们说这些人该怎么办？"

耶律隆绪和隆庆吓得半句话也说不出，太后说："拿家法来，动刑！"

满朝文武怎么也不能让皇上当朝出丑，哗啦一下全跪下求情："请太后开恩，要打就打臣子吧。"

太后缓了一口气说："我知道，这些话不全是皇上的意思，是和皇上睡在一起的人鼓动的。拟诏！将萧皇后降为贵人，如果再不思悔改，撵出宫去！隆庆身为梁王，整天沉溺于酒色之中，还想杀老臣、夺皇位，有这事吗？"

耶律隆庆赶紧跪下说："隆庆不敢，一定是有人误传。"

"难道有人敢诬告你梁王爷？拿家法来！"

韩德让见没有一个人为耶律隆庆求情，就一步跨进大殿，双膝跪下说："请太后无论如何手下留情，不管是误传还是梁王一时糊涂，看在老臣面上，饶过梁王这一回，梁王还是为朝廷出过大力、立过大功的，要打就打老臣吧。"

韩德让此举不仅感动了萧绰，也大大缓解了耶律隆庆与韩德让的矛盾，太后心里非常高兴，她正好趁此机会把韩德让大大表扬了一番，并为韩德让重新取名为韩德昌，她问韩德让："不知爱卿是否同意？"

韩德让说："臣谢太后圣恩，这'昌'字起得好，起得好！微臣不惜肝脑涂地，致力于大辽国民德兴旺、国运昌盛。"

太后猛扎回马枪
杨家将后继有人

在辽军从黄河南岸撤兵北返的路上，发现宋军好像特意为辽军腾出一条道，一路北进非常顺畅，所经之地没有遇到任何袭击和骚扰，沿途宋军躲在远处像看送殡的队伍似的瞧着热闹。辽军出来的时间很长，因为路途遥远给养跟不上，不仅粮草严重匮乏，士兵们大冬天还穿着破破烂烂的单衣衫，虽是打了胜仗，但将士们疲惫不堪的样子让太后心里十分不安。她一边盘算着要补充多少军备给养，一边琢磨着：这会儿宋朝皇帝肯定认为我大辽损兵又折将，打了胜仗连一座城池也没能带走，战士们像叫花子似的惨相，再也不愿意出来打仗，要整编补充队伍和军备物资，起码两年不会再轻易搅扰我宋朝军民。可你赵恒别高兴得太早了，兵书上说得明白，兵贵神速，兵贵出奇制胜，你就等着吧。还没回到南京，一个新的作战计划已经成竹在胸了。

太后回到南京后，一头扎进了延芳淀，此时的太后已不再顾虑大臣们如何看待她和韩德让的关系，因为大家都不忌讳这件事，消息就像长了翅膀似的飞到了汴梁城。宋朝皇帝赵恒嘴上抿着香酒，眼珠紧跟着宫女们的霓裳飞转，他身旁的杨淑妃说："我和李宸妃还不够你用的，皇上紧盯住人家的裙子干什么？"

赵恒说："北朝的太后萧绰年过五旬还把六十多岁的韩德让迷得神魂颠倒，你们行吗？"说着把一杯酒倒进爱妃的嘴里。

杨淑妃不高兴地说："皇上好兴致呀。"

"北朝南征，白白辛苦半年多，损兵折将又赔钱，被我军打得像叫花子似的狼狈逃窜回去，能不让寡人高兴吗，这回他们再也不敢轻举妄动了。惨败而归的萧绰此时正与一个老头子在延芳淀寻欢作乐，我为什么不能高兴高兴呢？"

赵恒的话还没说完，又将另一杯酒淋在杨淑妃的脖子里，自己又一阵哈哈大笑。

正当赵恒沉溺于酒色庆幸自己的胜利时，萧太后秘密派出的一支快骑火神队已经驶出了涿州，这是太后杀出的回马枪。他们昼伏夜行，一天多的工夫就接近了保州，天色还不太暗，这支快骑队就在一个长满芦苇的洼塘中隐蔽下来，统帅萧继先对副帅文班太保达里底说："你带一个人到城下探看一下，看宋军防守如何，速去速回，不得用火，不得惊动百姓。"

达里底说："请萧将军放心，我在四更前一定安全返回。"

说着他和另一个士兵身穿黑色衣服，一身轻打扮，徒步向前方跑去，眨眼间就消失在漫漫黑夜里。

达里底到了城下向城上了望着，借着银灰色的月光辨认出飘舞着的大旗中间是一个"杨"字，大城上不时地晃动着几个巡夜的人影，悬挂在门楼上的灯笼在夜风中轻轻摇摆，与明亮的满月光相比，显得可有可无。为了探测一下守城士兵的警戒和反应，跟随达里底的那个士兵学了一声猫头鹰叫，城上没有任何反应，达里底又向护城河里扔了一块石头，不大的声响惊出了七八个守城的士兵，他们手握明晃晃的大刀长矛，马上向城外喊道："谁？"然后向四处张望搜寻可疑目标。达里底两个人再也没敢弄出响声，望着铁青色的城门趴在地上一动不动，待了一会儿，城上士兵没有发现动静，就骂骂咧咧地进了门楼。

达里底绕四城一周，防守情况基本相同，新修葺的城墙光滑平整，护城河坡陡水深，所有城门吊桥全部高高吊起，没有发现一处可击之隙。

四更之前他们回到了部队宿营地，向萧继先详细汇报了城外的防守情况。萧继先分析道："大旗上的杨字告诉我们，这是一块难啃的硬骨头，杨继业父子四五个都死在我们辽军手里，这肯定是他的儿子杨延昭守城，他见了辽军就眼红，如果没有大部队配合，恐怕攻城很困难。"

文班太保达里底倒没有把杨延昭放在眼里，他说："杨家将没有什么了不起，打了几年仗，宋军还不是经常败在我军手下。"

萧继先听了也觉得是那么回事，将既然在外，君命有所不受，打了再说。但又一琢磨，不行，太后非常看重这次战役，还特意嘱咐他，这一仗必须打胜，没有把握宁可不打，别说是打败，打平都要提着人头来见。可转念又一想，通过渡黄河摸底，他们了解到宋军已经筋疲力尽，内部矛盾重重，士兵普遍厌战，要趁这个机会摧毁宋朝主战部队，彻底挫败宋军的锐气，让他们一提到辽军的铁骑就胆战心惊，乖乖地围着我们的指挥棒转。

一向沉稳的萧继先关键时刻还是拿得准，他对达里底说："不能蛮干硬拼，一定要奏明太后再打，你带领队伍埋伏在这里，我回南京向太后报告情况，在我没有回来之前无论如何也不能出阵，就是被宋军发现了，宁可撤兵也不能硬拼，绝不可打无把握之仗。"

达里底说："好，我等萧将军回来。"

萧继先到了南京，向太后报告了保州城的情况，太后先是眉头一皱，沉了一会儿说："怎么那么巧，几次关键的硬仗都是碰上杨家将，杨将军满门忠烈，可惜这些难得的人才都死在我军阵前，这仗又不能不打，我真下不去手啊！继先你说怎么个打法？"

萧继先知道太后这是随便一问，其实太后早就胸有成竹，他望了望太后随便答道："外攻内合，爱惜良将。"

太后笑着说："好哇，好小子，是不是偷了我的作战计划？"

萧继先说："我有那个胆吗？摸不准您的脾气还能在您的手下干吗？"

太后又问："好，你说怎么个攻法？"

萧继先在手心里写了一个字，太后也在手心里写了一个字，这时坐在一旁的韩德让插嘴道："君臣二人揭锅吧。"

两个人同时翻开手心，都是个"火"字，三个人一阵哈哈大笑，韩德让说："英雄所见略同。"又是一阵哈哈大笑。

最后太后严肃地讲："保州是宋、辽两国军事相持的重要桥头堡，正因如此才派杨延昭把守城关，保州必须给我干净彻底地解决掉。打赢这一仗，宋军才会彻底从心底服我大辽，所以此战意义非同一般，但要注意，只要宋军投降，就不要伤人过重，尤其对待杨将军，更要礼上相交，如果他再死了，杨家就只剩孤儿寡母了，再不得伤害杨家人的性命，记住了吗？"

萧继先说："微臣记下了。"

韩德让又嘱咐说："你要想尽一切办法打进城去，我派十万精兵随后开过去接应你们。"

第二天萧继先离开南京急急返回保州城下，离保州还有十几里就听到了嘈杂的人喊马叫声，再往前走就看清了两面帅旗，萧继先急急赶过去，见达里底正指挥着辽军与宋军拼杀，就大声命令道："撤，撤！"

达里底见主帅萧继先来到阵前，不得不往回撤退，萧继先生气地问道："为什么不等我回来擅自做主开战，如有闪失，休怪本帅不客气！"

达里底说："请萧将军息怒，你走的那天，有个士兵大白天睡着了，可能是想家，梦中大声地喊叫爹娘，还呜呜地哭了起来，别的士兵叫醒他，他就跟人家大吵大闹，说是搅了他的好梦。正当我去制止他们时，城上就发现了我们，一会儿工夫宋军就拥出城外，向我们杀过来，没办法，只好应付开战……"他还要啰里啰唆地说下去。

萧继先生气地吼道："别说了，连士兵都管不住还打什么仗！他们出的哪个城门？"

达里底说："是从北门和西门出来的。"

萧继先说："继续往回撤，假装失败而逃，过两天我们再打回去。"

三天后的一个晌午过后，东门的士兵正盼着换班的人来换他们回去吃饭，左等不来，右等也不见人影，五脏庙正闹腾时，有几个买卖人打扮的人挑着挑子急急要进城，士兵们闻到一阵香味，就拦住一个卖馍的人检查，一边检查一边拿着馍往嘴里塞，卖馍的人不制止也不心疼，还招呼着城楼上的其他士兵也拿几个，不大会儿工夫，城下的守城士兵就迷迷糊糊地打起了瞌睡。趁势有几十个挑柴担油桶的人急急忙忙进了城，等他们清醒过来时，换班的士兵还没有来，哨长也沉不住气了，经打听才知道西门和北门外遇到了麻烦，换班的士兵都到那两个城门应急去了，直到傍晚才有人来换他们回去休息。

傍晚，杨延昭亲自到各个城门巡视时，各门职守都说没有发现问题，杨延昭才放心地回去休息。

因为白天忙乱了好一阵子，子时过后，守城的士兵就打起盹儿来，城内外一片安静，鸡禽宿窝，牲畜卧圈，除了几声狗吠声外，没有一点儿响声。

这时，在城正北方有一支精悍的骑兵队伍正悄悄地向保州城方向靠近，到离城还有三十里时，所有的马蹄上全都包上了牛皮或野猪皮，马队慢慢行进在沙土路上，马蹄发出"扑哧、扑哧"的声响没有惊动沿途的百姓，城里的守城士兵也没有任何察觉，四更天时已到达保州城下。不知谁的马踩进一个悬坑里，马失前蹄立即跪倒下来，后面的马随即撞了上来，引起一阵混乱，有两匹马发出警惕的尖叫，这高亢的嘶鸣声划破了宁静的夜空，城门楼上的守城士兵最先被惊动，霎时间，灯笼火把照亮了城上城下，紧接着兵器的碰撞声、士兵的呐喊声乱作一团，气氛十分紧张。

这时骑在马上的耶律隆庆却非常镇静，他仔细地观察着城上的设防情况，既然被宋军发现，干脆就拉开阵势与杨延昭大干一场。随着他的一声令下，队伍立即摆成了扇面形，把北半城围了个严严实实，这时天色已经蒙蒙亮，城门楼上出现了一个高大威武的指挥官，耶律隆庆断定此人就是杨延昭将军，太后嘱咐一定要尽量保证杨将军的人身安全，他对身旁一个小校说："瞄准指挥官旁那个士兵的帽子，射箭！"

说时迟，那头快，只听"嗖"一声，那个士兵的帽子被钉在了城楼柱上，城楼上一阵紧张，等城楼上的人弄清是怎么回事时，另一支箭把挂着杨字大旗的绳子也射断了，那帅旗哗啦啦落在了杨延昭的脑袋上，杨延昭迅速从腰上抽出那口刻着"忠"字的龙纹剑吼道："传我的命令，四门紧闭，全城戒严，固守保州城垣，绝不让一个胡兵进城。"

　　杨延昭在几个卫士的掩护下走下城门，这时天已大亮，城上城下互相之间看得清清楚楚，城上的士兵朝飘着耶律帅旗的方向拉弓射弩，城上城下互相射击着、对骂着，一直坚持了半天时间，对峙的局面毫无改变。耶律隆庆想：我们远道而来，这样僵持下去肯定对我们不利，一定要在天黑前强行攻进城去。他对左右护卫说："攻城手准备好云梯，我们一起瞄准吊桥的吊绳，放箭！"

　　一阵密集的箭镞射过去，吊桥晃了几晃，但没有掉下来，耶律隆庆让护卫把抹着牛油的箭镞发射到吊桥的绳节上，他亲自把装着火炮的箭镞顶在弓弦上，右眼一闭，拉着弓弦的右手一松，"嗖"的一声，再看那吊桥的绳节上火苗忽悠忽悠地着了起来，城上的宋军只注意城下的辽军，没有发现吊桥上的火苗，不大会儿工夫，宋军听到咣当一声巨响，他们往城下一望，才发现吊桥掉了下去，紧接着一阵呐喊声，辽军的云梯已经架在了高大的城墙上。

　　正当辽军高兴地准备爬上云梯时，城楼上巨石滚木轰然而下，乱箭像雨点似的落到攻城的辽军头上，别说是攻城，就是抬下头都不行，没办法，辽军只好退了下来。

　　辽军又尝试着攻东西两门，其结局别无二致，这样攻攻打打地坚持了多半天，还是攻城无望。天色将近黄昏，双方都很疲惫，辽军不仅伤亡大增，而且干粮和饮水几乎全尽，士兵们饥渴难耐，几乎丧失了战斗力。辽军正想罢兵歇息喘口气时，突然北门上冒起大火，并有喊杀声，一会儿城门大开，部分宋军应付城里的敌人，部分宋军像决了口的洪水一样杀出城来，辽军尽管没有防备这突然出现的局面，但耶律隆庆明白这是混进城去的达里底占领了北门，他一边仓促应战，一边指挥队伍缓缓后退。

　　宋军见辽军如此不堪一击，就不顾一切地冲向辽军阵营，刚打过护城河不远，突然辽军后方响起一阵号角声，随之辽军队伍迅速向左右两边散开，一批身上绑着火绒的牛群冲向宋军，本来火绒只隐隐燃着火星，它们往前一跑，火绒着起了火苗，牛背上抹着猪油的干柴被引燃，牛越跑火势越大，大火烧疼了牛背，牛越是发疯似的往前冲，越跑风越大，那火借风势，风助火威，宋军被这火牛战术吓傻了眼，一个个四散奔逃而去。

因为北门发生了混乱，杨延昭指挥着主力部队立即赶往北城救援，但守护北城的队伍已经出了城，杨延昭爬上城楼向外一看，双方士兵没有交战，只见一片火团从东飘到西，又从北飘到南，他从小跟着爹爹打过无数次仗，但还没有见识过这种情境，他有些发蒙了。这时站在他身旁的一个身材不高且骨架单薄的人贴耳同他说了几句话，杨延昭命令赶快鸣金收兵，但城外的宋军已经分散开，城门口被火牛堵得死死的，没有一个人敢往上闯。杨延昭又命令关闭北城门，并指挥宋军从西城门进城，但为时已晚，东西两城门也已被辽军围得严严实实，北城门还没有来得及关闭，那些披着火焰的牛已经冲进城门，在城里横冲直撞，没有一个人敢阻拦，宋军只好站在远处向火牛射箭。那些火牛中箭后更加疯狂地乱窜，一些民房和商铺被大火点燃，熊熊的烈焰卷着浓烟直冲云霄，木屋架和家具在烈火中发出"噼啪噼啪"的响声，百姓只顾逃命，谁也来不及救火，士兵们顾了火牛就顾不上辽军，顾了辽军就顾不上救火，北门里乱作一团。

在北门混乱之时，达里底等人也趁机攻开了东西两门，辽军蜂拥着杀进城去。这时杨延昭仍指挥着宋军奋勇抵挡，但阵容已被辽军的火牛阵全部打乱，他只好边打边向南门撤退，慌乱中跟在他后边的杨宗保失去踪影，杨延昭顾不上找寻儿子，亲自与辽军展开了肉搏战，刀来剑往，喊杀声震天，战袍被鲜血染成绛红色。

到了南街，宋军士兵已所剩无几，辽军占据了绝对优势，正当耶律隆庆沾沾自喜庆祝辽军就要取得大胜时，突然从一条夹道里射出一阵密集的箭镞，不少辽军中箭倒地，辽军急忙追进夹道赶杀，这些宋军一溜烟跑得无影无踪，辽军刚刚停下喘口气，从另一条夹道里又射出几箭，辽军又跟着乱追，越追人越分散，一会儿就首尾不能相顾了，不少辽军惨死在这巷道战中。

耶律隆庆见辽军分散得太厉害，恐怕中了宋军的埋伏，就让护卫鸣号集中，但分散在各条夹道的辽军与宋军拼杀得分不清东西南北，耶律隆庆非常着急，对周围的士兵发着脾气，正当他举着龙纹剑怒吼时，突然一个带着童音的人高喊道："胡酋看箭！"

耶律隆庆猛回头时，下意识地侧了一下身子，那箭从他脖颈右侧飞过，后边一个辽军随之应声倒下，眼窝里喷出一股血浆。

耶律隆庆仔细看那少年，鼻正额宽，双目炯炯有神，身材中等，肩宽臂长，胸脯挺得高高，耶律隆庆不但没有生气，反倒顿生爱怜之情，大声问道："请少将军通报尊姓大名。"

那少年喊道："胡贼听好，本将军姓杨名宗保，专为爷爷、伯伯报仇而来。"说着举弓又要射箭。

辽军几个护卫几乎同时把盾牌挡在耶律隆庆前边，耶律隆庆问道："莫非少将军就是杨无敌杨将军的长孙？"

杨宗保说："正是杨爷爷在此！我杨家与胡酋誓死为敌，杨家将是杀不完的，胡贼看箭！"

耶律隆庆想，绝不能伤害这少年英雄，如果把他捉回朝廷，太后肯定非常高兴。他突然命令道："抓住他！带回朝廷，立功者重赏！"

因为不想伤害他，所以辽军的抓捕动作非常不协调，但杨宗保却毫不含糊地与之拼杀，在宋军的顽强抵抗下，杨宗保还是左弯右拐地跑掉了。

耶律隆庆继续往南门追赶宋军的主力部队，沿街到处是死伤的两军士兵，那些烧伤将死的公牛躺在地上喘着最后几口气，眼窝里流淌着泪水，对牲畜有着特殊感情的辽军也顾不上它们，跟着将军向南门冲去。

辽军又损一大将
宋辽澶渊终结盟

杨延昭一看大势已去，再拼命也是保不住这保州城了，于是带领残余的队伍向南门外逃去。

耶律隆庆占领了保州城，遵照太后的嘱咐，这次回马枪主要是让宋朝皇帝知道辽军的厉害，并不想真正把保州一下就划入大辽的版图，他留下部分人守城，又分派部分兵力追赶南逃的宋军，追了一阵子，见宋军已跑远，也就没有继续追赶。

太后处理完上京的事又匆匆回到南京，得知这回马枪打得不错，心里非常高兴，传令留下部分兵力守城，其余兵力回南京休整。

在庆祝保州战役胜利的大会上，太后在宣布完奖励作战有功的名单后，又一次嘱咐文武臣僚千万不要居功自傲，更不要因为一两次胜仗忘乎所以。她又想起了上次的三政联席会议，她当众毫不留情地对皇上弟兄两个动了真格的，那些皇亲国戚都害了怕，再没有一个怀有二心的，其他的文武臣僚更是老实得很，在敬佩太后的同时，也多了几分乖巧。从此谁也不敢再说三道四，即使在皇上和在王爷面前，也不敢妄议朝政。

散会之后，皇上耶律隆绪又一次单独受到太后的严厉批评，他真的服了气，从此再也不说没有自由了。老臣韩德让是看着隆绪长大的，从小就教他读汉文诗词，学习"四书五经"，唐《贞观政要》成了皇上的必读教材，因此耶律隆绪对韩德让崇敬有加，关于太后和韩德让的关系，他也习以为常，开始懂得国君应以国事为大、以民事为重的道理，经过一次次的锻炼，他真的已经成熟起来，太后看在眼里，喜在心上。

梁王耶律隆庆虽然有些害怕，因为刚打了胜仗，不禁有些沾沾自喜，心里也没有真正服气皇兄隆绪和韩德让。不管怎么说，韩德让给了他很大的面子，表面上他也装得冠冕堂皇，一口一个韩老将军，让别人也挑不出什么毛病。时间一长，事过境迁，拈花惹草的事依然如故，向各地乱征乱缴的事也时有发生，不过对朝廷的政令却从不怠慢，在他的影响下，南京正气上升，邪气开始下降，军队认真习武备战，官宦勤于政务，皇上和太后也就没有太多地苛求他。

辽统和二十年（1002）三月，太后把刚刚封为吴王的三子耶律隆佑留在上京，她和皇上耶律隆绪来到鸳鸯泊（今内蒙古集宁区附近），这次太后坐镇大营，全听皇上一人指挥。皇上委北院宰相萧继先为伐宋总指挥，南京统军使萧挞凛为副总指挥，经过数日的边走边战，四月初文班太保达里底打败了梁门的宋军，一战告捷，很快泰州（今河北省保定市）也传来捷报，萧挞凛以威勇无挡之势攻下了泰州。

窝守在汴京城里的宋朝官员向来就分为主战和主和两大派，而赵恒本人从小就没有苦练过真功夫，偶尔在众人面前要弄几下也都是师傅教的花架子，因此他不愿意打仗，更不敢自已亲自领兵打仗，所以他愿意听主和派的意见。当大臣向他报告辽军攻占泰州和梁门的消息时，他征求了主和派的意见，说："那都是幽州的契丹边军滋事干扰，不要理他们，大辽内讧自顾不暇，哪儿有能力再敢南侵。"

也正好让宋朝皇帝赵恒说着了，辽军不仅没有继续南攻，而且只驻守了两个月，将泰州附近抢掠一空便撤回了南京。

经过这么一进一退，宋朝皇帝赵恒更加得意于自己的"运筹帷幄"，放心地在汴京城里与文班谈经论道，与武班"切磋"功夫，深夜里后宫裙纱玉貌绛唇、笙箫管乐齐鸣，好一派太平风光。

萧太后也十分满意这一进一撤的虚实战术，她发现自从前年攻过黄河之后，宋军的防御战术没有任何长进，便趁赵恒终日陶醉之时，抓紧了南伐的准备。这时32岁的皇上耶律隆绪已经是一个成熟的军事指挥家了，他亲自主持制定作战方案，广泛征求文武两班大臣的意见，但在方案实施之前，他还要征得太后的同意才行，这也是韩德让一再叮嘱他的。

统和二十一年（1003）三月，耶律隆绪认为一切准备停当，韩德让问道："陛下，粮草物资准备得如何？"

皇上耶律隆绪说："辽军出兵从不备粮草，这次备了三天的粮草，不少了。"

韩德让说："过去我们在草原上打仗，无论是冬天、夏天，草料、牛羊有的是，不够了就抢。现在是在平原上与汉人作战，经过这十几年的战乱，大片土地荒芜，农业生产受到极大破坏，百姓已无任何积蓄可抢了。再说眼下正是春天，小草和稼苗才一拃高，三天之后我们的三十万大军吃什么？战马吃什么？这次出兵要打到何时还很难说，凡事要做最坏的打算，有备无患，望陛下三思。"

"韩老将军所言极是，我们多准备些粮草物资再出发不迟，汉人常说，'磨刀不误砍柴工'，很有道理。另外，我们再把一些作战细节商量一下。"耶律隆绪说道。

四月初，辽军的三十万大兵浩浩荡荡向南出发了，这次南伐，太后让皇上耶律隆绪御驾亲征，自己只随军督战，耶律隆绪走在队伍的最前方，南府宰相耶律奴瓜与南京统军使萧挞凛为左右将军走在皇上的左、右后方，前后三十里之内，旌旗飞舞、喇叭呜咽，一路尘埃蔽日，两厢惊鸟高飞。大军平泰州、打望都，重点进攻目标直指宋军军事重镇——定州。

此时守卫在定州城里的是宋定州副都部署王继忠，王继忠自恃文武双全，精通兵法，曾任郓州刺史和殿前都虞候，他告诉桑赞和王超两位大将："辽军再次前来攻阵，必有充分准备，但他们的几十万人马绝不会仅仅为了攻夺一个定州，肯定是南伐中原途经此地，只要我们坚决顶住不开城门，辽军久攻不下便会放过定州，如若定州被攻破，我们就分三路与之周旋，将辽军分割为几段拖着他们，等朝廷派来援军后再真刀实枪地与他们决战。"

王超和桑赞一口答应，一定要互为照应，生死与共。

宋朝防备攻城的一贯办法是冬天里往城墙上浇水冻冰，但现在是三月，表面上的冰层早已融化，被冰水浸泡过的土城正值酥化阶段，辽军围困了两天，城墙就被凿开几个洞口，很快定州城被攻破。王继忠和桑赞、王超三人按照事先的计划分三路冲出城去，耶律隆绪见宋军倾巢出城，便命令萧挞凛和耶律奴瓜假装不敌宋军而后退，王继忠等不识辽军的诱敌之计，拼命地往北追赶，眼看就要打到望都了，突然听到一声号角响，辽军的二十万铁蹄从三面包剿而来，王继忠等人迅速形成一个铁三角，与辽军展开拼杀，但终因寡不敌众，伤亡甚多，桑赞问道："王将军现在怎么办？"

王继忠喊道："向南撤退！"

但这时通往定州的道路已经被辽军堵死，东有唐河阻隔，只好踏着泥塘向西南方撤退，辽军紧紧咬住不放，不一会儿宋军就乱了阵脚，三个人谁也顾不上谁了，王继忠一人指挥着一万多人马与辽军厮杀，眼看就要全军覆没，他仍然希望桑赞和王超会来支援他一下，无论如何也要把弟兄们带回定州，但他不知道，桑赞和王超手下人马早被辽军杀得四分五散了。宋军人数越来越少，到后来只剩下不到一千人马了，王继忠看着弟兄们淌着鲜血一个个倒下去，他知道逃出去的希望没有了，于是高喊着："大丈夫宁可战死疆场，绝不可做胡蛮的阶下囚！"说着就欲举刀自刎，但萧挞凛的箭速比他的动作要快得多，只听"嗖嗖"两声嘘叫，王继忠举刀的手一下就耷拉下来，就在刀落地的那一刹那，辽军一窝蜂似的拥上去，一个辽军士兵正要重新举刀砍下，萧挞凛高喊："不要砍！"就这样王继忠成了辽军的俘虏。

第二天，几个士兵把王继忠捆绑着送到大营，太后命令马上将其松绑，并亲自为他斟满一碗醇香的奶茶，但王继忠一把将碗摔到地上说："要砍要射随便，王继忠生是宋朝的将，死是宋朝的鬼，想让我投降你们胡蛮，没门儿！"

两个御卫见他如此无礼，一个抢起皮鞭就要抽，另一个抄起一根铁棍也要打，都被太后制止了。无论太后如何苦口婆心地劝说，王继忠就是不正面回答太后的问话，无奈之下，太后只好让卫士把他送到后营，临行嘱咐说："好生招待王将军，如果敢对王将军不敬，小心你们的脑袋！这样的忠国忠君之将，难得呀，我愿拿一万个求生怕死的糊涂虫换一个这样的忠臣良将。"

王继忠在一定范围内可以自由活动，"侍候"他的人千方百计让他高兴，并不断有汉人官员和中高级将军来找他聊天下棋，与他攀乡附友，介绍大辽强大的军事力量，如今的皇上如何开明，用自己的亲身体会讲述太后如何惜才如子。开始王继忠像耳旁风似的"哼哈"应付着，久而久之，眼见一些事实不能不让他动心，但仍不说一句软话。

在宋朝内部，只知道望都战役中大将王继忠失踪，是死是活不清楚，后来当得知他被辽军俘虏并受到特别优待时，朝廷上下议论纷纷，军心有些浮动，有人说他是受伤后被俘的，有人说他想做大官投降了契丹，到底该如何对待王继忠的家眷，赵恒一时拿不定主意。

这时宰相寇准想了个主意，他对皇上赵恒说："陛下，我们不能人云亦云，也不能迟迟拿不出个办法，这是有关大宋军心稳定、民心稳定的大问题，臣想还是派个人到北朝探个虚实，再作决断为好。"

赵恒还以为这个寇准有什么好主意，一听说到北朝去看看，就说："要是随便能去北朝看看，我们还打什么仗，谁去看？怎么去？即使去了，果真王继忠背叛了我们，他能信我们吗？"

寇准不慌不忙地说："陛下，目前情况不明当然不可公开去探望，可以派个密探混进去，去时把王继忠旧时的弓箭和马鞭带给他，不愁他不信，据说王继忠行动还挺自由，此时正为合适。"

赵恒觉得这个主意可行，就选派了两个机灵的军士，化装成小商贩混进辽军营区。其实萧太后通过内线早已得知这一消息，她告诉耶律隆庆："不要抓他们，放他们过来，看他们到底要干什么。"

那两个密探顺利接近了王继忠，并带来了皇上的亲笔信，信上写道："朕继任以来，一向秉承先帝遗志，体恤黎民百姓，绝不愿无端打仗，与北朝动武实乃不得已而为之，自战衅开启之日起，朕就盼望早早结束两朝战争，如北朝有意停战和谈，即派专使前往。战争结束后，望尔回到本朝，朕定委以重任。"

此时的王继忠早已被太后的怀柔政策感化了，但对宋朝派来的密使也倍感亲切，他自叹道："要是两朝真正实现和解，边民可以自由地互访互市多好啊，把用于战争的银两发展农、牧、冶炼、纺丝、修建房屋该多好啊，可惜两朝积怨太深，恐难以实现。"

宋朝密使说："但凭萧太后对你的关爱，试试也无妨，说不定太后会采纳你的建议呢。"

当萧太后得知这个消息时，辽军已经深入河北腹地，马军都指挥使耶律课里一举击败了洺州的宋军，萧排押活捉了宋朝魏府的田逢吉、郭守荣、常显等官吏，此路军士气正旺。但耶律隆绪率领的主力部队在瀛州（今河北省河间市）遇到了宋军的顽强抵抗，不仅战局毫无进展，还损失了许多战将，在久攻不克的情况下要求太后派兵支援，太后心里七上八下地胡乱翻腾着，她想：从太祖太宗时就打，到我这里还打，我的头发都打白了，打到哪一天算头呢？但不打何时天下能一统呢？于是她对韩德让说："德昌，你说打仗好还是不打仗好？"

韩德让答道："要是天下都一统归了您，当然还是不打好。"

太后捋了捋花白的头发说："天下一统，谈何容易，二十多年以来，死亡的将士不下二十几万，朝廷花费的银钱粮草不计其数，百姓没有一天安生日子，到头来还是在黄河以北打来打去，你说要是休养生息几年可会好些吗？"

韩德让说："那当然会好，不过梁王等一伙重臣未必同意，就是他们同意，宋朝肯休战和谈吗？"

"如果宋朝同意和谈休战呢？"萧绰反问道。

韩德让急切地讲："只要他们同意，内部的问题总是好解决，那就停！"

听到韩德让如此肯定的答复，太后反倒犹豫起来，她慢腾腾地说："那就看看再说吧，过几天廷议决定。"

在朝臣廷议时，太后把宋朝派密使的事情通报了一下，希望大家发表意见。果然不出韩德让所料，耶律隆庆等少数人邀功心切，不同意罢兵休战，但他拗不过大多数官员的意见，最后还是决定先试探一下宋朝想和谈的虚实情况再做最后决定。太后说："二十多年来，各位爱卿一直支持我辅佐皇上理政掌朝，也有不少爱卿和将士为大辽战死沙场，你们为了什么？不就是为了实现太祖爷'治国平天下'的宏图大愿吗，我们有时退，那是为了更好地进，今天停，那也是为了明天更好地打，停不影响打，打不影响谈，你们胜仗打得越多，我们越好谈。从今天起，各路人马振作起精神，要打就打出个样子来，我和皇上、韩大人负责和谈的事情，一切听从皇上统一指挥。"

太后让韩德让把王继忠请到御帐，太后对王继忠慰问了一番后说："王将军以为和谈之事如何？"

王继忠见太后如此直截了当地征询和谈的意见，就知道她有意罢兵和谈，他一口气讲了两个时辰关于两朝和好的理由和意见，说完他还是不放心地问："太后，本朝文武都同意和谈吗？"

太后说："家有家法，朝有朝规，纵有千人万口，总有一人做主，如果将军也觉得可以和谈，那就烦请将军做些疏通联络工作。将军初始安家，我和皇上商量为你配宫户三十，以便支使，粮草、钱物不必过分节俭，需要时就派人来取。"

除此之外，皇上还加封王继忠为左武卫上将军，他梦寐以求的两朝和解有了眉目，大辽太后和皇上如此信任关爱自己，他连连叩首谢恩，答应尽快与宋朝取得联系。

宋朝皇帝赵恒得知大辽有意和解的准信后非常高兴，他马上召集文武群臣商议这件事，但事情却没有那么简单，廷议时出现了主张马上和谈与坚决不同意和谈两种截然不同的主张，并且各有中肯的陈述和相当充分的理由，弄得赵恒一时不好决断，只好说："我们下次再议，大敌当前，请诸位爱卿各司其职，以国家安危为重。"

说完就散朝了。

辽军在瀛州久攻不下，耶律隆绪征得太后同意，掉转方向向西，一举拿下祁州后，命令主力部队以强劲之势大步南下。

辽统和二十二年（1004）十月，辽军击败了宋大名府的德清军逼近黄河，宋朝内部气氛异常紧张，参知政事王钦若是江南人（今江西省清江乡一带），他惧怕辽军的威猛攻势，主张放弃汴京移都金陵（今江苏省南京市），而参知政事陈尧叟是四川人，他主张皇上躲到成都去。新任宰相不久的寇准坚决不同意迁都，他反对任何形式的投降主义，他联合几个主战派官员直接进殿面君，他们对赵恒说："大敌当前，应倾举国之力奋勇抗敌，凡是主张逃跑和迁都的人应一律杀头治罪！"

"我军虽几倍于辽军，但因连年战事已疲惫不堪，朝臣又议论纷纷意见不统一，这种情况下出兵恐难敌胡人的铁蹄。"赵恒摊开双手十分无奈地说。

寇准争辩说："否！辽军的骑兵虽然厉害，但他们离开老巢已经几个月，同样疲惫不堪，粮草物资远不如我军充足。"停顿了一下他又接着说："如果说意见不统一，就像陛下的五指，永远也不可能一般齐，但能不能握枪，有力无力，关键是拇指肯不肯握紧，如果陛下肯亲自领兵讨伐胡人，还有谁敢不上战场，还有谁敢提迁都逃跑的事？"

其他几个官员齐声说道："是啊，陛下，寇准所言极是，望陛下三思。"

赵恒见几个官员把问题讲到如此地步，让他难以回答，他心里想：好你个寇准，想把我这个皇上拉到战场上去送死。但身为一国之君，他绝不能说出那样的话，就搓了搓手掌说："好，好，众卿如此关心国家命运，大宋何愁不强盛，出兵一事待朕再仔细斟酌一下。"

就在赵恒"仔细斟酌"的日子里，前线又传来急报，说大辽皇太后和皇上带领大军已经到了澶州（今河南省濮阳市）城下，把北城围了个严严实实。赵恒心里清楚，澶州虽说位于黄河以北，但其城市管界已经延伸到了黄河南岸，变成了一个地位极为特殊的跨河城市，其军事意义、交通作用不言自明，如果澶州被攻破，黄河无险可守，只要辽军打过澶州，收拾大宋首都汴京就指日可待，到那时想不迁都也不成了。

满朝文武都等待着皇上的圣裁，寇准急切地说："陛下您出师吧，只要陛下御驾亲征，区区几万胡兵没什么了不起的，他们掳掠千里之外已经很久了，人马、物资都困乏，如若陛下领率出兵，将士们肯定士气大增，说不定会让萧绰回不了草原，如果您再'仔细斟酌'几天，辽军可能就会打过黄河，到那时，是迁国都还是迁人头可就难说了。"

王钦若站起来说道："纯粹一派蛊惑之言，现在已是十一月底，黄河全部封冻，辽军非要从澶州大桥上过？要能过他们从任何地方都可以顺利过河，趁胡蛮还没打过来，赶紧转移到南方，转移不是逃跑妥协，任何一座城池他们都搬不走，将来我们休养补充好了，城池还是我们的。"

寇准一把抓住王钦若的前襟骂道："好一个投降派的嘴脸，跑，跑，跑！你还能不能给皇上出点儿好点子！那黄河沿岸百里之内，我已下令全部凿冰破封，他们想踏冰而过的路子早被老夫堵死了，只要死守澶州大桥，他们过不了黄河，让河北的兵力集结于大名府东西一线，堵住辽军的退路，陛下再亲率出兵，萧绰就无路可逃了，明白吗！胆小鬼！"

赵恒喝令："不得动手！有话好好说。"

这时绝大部分官员都咽不下这口气，主张皇上亲率出兵抗辽，纷纷下跪请命，情急之下，赵恒只好答应领兵出征。

说也灵验，前方将士们一听说皇上亲自挂帅出征，都忘掉了疲劳和寒冷，越战越勇，斗志越战越旺，皇上率领的援军一到，辽军的威猛劲儿一下子被杀住。赵恒登上南城的制高点向北一望，宋、辽两军阵线分明，宋军旌旗飞舞，士兵旺盛，而辽军的大旗严重破损，士兵衣衫褴褛。

有人发现了高处的黄色龙纹帅旗，一边高喊着"皇上万岁，万万岁"，一边向辽军放射箭镞，中箭的士兵额头淌着鲜血跌跌撞撞往回跑，辽军中一片混乱。

一分队正策划着架云梯攻城，突然一团包着火绒的石块飞速砸下，火苗带着呼呼的热风滚落到城下，辽军更加混乱不堪。

这时一个将军打扮的威猛汉子骑马来到城下，向乱喊的士兵吼叫着什么，城上发现了这个不同寻常的人，认为肯定是个指挥官，几台弩机都同时瞄准了他，只听"嗖、嗖、嗖"几声，再看那个指挥官也摇摇晃晃地从马上摔下。这个人不是别人，正是功勋卓著的副帅萧挞凛。耶律隆庆马上指挥士兵把他抬到队伍后方，命令最好的军医为他治伤，军医卸掉他的铠甲，发现他的颈部和脸部等要害部位连中数箭，尽管用了最好的药物，也没能挽救他的性命，当天夜里就一命呜呼了。

太后得知爱将萧挞凛壮烈捐躯的消息后十分震惊，辽军中还有谁能抵得上耶律休哥、耶律斜轸和萧挞凛？自从休哥和斜轸过世后，哪一场仗不是挞凛指挥打赢的，如今三个人将都走了，以后的仗可怎么打？太后悲愤万分，当即决定辍朝五日，为其致哀。

在保持守势的五天里，阵营中都知道副帅中箭牺牲了，士兵们情绪低落、议论纷纷，这时韩德让来到大营御帐，他知道安慰的话对太后是不起作用的，就语气和缓地对太后讲："臣以为我们已经出来几个月了，尽管攻陷了几座城池，但我们能将其搬走吗？攻澶州，又送走了萧挞凛将军，要想拿下汴梁那可不是太容易的，如果真能拿下他们的老巢，再搭上多少人也算值得，但您看现在的形势有可能吗？"

太后一听说要搭上她的韩德让，马上摇了摇头，很快又抬起头问道："那你说怎么办？"

韩德让说："无论是山后的牧民，还是中原的汉人，这些年来他们饱受战乱之苦，农作和其他劳作都受到很大影响，日子过得极其艰难，就是我们有一天全部掌管起来，也要让老百姓过个舒坦日子。南朝不是要和谈吗，不如趁主动和谈的机会多向他们要些土地，我们也好休整几年，等恢复了元气，再重开战局不迟。"

太后思来想去，也只有按韩德让的主意办了，她问道："那你看让谁去谈呢？"

韩德让说："宋朝密使走后我们还没有回个话呢，还是先派个人蹚蹚路，看赵恒到底是什么口气。"

"那好，你去安排吧。"太后这也算放开了闸门。

韩德让还是决定让王继忠给宋朝一个半官方的答复，王继忠立即修书一封，大大方方派人送到宋军营区，信上先是叙叙君臣旧情，然后告诉宋朝皇帝，大辽有意和谈，为了普天下的百姓，一定不要错过这次机会，具体问题可见机决策。

尽管宋朝军队处在优势地位，再打一打可能辽军还会吃亏，但赵恒看过信后，又重勾起他求和的念头，于是立即召集群臣廷议，寇准等人仍然坚持打到底，另外一部分官员见皇上明显有和谈之意，就都随势同意罢兵和谈，最后赵恒拍板定案说："既然大家都同意和谈，就立即准备谈判，具体事宜由寇大人择机实施。"

寇准见大势已去，也只好遵旨行事，他问："陛下，掌握个什么尺度呢？"

赵恒说："要地没有，要钱可以商量。"

"钱掌握在什么尺度呢？"寇准问。

"不超过百万两即可。"赵恒答。

寇准把崇仪副使曹利用叫到皇上那里，皇上对曹利用说："契丹南来，不仅为金帛，更为霸占我土地，关南（今河北省雄县瓦桥关以南）归属大宋已久矣，此去谈判，要金帛银两可以谈，不许超过百万两，要土地没商量！"

寇准说："皇上是给你上限，本相只给你三十万两之权，如若超过三十万两提你的人头来见我！"

曹利用肩负皇上和寇宰相的重托赴辽营谈判，萧太后并没有过分热情接待，仍坐在御辇上没有下来，让侍从布以简单食物摆在车辕搭起的木架上招待曹利用。席后萧太后直截了当地说："莫非曹使将关南之地送还我大辽？"

曹利用一听说夺要关南之地，态度非常坚决地说："如果皇太后约本使来议和，好说，如果要想夺回关南之地，对不起，本使没有领受此项使命。"

耶律隆绪说："不谈关南之地，难道我三十万大军不远千里来中原领略风光？"

双方争执不下，曹利用甩手离开了辽营。

韩德让说："太后、皇上，谈判不可过分着急，应营造一个好的气氛，先易后难，循序渐进，只要火候到了，冷冰冰、硬邦邦的不懂人性的铜铁都能熔化，何况活生生的人。"

太后依韩德让之计，再次派汉臣飞龙使韩杞前往宋营乞和，嘱咐说："此行非同一般，待人要谦和有礼，处事要不卑不亢。"

曹利用见辽使没有了那股强兵霸势，就又来到辽营，这次萧太后亲自把他迎进御帐，双方气氛缓和，谈判丝丝入扣。

曹利用说："关南之地本属我大宋，谈何送还。"

"关南之地是后晋石敬瑭为答谢我军救助之恩而划归我朝的土地，为何不还？"萧太后强硬地反驳道。

"那里千百年来一直就是汉人汉土，如何能成为你们契丹的土地呢？"

"那是后周柴荣强行霸占，当年还没有你们宋朝呢，你们有什么理由长期占着不还？"

曹利用知道土地之事现在无法谈，但不肯认输，就说："本使没有领负这个权力，因此不敢答应，如果太后因长途跋涉而来，草料、银两匮乏，我朝可予以资助。"

不等萧太后答话，耶律隆绪见讨还土地无望，就抢先问道："你们给多少？"

曹利用问："回到你们草原需要多少就给多少。"

萧太后皱着眉头看了看皇上，既然一国之君说出口，再反悔也自觉没有理由。双方争来争去，天快黑时，总算达成了一个初步协议，协议规定：

一、自即日起，双方罢兵和好，永不再战。以白沟河为界双方撤兵，以后维持现有疆界。今后以友善邻邦往来，在边界划定区域，设立榷场互市互补。任何一方不得怂恿边民随意越界，也不得容留对方叛逆者入境。

二、宋朝每年向大辽纳岁币十万两白银，二十万匹丝绢，交接地点定于大辽南京城内。

三、宋、辽两国结为兄弟之国，宋朝皇帝年长为兄，大辽皇帝年少为弟，宋朝皇帝称大辽皇太后为叔母。

四、即日起，辽国军队北撤，宋国军队腾退道路，不得阻挠袭扰。

宋、辽两军在澶州城下的结盟，史称"澶渊之盟"。

两朝同庆太平日
南北共度欢乐年

谈判结束后，尽管宋朝皇帝还没在议定书上盖上玉印，萧太后和耶律隆绪觉得这次城下之盟是大辽取得了绝对性的胜利。在韩德让的提议下，太后举行了"盛大国宴"为宋使曹利用饯行，说是盛大国宴，其实不过是一些猪牛羊肉和豆食而已，青菜很少，更谈不上珍禽异兽等佳肴，萧太后端起一杯酒说："曹大人为了两朝万代和好远道而来，我朝在寒野帐篷里招待贵宾，实在有失恭敬，如曹大人不嫌弃酒薄，就与我干了这头杯酒。"说着萧太后首先一饮而尽。

曹利用马上也喝完杯里的酒，说："真正远道而来的是贵国太后和皇上，微臣不过移动一下脚步而已，能在如此简陋的条件下享受盛宴款待，令外臣十分感动，回朝后我一定奏报我朝皇帝，改日专门设宴敬请贵国太后和皇上到汴京一叙。"

临行韩德让特意提醒曹利用："但愿议和条款早日兑现，条件允许，我军立刻撤兵返回。"

曹利用听得明白，韩德让一是怕赵恒不认账，所拟条款无效；二是希望多少兑现一点，以示诚信。因他觉得最关键一条是第二款，皇帝许他百万两，寇宰相许他三十万两，他签署的数量没有超过皇帝和宰相的限定数，所以痛痛快快答应说："请韩大人放心，待我回朝复命后立刻派人送来粮草金帛。"

曹利用回到大营后，赵恒急切地接见了他，听他讲完谈判过程和所许诺的条件后，在场的绝大多数文臣武将都十分满意，他们大大地松了一口气，皇上亲自斟酒为他洗尘慰问，赵恒说："爱卿此行功不可没，从此结束了长达几十年的宋辽战争，两朝百姓不再受无谓的战乱之苦，你许诺的条件甚合朕意，立即派人送些银两和粮草，让辽军早早返回。曹爱卿此举功德双冠，应予嘉奖。"

曹利用是个少言寡语的人，很少大喜大悲，关键时候一语顶千金，这次受到皇上和朝臣的嘉评，仍面无喜悦之色，只淡淡地说了句："此举全凭圣上恩威，微臣应尽之责，不足陛下和众大人挂齿。"

赵恒可没有小看这次城下之盟，虽然宋朝略失小利，但两军就此罢兵和好，不仅百姓得利，看以后还有谁敢说我贪生怕死不敢打仗？日夜想念的"太平皇帝"总算到来了。

他回到汴京后立即传令京城张灯结彩，举行声势浩大的庆祝活动，并诏告全国十八路十三道周知，宋、辽两国已结盟好，今后不得以"胡蛮"主语称呼大辽，凡事均以友好邻邦之礼相处，北部各路不得以任何理由袭扰北朝友邦，教化土民不得越界垦耕、捕捞和放牧，遵守边界榷场互市规范，不得欺行霸市，双方文明交易，互通有无。

这年正旦节，汴京城里到处张灯结彩，大相国寺前搭起九座鳌山，士女游人摩肩接踵，多少年来从没有过的热闹景象把老人和孩子吸引到大街上，再也不用担心有人会来攻城，他们相信，不打仗了，明年的赋税就会大大缩减，百姓们从心底感谢圣明的皇上，庆幸赶上了好年景、好时光。

曹利用生性冷言寡语，很少爱凑热闹，因刚刚被擢升为东上阁门使，同时调任忠州刺史，内心掩饰不住的高兴，他与家人走上街头观灯看花，走到府衙前，很多人围拢着一张公告议论纷纷，有个读书人为不识字的老人小声地念着："为庆祝本朝与北辽媾和，自即日起，朝廷特赦天下，非故意杀人放火、强盗、伪造官印、犯赃官典、十恶至死者，尽皆释放。即日起，放赈济灾，鼓励垦耕，恢复生产。望官员民等不得以'胡蛮'等语称呼北朝友邦，凡虏获北朝边民之牛羊等，悉纵还之。凡双方越界愿归返者，来资粮居，去赠盘缠。"

曹利用和家人十分喜悦，从心底里感激圣明的皇上，他们和所有的观灯者一样，希望大宋朝政通人和、繁荣兴旺，愿黎民百姓尽享福寿安康。

萧太后收到宋朝的盘缠和粮草后立即北撤返回，因路途遥远，到达上京时已过完正旦节。回到上京的文武官员和他们留京的眷属分外高兴，奉太后和皇上之命，除祭祖、朝贺等仪式外，官员民等皆可重新热闹一番。好酒、珍禽、异兽、上等佳肴应有尽有，赛马、摔跤、射箭、马球等活动连续五天不断，孩子们欢呼雀跃，老人们喜笑颜开，他们一方面为见到久别的亲人高兴，另一方面也为大辽将军们取得的伟大胜利骄傲。

当然，也有不少人家为此哭哭啼啼，看到别人家重逢团圆的欢乐，就想起自己牺牲在南方的亲人。太后并没有忘记他们，她吩咐南院宰相竭尽全力安抚阵亡将士的家属和亲人，缺牧缺粮的加倍资助，未成年的孩童养至16岁，失去生活能力的老年人要养老送终，失去丈夫的年轻妇女可以在军中择婿再嫁。

对于作战有功的将士，晋封嘉奖从宽，像王继忠这样有大功于国的人要破格封赏。太后亲自接见了王继忠，封他为上京留守，并亲自为他选定府址，帮助他安家落户，赏赐奴隶和牧场。

听到辽宋媾和的消息后，西夏、高丽、鞑靼、女真、回鹘、党项等部抱着不同的目的纷纷遣使来贺来贡，可见媾和之举的影响非同一般。太后一一热情接待，向他们通报媾和的内容，表明大辽对邻邦属国的外交方针，凡友好待我之邦国，大辽绝不恣意进犯，凡所辖部属必须尽其承诺；凡怀敌意之邦部，大辽绝不应诺不出重兵之言。大部分邻邦属国表面上都装作温善和好的样子，起码不敢轻易公开挑衅，因此，此后的一段时间里，大辽很少出兵打仗，边境安宁，牲畜数量大增，农业生产得到很大的恢复。

春天到了，北部草原地区还在猫冬，燕山以南地区则开始准备春耕了，春耕过后，发现种子奇缺，南京留守耶律隆庆虽没种过地，但他知道不下种是长不出庄稼来的，如错过季节，全年就不会有收成。副留守问他："梁王，您看怎么办？"

耶律隆庆不假思索地说："到南边去抢！"

副留守说："两边已经和好，还能抢人家的粮食吗？"

耶律隆庆说："不抢怎么办，难道天上还会掉下来吗？"

这时有个宫使走过来，她多了一句嘴："王爷，不会向人家借吗？"

副留守马上接过来说："对呀！春天借他一斗，秋天还他一石，好借好还，再借不难。"

耶律隆庆也同意向宋朝借种子，因这是两国之间的借贷行为，必须通过朝廷批准方可前往，于是耶律隆庆马上亲自书写奏章，陈述向宋朝借种子的理由和紧迫性。

太后收到奏章后，立即批复准奏，并嘱咐尽量选派办事稳当、说话和蔼的汉人前去，去时多带些大辽的参、皮和良药，沿途不得扰乱百姓生活。

宋帝听说大辽来借种子，马上吩咐户部尚书以良种赠予大辽，如无力偿还，不再催还，并让边城雄州开仓贱价售粮，以接济歉收地区的灾民。因此南京地区的百姓生活安康，社会秩序稳定，对此耶律隆庆非常高兴。

春风终于吹到了塞外草原，各家各户打开帐篷，把半年不见阳光的毛毡、皮衣、器物拿到帐外吹晒，小孩子们的冬衣虽然没有脱净，但他们在山坡上奔跑起来明显轻快自如了许多。淡淡的白云在蓝天上悠哉、飘荡，雪白的羊群中、棕褐色的马群中显然增加了许多男人的身影，他们古铜色的脸庞上洋溢着发自内心的喜悦。

太后看见朝臣和上京城里的百姓们度过了一个晚到但真正欢乐的正旦节，也非常高兴，但总待在深宫高墙里也着实觉得憋屈难耐，她对韩德让说："德昌，春风已过万重山，缘何高墙将身关，行乐及春无殆时，春去秋来待冬寒？"

"哎呀，太后好雅兴啊！"韩德让笑道。

太后一边梳理着花白的头发一边说："难道你还不着急？看看你嘴巴上的胡须吧，比我黑不到哪里去。"

此时的韩德让已是65岁的老人了，而萧燕燕也已经53岁，韩德让是心有余而力不足，知道自己已近暮年，但又不愿意扫她的兴致，他就走上去抚摸着太后的头发说："不，你的黑发见多了，脸也细白了，真是又年轻又漂亮。"

太后回头瞅了一眼韩德让说："刚才前两句可能还是真话，这第三句就是拿我取笑了，五十多岁的老太太还能漂亮？"

韩德让说："你给黎民带来安宁幸福，上苍回报你个艳阳春，春天还你一张漂亮的脸，难道不合理吗？既然苍天有意，我们何不到春天里去好好享受一下呢。"

"好！你说到哪里去？"太后痛快地答应着。

"还是去南京吧，我通知御卫备辇。"韩德让说。

太后说："我们骑马，少带闲杂人等。"

春意浓浓的上午，金子般的太阳斜挂在半空中，太后和韩德让一身轻打扮并驾齐驱在一条略带弯曲的大道上，随行的人很少，一路非常安静，从远处看去，好像一对出身富家的员外和夫人出游赏春，他们一会儿急驰如箭，一会儿又缓步缠绵，他们再也不用回避官员们的闲言碎语，可以随心所欲地进出城阙宫门、猎游巡幸。此时，两颗充满春意的成熟的心窝里，盛满了蜜一样的甜意。

"勒——勒——噫——""啊——嗷——嗬"远处传来阵阵悠扬的牧歌声，苍鹰在高空飞舞盘旋，羊群在静静地吃草游动，抢早的迎春已经染黄了阳坡的草地，春风暖意陶醉了牧羊的人，陶醉了这一对永无结果的老恋人，韩德让信口吟出"回首览燕赵，春生两河间。旷然万里余，际海不见山。雨歇青林润，烟空绿野闲。问乡何处所？目送白云还"的诗句。

显然他一边欣赏春天的美好，一边忧郁自己飘忽不定的身世和归宿。虽然他的祖籍是蓟州玉田，但他和父亲都是出生在漠北草原上，应该说他对家的印象并不十分深刻，也许正因为如此，尽管他位极人臣，总有一种难以名状的不稳定感。太后给了他无上的荣誉和权力，但他毕竟不是契丹人，一些保守的契丹贵族并没有真正将他看作一个大辽重臣，所以他经常处在矛盾和空置的困境中。

太后似乎已经看出他的心事，她知道任何信誓旦旦的解释都无济于事，这是难以用语言治疗的心理创伤，无用的话语就干脆不讲，她也哼出随口编的一首诗："萧韩天降赐，扶主难分序。楚汉皆故土，何须辨雄雌？"

韩德让无言以对，只好说："萧何也好，韩信也罢，他们都帮不了我们的忙。"于是他扬起的鞭子没有抽打自己座下的"枣花青"，却猛抽了太后的"雪花白"一下，那马四蹄放开，"嗒嗒嗒"地狂奔起来，韩德让的"枣花青"也立即紧追了上去。

太后和韩德让到了南京，确实景象大变，忙于商事的人们身着干净合身的衣裳进出各商号店铺，新装饰的商铺显示着诚信热情，金光闪闪的门匾预示着财源大发，往日衣衫褴褛的乞讨者不见了，街道干净繁华，人人脸上绽放着春天的花朵，太后自然欣喜有余。

太后刚刚在元和殿坐下来，就有人向她报告："涿州的商人到瀛州卖货，南朝的管理人员向我朝商人强征入境费，我朝商人不给，货物被哄抢，人还被打了一顿。"

有个御卫愤愤不平地说："宋朝背信弃义，不打不行。"

太后瞪了御卫一眼说："不得胡言！这里是你讲话的地方？"然后又问耶律隆庆："涿州商人是否遵守了市场规矩，如果因我朝商人行为不轨，则应规劝教育，共同维持好交易秩序。如确属宋朝管理人员无理刁难我朝商人，也不得当场对峙，应派专使予以交涉。"

耶律隆庆虽然不服气，但在太后面前也只好应诺派人查清后再作主张。

赵恒得知宋朝地方官吏有强征乱缴的不良行为时非常生气，又听说无故哄抢殴打大辽商人，就立即下令："哄抢的物资如数送还，违纪管理人员重处，失职官吏削年薪六成。与近邻友邦互市互通，不得欺行霸市，不得违法违纪强征乱缴，公平交易，繁荣两国经济。"

自此之后，再也没有发生过疆界争端和互市纷争，两朝市场繁荣，边民生活安定。

德让得宠姓耶律
太后生难别亦难

辽统和二十三年（1005）五月，萧燕燕已经走过五十三个风雨年头了，离她的寿诞日还有十几天，大辽还没有开始做准备，宋朝皇帝赵恒就派专使孙仅把寿礼送到了南京，孙仅见了太后行大礼叩道："我朝皇上委臣下来燕京，一是祝贺皇太后53岁华诞，二是向贵朝太后和皇上致歉，因本朝督查不严，发生了哄抢殴打贵朝商人的事件。皇上已下令严处了渎职官吏，万望太后、皇上开恩，不计前嫌，万世通好。"说着将所带礼物一一抬到御和殿让太后过目。

太后亲自将孙仅搀扶起说道："承蒙贵国皇上惦念，也感谢孙将军不远千里送来如此贵重的礼物。过去两国因边境误会，常有摩擦发生，本朝亦多有得罪，还望孙将军在贵朝皇上面前传达我母子乞和求好之语，以利宋辽万世通好。孙大人一路风尘辛劳，请到馆驿歇息。"

皇上耶律隆绪说："碣石馆重葺后改名为永平馆，尚未住过贵客，请孙大人破彩莅临，此馆肯定会蓬荜生辉，也寓意着辽、宋两国百姓永远太平安康。"

孙仅说："太后、皇上不必客气，圣上恩德微臣谨领，臣奉本朝皇上之命前来祝贺太后寿诞，太后龙体康泰实是两国百姓之福。"

为了显示大辽的真诚，太后命韩德让亲自陪宋使孙仅前往馆驿歇息。永平馆位于皇城正门宣和门外，孙仅一见那辉煌亮丽的门楼就赞叹不已，他对韩德让说："没想到贵朝建筑技术进步如此之快，太后高瞻远瞩，皇上聪明睿智，又有韩大人辅佐太后和皇上掌朝理政，大辽肯定会繁荣昌盛。"

韩德让说："多谢孙大人褒奖，辽、宋两国同为华夏子孙，因多年误会而反目为仇，我是汉人，又在大辽为相，孙大人也是汉人，你在宋朝为臣，只要我们多行有利两朝和好之举，何愁天下不太平。"

韩德让回到太后殿里，把孙仅的话向太后回奏，太后非常高兴。韩德让说："看来实现天下一统，并非只有舞刀弄枪一条道路，只要本着和好友善、共存共荣的路子走下去，大家同样都可以进入天堂。"

太后说："心愿和现实可不是一码事，有时树欲静而风不止，我们不得不做两手准备，谈有诚意，打不害怕，有了这两种武器，我们就会永远立于不败之地。"

尽管韩德让谋智横溢、文思欲滴，但毕竟是汉人子孙，他不希望辽汉两族常年厮杀为仇，听了太后这几句哲理精辟、铿锵有力的话也不得不暗自佩服。

太后尽管没有附和韩德让那番好言善语，但她对这位心上人在促进两朝和好方面作出的卓越贡献也的确欣喜不已。这些年来，是他填补了自己情感上的空白，是他为自己出谋划策，取得了一次次内外斗争的胜利，是他帮自己培育了一个个皇子成才，是他力排众议使战争早日停息下来，也同样由于他的精明、贡献、才能和特殊的地位，惹来了许多无名的烦恼，内心感谢他，也自觉对不起他。她又想起从上京来南京路上那段难忘的回忆。"萧韩天降赐，扶主难分序，楚汉皆故土，何须分雄雌"，既然都是天降赐，人可以分男女，为什么还要分契丹人和汉人？又为何分为皇族和平民？可能就是这些森严的等级和人为的界限，把他压得透不过气来。不分等级和差别行吗？当然不行，这时她想起了七十多年前东丹王太子倍的一句遗言"小山压大山，大山全无力"，堂堂皇太子都被压得越海逃到汉唐去，何况一个汉臣呢，她长叹道："苍天有眼，神灵保佑，你们还我本来的德让哥吧！"

她无意中走到铜镜前，好像第一次见到自己那灰里透白的发丝，一阵心酸，她无力地坐在了一张硬木凳上，待了一会儿，她突然又站起来，自言自语道："不行，我不能让德让把委屈带到棺材里去，我要给他自由和平等。"

半年后，太后在一次议政朝会上说："我和皇上商量过，我朝之所以有今天的繁荣兴旺，上赖祖宗神灵保佑，下有诸位爱卿的不懈奋斗，在诸位爱卿中，韩德让身为汉人，三代为契丹尽忠，自己无后，他把契丹子孙视为亲子，有他战则能胜，有他和则能平，这样的忠臣良将我们还能把他看作外人吗？"

绝大部分朝臣点头同意太后的意见，韩德让低头不语，心里十分感谢太后对他的公正评价。

皇上耶律隆绪根据太后旨意宣诏："即日起，免除韩德让的奴隶身份，改姓耶律，解除宫籍，吸纳韩氏家族为皇室成员，划归横帐季父房。"

这一重大举动，对韩氏家族来说当然是凭空洒甘露、睡梦降福荫，所有韩氏成员高呼："皇恩浩荡，太后和皇上万岁，万万岁！万万岁！"韩德让一改往日的沉思和寡言，他那张布满皱纹的脸上增添了几分喜悦的光彩，在那沟壑之间又多了几道幸福的纹路，一个年过七旬的老人竟高兴地自言自语："我叫耶律德昌吗？哈哈哈！耶律德昌！"

韩德让自己没有亲生儿子，过继魏王耶律贴不的儿子耶律耶鲁为嗣。自从李氏被太后暗杀后，家里越发显得冷冷清清，他和耶鲁都过着平淡的生活。久而久之耶鲁养成了孤僻的性格，很少与人来往，这次太后赐予韩德让皇姓耶律，他特意跑回家告诉儿子："耶鲁，咱们都姓耶律了，都是皇族！"

耶鲁本来就姓耶律，对此并不十分在意，他只淡淡地说了句："啊，耶律。"数日来太后一直处在兴奋和喜悦中，不是内臣祝贺，就是外使来朝贡，天天像过节，月月像过年。

然而事情的发展并不十分简单和乐观，不喜欢太后甚至巴不得她早死的也大有人在。次子耶律隆庆喜欢打仗，不服气宋朝，不尊重汉臣，经常弄出些小乱子为难一下皇上，只要他不出格，皇上能忍，太后能饶。

有些边境官吏，常有贪图贿赂、敲诈宋朝商人的事情发生，对这些人视情节严格处置即可，有位朝臣的夫人夷懒专喜聚众滋事，扰乱朝政朝纲，太后下令将夷懒押解南京囚禁，其余党徒全部活埋，事情处理得干净利索，没有人敢公开说三道四。

此时的皇上耶律隆绪已是成熟有望的大人了，他对周围的事物心明如镜、出口有度，凡是太后十分关心而且利益攸关的事情他从不轻易表态，都让太后做主处理。

这时在南京的梁王耶律隆庆传来奏报，说陪都南京城所有宫殿城阙修饰一新，正值五月牡丹花季，请太后前往巡幸休养。太后对南京城有着特殊的感情，到了南京后一住就是三个月，看到修葺一新的殿堂楼阁非常高兴，紧张的心情也放松下来，她对隆庆说："既然全部修饰一新，何不起个新名字呢。"

耶律隆庆马上说："那就请母后定夺吧。"

太后说："我看内宫正门的宣教门改为元和门吧，团团圆圆，平平和和。那外皇城三个门也改一改，中间的叫南端门，左掖门叫万春门，右掖门叫千秋门，德昌你说好吗？"

韩德让赶紧说："好，太后文如泉涌，寓意长远，大辽国千秋万代永远昌盛繁荣。"

韩德让无论怎样赞颂太后，她毕竟已是五十多岁的人了，回答完隆庆的问题就觉得很累，隆庆说："母后是不是有些不舒服，孩儿打扰了，望母后多加保重。"

如果她不是太后，或者不是一个掌权的太后，也许她的日子会过得舒心自在，但历史和命运把她推上了一个很累很累的岗位，打仗她管，理朝她管，缺粮少草她管，上管文官武将，下管黎民百姓，甚至连天字第一号的皇上她也要管，她能不累吗？

如果说她管活着的人只是累而已，但这些天来，已经死去的人也找她的麻烦，那就不只是累的问题了，简直有些怕。她经常梦到一个个被她送上断头台的人找她算账，对一些朝臣军吏她并不愧疚，因为他们确实违反了大辽律法，那是罪有应得，因此太后很快就会把他们忘掉。但有两个女鬼的阴影却无论如何也从心中赶不走、抹不掉，经过仔细辨认，这两个女鬼一个是韩德让的发妻李氏，另一个是她的大姐萧和辇，她们轮番闯进自己的梦中。对于李氏，她可以解释不知道，因为她确实没有直接参加杀害李氏的活动，这段不光彩的行为只要她自己不承认，那个御卫已经死了，也没人能搞清事件的真相。

但大姐萧和辇的死却是她怎么也摆脱不掉的。有一次在梦里大姐责问她："我们是同胞姐妹，只要我犯了朝廷法律，该当何罪就定何罪，但你处死我的理由是我和那个下人有私情，你堂堂一国之后，竟与一个汉人长期不明不白地鬼混，难道这就不辱没祖宗吗？太后可以放火，臣子连点灯的权利都没有吗？"说着伸手就要抓。

太后被吓得一身大汗，感到浑身无力，好不容易想迷瞪一下，突然从窗外又跳进一个女鬼，她睁大眼睛一看，竟是死了多年的韩德让的发妻李氏，这个人可是一无罪，二无辜，更没找过她的麻烦。太后可真害了怕，她被吓得浑身哆嗦又抽搐，她大声喊着："来人，快来人打鬼！"

御卫和宫使跑进来问："太后醒醒，鬼在哪里？"

"在那里，在这里。"她迷迷糊糊瞎乱指着。

御卫和宫使猜测肯定是太后做了噩梦，就一边擦着太后额头的汗，一边安慰说："太后别怕，可能您做了一个噩梦，天明后我们请巫师念咒除除邪。"

这一句话彻底把她激醒，她睁圆了眼睛大声说道："谁也不许招惹那些混账巫师，也不准胡说我做了什么噩梦，小心你们的脑袋！"

太后从来不信巫师的话大家是知道的，但今天她不许宫使往外讲她做梦，又如此严厉，大家都摸不着头脑，只在私下小声嘀咕几句，谁也不敢往外传。

其实赐死萧和辇虽说是当时别无选择的路，但总是她亲自把毒酒送给了亲姐姐，无论是从道义上还是从伦理感情上，对太后来说都是一次人性的谴责，只要她一个人在屋里就会听到女人的哭喊声。

连续几个月的失眠、少食，太后的身子见瘦，走路发飘，几个儿女都非常紧张，生怕母后病倒。耶律隆绪朝中事多，耶律隆庆在南京回不来，虽说景宗皇帝有四个女儿，但老大、老二、老三都已出嫁离门，老四又是渤海妃生的，她对太后的健康不太关心。三子隆佑守卫上京，可以抽空回家看看，但也只是看看而已。真正能经常守在太后身边的只有一个小儿子，他白天跟母亲说话做伴还可以，但一到夜晚，他早早进入梦乡，太后却迟迟睡不着，心绪烦闷、焦躁不安。

皇上隆绪对母后与韩德让的关系也看得很轻，这么大年纪的人了，只要母后健在，朝廷安宁，国家太平，就随老人家吧。多年来，朝臣们也都习以为常，隆绪主动找到韩德让说："韩大人，太后近来风体欠佳，朕朝中事务繁杂，还望韩大人多多关照太后，我朝不能一日没有太后，大人勿辞辛劳，为朕分忧。"

韩德让说："微臣明白，我一定遵旨尽力。"

说也奇怪，只要韩德让在太后宫里，太后就如同另外一个人，谈笑风生、步履轻盈，夜晚韩德让坐在太后身边聊天，太后竟能悄然入睡，有时还打几声酣响，儿女们也乐得有这么个人给母亲做伴。

韩德让已经到了这把年纪，对外界的议论也不十分认真，况且皇上和诸皇子也都半推半就地认了他。但他收养了魏王贴不的儿子耶鲁之后，担心耶鲁将来被人耻笑，为了给儿子留下充分做人的余地，他不敢肆无忌惮地过分张狂，处处小心谨慎。

自从太后患病后，皇子、公主和皇后、大臣经常进宫探望，他们一般看望一下或送些食物就走，唯皇上的偏妃耨斤每天必到太后病榻前看望，而且一去就是半天。她在太后面前说东道西，显得十分殷勤，这正好解救了韩德让，只要耨斤一去，韩德让就借口离开，一方面松口气休息一下，另一方面也不给多嘴婆留下口实。

但太后却不习惯别人在她御榻前待得太久，尤其对言语太多的人更是反感，天一擦黑，韩德让必须进宫作陪，否则太后的病情就会加重。韩德让既同情太后，又觉被捆绑得太死，但又没有办法解脱，只好天天给太后讲些历史故事，度过那漫漫长夜，直到太后入睡为止。

在韩德让讲的故事中，太后对历史上的女才尤感兴趣，从补天的女娲、龙女褒姒、出塞的昭君，到才貌双全的西施、替父从军的花木兰，最让太后痴迷的就是秦王嬴政的母亲赵姬和独一无二的女皇武则天，她翻来覆去地问韩德让："德昌，你说天下女人重要还是男人重要？"

韩德让说："男人、女人都重要，没有谁也完成不了生儿育女繁衍人类的任务。"

"那你说男人厉害还是女人厉害？"太后像孩子似的问道。

"白天男人厉害，夜晚女人厉害。"韩德让笑着答。

太后听到这样的解释更是兴奋不已，她故装不解地反驳道："我不同意你的说法，白天你们男人能干的，我们女人哪样干不了？夜晚我们女人怎么个厉害法？"说着就倚靠在韩德让的怀里一动不动。

韩德让知道太后来了精神，就故意说："这个问题太深奥，我也说不明白，请太后赐教。"

萧燕燕伸手在韩德让身上胡乱抓摸着，满脸严肃又带撒娇地说："不行，不行！你提出的问题必须你来问答！"

二人正聊得起劲儿，宫外突然传来御卫的报告声，太后知道没有十分紧急的事，他们是不会半夜来禀报的，她松开韩德让问："什么事值得深更半夜来搅扰？"

御卫回道："南院宰相报告说西北的阻卜部反叛，袭击我西北边境，掳走大量边民和牲畜，请求出兵镇服。"

太后问："报告过皇上吗？"

这时南院宰相小心翼翼地进宫禀报说："回太后，报告皇上了，皇上说让问问太后。"

太后不满意地说："有什么比镇服反叛作乱更重要的呢，告诉皇上出兵！"

太后回首冲韩德让埋怨道："大事小事都要问我，我要死了怎么办！"

韩德让打趣道："千万不要讲这样不吉利的话，太后春秋鼎盛，哪儿能用得上那个字呢，你那样了，我怎么办？"

正当他们想重新点燃欲火的时候，皇上匆匆忙忙进宫面见太后，草草问了两句太后身体状况的话后，他心急火燎地讲："汉人有句话叫东方不亮西方亮，南方无战事，北方要开仗，西北的回鹘部也要滋扰生事，嚷嚷着要收回主权，恢复正统，他们已经闹进了上京道，弄不好会联合阻卜一块儿攻打上京。"

太后听不得动刀动枪的事，她愤怒地吼道："放肆！胡闹！什么是正统？天下之大，谁人能包？不错，萧氏父系祖先是回鹘人，但母系是契丹人，千百年来天下有多大变化，以契丹人为主的大辽，没有萧氏不行，但没有汉族行吗？没有高丽、女真的配合行吗？"

她转向耶律隆绪问道："派使警告过他们吗？"

皇上答道："已经警告过，他们不予理睬。"

太后一下子变得病无踪影，精神矍铄起来，她告诉皇上耶律隆绪："对反叛滋事之部先礼而后兵，勿谓言之不预，如不听劝告，坚决予以镇压！你看派谁领兵合适？"

耶律隆绪说："萧图玉是北府宰相海璃之子，自幼受父辈熏陶，武能战文善思，曾为乌古部都监，太后以为如何？"

"好！那就萧图玉。"太后应道。

自从萧图玉领兵征讨西北后，太后精神大好，朝廷上下无不欢欣鼓舞。这天仁德皇后菩萨哥进宫看望太后，因她是太后弟弟萧隗因之女，又是太后亲自为隆绪选定的正宫皇后，所以她见了这个侄女十分亲切，仁德皇后欲行宫廷大礼，太后拉住她说："菩萨哥，还是叫我姑姑吧，听起来亲近，不是又生了一个皇儿吗，身体怎么样？"

菩萨哥叹口气道："姑姑，我好命苦，这也是个苦命孩子，自生下来，就跟御医交上了朋友，每天只喝一点点奶，不是拉稀就是呕食，我真担心怕这个孩子将来有个好歹。"

太后安慰说："你还年轻，不要胡思乱想，皇上非常喜欢你，有事多与姐妹们商量，少让皇上操心。"

漂亮本分的仁德皇后点了点头说："我听姑姑的，也请姑姑多多关心自己的身体。我和姐妹们关系很好，您不用惦记。"

冬天刚至，太后惦记着饶州的灾民，她让北院枢密使多放些赈粮，千万不要冻坏老人和孩子。春天到了，太后又要去祭祀木叶山，向列祖列宗禀报如今大辽疆土有多大，人口和牲畜有多少。夏秋季，她嘱咐北院宰相督察南北各地灭蝗、排涝的进展情况，连南京庙宇修缮用的砖石料她也要问一问质量是否合格。

宫里的人们觉得太后脾气变得温善起来，朝臣们认为太后处事面面俱到，只有韩德让心里明白，太后这是不放心，担心自己一旦离开了这个世界，大辽会不会产生巨变，但这话他不能跟任何人讲。

不久，前线传来的好消息把太后从烦乱的思绪中激醒，萧图玉不负太后期望，一举击败了阻卜叛乱部队的进攻，俘获了几千叛匪士兵和大批马匹、粮草，匪首逃往西北境外不知去向。

古老的回鹘部有一支训练有素的骑兵部队，他们与萧图玉率领的辽军展开游击战，凭借着险山大川与辽军周旋。

萧图玉从小就翻看过父亲的兵书，很快就吃掉了回鹘叛军的一个骑兵分队，回鹘主力部队不敢再盲目前进，采取边进边退的策略。萧图玉不给他们喘息的机会，一鼓作气把叛军追到了回鹘老家甘州，活捉了叛首耶剌里。

萧图玉还在胜利返程的路上，捷报就传到了朝廷，太后精气神大增，她认真地梳理着那花白的头发，穿戴整齐，准备迎接凯旋的将士们。韩德让告诉她：“队伍还在半路上，三天以后才能到上京。”

但太后还是希望尽快见到那威武雄壮的场面，连斗篷也没披就向宫外走去，她双目明亮有神，昂首翘望远方，就像迎接久别的亲人。此时已是秋末冬初，塞外的寒气灼灼逼人，一阵寒风吹来，太后打了一个寒战，韩德让命宫人马上把太后搀扶回殿里，太后说：“德昌，你说我有那么娇气吗？”

韩德让说：“太后是石筑的身板，硬着呢！可你的铁嘴铜牙比身板还厉害，从来就不服气。”一下就把大家逗得哈哈大笑起来。

太后在大家的劝说下还是回了内宫，但不大一会儿御卫就报告说凯旋的先头部队已经进了拱宸门，她不顾众人的阻拦向大城北门走去，尽管是冬天，但她的脸上却带着春天般的微笑汇入欢迎的人群中。

统和二十七年（1009）的冬天来得特别早，三天两头狂风恶吼，雪也下得非常勤，屋外滴水成冰，尽管殿里生了两个火盆，但窗纸还是冻得劈啪作响。寒风对契丹人来讲是家常便饭，但像今年这样寒冷的天气却不多见。皇上和韩德让正商量着要不要让太后到南方暂避风寒，又怕路上不安全，太后说：“岁时游猎是我们祖先的惯例，有在战场上战死的，没有让严寒冻死的，也没有累死的，西北边境已经安宁，我们到南方走走吧。”

“我们准备一下再走。”皇上和韩德让说。

可是太后近来脾气有点儿奇怪，真要说到走，她又好像有许多事情没办完，要问有什么事没有办，她自己也说不清楚。时近中午，红红的火盆把寝殿熏得暖烘烘的，太后斜靠在虎皮坐榻上闭上了双眼，昏睡间，模模糊糊见几只带翅的飞虎从天而降，有的虎死死抱住皇上不放，有的虎要吃她最小的儿子，有的虎要把她往柱子上绑，只感到黄天旋转，黑地巨震，太后大叫一声从睡梦中惊醒，宫人急忙跑过去问："太后怎么了？哪里不舒服？要不要传御医？"

太后额头上冒着大汗说："没关系，殿里太暖，我做了一个梦。"

宫人问："什么梦这么紧张？"

太后无论如何也不会把这个梦告诉宫人，她反倒安慰起宫人来。

宫人走后，太后自言自语地说："看来我是要给隆绪松松绑了，难道老天爷真的要带我走？"她在殿里转了几个圈儿，翻来覆去地琢磨睡梦中的恶虎，最后她终于做出决定："传各院府衙帐，明日早朝议政会提前一个时辰开始，不得迟到请假。"

在第二天的议政会上，辅天子摄政二十七年的太后宣布恢复皇上耶律隆绪的自主权，太后不再摄政，她语意深长地告诫朝臣："先帝升天时，皇上才12岁，本后有先帝遗命，受朝臣委托，帮助皇上处理朝政，外拓疆土，内治腐乱，大辽能有今天的安宁盛世，上赖祖宗保佑，下靠诸位爱卿通力鼎助。如今皇上已经38岁，拜托诸位大人，今后我在犹如我不在，凡属朝政大事不要再来找我，可直接向皇上奏报。我不在时又犹如我在，一切军政仪制仍如从前，按既定方略治国，我朝将一往无前。"

皇上耶律隆绪行跪拜大礼，谢太后生育之恩，谢太后诲政二十七年。文武群臣呼啦一下都跪拜在殿内外，"太后万岁，万万岁！皇上万岁，万万岁！"山呼之声盘旋在大殿梁柱间久久未散。

行柴册礼之后，皇上耶律隆绪正式单独行使大辽皇朝的天地人三界之大权。

太后交权之后，虽有些放心不下，但确有如释重负之感，浑身轻松了许多，她要到南边走一走，皇上很高兴地答应了她的要求，并同意陪驾前往。韩德让的心里如同喝了一碗变了味的奶茶，解了一时之渴，又担心自己未来可悲的下场，他苦涩的老脸上勉强挂着挤出来的笑容，当然也要一同去往他梦牵魂绕的南方。

　　一出上京城，太后就有些头重身紧的感觉，但些微的不爽快也被出行的高兴劲儿掩盖了。稀稀落落的雪花飘个不停，北风时劲时松，这样的天气他们习以为常，韩德让下车拖着老身亲自为太后的御辇遮了又遮，挡了又挡，围着御辇仔细检查了一遍才放心地回到自己的车上，因为他知道，自己的命运是和太后的健康紧紧绑在一起的。

　　南行的队伍走了两天，雪下了两天，而且越下越大，梨花般的雪片飘飘摇摇地飞落下来，太后看着洁白的雪花非常高兴，她要下辇自己走一走，刚掀开围幔就被宫人劝住了。眼看大雪封住了道路，已经难以辨别方向了，只好在一个小屯暂住下来，皇上和萧皇后住在御帐里，考虑到太后病弱的身体，给太后找了个宽敞的房子。为了安全起见，在房子外边又搭了帐篷，从外表上看，所有的帐篷都差不多，即使遇到坏人，也很难知道哪个是太后的帐篷，哪个是皇上的帐篷。韩德让还是照例与太后同住一个帐篷，一切安排停当，天已经全黑下来，很快除值勤的御卫外都熄灯进入梦乡。

　　夜傍四更天时，太后突然发出急促的喘息声，韩德让伸手一摸她的额头，像火炭似的发着高烧，为了不影响皇上和其他人的休息，韩德让不想在半夜惊动大家，他用双手拇指推按着太后的额头和太阳穴，并轻轻喊着燕燕的名字，说也奇怪，一会儿太后就不再大口喘粗气了，虽然烧没有全退，但情绪已经稳定多了。韩德让刚想闭一会儿眼，太后又一次大口喘起急促的闷气，喉咙像被什么东西堵塞着，无论他如何喊燕燕的名字，太后也已经不清醒了，韩德让害怕起来。因为帐篷里又有房子，外边值勤的卫士听不到里边发生了什么事情，韩德让怕万一耽误了大事，就不顾一切地冲出帐篷喊："御医，快喊御医！"

　　御医来到太后的帐篷里，见太后已经不省人事，急忙拿出一包药给她灌下去，急促的呼吸似乎见轻，韩德让忙问："太后的病要紧吗？"

　　御医摇了摇头没有说话，不知是说不要紧，还是没有救的意思，韩德让也是御医家族出身，知道这病不轻，就马上派人去报告皇上，这时太后用力睁开了双眼，用力抓住韩德让不放，嘴里轻轻喊着："德让，不走……，不……走……"

　　韩德让长期与太后共处共枕，不仅与太后有着深厚的感情，而且对太后的一言一语领悟得非常清楚，他知道太后从牙缝里挤出的"不走"两个字是自己不愿意离开人世的意思，越是说不走，越说明离"走"不远了，她嘴里说着"不走，不走"，眼泪已经止不住地流。为了不让旁边人看见，他赶紧转过身去用衣袖擦去脸上的泪水。此时的太后一会儿清醒，一会儿迷糊，所有在场的人都偷偷抹着眼泪。

　　皇上听说太后生了病，急忙带着自己身边的御医来到太后御帐探望，太后见皇上进来，想坐起来跟皇上说话，只抬了抬脑袋，身子却怎么也不听使唤，皇上赶忙走上前去把太后的头放平，一边指挥御医给太后诊脉，一边紧贴着母亲的脸问道："是儿臣不孝，让母后受苦了，您有什么话就请吩咐吧，儿臣一定照办。"

　　太后指了指韩德让，又指了指皇上，韩德让也走到太后病榻前，太后颤颤巍巍地伸出手，抓住韩德让的右手放到皇上的左手上，意思是我把韩德让交给你了，你要好好待承我的德让哥。韩德让非常明白太后的意思，双膝一曲跪在太后和皇上面前，两行老泪顺着脸颊流进花白的胡须里，他怕的就是太后不在时，没有人保护他。韩氏一家三代为契丹皇朝卖力，临了不知要受多大的罪，太后在弥留之际，竟还想着安排自己的晚年，结发妻子也未必如此，但燕燕又不是妻，皇上能听太后的话吗？他越想越难过，越想越感到自己的晚年没有指望，他第一次当众叫了声："燕燕，我领情了。"说着就往墙角撞去，一下把全屋的人都惊呆了，得亏站在墙边的一个宫人眼疾手快，一把拉住韩德让，在众人劝说下，他才安静下来。这一撞，把皇上感动得手足无措，连连说："请韩大人放心，朕一定不会亏待您，我们还是先医治太后吧。"

　　接着太后又把皇上的左手放到韩德让的右手上，韩德让也十分清楚，是让自己跟太后在时一样尽心尽力辅佐皇上，韩德让双手握住皇上的左手冲太后点了点头，太后也会心地点了点头。

　　韩德让的一举一动和皇上的许诺，太后看得明白、听得真切，她又闭上了双眼，皇上摇晃着太后说："母后您不能走哇！"也许太后听懂了皇儿的喊话，又轻轻睁开眼睛，用手指了指门外说："雪花——"

　　这话只有韩德让明白，在完全交权给皇上后，太后不止一次地讲过，既然自己不摄政了，就应把"雪花白"还给皇上。自契丹人诞生那天起，就是执事的男人骑白马，女人骑青牛，太祖爷当年骑的"白雪"，在他驾崩后就归了摄政的应天皇太后，先帝景宗驾崩后，承天皇太后也换上了"雪花白"，既然自己不问政了就应将它交给皇上。可太后太喜欢这匹白马了，总想再骑上几年，今天她知道自己要去见先帝了，要把白马归还于皇上。

韩德让命御卫把"雪花白"牵到帐外，他亲自挑起门帘把缰绳交给了皇上，太后嘴角微微一动，然后慢慢闭上了双眼。

皇上和韩德让以为太后这回真的要走了，跪在太后面前号啕大哭起来，所有的人都跪下陪哭，只有一个年纪较大的御医没有下跪，他一直把右手中间三个指按在太后的腕脉上，见满屋的人都号啕大哭，他不顾礼数地喊道："先别哭，太后还没——"驾崩两个字就没有喊出来，说也灵验，太后又一次睁开了眼睛，她轻声问道："我的儿，儿——"

皇上问："是隆庆弟吗？"太后摇了摇头。

皇上又问："是隆佑弟吗？"太后还是轻轻摇着头。

这时韩德让走到太后身边说："是想寒儿吧？"太后点了点头。

韩德让说："寒儿很好，他在上京。"

太后不再讲话，但就是闭不上眼睛，满屋的人急得没办法，最后还是皇上传旨："五百里快骑，把皇弟寒儿接来。"

景宗皇帝刚驾崩寒儿就来到人间，景宗皇帝不知情，太后曾经跟韩德让讲过，一定要把孩子保护好，不能让他受气。萧燕燕最后放心不下的就是这一桩事了，韩德让从没给任何人讲过这件事，当然今天也绝不能讲。

几天来，太后一时清楚，一阵糊涂，御医一步不离地守在太后身边。三天后，御卫把寒儿接来行宫，皇上和韩德让赶紧把他领进御帐里，孩子一下扑到太后怀里，太后已经没有力气搂抱他了，指着韩德让说："寒儿，叫他——"

寒儿还未开口，韩德让赶紧抢先说："把寒儿交给我吧，我一定把他培养成才。"

听到这一声，太后几天来苦楚的脸上第一次露出微微笑意，但随之而来的就是脸部肌肉放松，两片嘴唇轻轻合上，微闭的眼睛盯住一个方向不再移动，这时御医把太后的手腕轻轻放下，跪在皇上脚下说：“皇上，太后已经没有脉搏了，她老人家升天了。”此时哭声震天，帐篷内外乱作一团。

　　辽统和二十六年（1009）腊月乙酉日，萧太后安安静静地闭上了双目，一个力促民族团结、南北和好，积极推动辽代历史前进的伟大政治家、军事家与世长辞，终年57岁。

五、尾声——萧太后的子孙们

监国太后得厚葬
忠臣德让得厚待

一生金戈铁马的萧太后处理完了她所关心的所有事情后，安安静静地去了。太后的长子耶律隆绪直到38岁才独立掌权，虽说可以伸直胳膊腿了，但他却乐不起来，几十年来，太后为他铺平道路，做好一切准备，只要他的玉玺一盖，大事即成，他没有机会施展才能，也不习惯自己做主。现在母后升天去见父皇了，我自己该怎么办呢？隆庆能听我的指挥吗？宋朝会不会翻脸不认我这个从没真正做过主的皇上？往后的江山是保还是闯？他茫然了。汉人有句话"书到用时方恨少"，我是"独掌权时方感母后恩"，太后聪颖过人、文武兼备，浑身充满智慧，治国韬略无限，叱咤风云一生，安邦定国一世，我为什么不在她老人家在时多学一学、多问一问呢，耶律隆绪对母后充满无限感激和怀念之情。

在此关键时刻，他想起了母后临终前把他的手放到韩德让手上的事，这位不是父亲胜似父亲的老臣，文通武精、谋略多端，何不请教于他呢？当他找到韩德让时，老人家正等着他的到来，时间紧迫，没有工夫引经据典地详细论述如何当好皇上，就单刀直入地如此这般嘱咐一番，耶律隆绪连连点头示意照办。

在议政会之前耶律隆绪把所有弟弟妹妹和近亲成员招集到太后灵前，他对亲人们说："母后一生艰辛，父皇早逝，几乎所有家事和国兴大业都落到母后一人身上，隆绪无能，恐难继承父皇和母后遗志，请皇弟隆庆受大哥一拜，替我完成如此重任。"说着就要弯下身去。

耶律隆庆确实对大哥隆绪不服气，但耶律隆绪这突如其来的主动一让令耶律隆庆手足无措，在全家人的面前，如稍露愿意掌权之意，就会丧失全家人的信任，弄不好还会招来杀身之祸。因兄弟阋墙，耶律家族死的人太多了，聪明的耶律隆庆立即从地上搀扶起皇兄耶律隆绪说："在家您是兄长，无父就应从兄，在朝您是大辽皇帝，臣弟不敢也不可能有接替哥哥皇权的丁点儿意思。请皇兄快快起来，我一定竭尽朝臣之责，不辜负列祖列宗、父皇母后和皇兄对我的一番信任。"

　　耶律隆佑忠厚老实，但身体一直欠佳，他对大哥一向毕恭毕敬，见二哥如此真挚坦诚，也跪在地上求皇上收回成命，赶快商量母后的丧葬大事。

　　立在一旁的萧皇后菩萨哥还没有讲话，站在后边的偏妃耨斤沉不住气地说："两位皇弟如此信任皇上，皇上就不要谦让了。"

　　耶律隆绪白了她一眼没有讲话，大家也随声附和地讲："请皇上不要再谦让，赶快商量安排太后丧事。"

　　耶律隆绪逃过了这场劫难之灾，躲在屋外听消息的韩德让也大大松了一口气。

　　耶律隆绪心里有了底，就对大家说："太后对家对国鞠躬尽瘁，朝廷刚刚安定，国家也刚刚稳定，她老人家就溘然长逝，既然大家对朕如此信任，朕就按朝规安排太后的丧事。她老人家在世时无暇享受荣华，到了那边绝不能让她再受委屈，不过当前最重要的就是把母后的梓宫运回乾州的菆涂殿，然后通知宋朝、高丽等国。"

　　众人齐说："请皇上按规制办理。"

　　耶律隆绪在行宫召开了临时朝政会议，朝臣都表示拥戴耶律隆绪执掌皇权。他除了派使前往宋朝等国通报丧事外，命全体在外人员立即驰赴乾州。此时已是统和二十八年（1010）正月，奉安大行皇太后梓宫于菆涂殿。

　　按照大辽习俗，人死后如不能马上埋葬，为了防止尸体腐烂，就要把尸体倒挂在一个架子上控净体液。耶律隆绪说："眼下正值寒九隆冬，遗体不会腐变，所以就不用让太后受倒悬控液之苦。"

　　将大行皇太后的遗体放置于灵床上，又祭拜了景宗陵墓，队伍就返回上京了。此时宋朝皇帝赵恒刚刚处理完晋国大长公主的丧事，就又得到大辽萧太后驾崩的讣闻，刚刚放松的心情重又变得沉重起来。赵恒虽为一国之君，但厌烦战争，好不容易以澶渊之盟换得和平安宁的局面，今后独掌皇权的皇上是保持还是背信弃义重开战火？他捉摸不透，这且不管它，既然接到讣闻，为表隆重，当即决定辍朝三日以示致哀，并马上派王随、王儒二人专程前往临潢府，一为祭奠，二为了解辽帝耶律隆绪对澶渊之盟的态度。

　　耶律隆绪听说宋朝遣使来吊唁，立即在偏殿接见，当得知宋朝皇帝希望大辽恪守"澶渊之盟"的态度时，他大大松了一口气，这时他感到内外环境十分有利，对执掌大辽政权充满了信心。为了表达对宋朝皇帝的感激之情，耶律隆绪又派临海军节度使萧虚列和左领军卫上将军张崇济专程前往开封府致谢。

处理完太后停灵的丧事后，皇弟耶律隆庆回到南京，耶律隆佑仍留守上京，其他人各复其职。这时最为难过的就是老臣韩德让，发妻早丧，萧太后又升天，皇上看到他无着无落难过的样子也十分着急。韩德让的脑子里藏着皇上所需要的新主意和好点子，离开他就没了主心骨，今后的日子很难想象，皇上想不能失去他，也不能让他失魂落魄成这个样子。

一天，韩德让正对着太后的遗像发呆，忽听皇上传他进殿赐膳，他本不嗜酒，也无心贪图华宴，但又不能不去，为了应付差事，只穿了件汉服便匆匆进宫面见圣上。耶律隆绪见他发须蓬乱、衣冠不整的样子不仅没有生气，反而顿生怜悯之情，皇上急忙迎上前去，挽住韩德让的手赐座，韩德让欲行跪拜礼，也被皇上劝免，问："韩大人年庚几何？"

韩德让说："老臣今年七十整，一生碌碌无为，感谢皇上惦记。"

耶律隆绪说："你们祖孙三代为大辽尽忠，先后辅佐过六代皇上，难得呀！"

韩德让说："微臣虽为汉人，历代圣上都没有把我们当作外人，韩氏三代领受浩荡皇恩，臣至死难忘。"

皇上耶律隆绪端起一杯酒，望着面前心揣至赤至诚的韩德让说："朕自幼授业于先生，识契丹大字小字，粗通汉文经史，还学过孙子兵法，历三十多载实践和磨砺，方有今日之晚成，来，朕先敬先生一杯。"说着自己喝净了杯中的酒。

韩德让赶紧端起一只茶杯说："微臣不敢独领皇上厚恩，皇上知道，我本不胜酒力，自太后升天后，我已立志戒酒绝乐，今日皇上赏恩，我也只好以茶代酒以谢皇恩，请皇上恕罪。"

听了韩德让的话，耶律隆绪更加感激这位忠贞的老臣，他对韩德让说："先生不必过谦，你早已经是契丹皇朝的一员了，我与皇后和皇弟们商量过，今天正式赐你耶律皇姓，就更名为耶律隆运吧。"

韩德让听后虽有些不习惯，他琢磨着：从今以后，我就是皇族成员了。自己本与太后同辈，这个"隆"字就把我降到太后儿子辈上，太后没有了，皇上就是天字第一号，我和皇上同辈，隆即龙，也没什么不好，于是便欣然领受，他马上站起来说："谢皇上隆恩。"

皇上还告诉他："先生不必介意，人呼万岁那是一句祈祝的吉语，哪有活一万岁的，先生已经70岁，人寿再长终有一死，朕意于乾陵先皇和太后墓侧为先生准备扩穴，百年之后先生仍在天上同先皇和母后一道为大辽国祈福，不知先生意下如何？如先生同意，过些天可以到乾州（今辽宁省北镇市境内）亲自选陵定址。"

这是韩德让万万没有想到的极高待遇，附葬皇陵绝非一般臣子敢希冀，到了那边，我可以天天和太后见面，吟诗赋词，骑马摔跤，弯弓射箭，那才真正是神仙过的日子，什么权势勾斗、阴谋杀戮，统统都是人间自导自演的悲剧，我已经演够了也厌透了那些卑劣的戏耍，什么南京、北京，哪里黄土不埋人。想到这里，烦乱的心绪也平静了许多，他泪眼汪汪地对皇上说："微臣不才，只盼在另一个世界早早见到先帝和太后，如能为先帝和太后再尽犬马之劳，也是老身全家的荣耀。"

说话间隆冬已经过去，皇上一直惦记着太后的遗体还停放在乾州的菆涂殿，如果再等些日子，天气变得越来越暖，太后还要受悬体控液之苦，他问北府宰相驸马都尉萧排押："太后的陵墓准备好了吗？天气越来越暖，要尽快安排太后入葬陵寝。"

萧排押是太后次女长寿女的丈夫，他负责陵墓的修建，一天也不敢耽搁，见皇上催问，就答道："回陛下，再有三天即可全部告竣，入葬仪式可如期安排。"

统和二十八年（1010）四月初是皇太后萧绰正式下葬的日子，萧绰虽是太后，其丧葬仪式完全如大行皇上。下葬前日，四通鼓声过后，皇上率文武群臣入菆涂殿，在太后灵枢前三叩三拜，然后将灵枢抬出西北门上御辇。

次日凌晨，皇上一行人等素服，奉随灵车前往祭奠所，至祭所后，太巫祈禳祷告完毕，皇族、外戚、大臣和各京臣宦依次叩首五拜，然后把太后生前用过的部分弓箭、衣物、书卷等物烧掉。

萧太后是与景宗合葬一墓，只需把几个墓室重新修葺一下，将主通道重新加宽，并以砖石加固。室壁描龙绘凤，图案奇巧，色泽艳丽。

太后的灵枢就要抬进墓葬了，耶律隆绪扑在灵枢上不肯起来，他边哭边述说着太后的功绩："我们的皇太后虽没有显赫的家族势力，但却有过至高无上的权力和神威，虽为一介女子，却有着契丹男人未曾有过的智慧和文武之才，是她把契丹民族的声威提高到空前的地位，是她把大辽国土增扩了一圈又一圈。强国认她为叔母，弱部称她为国后，几十年亲自披挂奔驰，历经血火风雨，迫使外敌签订城下之盟；太后任人唯贤，不分民族和地域，她延揽天下英才，广结四邻盟好；鼓励耕织，重视冶炼建筑，治水灭蝗，救灾济民；数十载不停息地整纲治乱、废旧立新，使内敌奸佞无隙可乘；朝臣诚服，外邦称道，为夺权骨肉自相残杀的情境一去不复返，因此国家安泰、百姓康宁，这太平盛世的桩桩件件，哪个不是太后所赐？所以我们绝不能让她老人家在清冷的地宫里再受委屈，我们能享受到的也让太后有一份。"

说着，一箱箱的金童玉女、铜铁器具、陶罐瓷碗、木车骨鞍、绢织丝绣、古玩字画、诗书翰墨等抬进了专门的墓室，最后将太后生前用过的一两件马鞭和弓箭也捧送到太后的灵床前。

就要封墓了，数千人号啕大哭，隆绪、隆庆、隆佑、药师奴（乳名寒儿）与四个公主、四个驸马跪在陵墓前边，边哭边叨念着太后生前对他们的恩德。幡旗在春风中摇曳，哭声在旷野里荡散，哀乐阵阵，喇叭呜咽，群兽远处低吼致哀，百鸟哀鸣为之送行，青嫩的小草着急地钻出地面为死者覆盖陵墓，就连铁石心肠的硬汉见到此情此景也会为之动容。

在礼仪官的引导下，皇上登上一个土台，宣旨太后的谥号为"圣神宣献皇后"，这就是萧燕燕最后的称呼。

册封完毕，皇上又传旨点火，他领头向熊熊的火焰三叩三拜，然后转向东方再三拜天地，随之上马带领众哀丧者走过神门，再向东方三拜，第一天的丧事活动方告结束。

第二天清晨，皇上又带领群臣和命妇谒拜山陵，行首次祭奠礼，先瞻仰太后遗容像，后分赠太后生前遗物。韩德让手捧太后用汉文书写的诗卷潸然泪下，这时青灯孤影下燕燕含笑抒怀的影像仿佛又出现在眼前，他们诗来情往，相濡以沫几十载，燕燕今天真的要离他而去了，怎能不让他对这里的一切留恋忘怀。人们已经走了好远好远，一个孤独的老人还在皇上为他选择的墓地上踱来踱去，风吹散了他稀疏花白的须发，一团团枯叶在他身前身后飞舞着，阴沉的天上挤下几滴干泪，他望着燕燕的陵墓自言自语地说：“大地有情，你尽情地抖动吧，上天有眼，你痛痛快快大哭一场吧！”

太后崩逝后，耶律隆绪独掌皇权，宫内宫外大事小情都要向他一一请示，遇到重要和紧急奏报，他既要慎重还要快批，几个月来真把他忙得焦头烂额。隆庆已经返回南京，隆佑虽然留守上京，但糟糕的病体折磨得他无心问政，唯一的办法还是去麻烦仍在悲痛之中的七旬老臣韩德让，这时的谋臣恩师已经头脑麻顿、话语迟缓，半天也表达不出一个完整的意思。

一天，女真部送来千头良马，要求皇上批准并协助征讨滋事的高丽，耶律隆绪拿不准主意，就去问韩德让。韩德让只点了点头没有讲话，皇上凭着对这位老臣的多年了解，知道是同意出兵征讨，韩德让早年不止一次地对耶律隆绪讲过：“东边注意高丽，但更要防女真，早晚有一天女真会闹大事。”

用女真打高丽，这是最好的安东之策。于是耶律隆绪派耶律敌鲁率兵东征协助女真，十一月中旬，一举攻下铜、霍、贵、宁四州，俘获大批人马和战略物资，只有少数散兵逃回。

次年（1011）春天东京传来消息，说所俘各州的高丽军队纷纷叛乱，复叛的原因是与女真分配战利品时产生分歧，内部矛盾让敌人钻了空子，这下可难住了耶律隆绪，是惩罚女真首领还是惩罚辽军统帅？还要不要继续出兵？他又想到了恩师韩德让，当他去请教两院枢密使韩德让时，韩德让已经不能起身见驾，深陷在眼眶中混浊的珠球无力地转动着，声音低沉嘶哑，还没开口说话，先连声地咳嗽了一阵，隆绪握住他那干枯的双手问：“老爱卿哪里难受？”

韩德让似乎听懂了皇上的问话，艰难地摇了摇头，又是一阵咳嗽，耶律隆绪说了句：“快传御医！”就匆匆离开了。

三月中的一天，耶律隆绪正在批阅东京送来的奏折，就听殿外御卫喊：“皇上，韩将军一个时辰前咽气了。”

耶律隆绪一听此讯，马上放下御笔，急忙随着御卫赶往韩氏府邸，还没进门就听到哭声，随着御卫一声：“皇上驾到！”韩德让的养子耶鲁、弟弟韩德威和侄子韩制心等哭着迎出门外，见皇上亲自来吊唁，都马上跪迎。皇上问了问恩师弥留之际的情况，也控制不住地哭了起来，他哭着说："恩师满门忠烈，三代为大辽鞠躬尽瘁，朕一定要好好安葬他老人家，你们也要效仿恩师竭尽全力为国尽忠，不枉老人家一生教诲，朕是不会亏待你们的。"

韩氏全家一边叩首一边说："谢陛下隆恩，我们一定记住韩将军的谆谆教诲，报效朝廷，爱国忠君。"

71岁的韩德让死后葬在乾陵萧太后的墓旁，皇上耶律隆绪追赠他为尚书令，谥号"文忠"。这是一个汉族朝臣难得的归宿，也是大辽皇上对他的极高奖赏，韩氏家族因此也几代荣耀。

前朝子弟刚安定
后宫嫔妃又闹变

自萧太后去世后，皇弟隆佑对权力不感兴趣，反而迷恋汉人的五斗米教，没有了太后的管束，他更无心问政，几乎整天与上京的道士混在一起，无论是文道还是武道，出入他的宫门如进店铺。

辽统和三十年（1012），皇上封隆佑为齐国王，调任东京留守，这位齐王爷仍是不忘修道成仙，利用手中的权力大建道观，每天忙忙碌碌地不是参星拜斗，就是炼泵烧铅。修炼了几年，他的身体还是糟如糠秕，只要他不闹事、不涉政，耶律隆绪就如同没有听见，没有看见。

因皇上的纵容，在耶律隆佑的带动下，东京迷信道教、佛教和五花八门邪教的人成风，不事放牧耕织，不问社稷兴衰，有的竟光天化日之下剖腹、坠崖、自焚以求成仙。耶律隆佑不仅没有修成正果，反而在韩德让死后的第二年也一命呜呼入了黄泉。

耶律隆庆自幼受宠，事事争强好胜，确实也打过一些胜仗，他对哥哥隆绪继承皇位很是不服气，尤其看不上哥哥死读汉书，与汉官拉拉扯扯，太后一死，他处心积虑地找寻机会欲取代隆绪的地位。隆绪在韩德让的指点下稳住了皇权，这位王爷对韩德让恨之入骨，总想找机会报复一下，不料韩德让晚太后两年也入土为安。

经过一系列的调整，耶律隆绪的权力总算得到了巩固，耶律隆庆只好悻悻地待在南京，每日花天酒地、奢靡仍旧。他倒是不修寺庙道观，而是大造花园别墅，包养情妇，只要他看上眼的女人，无论是姑娘还是媳妇，非要搞到手不可，朝廷给的俸禄不足，他就横征苛捐杂税，南京百姓敢怒而不敢言。皇上耶律隆绪到南京去视察也是睁一只眼闭一只眼，只要不同他争权，不影响朝廷大局安定，就不予理睬。

寒儿尚小，自太后驾崩后就失去了呵护，韩德让一死，就更没有人过多地关心他，冷了没有人给他添衣裳，病了没有人给他请御医，父母双亡后没几年他也命丧黄泉了。

耶律隆绪的几个妹妹已经出嫁，三个弟弟各得其所，韩德让去世后，他又及时调整了两院的主要官员，把他信任的人安排在重要岗位上。将汉臣刘慎行提为掌管政务大权的南院枢密使，将南府宰相邢抱质升为南院枢密使事。任命北院大王耶律释鲁为负责军事的北院枢密使，不久释鲁病亡，又及时将南院大王耶律化哥补为北院枢密使。从两院班子的调整上看，耶律隆绪把太后将两院枢密使由韩德让一人兼领改为两套班子两套人马，但仍然是契丹与汉人同等重视，因此耶律隆绪认为权柄在握，皇位稳定，宋朝没有翻脸不认账，东线又打了大胜仗，大辽安宁，天下太平的日子已经到来，所以他可以腾出更多的时间进出后宫了。

耶律隆绪一后多妃，后妃们进宫之初倒也和睦，当初有萧太后管束，谁也不敢生事。但太后去世后，随着耶律隆绪权力的扩大，后宫也开始不安宁了。

仁德皇后萧氏，小字菩萨哥，是萧太后弟弟萧隗因之女，从小读书识礼，无论是家务事还是赋诗作画，样样都拿得出手，不仅人长得漂亮，还有一手好箭法。萧太后当然不会贻误这样的人才，菩萨哥刚满12岁就被选进宫，后来当了小皇帝耶律隆绪的正宫，统和十九年（1001）被封为齐天皇后，她不仅不给皇上添麻烦，而且经常为皇上出些好主意，成为皇上的得力帮手。

一天，耶律隆绪回到后宫有些闷闷不乐，菩萨哥一看就知道皇上在朝中遇到了烦心事，她小心翼翼地侍候皇上，在皇上心绪平静些后说道："皇上有什么不高兴的事？不妨往奴家身上撒一撒兴许会好受一些。"

耶律隆绪说："往你身上撒有什么用，隆庆在南京花天酒地、横征暴敛，不仅欠缴年赋，还说朝廷亏他的俸禄，搞得朝臣议论纷纷，他生怕糜烂的日子过不长，就造谣生事说'大哥做皇帝，二弟不如鸡'。"

皇后菩萨哥说："这正说明隆庆心里有鬼，母后不在了，虽说天下太平，但能太平几天还难说，朝廷可不能乱，尤其是你和隆庆不能乱，能忍就忍他几天。"

皇上问："怎么个忍法？"

皇后回答说："他不是担心你整他吗，你就着着实实地让他放下心来。"

耶律隆绪得到了启发，统和三十年（1012）十二月赐予耶律隆庆铁券，让他消除了危机感。耶律隆庆到上京时，皇上亲自到实德山迎接，并特意陪他到松山打猎。辽开泰五年（1016）十月，又封隆庆的长子耶律查哥为中山郡王，封次子耶律遂哥为乐安郡王。从此以后，隆庆再也没有怀疑过皇上要整治他，可惜两个月后他就一命呜呼了。

聪明贤惠的齐天皇后不仅善动脑，手艺也相当精巧，她用草茝插编成金殿龙辇的模型，让工匠们照模型建造了结构奇特、辉煌壮观的清风、天祥、八方三座大殿，又为皇上设计了包金镶银极其漂亮的龙首鸱尾辇，深得皇上喜爱，无疑齐天皇后也受到皇上宠爱。

妃子耨斤看到齐天皇后整日伴随皇上左右非常不舒服，但她面色黝黑，五官显露凶相，很难利用女人的优势取悦皇上。

按族系上讲，耨斤是应天皇太后弟弟阿古只的五世孙，因此自恃名门高贵，是述律家族的嫡传，她心想：凭什么一个下级军官的侄女独霸后宫大权，我为什么不能与她争一争呢。

据说，耨斤的母亲怀孕时，梦见她家里突然竖起一根擎天盘龙金柱，她的儿子们都想往上爬，但谁也爬不上去，唯独女儿可以轻松地爬上去，梦醒后就生下了耨斤。母亲非常高兴，认为女儿就是盘龙的金凤凰，果然，她后来被选进宫去当了宫女。

耨斤非常有心计，处处小心谨慎，讲话也专讲让人高兴的话。经过观察，她觉得皇上地位虽尊，但徒有虚名，真正说话算数的是皇太后，因此她竭尽全力讨好萧太后，太后病了她一步不离地守候在病榻前。

一天，耨斤见太后病榻旁有一只金鸡，趁太后不注意赶紧将其吞进肚里，宫里的金银珠宝多的是，太后也没有认真找寻这只金鸡。后来太后见耨斤肤色奇特、面放金光，就对皇上说："耨斤可能会生奇子，一定要好好照顾。"

皇上耶律隆绪因为宠后菩萨哥已经有了两个小王爷，就没把太后的话放在心上。但让皇上非常难过又感到奇怪的是，耨斤生下一子宗真后，皇后菩萨哥的两个儿子就相继夭折，之后菩萨哥就再也没有怀过孕，全宫上下只好把希望寄托在这位皇朝继承人宗真身上。

皇后自己没有孩子，就把宗真领进自己宫里当亲生儿子养着，久而久之，这对母子感情越来越深，关系如同亲生母子。皇后教宗真读书作画，练功习武，通音律，不几年，宗真就长成一个英俊挺拔、潇洒大方的偶傥少年，对皇后和生母都彬彬有礼，皇后和皇上当然非常高兴，3岁封他为梁王，太平元年（1021）册封为皇太子。

耨斤不满自己的亲生儿子与皇后感情这么深，她千方百计地想从皇后怀里夺回那份本应属于自己的爱，她经常对皇后出言不逊，辱骂皇后："喜欢孩子自己也生一个呀，何必夺人之爱！"

皇后为了顾全大局，并不理会。在随后的几年里，大辽与高丽又矛盾百出，耶律隆绪几次亲自领兵征讨高丽，顾不上后宫的是是非非，耨斤更加肆无忌惮地惹是生非，不仅恶语讥讽，还预谋更大的政治陷害。

太平十一年（1031）耶律隆绪61岁时，因病在大福河行宫驾崩，在位四十九年，谥号辽圣宗。齐天皇后的两个儿子早年夭折，耨斤生了两个儿子，仆隗氏生了两个儿子，姜氏生了一个儿子。耨斤的长子宗真从小最受皇上和皇后的关爱，各方面进步很快，在父皇驾崩后理所当然地继承了皇位，这年他才15岁，史称辽兴宗。

耨斤见皇上已死，自觉机会终于到来，她密令护卫冯家奴和宫人耶律喜孙："皇上龙驭上宾，新帝的生母当然就是皇太后，你要做好准备，择日册封新的皇太后。"

冯家奴心领神会，经常散布齐天皇后的坏话，处处为耨斤表功唱赞歌，为她日后篡夺后位做舆论准备。耶律喜孙是皇家血统，对后宫闹乱深感腻烦，但他又不能不从，他一方面随着冯家奴说些耨斤如何好的话，另一方面拐弯抹角把消息偷偷告诉了新帝耶律宗真。

齐天皇后的弟弟萧浞卜是北府宰相，为人本分，他与国舅帐的兰陵郡王萧匹敌关系很好，两个人经常在一起谈论修家治国之道，当然他们也是圣宗皇上和齐天皇后的支持者。冯家奴认为一个是皇后的弟弟，一个是皇后女婿的弟弟，两个人绑在一起肯定对耨斤篡权不利，他就找到耨斤进谗言说："皇后的弟弟和萧匹敌对朝廷不满，正在密谋篡政。"

耨斤根本没有调查核实，就对冯家奴说："不除叛逆，就是对朝廷不忠，快找孝先将军来商量除敌之计。"

萧孝先是耨斤的族弟，对耨斤言听计从，听说要把姐姐扶正，就纠集了几个族弟包围了萧浞卜和萧匹敌的府邸，并对齐天皇后实行监控。不仅如此，还暗中监视萧浞卜和萧匹敌，待机以逆反罪诛杀，等杀掉他们后再报告不明真相的皇上耶律宗真。

耨斤迫不及待地要篡权，又以知情不报和怂恿罪报请皇上废掉齐天皇后，不等皇上批准，耨斤就宣布自己是圣宗皇帝的钦哀皇后，是当今的皇太后，并把她的弟弟萧孝先提拔为皇宫总禁卫，掌管宫廷的安危大权。耨斤对耶律宗真说："菩萨哥对朝廷不忠，不杀此人，恐为后患。"

耶律宗真说："父皇和老太后在时，她就是满朝信赖的皇后，母后从小对我爱如亲子，我刚当上皇帝，就弑杀国母，岂不让天下人笑话。再说，她老而无子，就是留在朝廷也不妨碍大局，何苦枉杀无辜呢？"

耨斤说："不杀也不能留在朝廷，必须赶出皇宫。"

不等皇上批复，耨斤又以钦哀皇后的名义命人将齐天皇后囚禁起来。这是述律氏家族夺取后宫权力斗争的又一次胜利。

耶律隆庆的女儿韩国长公主下嫁给萧匹敌，她以公主的身份经常出入宫廷，一天她无意中从宫人那里听到耨斤要谋杀匹敌、浞卜和齐天皇后的消息，她赶紧把这一消息告诉了丈夫萧匹敌，并劝萧匹敌说："我知道你根本不可能谋反，但耨斤要杀你何患无辞，与其束手待毙，还不如先到女真部躲一躲。"

萧匹敌耿直本分，他对妻子说："我就不信朝廷会以流言蜚语加害忠良，我宁肯死在自己家乡，也绝不落个叛逃他国的罪名。"

就这样他和萧涅卜仍坚守在自己的岗位上，不久他们真的做了耨斤一伙的刀下鬼。

第二年（1032）三月，钦哀皇后耨斤把一条白绫扔给齐天皇后说："作为一宫之后，带头谋反作乱，你应知该当何罪。本宫念你曾抚育过皇上，免你凌迟之苦，你就自己到先皇那里认罪去吧。"

齐天皇后说："天地共知，我是冤枉无辜的，既然你非要我死，等我换洗一下就去见先帝。"

耨斤和仆从随之退去。

等耨斤和仆从回来时，齐天皇后已经吊在了屋梁上，耨斤登上凳子捂了捂齐天后的口鼻，觉知她已经停止了呼吸，就对仆从说："看在她抚育皇上的份儿上殡殓从厚。"说着扬长而去。

此后，耨斤又以种种罪名斩杀了几个被怀疑不忠的朝臣和族亲。

除掉了政敌和隐患，耨斤登上皇太后的御座，在她看来，皇上的一切行动必须听从她的指挥。17岁的耶律宗真已经能分辨真伪和良莠了，出于对生母的尊重，他不轻易与钦哀皇后闹翻，但有时也不按太后的意旨办事，钦哀皇后对耶律宗真耿耿于怀，认为他自幼在齐天皇后身边长大，与齐天皇后感情过深，对她除掉齐天皇后强占太后之位肯定心怀不满，长此下去会坏大事，于是又酝酿废掉长子宗真，企图将次子重元扶上皇位。

因为耨斤的胜利是从后宫开始的，所以她认为后宫对皇上影响最大，也是最危险的地方，废掉皇上也要先从后宫开始。

宗真未继位时，圣宗皇帝和齐天皇后对他十分关爱，希望他能成才，尤其是齐天皇后对宗真更是关怀备至，亲自为他物色了后妃人选。待宗真稍大些，就把族弟萧匹里之女三婕纳入宫中，三婕知书达理、才貌双全，不仅宗真喜爱，宫里人也都喜欢她。宗真继位后，将王妃三婕册封为皇后，耨斤认为这位皇后如果生下皇子，其后果不堪设想，她千方百计找寻借口想把三婕赶出宫去，后来实在找不到茬口，便以莫须有的罪名将三婕降为贵妃。

　　耨斤不等耶律宗真回过味来，又急忙把族弟萧孝穆的长女挞里接进宫里，重熙四年（1035）册封为皇后。挞里倒也宽厚随和，人长得也算端庄秀丽，耶律宗真很快喜欢上了这位新皇后。不久挞里生下一个儿子名洪基，即后来的道宗皇帝。耶律宗真对为什么贬一个皇后，又很快立一个新皇后并不十分清楚，也没有十分在意。

　　耨斤把自己的亲信安插到皇上身边，时时监督皇上的一言一行，她感到非常放心，便更加肆无忌惮地干涉朝政，对耶律宗真偶尔做主的事情也十分不满。

　　一些完全是皇上权力范围内的事，在耨斤看来却是他目无太后，于是很快让族弟萧孝穆当上了负责军政的北院枢密使，另一个弟弟萧孝先到南京任留守官，萧孝忠为东京留守官，进一步掌握大辽大权，缩小了皇上的势力范围。不仅如此，她还把二儿子重元叫到跟前说："你是太弟，按照契丹人的习惯，皇位可以是子继父位，也可以弟承兄权。你已经12岁了，不要整天糊里糊涂混日子，要关心朝政大事，你大哥虽然当了皇上，但心往外拐，长此以往还有我们的活路吗？你要随时做好准备，有必要时就把你哥哥换下来。"

　　耶律重元说："孩儿还小，还是让哥哥当皇上吧，我一定好好习文练武，不辜负母后重望。"说着又跑出去玩儿了。

　　重元比哥哥宗真小七八岁，经常跟着哥哥玩儿，弟兄俩就像一对好朋友，宗真继承皇位后，重元仍日常出入皇上身边。有一天，重元对哥哥说："你不是当得好好的吗，母后非让我当皇上，我受不了这个罪，还是你当吧。"

　　说者无心，听者有意，宗真感到话里有话，他仍以小时聊天的方式继续与重元谈天说地。不一会儿，就把母亲耨斤在重元面前说的话全都套了出来，最后他对弟弟重元说："好好听母后的话，认真读书练功，不要在外人面前讲家里的事情。"

　　重元高高兴兴地走了，耶律宗真结合上次耶律喜孙透露给他的消息，深感问题的严重性，他立即找到韩国王萧惠等商量应付耨斤夺权的对策。

　　萧惠虽是淳钦皇后的弟弟阿古只的五世孙，但从小受伯父萧排押的影响，为人耿直不阿，长期监守国门，屡立战功。他认为宗真当皇帝不仅合法，而且治国有道，太后让一个12岁的孩子半途抢班夺权肯定另有他图，于是他支持宗真先夺下耨斤的权力，誓死保卫正统的皇权。

耶律宗真经过精心策划布置，让萧惠在城外领兵守候，万一情况有变随时准备接应，又密令耶律喜孙留在宫中配合，自己则带领宫兵御卫突然包围了皇宫。不容太后耨斤分说，就先收了她的太后御玺，耨斤失去了发号施令的御玺，只能干着急。

随之皇上耶律宗真又传萧孝先到阵前听旨，宗真说："钦哀皇后身为一国之太后，不能协助皇上治国御敌，反网罗诸弟谋反篡政，你积极参与谋反该当何罪？不过你是受蒙蔽的，朕宽大为怀，暂不处治，但你一要揭发交代问题，二要协助朕稳定局势，不得串供作乱。"

萧孝先本不服气，但在内外大兵压境的情况下，只好同意协助皇上废掉太后，待时机有变时再说。

为了防止上下串供再生事端，重熙三年（1034）五月，耶律宗真决定把生母钦哀皇后耨斤解递庆州关押，那些后族的国舅们一旦失掉了靠山，就如同掉了魂的大力士，站如泥菩萨，躺似一堆肉，先前的勇气一扫而光，这场以废齐天皇后开始，以废钦哀皇后结束的宫廷政变就这样了结了，耶律宗真取得了这场斗争的胜利。大辽又一次经受了血雨腥风的考验，一场大规模流血的自相残杀得以避免。

兴宗扩张伐西夏
重元趁机又扩权

萧太后的孙子耶律宗真治服了企图篡政的述律家族成员，感到地位真正稳固了。闲暇时又经常想念抚育他长大的齐天皇后，但齐天皇后已经升天了，这时他又可怜起生母耨斤来，想到既然齐天皇后已不在人世，两位老人家就不会有矛盾了，何必再把母亲关在那冰冷的庆州呢，他左思右想，最后还是决定把生母接回上京。

重熙八年（1039）七月，宗真亲自到庆州释放被关了五年零两个月的母亲耨斤，见到母亲说："母亲受苦了。"

但耨斤并不领情，对儿子的宽容没有丝毫感谢之语，宗真也没有在乎母亲的态度。

到了上京后，耨斤仍以太后自居，不过也算让了一步，她不再坚持废掉宗真另立重元，但要求立重元为皇储。耶律宗真当然不会同意，他坚持立自己的长子耶律洪基为皇储，虽然双方各不相让，但都吸取了上次的教训，没有把矛盾闹得太大，耶律宗真为了主动缓和矛盾，将弟弟重元封为皇太弟，并恢复了一些耨斤派的官职，表面上虽没有闹翻天，但实质性的矛盾没有根本解决。

重熙十二年（1043）二月，西夏王李元昊得到辽、宋的承认，同意与宋罢兵和好，但到了七月又要兴兵伐宋，派人到上京请求大辽派兵支援。耶律宗真觉得此时朝廷内部矛盾重重，不同意出兵支援，也不同意西夏伐宋。李元昊此时刚刚统一了党项各部，经济上得到很大发展，同时也产生了扩张的野心，连续三年小规模的攻宋让他尝到了甜头，这次本想借辽军再次大举攻宋，不料遭到辽帝拒绝，因此无形中把矛盾转向了大辽。从此双方的裂痕越来越大，堂堂大辽当然不会把李元昊放在眼里。

重熙十三年（1044）四月，辽属的西南党项人公然叛乱，归入李元昊部下，紧接着山西边的部族节度使曲烈也率领五部投叛西夏，将富户和能带走的财富都送给了李元昊。耶律宗真知道后非常生气，立即派西南部招讨都监罗汉奴出兵追赶，李元昊则迅速派兵接援曲烈，因辽军仓促上阵，又经长途跋涉，终以失败而返回。

大辽皇帝召开议政会商量对策，大部分人同意出重兵征讨李元昊，这部分人中的大多数是后族派的军人，他们明白，只有通过打仗才有机会扩充军权，有了军权才可能夺取更大的权力。耶律宗真因咽不下这口气，也积极主张出兵教训李元昊，所以议政会最终决定出重兵讨伐西夏。为了给李元昊一个改正的机会，宗真还是决定先礼后兵，他派使前往西夏，严正指责李元昊忘恩负义、背叛大辽的错误行为，若如数送还反叛之部，对大辽继续称臣，大辽将不计前嫌，否则将以重兵征讨，勿谓言之而不预，希望李元昊三思而行。李元昊不仅不予理睬，仍称自己为西朝，称大辽为北朝，显然是要分庭抗礼到底。

七月，耶律宗真在大举攻夏之前，先遣使通报宋朝，大辽将以重兵征讨西夏，名为替宋报仇，实则害怕宋借机联夏攻辽。

　　这时的宋朝皇帝是真宗赵恒的六子赵祯，史称宋仁宗，时年33岁，继位已经十二年。无论是治军还是治国已有成熟之道，对辽伐夏他是绝不会直接参与或干预的，无论是大辽赢还是西夏胜对宋朝都不会有任何的伤害。反之，不管是西夏亡还是大辽败，宋朝都能少一个敌人，因此，赵祯告诉辽使："先帝既已签订了宋、辽和好之约，我朝将一如既往与贵朝和好如初，辽之大事即为宋之要事，请转告你朝皇帝，谅我宋朝连年灾害，不能直接出兵帮助。"

　　辽帝要的就是赵祯这句话，只要宋朝不加干预，辽军即可出兵西征，当即命皇太弟耶律重元和北院枢密使萧惠为西征正、副统帅。九月初，三十万大军会师九十九泉，李元昊见辽军要动真格的，自知不是辽军对手，就马上亲自带队到辽军阵前谢罪，无条件返还所收容的党项各部，并带去大量礼品呈献给大辽皇帝耶律宗真，表示要悔过自新。

　　负责接待的北院枢密副使萧革谴责李元昊背信弃义，元昊表示今后绝不再与大辽为敌，萧革说："既已表示悔改，大辽将给你们一次立功赎罪的机会，但绝无二次。"李元昊千恩万谢地走了。

　　对李元昊的谢罪，耶律重元等人并不买账，他们说："既然大军已经集结，就不应中途折返，对这些叛逆之邦只有打服的没有说服的。"

　　耶律宗真听从了他们的意见，继续兵分三路渡过黄河向西挺进，在河曲展开激烈战斗，西夏不敌辽军的铁骑，李元昊一边逃跑一边表示臣服，但辽军仍不罢兵，辽军往前追，西夏朝后跑，边跑边把沿途所有草木烧个精光。连续几天的急行军，辽军人困马乏，停下来想喂喂马，但找不到一根草毛，辽军正在着急时，突然一阵狂风大作，刮得辽军迷失了方向，这时李元昊的军队来了个回马枪，把辽北路军杀得落荒而逃，大将萧胡笃被俘，士兵死伤甚众，耶律宗真夺路而逃。

　　重熙十四年（1045）正月，辽军从西线返回，并及时向宋朝通报了消息，把从西夏掳掠的牛羊等战利品呈献给宋朝皇帝。赵祯虽然看不上这些礼品，但对辽、夏之战的结果非常满意，凳子三条腿最稳当，国家也是三足鼎立最保险，辽、夏两国就这样打打停停的最好。

宋帝赵祯款待了大辽使臣，并假惺惺地向大辽取得的"伟大胜利"表示祝贺。辽重熙十七年（1048），李元昊病亡，他不满周岁的儿子李谅祚继位，耶律宗真趁机再次讨伐西夏。第二年，辽军以死伤惨重的代价在贺兰山小胜西夏军队，只俘获了李元昊的妻子和部分眷属。

后来，自辽重熙十九年（1050）开始，又连续几年征讨西夏，用了四年时间才把西夏勉强征服，以辽胜夏败的结局双方签订了停战和议，西夏对大辽继续称臣。

弱小的西夏野心却不小，他不敢再对大辽挑衅，就把矛头转向了宋朝，不断在宋、夏边境制造边界冲突，大辽看在眼里，喜在心里，耶律宗真就暗中支持李谅祚攻宋，西夏当然更不是宋朝的对手，在宋朝强大的军事打击下，西夏又以惨败告终，就这样西夏成了宋、辽两国的属国。

在这几年的艰苦征讨中，大辽除了取得几次战争的胜利外，最直接的结果就是掩盖了朝廷内部的矛盾，战场上不分后族和皇族，不分政治派别，精诚团结，一致对外。为了表彰皇太弟耶律重元的功绩，皇上特别赐予重元金券。但也就是这几年的战争日月，使后族势力得以复兴，耶律宗真的弟弟耶律重元手握金券，又上升为兵马大元帅，钦哀皇后（耨斤）趁机把她的几个弟弟安排在极其重要的军政岗位上，后族和皇族又一次形成势均力敌的阵势，辽兴宗耶律宗真面临着新的考验。

战争结束后，传位于子和传位于弟的老问题又重新提到大辽皇帝耶律宗真的案头，因他过去已经封了重元为太弟，等于承认重元拥有皇位继承权。

重熙二十三年（1054）耶律宗真39岁，已经有三子三女，他的长子耶律洪基已经22岁，早在10岁时就被封为梁王，次子和鲁斡与三子阿琏尚小，按照耶律宗真的意见，长子洪基就是当然的继承人。但后族们却不认这个账，耨斤经常召集几个弟弟和重元密谋如何让二子重元成为法定的皇位继承人。

辽帝耶律宗真的皇后挞里虽然是耨斤弟弟萧孝穆的长女，但她坚决不同意选重元为皇位继承人，如果重元即位，她的儿子洪基就会永远失去即将到手的皇权。挞里很有心计，她充分利用自己身份的有利条件，经常到钦哀皇后和父亲及叔叔那里走动，她只听不讲，后族派也没有把她当外人，因此对她也不太防备，当得知后族们策划让重元继承皇位的阴谋时，她立即回宫对皇上说："皇上你要小心，他们可能要闹事。"

耶律宗真说："不会吧，我封重元为兵马大元帅，又特赐金券给他，该封官的都封了官，他们还闹什么？"

一脸严肃的挞里望着冒傻气的丈夫着急地说："人家不稀罕什么大元帅，也不需要那金券，他们要你手里的皇权，要当大辽天字第一号的皇上，如果让重元当上皇上，我们洪基往哪儿摆？"

宗真问："他们真敢动手抢？"

皇后挞里答道："自太宗开始，为争夺皇权血溅宫廷的事一直未断，直到先帝圣宗，因有承天皇太后的英明治理，才有几十年的太平盛世。老太后刚走三十年就内乱又起，他们朝思暮想的就是皇权，为此什么事都可能做出来，江山社稷大事万万不可马虎大意，皇上不得不防啊！"

皇上听后，被挞里对社稷安危的一番言论所感动，他扶着挞里的肩头说："多谢皇后指点，是要早些为洪基安排好。"

挞里说："容臣妾多句嘴，这社稷不是哪个家或哪个人的事，而是关乎整个大辽和全天下人生死兴亡的大事，皇上您顾虑上下又顾虑左右，既怕这个不高兴，又怕那个闹别扭，唯独不怕大辽散了架。当年皇祖母在世时，虽然也是太后摄政，但她老人家高瞻远瞩、英明果断，不分后族还是皇族，以江山社稷为重，帮助父皇执掌朝政，所以天下稳定、民心安宁，赢得圣宗盛世几十年的好光景，达到我朝历史上未曾有过的繁荣景象，邻邦没有一个不佩服，属国没有一个不甘愿称臣的，可我们的太后……"

说到这里，耶律宗真已经坐不住了，没想到挞里一下点到朝廷的要害处，也触到了自己的痛处，他想起冤死的齐天皇后，他自言自语地讲："要是她老人家在世，我何以难堪到如此地步，作为一国之君，竟不能保护皇太后，我是什么九五之尊、天之骄子！"说着竟伤心地掉下了眼泪。

皇后挞里说："陛下不用过分自责，历朝历代总有那么些不肖子孙，不顾亲情大义，不顾黎民百姓，为夺权而自相残杀，甚至陷害忠良和无辜。洪基也不小了，为了朝廷和大辽百姓，还是早些把皇太子的事定下来吧。"

皇上说："是该把洪基的太子位早点定下来，不过千万不要把矛盾搞大，免得那帮人又要生事端。"

重熙二十四年（1055）夏天，酷暑似乎来得特别早，在挞里的建议下，今年要到秋山巡游狩猎。满山遍野的鲜花喷吐着芳香，蝉鸣鸟叫声不绝于耳，汩汩作响的清泉里不时蹦出几条小鱼，惹得熊崽往小溪里瞎扑通，山下草地上成群的野鹿漫不经心地吃着草，小鹿在母亲的周围蹿来跳去。耶律宗真面对此情此景似乎无动于衷，挞里把箭搭在弓上递给皇上说："皇上快看，右边那两只都是公鹿，千万要拿准，不要伤着母鹿和小鹿。"

皇上手里拿着弓，心里想着别的事，那箭头就是射不出去，无论挞里和宫使如何地启发引逗，这位皇爷就是不露一点儿笑容，三十天的游猎，耶律宗真脸上有半个多月的阴天。他不赏花、不观鱼，一个人一会儿低头不语，一会儿仰天长叹，正是"悠悠天下事，风云多变换，大辽事端起，皆为抢皇权；交权无出路，守权难煞难，花鸟禽兽鱼，谁宽我心烦？宗真把酒昂首问青天，青天笑我枉为男子汉；宗真遥望乾陵问祖母，燕燕摊掌难断人间案"。

耶律宗真心中的郁闷越积越多，精神越来越恍惚，饭也吃得越来越少。御医寸步不离地跟着皇上，几乎一个时辰号一次脉，体不烧，便正常，走路如常人，自述无痛苦，不吃药，不休息，经常一个人低着头在山林里转来转去。突然一天，倾盆大雨从天而降，皇上不躲也不跑，他仰天大笑不止，御卫和宫使顾不上礼数，扛起皇上就往御帐里跑。当天夜里皇上就发起高烧来，手脚一边抽动，嘴里一边叨念着："皇祖母，皇祖母，你为什么撒手不管我，我一个人实在扛不住了，扛不住了……"

这一半是心病一半是体病的症状，御医心里明明白白，大辽政局不稳，皇上的病是好不了的，但御医还是认真地诊脉、开药，一服药下去，烧就退下来了，兴宗又恢复了常人的言语，御医明白，这镇静退烧的药顶不了多长时间，他把皇后拉到一边悄悄说："皇后有什么要紧事，须趁皇上清醒时赶紧讲，这药顶不了太长的时间。"

挞里心里一个激灵，立即想到太子位还没定下来，这可是个天大的事，她急忙趴在耶律宗真身边，轻轻把皇上扶坐起来，柔声细气地说："皇上，您的身子不好，我看要尽快让洪基多帮帮您。"

这句话似乎真的提醒了耶律宗真，他痛痛快快答应道："快！快传洪基见驾。"

耶律洪基自小性情沉稳安静，为人处世很严谨，从不张狂生事，听到父皇紧急召见，料知定有要事，他步子走得快，但面无任何焦急之色，见到父皇仍彬彬有礼地问："父皇身子好些了吗？孩儿正遵照父皇教诲读书练字，这几日没到御帐来看望您，恳请父皇恕罪。"

耶律宗真哪儿还有心思责怪洪基来不来看望，挞里更是心急如焚，顾不上朝规礼数地说："孩儿，你要随时准备替父执掌朝纲……"

洪基虽然平时不露声色，也从不多言少语，但对宫中的权势之争心里明明白白，他抬头看了一眼母后没有讲话。耶律宗真说："洪基，人活百年终有一死，如果有一天我不在了，你要竭尽全力撑起祖宗留下的基业，太祖爷创下的大业千万不能散，更不能丢，你太祖母在时，大辽基业稳固，圣宗盛世几十年，可现如今……"

洪基说："一点儿小病小灾怕什么，秋凉后您会很快好起来的，父王不必过虑，孩儿知道该干什么，不该干什么。"

耶律宗真把洪基拉到身边小声说："凡事不得不防，从今天起，你不能跑得太远，天天到帐里来看看我，万一有事情你就……"如此这般的低声耳语，挞里一句也没听清，但她心里非常踏实，因为她相信自己的儿子。

果然不出挞里皇后所料和御医所言，几天后，耶律宗真连续高烧不退，御医用尽所有急救办法也没有挽留住皇上奔向黄泉的脚步，后半夜皇上耶律宗真永远地离开了人间。

因为前一天晚上天气闷热得难受，后半夜除了值宿的御卫外，几乎所有的臣僚都酣然入睡了，洪基在父皇病榻旁打了个盹儿，醒来就发现父皇已经停止了呼吸，他赶紧叫醒母后挞里，无论如何呼喊，父皇仍毫无反应，挞里说："你父皇已经升天了，现在的紧急任务就是马上布置继位仪式。"

洪基对此十分清醒，他仍然沉稳地对御卫说："皇上已经驾崩，先把诸王子接来守灵，再通知国舅萧孝穆大人前来理丧事，等一切准备停当，天亮后再通知其他臣将前来吊唁，动作要稳，声音要小。"

等诸皇子到来后，挞里皇后当众宣布，皇上已经驾崩，遗诏皇长子洪基继位。因为有重元一派一直盯着皇权，其他人当然也提不出什么意见，等萧孝穆来到皇帝御帐时，耶律洪基已经威严地坐在御帐中间的皇位上，挞里告诉萧孝穆："父亲不必太难过，皇帝晏驾前留下遗诏，由长子洪基继承皇位，一切丧事由父亲承办。"

萧孝穆刚想问先帝还留下什么遗言，就见两边横眉冷对的御卫直搓手里的家伙，他心想：在这种时刻，稍微说错一句话就可能掉脑袋，皇帝驾崩长子继位理当法也合，何不送个顺水人情，日后也好在新帝面前露面说话。于是他哭着说："既然先帝遗诏传位于长子，臣不敢不从，请皇帝上殿受臣下朝贺，至于先帝的丧事我一定尽力办好。"

说着天已经大亮，耶律重元、萧孝先、萧孝忠和太后耨斤等陆续进入皇上御帐，一阵假惺惺的哭声之后，不容他们发问，挞里就宣布先帝遗诏，由长子洪基继承皇位。耨斤见自己的兄弟萧孝穆点头称是，已知在这种形势下多说无益，入了别人的瓮，也只好委屈认了。就这样，大辽第八位皇帝由萧太后的重孙耶律洪基于1055年八月正式继任，改元清宁，史称辽道宗。

重元叛乱遭覆灭
乙辛阴谋擅朝政

萧太后的重孙耶律洪基即位后，尊其母挞里为皇太后，原来的皇太后（祖母耨斤）遂尊为太皇太后，奉耶律重元为皇太叔，为了朝政的稳定和连续性，仍封这位皇太叔为天下兵马大元帅。

洪基即位之初，前朝后宫倒也相安无事，皇族和后族彼此之间，表面上礼尚往来、客客气气，但都相互明察脸色、暗观动静。

辽清宁三年（1057）十二月，太皇太后驾崩薨逝，耶律洪基失去了这位"太上皇"倍感轻松，他的生母挞里虽贵为皇太后，但从不干涉朝政，只是在重要关头或皇上明显失察时才提醒一下。闲暇时她也会给洪基讲讲太祖母承天皇太后的故事，耶律洪基对太祖母促进民族团结和南北融合及鼓励农桑的故事非常感兴趣，因此他在执掌皇权的初期勤政又廉政，巡游时经常到牧区和农田走一走、看一看，告诉地方官吏要关心农牧民的疾苦，注意防旱涝虫灾。在社会管理方面，他提出外防异族入侵，内禁盗贼作乱。

凡遇重大纪念日，决放关押时间太长的囚犯。遇有水患灾害时，他总是主动下诏开仓放赈或减免税赋。在官员任用上，他注意各派力量的平衡，尤其对后族势力，凡没有明显劣迹的都安排在重要岗位上，以期团结更多的人为朝廷出力。

他所采取的这些措施，表面上都取得了良好的效果，几年以来，百姓生活安定，盗贼明显减少，官员之间少有争斗，耶律洪基看在眼里、喜在心上，他觉得只要把大家的心思引导到农牧、纺织和读书上，就不愁天下安宁和太平。因此他除了悉心后宫的欢乐外，又多了一个爱好，就是迷恋佛教，广结高僧为友，他曾诗赞一个和尚："行高峰顶松千尺，戒净天心月一轮。"在他的提倡和鼓励下，佛教、道教等僧人数量剧增，上京曾出现过"一岁饭僧三十六万，一日而祝发三千"的空前盛况。殊不知，正是这"太平盛世"蒙住了他的双眼，正是这梵音佛号把他送上了乱世之途。

几年以后的"重元之乱"又一次证明"树欲静而风不止"这个颠扑不破的真理。

耶律洪基上台后，除封皇太叔重元为天下兵马大元帅外，还将重元的儿子涅鲁古由吴国王晋封为楚国王，兼任武定军节度使，三年后又升为掌管朝政大事的南院枢密使事。将陈六（萧孝友）封为北府宰相，其子萧胡睹升为北院枢密使事。将魏王耶律贴不封为东京留守。这些人接受了皇上的封赏，却与耶律重元父子勾结在一起，趁耶律洪基过着欢天喜地的太平日子时，伺机搞掉耶律洪基，要再次把耶律重元推到大辽皇帝的宝座上。

清宁九年（1063）七月，又是一个酷暑的夏季，耶律洪基刚从葛里避暑回到上京，北府宰相萧孝友按涅鲁古的意思跑到皇上那里说："巫师夜观天象，火星闪烁不止，今夏必有百年不遇的酷暑大旱，皇上还是到山上避一避暑气，等九月凉爽后再回宫处理政事不迟。"

耶律洪基问："我走到哪里都可以处理公务，你看到哪里避暑好呢？"

萧孝友说："还是到太子山好，那里浓荫蔽日、山风通畅，山下的溪水长年不断，如皇上同意，微臣马上派人去静山。"

见皇上点头同意，萧孝友立即把消息报告给了涅鲁古，经过一番精心策划，决定派萧孝友的儿子萧胡睹带领林牙涅剌薄古和统军使萧迭里得快马加鞭赶到东京，让东京留守魏王贴不做好"迎驾"的准备。贴不将东京的精锐部队隐蔽在太子山周围的树丛中，只要涅鲁古一声令下，贴不的精锐部队火速到达指定现场。

这位糊涂皇上相信了萧孝友的蛊惑，决定到太子山避暑。临行前，北院枢密副使耶律乙辛对皇上说："越是天象不济，越是匪盗歹人猖狂之时，林子中的野兽也会出没异常，皇上还是不去为好。"

耶律洪基说："几只猴子就能吓住我？谁又能把我这个大辽皇帝怎么样？"

耶律乙辛见劝不住皇上，就只好说："让南院枢密副使耶律仁先和南府宰相萧唐古给皇上护驾，您千万不要擅自行动。"

他又笑着说："怎么，你们要绑架皇上？"

其实仁先和乙辛也是为皇上担心，他们对萧孝先的活动毫无觉察，见皇上执意行动，也就没再说什么。

君臣说说笑笑间进入了山林，皇上让御卫给沿路经的每一个山头燃香祭拜，几个时辰后天色暗下来，皇上命令队伍停下扎营，他要亲自向一个大山头祭拜烧香。耶律乙辛听父亲讲过，当年承天皇太后的父亲萧思温陪景宗皇帝出游时，就是因天黑临时驻扎在一个山湾里，不仅自己惨遭歹人杀害，景宗皇帝也差点儿丢掉性命，他对耶律洪基说："皇上，这里风景虽美，但山路的出入口太窄，万一有情况就会进退两难，不如到前边靠山望坡处驻扎。"

耶律洪基正跟身边的和尚说到高兴处，根本没听见耶律乙辛的提醒，认为佛家子弟真正修炼到家，任何妖魔鬼怪也不能近身，无论遇到什么危险都会逢凶化吉。耶律乙辛和耶律仁先不信那一套，一边跟皇上逗着嘴，一边继续赶路，就是不下令队伍停下来，好说歹说总算出了山口，乙辛选了个背靠陡山、面向东南方草地的平整地停下来，坡下就是滚滚东流的滦河水，乙辛说："皇上您看这儿多好。"

耶律洪基也满意地点了点头，于是开始安营扎寨，卫士借着明亮的月光首先把皇上的御帐搭好，让皇上进帐休息。

等其他帐篷全部搭好已经是三更天了，赶了大半天的路，大家都很累，不一会儿，除了值宿的士兵外其他人很快进入了梦乡。到五更天时，值勤的御卫也困得东倒西歪，有的竟靠着帐篷打起了鼾。

此次避暑巡游，除了耶律仁先、耶律乙辛和萧唐古外，当然少不了皇太叔耶律重元。重元刚想入睡，涅鲁古急忙闯进他的帐篷，重元问他有什么紧急事，涅鲁古说："父王，时机已经到了。"

重元问："什么时机？"

涅鲁古说："您入主大辽皇宫的时机啊！"

"胡闹！这莽莽撞撞找死呀！"重元骂道。

涅鲁古说："虽然宫兵御卫不少，但从未见过阵仗，我已经做好了一切准备，一不做，二不休，趁他们睡得正香，干脆全部就地正法，那大辽可就是您说了算啦，如错过时机，后果将难以设想。"

正说着，突然有座帐篷掌起了灯，涅鲁古急忙把本就遮得很暗的光吹灭，他对父王说："咱们不动手，人家就先动手了。"

重元想入主皇宫的愿望已经不是一日两日，只是苦于没有合适的时机和正当的理由，在儿子涅鲁古的鼓动下，又燃起了夺权的欲火。他再一次慎重地问道："你有把握吗？万一失了手怎么办？"

涅鲁古说："万无一失，我已经在四周布置了接应队伍，由东京留守贴不接应，快动手吧，天明可就不好办了。"

这时又一座帐篷掌起了灯，一向审慎的重元也沉不住气了，对涅鲁古说："好！干！按照你原定的方案出兵！"

涅鲁古说："父王不必出帐，您还睡您的觉，等把洪基搞掉，您出来收拾残局即可。"说着他就急急出了帐篷。

不一会儿，大营四周火光通天，呐喊声撕破长空，听到这突如其来的嘶叫声，整个营区乱作一团，涅鲁古指挥着四百多精锐的骑兵和快弩手直向营区中央的御帐冲去。

　　南院枢密副使耶律仁先毕竟久经沙场、老谋深算，他事先预感到这次巡游可能会遇到麻烦，当他从耶律良那里得知涅鲁古可能要半途作乱的消息后，就一步不离地跟随在皇上身边。凡皇上休息时，他几乎连眼都不闭一下，因未发现涅鲁古的任何动静，也不好太声张，就在皇上宿营的帐篷四周布置了三层警戒，只要有异常情况出现，马上同时通知各位随游要员。

　　除此之外，他还秘密布置了一支特殊警卫，专门负责监视重元和萧孝友的动静。一听到喊声，耶律仁先和耶律乙辛几乎同时跳出帐外，借着火光可以看清，带头的是重元的儿子涅鲁古，后边还有统军使萧迭里得、林牙涅刺溥古，再后边还有一个非常熟悉的身影，仔细一瞧，是副宫使韩家奴，跟在最后的则是积极动员皇上出游避暑的萧孝友。

　　因为耶律仁先早有防备，所以一有动静，防卫系统立即摆开应战架势，几千名卫士很快把反叛部队包围起来，涅鲁古一看对方早有准备，不免有些胆战，但已经到了这一步，降也是死，打也是死，干脆拼一死战，杀一个赚一个。如果能逃出去也算万幸，于是他高喊着："冲呀！杀掉这个昏君，兵马大元帅就是皇上，你们就是有功的元勋。"说着他带头拨马直向御帐方向冲杀过去。

　　在耶律仁先和耶律乙辛的指挥下，萧唐古、萧惟信、耶律良等各自率领一支分队勇敢地杀将过去，四百多人的叛军哪是一千多禁卫军的对手，不消一个时辰，叛军就死了大半，剩下的逃的逃、降的降。这时，皇上的近侍渤海阿斯和护卫耶律苏紧紧保护着皇上，见战局有了决定性的胜利，他们几乎同时把箭头瞄准了涅鲁古，随着一声尖叫，涅鲁古应声从马上摔下来，当时就脑浆溢出而亡。

　　耶律重元躲在帐篷里一直没敢露头，后来急不可耐地探头望了望，只见儿子的部队已溃不成军，知道夺权已经无望，就化装成一个普通士兵模样悄悄溜出帐篷，在营区边骑上一匹马没命地向北逃去，一直跑到荒无人烟的沙漠区才敢停下马喘口气。望着炽热似火的茫茫沙漠，一直妄想当皇上的天下兵马大元帅，这时可真的成了一兵一马独一无二的大元帅，也绝对不会有人来与他争权。他知道已经到了穷途末路，跳下马来叹道："涅鲁古毁我至此！"

　　耶律重元深知罪无可赦，抽出腰刀对准自己胸口用力一扎，"扑哧"一声，鲜红的血浆喷出五尺远，一个七尺大汉随之倒下，那马拱了拱这位陌生的大元帅，见无动静，便尥起四蹄向南方飞奔而去。在毒辣辣的太阳下闪着金色光焰的茫茫大漠上，只剩下这小小一个黑点。

幸免于难的耶律洪基十分感谢耶律乙辛和耶律仁先等忠臣良将的奋勇救驾，一回到上京，他就将耶律乙辛晋为南院枢密使，将耶律仁先晋为北院枢密使，并封为宋王，将萧惟信封为太子太傅。参与救驾的三百多名大小官差都封官授爵，耶律良因密告涅鲁古的反叛行为，也被封为汉人行宫都部署。

这位侥幸未死的大辽皇上正高兴地接受新任大小官员的谢拜仪式，耶律乙辛对洪基说："皇上，重元和涅鲁古虽死，但他的许多部下还没有治罪，人心可能不服。"

"参加反叛的主要人员已经被打死，有些人是受蒙蔽而为之，朕以为好生之德，不可株连。"耶律洪基轻松地答道。

乙辛强调说："皇上，人心隔肚皮，谁怎么想的可难讲，他们既然背上了反叛的包袱，为了证明他们的想法是正确的，可能还会找寻机会把重元的梦想变成现实，小疖子不除就可能烂遍全身。"

洪基哼了一声："有些道理。"

站在皇上旁边的太子耶律浚一向看不惯乙辛在父皇跟前的谄媚相，就插嘴说："都杀了就剩你一个人了，你还告谁的状？"

耶律乙辛无可奈何地看了看太子没有讲话。

皇上瞪了一眼耶律浚说："不得无理！"

乙辛说："没关系，没关系。"说着就退出了大殿。

在耶律乙辛的多次蛊惑下，辽道宗不仅处死了几个要犯，将真正受蒙蔽的一般下层将士也都治了重罪，甚至把一些摇旗呐喊的兵卒也烙上反印发配到西北边疆的大漠。谁敢说一句不满意的话，也会被扣上不忠和有反心的罪名。

滦河之变后的几年间，耶律乙辛进出皇宫如同进出自己家门一样随便，皇上认为满朝文武只有乙辛一个人最可靠，因此对他的话深信不疑。别的官员无论向皇上汇报什么问题，皇上都是先征求耶律乙辛的意见，所以大家只好缄口不言，这正顺了耶律乙辛的意。

后来乙辛觉得在平叛中立大功的耶律仁先也碍手碍脚，他便时常在皇上面前说仁先的坏话。耶律仁先知道争不过耶律乙辛，郁闷致病，于辽咸雍八年（1072）病亡。此后耶律乙辛更加肆无忌惮地欺上瞒下、横行朝堂，满朝文武没有一个人敢招惹这位二皇上。

耶律洪基的妻子宣懿皇后系出慎密拔里氏，与萧太后同出一族，她为人持重诚恳，不喜欢铺张和逢迎，尤其反对钻营跋扈的人，她常劝诫皇上要出去走一走，不要忘了太祖爷"治国平天下"的宏图大愿，要学习太祖母承天皇太后整肃朝纲的治国之策，要广听慎决，尤其要让不经常有机会讲话的人把话讲出来。但耶律洪基习惯听耶律乙辛简明扼要的汇报，好腾出工夫专心于静修参禅，他反驳宣懿皇后说："太祖爷那些老掉牙的经早已过时，百年巨变何其大，我们应该建立新观念、改立新朝政，总把承天皇太后那些老套套挂在嘴边上无甚益处。"

宣懿皇后说："陛下您不能经常出去走一走，起码要坚持召开议政会，听听不同的意见，尤其百姓们对朝廷议论可不怎么好，您总爱听耶律乙辛一个人的话，早晚有一天会出乱子。"

这些话很快传到了耶律乙辛的耳朵里，乙辛非常愤恨，又联想到上次太子浚对他的"不尊重"，他下决心一定要找机会报复一下。

有一天，趁皇上修炼不顺正生气时，他对皇上说："大法师说过，修炼不顺是有妖孽作堵，皇上是不是经常听一些不顺心的事？微臣也经常听到一些煽动谋反的妖言，什么不开议政会，皇上不敢广开言路，连那些刚解除奴隶身份的人也怪朝廷不关心他们的疾苦，这简直是要造反！"

耶律洪基说："什么议政、广开言路，干脆取消四大班子议政会，朝廷的事有皇上，小小草民也能理朝政，还要皇上干什么！告诉北府，百姓关心什么都行，就是不能关心朝廷的事，乖乖放好你的牛羊比什么都好。"

乙辛说："皇上所言极是，所言极是。"

因皇上迷恋于佛法，大康元年（1075），年仅44岁的耶律洪基就不想继续问政了，他只有一个儿子，没有可挑选的，只能让刚刚17岁的耶律浚总领朝政大权，处理日常朝政事务。

　　耶律乙辛为了讨好这位迷恋佛法的皇帝，他专门为太子张罗了一个教习音乐的班子，聘请年轻貌美的男教师。太子学习音乐，皇后在旁观看，时间一长，男教师就和皇后熟稔了，有时不免有些君臣不分，耶律乙辛就借机制造谣言，说皇后与伶人如何如何。

　　耶律浚年轻敢想敢做，任职不久连续颁布了几项改革措施，平常处理政务能做到公平合理，这对擅权十多年的耶律乙辛来说无疑是一个沉重打击。当然耶律乙辛也不是省油的灯，他首先收买了宣懿皇后身边的宫女单登和伶人朱顶鹤，唆使他们散布皇后与伶人赵惟一私通的谣言。很快这些消息都传到皇上的耳朵里，他非常生气，命耶律乙辛调查核实这些事。

　　耶律乙辛为了制造一个真实的谎言，经皇上同意，他与同党张孝杰分头调查，以增加结论的可信性，当然其调查结果是完全一样的。

　　耶律洪基听了他们的禀报信以为真，未加核实就气愤地将陪伴他多年的宣懿皇后打入冷宫。与此同时，耶律乙辛还将同党萧霞抹漂亮的侄女坦思推荐给皇上，并一再夸奖坦思贤惠忠厚，很快她就成了皇上身边的爱妃。

　　耿直的宣懿皇后无论如何也接受不了这等诬告，骂皇上偏听奸官谗言，耶律洪基大怒，让耶律乙辛派人把白绫送到冷宫，乙辛对宣懿皇后说：“我的好娘娘，您坚持真理，皇上特赐您升天成佛，请吧！”

　　宣懿皇后见皇上如此狠心，双眼怒瞪地登上凳子结束了年轻的生命。

　　很快坦思就成了耶律洪基的皇后，耶律乙辛认为皇上已基本掌握在自己的手心里了，因此更加猖狂地密谋策划陷害耶律洪基唯一的儿子耶律浚。

　　辽大康三年（1077）五月，耶律乙辛指使其私党诬告南院大王耶律撒刺和北院枢密使事萧速撒等人与太子耶律浚密谋册立皇太子，皇上命人查处，但查无实据。耶律乙辛又唆使同党诬告耶律撒刺打击报复，要阴谋杀害乙辛，并共守陷害同盟，皇上再次派人调查核实，调查结果如乙辛所报。耶律洪基忍痛把自己唯一的儿子耶律浚关押起来，并杀害了被诬告的耶律撒刺和萧速撒等数十人。不久，又以违制私立皇太子的罪名，贬太子浚为庶人。

　　同年十一月，耶律乙辛认为时机已到，他密使手下走卒半夜蒙面闯入太子浚的囚牢，将皇上唯一的继承人杀害，同时他跑到皇上那里报告说："皇上，微臣罪该万死，属下对太子照看不周，昨天太子暴病身亡，请皇上降旨赐罪。"

洪基说："我去给浚儿送送行。"

乙辛急忙劝阻道："万岁您千万不要去看，太子得的是脏病。"

耶律洪基只想吓唬一下太子浚，并没有想治他死罪，听说太子暴病身亡先是一愣，有些半信半疑，但这是他最忠实的大臣报告的，也就信以为真，洪基想：死了一个儿子，再搭上一个忠臣，将来寡人还靠谁呀……于是他对耶律乙辛说："既然是暴病而死，那是他命薄，尔等日后照顾好皇孙延禧即可。"

耶律乙辛非常兴奋连连叩首谢恩，心想这个小小的皇孙就好对付多了，于是他对耶律洪基说："请皇上放心，皇孙延禧自小聪颖健康，我一定不辜负皇帝嘱托，恭培皇孙成才。"

事后耶律洪基又觉得不太对劲，对耶律乙辛的话产生了怀疑，尤其有病躺在病床时，身边没有一个和自己血脉相连的人，都是耶律乙辛派来的人侍奉，不免有些伤感。

有一天，北院宣徽使、同知点检萧兀纳问皇上："皇上，天下最厉害的动物是什么？"

"是老虎。"

"为什么虎毒不食子？"

"因为它们是同一血脉。"

"那您说离您最近的就是好的吗？"萧兀纳紧接着又问。

耶律洪基说："当然不一定，可恶的虱子离我最近，它专吃我的血。"

萧兀纳壮着胆子小心翼翼地问："臣有一事不明，不知当讲不当讲。"

耶律洪基已经听出他话中有话，对萧兀纳说："说错不加罪，说对了朕有赏。"

萧兀纳战战兢兢地说："臣觉得皇后和太子死得不明不白，尤其乙辛大人说太子是暴病而亡，但为什么不让陛下看一眼就匆匆烧掉呢？这里边是不是……"

耶律洪基心中一阵凄楚，摇了摇头没有讲话。十四年来，一场场、一幕幕的回忆让他自感羞愧，他已经意识到就是这个最"忠"的人把他搞成了一个孤家寡人，可后悔已经晚了，他想一定要把他千刀万剐，否则皇孙延禧早晚也要死在他的屠刀下。

大康七年（1081）十二月，耶律洪基总算抓到了耶律乙辛倒卖禁物、里通外国的把柄，把他关在了来州死牢。乙辛在牢中谋划投奔宋朝的计划又被发现，这个擅权十几年的野心家总算被送上了绞刑架，死后不久，他还被仇家从坟墓中掘出万刀剐烂。

延禧即位危难时
朝廷腐败辽将尽

尽管耶律洪基最后处死了阴谋篡权的耶律乙辛，但反叛的根系远远没有挖净，一些死党余孽仍盘踞着各处的军政要职，他们利用所控制的舆论阵地大放厥词，时常制造一些麻烦出来激化社会矛盾，难为孤立无援的皇上耶律洪基。

耶律洪基仍然是麻木不仁，认为乙辛已死，天下太平，继续痴迷于他的修仙之道。北府宰相萧兀纳向他奏报说："反叛首领虽死，但一些人的反叛思想没有变，斗争还很激烈，现在仍存在着大辽向哪里去的问题，皇上您不得不防啊！"

耶律洪基说："耶律乙辛已死数年，何谈斗争激烈，只要有牛有羊有银子花，皇权还在我们手里，谁又能奈我何！"

萧兀纳不服皇上的观点，经常伏地进谏，而且言辞相当激烈，耶律洪基一气之下，把忧民忧国的萧兀纳贬出朝廷，放任宁边州刺史。

由于统治集团内部的权势之争和腐败横行，社会矛盾急剧加深，地方官吏对朝廷的政令阳奉阴违，无限制地增加各部落属国的繁重劳役和赋税，百姓对朝廷极度不满，一些本来就不服契丹管束的部族和不满朝政的地方势力，趁机煽动反叛情绪。

咸雍三年（1067），南京道新城县的杨从就曾领导当地农民揭竿起义，他们不再用宗教的形式组织群众，而是仿照大辽自立官署衙门，有事以衙署名义与朝廷对话，甚至与朝廷派来的官吏发生对峙。

咸雍五年至七年（1069-1071），阻卜部和乌古敌烈部接连不断地举行抗辽行动，让大辽感到很棘手。

辽大安八年（1092），北阻卜部大酋长磨古斯不听从大辽节度使的命令，拒绝讨伐犯辽边境的耶睹刮部队，遭到大辽军队的惩处。于是，磨古斯干脆聚众起义，第二年春天，磨古斯与前来讨伐的辽将何鲁古和都监萧张九展开激战，朝廷部队损失惨重。

耶律洪基又派招讨使耶律挞不也领重兵前来，企图以软硬两手压制磨古斯。聪明的磨古斯以诈降赢得周旋时间，利用自己熟悉地形的优势布好阵形，趁朝廷部队的一时麻痹，在镇州西南对其进行猛烈攻击，并将耶律挞不也杀死。

特别是活动于东北地区的生女真部，因多年的宋辽战争和大辽内部的争权夺势，他们得到了休养生息的机会，无论是经济实力还是部队人数，都有了很大发展，他们越来越不肯臣服大辽了。

辽寿昌二年（1096），女真族完颜部首领盈歌继与纥石烈部发生了矛盾，纥石烈部首领阿疏报告了大辽，盈歌以大辽处理不公为由，公然不服从大辽的裁决，与辽政权公开对峙，以致后来发生了大规模冲突。

因南京城佛事活动昌盛，耶律洪基就经常到南京听法师讲经，不惜花费重金修缮寺院，如今北京郊区仍存的戒台寺、大觉寺等都是耶律洪基（辽道宗）时期修建的。为了修建寺院，西山大量的树木遭受砍伐，导致水土流失严重，农业生产受到极大的破坏。

辽清宁三年（1057）时，南京就曾遭受百年不遇的大地震，城郭、房屋倾倒无数，有几万人在地震中丧生。

到了咸雍三年（1067）、咸雍八年（1072）、大安七年（1081）南京又连续发生大面积蝗虫灾害，这中间水旱灾害也不断，百姓生活苦不堪言。朝廷虽然也下诏减赋免税，但作用和效果微乎其微，每天都能见到大批流亡逃生的难民。

山北的草原是不长庄稼的，由于山南连续灾害，有的地区颗粒无收，军队供应也成了问题，在民不聊生、怨声载道的情况下，有些上层军官开始与朝廷离心离德，因此军队战斗力大大下降，在与起义部落的战斗中屡遭重创，招讨使耶律挞不也不但没能讨伐了磨古斯，反被磨古斯杀害。

耶律洪基23岁时从父亲耶律宗真那里接过大辽皇权，初期尚能汲取前辈的治国之道，喜听直言，善取一切有益的治国良策，鼓励农桑垦殖，及时减赋恤民，所以他能将祖先开拓的基业又延续了几十年。之后在与重元党羽的斗争中取得了最后的胜利，虽然被耶律乙辛这个阴谋家蒙蔽了十几年，后来听了忠臣的劝告，在群臣的协助下，总算铲除了这个毒瘤。但洪基以一时小胜而忘乎所以，念念不忘修成正果，听不进忠臣劝告，造成国力下降、民不聊生，在他60岁以后，非但没有成仙，身体反倒越来越差。

在内外交困、修仙不成的日子里，年近七旬的他已经很少外出游幸访仙，辽寿昌六年（1100）十一月，病中的耶律洪基把医巫闾山的志达和尚召到皇宫里，命其在御殿里建造一个坛台，每天定时在内殿做佛事。

寿昌七年（1101）八月是耶律洪基的七十大寿，这年正旦节过后，就陆陆续续接到各国贺礼，在宫使的搀扶下，他高高兴兴坐在御座上接受内臣外宾的祝贺，并说："天地有灵，佛法无边，在神灵的保佑下，我大辽繁荣昌盛，百姓安康乐业，朕体康健，望我朝各代勿忘我佛厚恩。"

群臣明知皇上有病，龙体已是外强中干，也不得不高喊："吾皇万岁，万岁，万万岁！"外宾和内臣散朝后，耶律洪基把皇孙留下，他对耶律延禧说："爷爷年事已高，多年来多亏你照料朝政，说不定哪天佛祖来召我，时间可长可短，你要重新把军政臣僚清查一遍，把好国门、掌好朝政，不要辜负先帝和佛祖对你的期望。"

耶律延禧说："请皇祖父放心，孙儿一定牢记您的教诲，把好国门、掌好朝政，不过您老待在宫里不出门，就吸不到山峦之地气和浩空之阳气，依孙儿之见，您不如趁阳光明媚时到外边走一走，孙儿一定随时应您召使。"

耶律洪基高兴地接受了延禧的建议，几天后一大队人马来到了混同江，他已经很长时间没到外边游猎了，高兴地走出帐篷，爬西坡、上南岗，从耶律延禧手里要过一张弓搭箭就射，虽然没有射中野物，那兴奋劲儿也令群臣非常高兴。

天色渐渐暗下来，耶律洪基只好回御帐休息，他刚刚睡下来，突然一道白光从御帐上空滑过，把整个行宫照得如同白昼，一会儿又突起狂风，黑云像泼墨似的从西北随风席卷而来，再看正北方上空有一股亦青亦赤冒着白烟的黑气滚落而下，这位皇上像被什么东西抓住似的一跃而起，又猛地摔下，接着口吐白沫，高烧不止，嘴里胡乱念叨着什么，宫使马上将情况报告给皇孙耶律延禧，延禧立即传御医，御医诊过脉后又摸了摸口鼻，低声对耶律延禧说："皇上真的升天了，请燕王准备后事吧。"

自从平息了重元之乱，又处死了企图篡权的耶律乙辛，耶律洪基知道儿子是被陷害而死，他把唯一的希望寄托在孙子身上，经常暗示延禧做好接班准备，所以耶律延禧心中早就有数，他毫不慌张地跪在道宗的身旁，哭着对御卫说："皇上驾崩，快传群臣听诏。"

群臣来到御帐，这里已经做好了一切宣诏准备，耶律延禧顺利继承了皇位，改年号为乾统，他就是大辽的末代皇帝。

这位新皇登极后做的第一件事情就是平反诏狱，凡是道宗时期特别是被耶律乙辛所判刑关押者，一律官复原职，开除籍帐的统统宣布作废，流放边疆的全部召回朝廷，这当然受到了被平反者的热烈欢迎和极力拥护。

可惜耶律延禧看错了形势，被顺利接班的现象蒙住了眼睛，他不分青红皂白地过宽放过了真正反对朝廷且隐藏很深的乙辛党羽，也没有彻底清除乙辛和重元所造成的恶劣影响，让忠官良民为他捏着一把汗。

被乙辛陷害贬到镇州的耶律石柳平反回朝后，向耶律延禧详细叙述了乙辛陷害皇后和太子浚的经过和内幕，他建议说："应尽收逆党以正朝纲，收四方忠义之心，昭国家赏罚之用，然后致治之道可得而举矣。"

耶律延禧在群臣舆论的压力下，于辽乾统二年（1102）也曾下诏诛灭乙辛党羽，采取了掘坟、刨棺、碎尸等严厉行动，但对其他更重要的意见基本未予采纳，有的只是走走形式而已。清查活动草草结束，坏人继续当道，阿谀奉迎者仍是围着皇上转，该提升的继续提升。

萧胡笃系敌鲁后代，此人奸佞诡诈，道宗初年入宫为侍，他见皇上延禧好游猎，就专门为皇上选择游猎场所，凡是皇上喜欢的他千方百计办到，无论忠言还是逆言，只要皇上不喜欢听的，他从不多说一个字，所以深得皇上的信任，很快将他提升为殿前副点检。

因耶律延禧贪图享乐，无暇过问朝政，一些官吏渐生贪财横霸之风。东京留守官为了讨得皇上喜欢，大肆勒索东北女真部落的平民百姓，稍不如意就棍棒相加，有的人为了给皇上挑选美女，不问是否已经婚嫁，只要看中了必须跟着走。

耶律延禧喜欢夸富，但他从不详细过问国库到底有多少家当，办事好大喜功，不知节俭为何物，只要可以树立大国神威的形象，他从不过问花费多少。有些贪官污吏为了从中渔利，就借机吹捧皇上是天下的全才和神才，全国各地修建了许多庙宇和寺院，国库不够了，除向长春州等地的钱帛司借贷外，还大肆向女真部勒索征调，女真贵族就向百姓搜刮苛捐杂税，女真部上下都愤愤不平。有人向皇上报告此事，尽管他也采取了一些防范措施，但按下了葫芦起了瓢，无奈之下，皇上又将萧兀纳上调回京，希望他能协助朝廷稳定局势。

当时辽东海边产的一种珍珠十分名贵，饱满丰润、光彩照人，朝廷规定任何人不得随便携带其出境，违者处死。

宋朝皇帝赵佶知道后，想尽一切办法要获取这一宝物，因大辽将此物列为禁品，宋朝从官道根本买不到这种北珠。有一天，一个宋朝官员从边境的榷场发现了北珠，赵佶知道后非常高兴，为了满足他贪宝的欲望，就命地方官吏从榷场偷偷购买，一时间北珠成了宋朝商人的摇钱树，价钱越炒越高，大辽的地下走私活动也越来越猖狂。有人向皇上耶律延禧报告了这一情况，延禧非常生气，他找来萧兀纳命令道："如此珍贵的宝物竟敢走私出境，朕命你亲自调查处理这一要案，一经查实，无论官品多大，后台多硬，按朝廷律法从严治罪！"

经过几个月的榷场蹲守，萧兀纳发现北珠确实是从大辽走私而来，在审问犯人时，得知凡走私禁品的人都与朝廷官员有些牵连，追来追去，凡是大宗的走私货都有国舅帐和几个王爷参与。于是萧兀纳找到耶律延禧禀报说："皇上，这些走私货不好查呀！"

皇上问："为什么不好查？有朕为你做主，就算是皇亲国戚，一律按大辽律法惩治。"

萧兀纳说："在走私珍珠案中，小宗案件确是一些民间所为，但大宗案件都有国舅帐和几个王爷参与，不仅调查问案难，定性惩处也难，这毕竟对大辽的声誉不利。"

耶律延禧哼哈一阵，没有说出个所以然，他见萧兀纳用疑惑的眼神望着他，右手一挥说："查，彻底查！王子犯法与庶民同罪，何况个别国舅和王爷，有哪个敢贪赃枉法，要试试大辽律法有多硬，那他不会有好下场！"

萧兀纳刚要高兴地开口说话，皇上接着补充一句："当然在定案处理时要有些灵活性，范围不宜太大。"

这下又把萧兀纳的热情浇凉了一半，他悻悻地离开了皇宫。

几天后，萧兀纳又来到皇宫，声调很低地对皇上说："有件大事臣不能不报，二王爷雅里直接策划了一桩走私珍珠案，数量达两万多颗，开始臣也不信，经一再查证落实，确实是雅里所为，皇上您看怎么办？"

耶律延禧坐在龙椅上一动不动，张了张口话没有说出来，胸腹部一起一伏地鼓动着。萧兀纳说："皇上您看查处走私案的事是不是先停一停？"

延禧知道萧兀纳的脾气，这话明显是考验他的决心，要是答应停一停，这个不拐弯儿的臣子宁可不当官也要吵得满朝不得安宁，他思忖了一会儿说："我说过，王子犯法与庶民同罪，这不能改，我看看到底什么罪，然后再议。"

萧兀纳说："那议政会早在先帝道宗皇上时就废止了，您还和谁议？"

"你我就可以议呀。"耶律延禧说。

"臣愿听皇上御旨。"萧兀纳不高兴地答道。

耶律延禧说："既然宋朝需要我朝宝珠，干脆就公开与他们做交易，我们还可以增加一些收入，这不两全其美了吗？"

萧兀纳问："王爷是在新诏颁布之前犯的案，如果他不定罪，过去处理的那些人肯定不服气，再说这样办案也不合律条。"

皇上说："这不难，律条是人定的，定了的可以改，没有的可以添上，爱卿说呢？"

　　萧兀纳接受了过去的教训，知道胳膊拧不过大腿，这次出乎皇上的意料，他没有反对也没有闹事，笑着对皇上说："这皇天后土都是皇上的，您说怎么改就怎么改，大辽的子民等着您浩荡的皇恩呢。只要皇上答应微臣一件事，臣绝不再多说一句话。"

　　"只要有利于大辽的繁荣和稳定，莫说一件，就是十件八件朕也同意。"耶律延禧微笑着说。

　　萧兀纳说："臣在地方待惯了，不适应上京的生活，望皇上准臣回到地方去，珍珠案另找一个更合适的人选办理，相信在皇上的英明指挥下会越办越好。"

　　耶律延禧愣了一会儿神说："怎么你要甩手不管了？萧爱卿应该明白，目前朝廷遇到了暂时的困难，外部纷纷闹独立，内部人心不稳，连续几年的水旱虫灾，百姓饥食无保，在这个时候，稳定比金钱更重要，比珍珠更珍贵。如果此时朝廷要员再闹情绪的话，那大辽江山谁来保？"

　　"既然皇上如此信任微臣，容我再考虑几日好吗？"萧兀纳低头答道。

　　耶律延禧说："朕再应你几日，越快越好。"

　　萧兀纳见皇上已昏庸到如此地步，预感大辽气数将尽，在一个漆黑的夜里，他带上家眷向南方急驰而去，之后再也没有了他的消息。

　　因为耶律延禧的二儿子参与了宝珠走私活动，稽查走私一事不了了之，经耶律延禧的反复修改，大辽律法已面目全非。除了惩治百姓的内容越来越严厉外，一些王爷、国舅该发财的仍然发财，他们借改革律法不仅免除了过去的罪行，还因聚敛过甚也装模作样地做了一点儿善事，从而成了繁荣大辽经济的楷模。一些善观风向的马屁官也贪私舞弊，趁机囤积私人资本，使得国库越来越空，百姓苦不堪言。无论大辽皇帝怎样吹捧，日渐亏空的朝廷经济、日益增长的反抗情绪已是事实，这些都给大辽埋下了无数颗霹雳炸雷，大辽江山随时都有崩垮的危险。

女真反辽建金朝
宋金结盟辽灭亡

　　长期居住在松花江、牡丹江流域及东北地区的生女真人，因为自然条件恶劣，经济不发达，不像西南部的熟女真人那样具有较强的组织性和纪律性。他们过惯了无拘无束的游荡生活，并没有什么严格的组织，差不多百八十户形成一个部落，由一个酋长领导，对契丹政权强加在他们头上的枷锁十分不满。

　　随着时间的推移，在大辽的契丹人和高丽人的影响下，这些生女真人开始由原始社会向封建社会的过渡。在众多部落中，有一个完颜氏部落发展较快，到了石鲁为联盟酋长时，大辽政权为了更好地笼络这些生女真人，就封石鲁为惕隐，石鲁的儿子乌古乃又被任命为节度使，他们借大辽的势力迅速发展壮大的同时，对大辽统治的不满情绪也日渐增长。

　　辽咸雍十年（1074）乌古乃死后，他的儿子劾里钵继任为节度使，他凭借实力与弟弟一起削平了其他势力，将他们收归为完颜氏联盟，这为一个新政权的诞生奠定了基础。

　　辽寿吕二年（1096）就曾发生了完颜部与星显水纥石烈部的矛盾和斗争，完颜部首领盈歌占领了阿疏城，纥石烈部首领向大辽求救，大辽出面调解，盈歌不服，继续占领阿疏城，这就形成了与大辽半公开的对抗。

　　耶律延禧即位后的第二年，国舅萧海里叛逃到生女真部，并想串通盈歌共同反辽，聪明的盈歌知道此时尚不是大辽的对手，就把萧海里绑送到耶律延禧那里邀功，从此大辽对盈歌非常信任，盈歌也从大辽得到了许多好处，当然得到最多的就是先进的武器和良马。在以后的几次助辽军事行动中，完颜部一方面得到正规的军事训练，另一方面也得到了更多的军事装备，他们的军事实力和作战能力逐步增强，暗地里与大辽一争高低的劲头也显现了出来。

　　辽天庆三年（1113），盈歌的侄孙完颜阿骨打任节度使，这位年轻气盛的女真首领胸怀壮志、武艺高强，受父辈影响，他生来就桀骜不驯，经常梦想着建立女真族的朝廷，自己做朝廷的主人。

有一次，辽帝延禧在春捺钵行宫举行鱼头宴，按过去的习惯，参加宴会的各部落首领要跳自己部落的舞蹈为大辽皇帝助酒兴，其他各部落首领都跳了，只阿骨打不跳，问他为何不跳，他推说腿疼不能跳，耶律延禧非常生气，这就意味着女真与大辽的矛盾已经公开化。

第二年，阿骨打以讨还阿疏城为名遣使摸清了大辽边境的兵力部署，决定主动攻击大辽，以试探大辽的反应。九月，阿骨打发动了几千人进攻大辽边境的军事行动，他自己冲锋在先，士兵们深受鼓舞，辽军因对将军克扣军饷极度不满，打起仗来畏缩不前，结果辽军以失败而告结束，这下更增强了女真人战胜大辽的信心。

乘着胜利的东风，女真军队继续进攻宁州城，辽军不战自溃，女真军队很容易地占领了宁州城，有人向皇上报告说："宁州丢失，东北不保，照此下去，上京危在旦夕。"

耶律延禧也预感到了问题的严重性，于是派万名自己认为强盛的将士驻守出河店，企图阻止女真军队的前进。但阿骨打已经彻底摸透了大辽"繁荣强盛"的底细，不但不理会大辽的警告，反而越战越勇，只派了千人的突袭队就把辽军打得四散逃跑，并俘获了大量战马、军械等作战物资，进一步武装了逐步壮大的女真军队。

这时阿骨打认为自立建国的条件已经具备，他召开了部落联盟和部队首领会议，当然这些人比他更性急，主张马上消灭大辽，建立自己的朝廷。阿骨打经过几天的慎重考虑，觉得一下消灭大辽尚不可能，但宣布独立建国是可以的，考虑到南北方各国之间的复杂关系，单靠女真有限的军力和财力消灭大辽，不如联合其他力量共同灭辽。于是，在辽天庆五年（1115）初宣布独立建国，国号大金，并通知了大辽。阿骨打在宣布独立的初期，第一步还是希望得到大辽的承认，以后视其发展再决定下一步行动。

耶律延禧接到完颜阿骨打自立金朝的奏报后，先是惊讶，但很快就平静下来，他知道，因为自己的疏忽，让可恨的女真钻了空子，让他们的羽翼越来越丰满，不让一个长了强健翅膀的山鹰飞行是不可能的，与其强力禁止，不如和他搞好关系，如果把这只山鹰训练好，将来利用他还可以对付宋朝这匹老狼。于是耶律延禧派僧家奴为专使与完颜阿骨打和谈，僧家奴说："大辽一向把你们视为同族弟兄，而你们不打一声招呼就自立朝廷，这是背信弃义的行为。我朝皇帝宽宏大量，还是打算承认你们的金朝，但对外必须承认金是辽的属国，我朝将一如既往地给你们以各方面的帮助。"

阿骨打说："你们先把阿疏城划归我朝，再把黄龙府的军事部署撤走，我们再来谈议和的事，否则我们无话可谈。"

阿骨打一边与大辽周旋，一边布兵于黄龙府四周，准备随时进攻大辽的军事重镇黄龙府。

耶律延禧非常生气，派都统耶律斡里朵领兵出战女真军队，在达鲁古城展开激战，辽军敌不过威猛的金军，不几个回合就死伤惨重，侥幸活下来的只好望风而逃。

消息传到耶律延禧那里，他又惊又气。九月，金军占领了黄龙府，他惊讶中又添了几分恐惧，萧太后这位五世孙因为没有了父皇和太后作为依靠，预感末日将临，他真想甩手一走了之，但主战派不干。在主战派的激励下，耶律延禧决定孤注一掷，亲自率军征讨金军，结果又是大败而归。

黄龙府的失陷对大辽皇帝的打击非常大，上下恐惧、局势不稳，一些忠心报国的臣将不甘心大辽就这样下去，但他们对耶律延禧彻底失去了信心，于是就酝酿着废除耶律延禧，另立新君，企图通过换皇上保住契丹祖先创立、八代皇帝保持的大辽江山。

季父房后裔耶律章奴曾任右中丞、东北路统军副使和咸州路兵马事，他作为都监参加了耶律延德亲征金军的军事行动，因对延禧失去信心，战场上他无心协助统军萧胡睹拼杀，却与耶律淳的儿子阿撒共谋废掉耶律延禧、拥立耶律淳为帝。商量好之后，派耶律淳的小舅子萧敌里和外甥萧延留给南京的耶律淳报信，让耶律淳做好登极的准备。

耶律淳是道宗耶律洪基的重孙，比耶律延禧低一辈，此人一向胆小怕事，不敢应承此事，他不仅没有答应敌里和萧延留的要求，反而把这两个人囚禁起来。耶律章奴见势不妙，组织了反叛军队，投奔金军而去。耶律延禧派兵追赶，耶律章奴半途被辽军杀掉。

在耶律章奴叛变失败后，又有都统耶律余睹起义叛辽投金，并且得到了广大将士的同情和支持，这位大辽皇帝已经到了众叛亲离的地步。

金收国元年（1116）正旦节早晨，渤海的十几个青少年闯进东京留守府内，杀掉了辽官萧保先，城外和城内不满大辽统治的反抗者趁机起义，保卫东京的辽军敌不过众多的起义部队，领军逃出西门。与此同时，渤海的高永昌也宣布自立为渤海国的皇帝，准备迎接女真人进来。五月，金军借救援高永昌的名义，打进沈州城后，迅速将消息通报给宋朝皇帝，鼓励他们北上灭辽。

次年，河北涞水的董才聚众起义，驻守在南京的耶律淳生怕危及南京的安全，出兵围击起义部队，董才打出了"扶宋破虏大将军董才"的旗号，希望得到宋朝的支援，其实宋朝很想借此机会收回丢失数十年的幽燕数州，因当时形势不明，不敢轻易北上。董才得不到宋军的支持，在辽军的追击下只好北上投奔了金军。

当金军攻克了辽东数十座城池后，宋徽宗赵佶认为时机已经成熟，开始秘密与金朝接触。正在此时，有个大辽官吏因躲避战乱，从海上逃到山东登州，他向宋帝赵佶详细介绍了辽、金的战况，赵佶心里有了底，命登州令王师中挑选七个精壮的将士，以买马的名义偷偷渡海到了辽东。当时金军戒备森严，宋朝派来的细作不敢贸然靠近，迟迟见不到金主阿骨打。

宋帝赵佶急于知道那边的情况，就令王师中又派马政渡海北上，这次终于见到了阿骨打，马政呈上礼品后说："我朝皇帝久仰贵部勇猛善战、深明大义，今末将奉我朝皇帝之命前来，一为买马，二为祝贺大金国的成立，并愿与贵国永久盟好。"

阿骨打心里明白，堂堂大宋朝地大物丰、人强兵广，不会为这么点儿事千里迢迢跑到这里来，但不管怎么说，能承认我大金国即为盟邦，再说宋、金从未发生过矛盾，他接过礼品单后马上把宋使扶起后说："将军快快请起，谢谢大宋皇帝一片诚意，但不知马大人要买什么样的马？如本朝能助贵国一臂之力，当绝不推辞。"

马政说："我们要买大金国旁边的一群老马，不知陛下肯否相助？"

阿骨打说："既是老马，留之无用，我们也正想将其处理掉，只是头数太多，难得宋朝皇帝想得周到，我们就一块儿解决了他们吧！"

说完两个人一阵大笑。

　　阿骨打刚刚建国独立，他们当时的目标是尽快占领辽国的上京临潢府，当宋使讲出希望打败契丹人后收回幽燕十六州时，阿骨打痛快但笼统地答应了这一要求，于是双方研究了南北联合夹攻大辽的行动计划。此次宋、金渡海密谋攻辽在历史上称作"海上之盟"。

　　宋使临离开时，阿骨打也派了使臣李善庆携带大量东北的珍稀特产去拜见宋朝皇帝，赵佶同样热情接待了金朝特使。赵佶问道："金国皇帝当真同意把幽燕十六州送还宋朝？"

　　金国对肥沃的幽燕之地同样垂涎，只因十六州在遥远的南方而鞭长莫及，只好说同意送还，但真正分文不取地白白送给宋朝，又有些于心不忍，金使李善庆对宋帝说："幽燕还在辽帝耶律延禧手上，何谈我朝送给贵朝，这样吧，我们共同攻辽，谁攻占幽燕之地，幽燕就归谁。"

　　宋帝赵佶自有一番小算盘，他觉得幽燕与宋朝相接壤，金人一时半会儿还顾及不到南方，就痛痛快快答应下来。但女真人也绝不漏空，他们摸透了宋朝的心思，回到北方就一直没有了消息。

　　赵佶迫不及待地要取得幽燕的所有权，宋宣和二年（1120）派赵良嗣和王镶再次赴金探问，阿骨打说："大辽在我金军的威逼下已经气息奄奄，按照常理，大辽的所有国土都应归属我大金，回去跟你朝皇上讲一下，望请原谅。"

　　赵良嗣和王镶一听就着急起来，他们质问道："我们有约在先，谁先打下来幽燕就归谁，你为何又变卦？"

　　阿骨打说："宋朝地广物丰，何缺区区幽燕之地，我大金国刚刚建立，粮草物资都很匮乏，如你朝非要拿走幽燕，就把你们每年向大辽缴纳的五十万两岁币改交我朝，二位将军以为如何？"

　　赵良嗣和王镶回去向皇上赵佶禀报，尽管不情愿，但赵佶觉得这个账还是合算的，最后答应了阿骨打的要求。

　　在金军威猛的打击下，大辽皇帝耶律延禧已经在上京待不下去了，他哪儿还有精力组织反击，宋宣和二年（1120）五月，上京留守挞不也在城头挂起了白旗。为了保全性命，东躲西藏的耶律延禧于宋宣和三年（1121）携后妃和细软逃到了南京。

第二年正月，又传来消息说，中京（今内蒙古赤峰市宁城）失陷，躲在南京的耶律延禧恐慌不已，几天后又听说阿骨打带领队伍长驱南下，这位大辽皇帝已是魂飞西天，他哪个京都顾不上了，收拾细软带上亲近的后妃北出居庸关，直奔鸳鸯泊（今河北省张兆县）。

在鸳鸯泊住了几天，他怕金军再追到这里，立即又逃往西京（今山西省大同市）。在西京没立脚，金军的呐喊追杀声就由远而近，还剩最后一点儿余威的大辽皇帝耶律延禧命令西京留守萧查剌组织兵马严守城防，不得让一个女真人进城。这时已是大海被围，孤岛焉能自守，眼看形势不妙，在金军到来之前，耶律延禧半夜偷偷出西门向党项方向逃窜而去。三月，金军大将粘罕带领大军一路风驰电掣般地从中京追到西京，西京留守官萧查剌不战而降，西京被金军占领，粘罕留一小部分金军收拾残局，自己带领大队人马向西追赶耶律延禧去了。西京一失，周围临近州县都一一迎降。

耶律延禧丢下南京和西京一去不返，多日不见音信，这时南京城周围尚不见金军，城里再次酝酿废除窝囊皇帝耶律延禧，选立新君，企图保住契丹人好不容易创下的大辽基业。

群臣议论的首选人物就是耶律淳。耶律淳是兴宗耶律宗真次子和鲁斡的儿子，自幼被伯父耶律洪基收养在宫中，耶律洪基见他聪颖好学，尤长于文学，所以在儿子耶律浚遭害后就想把他培养成大辽的接班人。后来因为有了耶律延禧，耶律洪基最后立延禧为皇太子，但对耶律淳还是宠信有加，所以在辽乾统六年（1106）耶律淳的父亲逝世后，就委任年轻的耶律淳为南京留守官。

金军大举南下后，回离保和耶律大石等一批不甘心大辽灭亡的臣僚决心重振雄风，希望新帝带领他们把女真人赶出大辽领土。可惜他们选错了人，耶律淳虽然正统又聪明，但他胆小如鼠，绝无率众御敌的本领。宋宣和四年（1122）三月，汉官宰相李处温的儿子李奭把皇上穿的赭袍送到耶律淳面前，群臣山呼万岁时，耶律淳竟吓得大哭起来，在严肃的现实面前，他又不敢违背群意，只好糊里糊涂地穿上了龙袍，当上了昙花一现的天锡皇帝，定都燕京，史称北辽。

刚当了三个月的皇上，耶律淳就因惊吓卧病不起，这时消息也传到了亡帝耶律延禧那里，延禧非常生气，他拍着桌子吼道："好大的胆子！大辽皇帝还没死就另立新君，就是朕死了还有我儿子，哪里轮到你小小的涅里（耶律淳，字涅里）。"于是起兵回燕京找耶律淳算账。

耶律淳害怕得要命，就召集臣下商量对策，有人提出宁封延禧的儿子为王也决不让延禧回京，耶律宁反对说："哪有立子而拒父的道理。"

于是宫中一片混乱，耶律延禧还没有回到燕京，可怜的替罪羊耶律淳就在烦恼中"驾崩"了。他死后，被草草埋在了燕京西郊的香山脚下。

耶律淳死后，群臣又一不做、二不休把他的德妃立为皇太后，委以摄政大权，企图让她作为精神领袖，支持着大辽的一隅江山。

宋宣和四年（1122）四月，赵佶见大辽确实不行了，才正式决定北伐。十五万人马进攻的重点当然是燕京及其他十几州，赵佶本来想对燕京采取只围不打的战略，以诱降之策首先赢得燕京城，但五月到达燕京后，遇到耶律大石的顽强抵抗，在冒死拼杀的辽军进攻下，宋军无能为力，只好退回雄州一带暂避。

大辽由于朝廷上下腐败不堪，外敌没有攻破的城池却因内乱而削弱了防守力量，赵佶期望的事情真的发生了。

李处温是燕京的一大宦门富户，在耶律延禧西逃后，他积极主张废掉耶律延禧，扶持耶律淳为帝，见宋、金联合攻打燕京，就欲叛辽降宋。耶律淳一死，他就组织了两千多人的队伍准备投奔宋朝，其阴谋被太后发现后处死。

但这并不能阻止心慌意乱的大臣跃跃欲试的反叛之心，燕京城北有女真进攻，南有宋军夹击，西边又有耶律延禧威吓，在危机四伏的情况下，谁还有心思效忠那个精神阿斗呢。来自东北的渤海人郭药师时守涿州大门，他的部下都是从东北招募来的饥民，这支队伍称名怨军。郭药师见大辽要散架，南京也岌岌可危，当他听到守易州的高凤和王琮投降宋军后，也向宋军送去了投降书，宋帝赵佶巴不得有人来降，哪怕是一个兵卒也好，当得知大将郭药师来降时，马上准备迎降。九月郭药师烧毁大营，率八千怨军来到宋军营地，赵佶非常高兴，他亲自接见后封郭药师为检校少傅，命其镇守燕山。

郭药师在这个时候降宋，对风雨飘摇中的大辽政权无疑是一个沉重打击，犹如大雪刚停又遇寒霜，太后立即慌了手脚，为了找寻缓兵之计，她向宋军奉书请和，赵佶觉得胜券在握，他问郭药师："爱卿认为此时攻打燕京如何？"

郭药师对燕京最熟悉不过，哪里是宫殿，哪里是兵营，什么地方易攻，什么地方难守，比自己家里的事还清楚，他对赵佶说："燕京城里已经四分五裂，皇上现在攻燕就像囊中取物，百姓们正盼着您去解救他们呢。"

赵佶听信了郭药师的话，十月于雄州发兵十万，分两路向燕京进发，一路自固安渡芦沟河直插三家店，阻止辽军西逃，另一路由郭药师领路从城东南直攻迎春门。辽军防守不及，迎春门被攻破，宋、辽两军于悯忠寺（今法源寺）前展开了激烈的巷战，几个回合之后，宋军原定的援军没能进城，郭药师抵不住辽军的关门围打，死伤非常严重，只好退出了燕京城。后来又一次攻燕，仍以失败告终。

就在宋军两次攻燕没有成功之时，阿骨打率领金军已经横扫军都山以西的辽军营盘，为了不让宋军独吞幽燕地区，十一月金军直奔燕京而来，十二月一举攻破居庸关，大军分两路从居庸关和得胜口进入燕京城。就这样，燕京城划入了大金国的版图。

女真人进城后，并没有久住之意，他们除了抢劫宫室珍宝外，就是逼迫富户迁往东北。

宋帝赵佶遣使臣找阿骨打谈判，希望他们遵守诺言，把燕云十六州交给宋朝，阿骨打说："你们不按期出兵，延误了攻辽计划，刚一出兵就被辽军打败，还有什么脸要回燕云十六州！既然你们可以不按原计划出兵，那我过去说过的话也不算数了。"

在宋朝的一再要求下，阿骨打只同意将燕京和山前的蓟、顺、涿、易、景等六州交给宋朝。宋朝仍不接受阿骨打的条件，三番五次找阿骨打谈判，阿骨打刚到南方不久，害怕惹怒宋朝不仅不与他们合作，反而倒戈支持大辽，那麻烦可就大了，最后还是满足了宋朝的要求，同意把大辽占领的汉人土地全部交给宋朝，宋宣和五年（1123）女真人在离开燕京时，把楼橹和城防工程全部破坏掉，凡是能带走的财物全部带走，给宋朝留下的几乎是一座空城。宋朝得到一个破烂不堪的燕京，心里总算有了一丝平衡，几代皇帝的企盼总算实现了，随之将燕京改名为燕山府，任命王安中为知府。

那西逃在外的辽亡帝耶律延禧在金军的追赶下，魂不守舍地一路继续西逃，准备投奔党项部求救，又怕党项翻脸，就在夹山躲避起来。

金军四月在青冢活捉了耶律延禧的儿子、公主和后妃多人后，又马不停蹄地向西追赶耶律延禧。宋宣和七年（1125），正在耶律延禧准备出山奔党项时，被急驰而来的完颜娄室部队俘获，统治北方一百零九年的大辽彻底灭亡。

阿骨打将耶律延禧押解回东北老家，暂封以海滨王软禁起来。金军折回南方又找宋军算账，粘罕和斡离不各领一路大军进攻燕山府，宋朝守将郭药师敌不过金军的猛烈攻势，就投降了金军，在宋朝手里还没暖热的燕山府，1125年又一次落入女真人的手中。从此，燕京开始了被金朝统治近百年的历史。

附录一 主要人物简介

1. 萧绰：小字燕燕，萧思温之女，生于953年（辽应历三年），969年（辽保宁元年）进宫为辽景宗耶律贤之贵妃，后册封为皇后。982年（辽保宁八年）景宗驾崩，萧燕燕成为摄政皇太后，1009年（辽统和二十七年）崩于行宫，享年57岁（虚），生有四子三女（《辽史》记载萧燕燕生三子，余一不详）。

2. 韩德让：汉官韩匡嗣之子，早年因其父与萧思温同为辽臣，结识了萧思温之女萧燕燕。曾代父为上京和南京留守，后升至秉管朝政大权的南院枢密使。景宗皇帝去世后，萧燕燕命其为总宿卫事，北院枢密使耶律斜轸死后，韩德让又兼任掌管军事大权的北院枢密使，长期协助萧太后辅佐圣宗皇帝。983年（辽乾亨四年）被赐名德昌，1004年（辽统和二十二年）被赐姓耶律，1010年（辽统和二十八年）被赐姓名耶律隆运，1011年（辽统和二十九年）病逝，享年71岁。韩德让膝下无子，收魏王耶律贴不之子为嗣。

3. 耶律阿保机：耶律氏，字阿保机，小字啜里只，契丹迭剌部霞濑益石烈乡耶律弥里人，其父耶律撒剌的是祖父耶律匀德实的四子，阿保机是撒剌的长子，生于872年（唐咸通十三年），901年任本部夷离堇，916年（辽神册元年）册封为大圣大明天皇帝，史称辽太祖。他一生鞍马征战，以毕生精力安内治外，为大辽的疆域增扩和经济发展奠定了坚实的基础，926年（辽天显元年）崩于行宫，享年55岁。有四子一女。

4. 述律平：小字月理朵，生于契丹右大部，其先祖是回鹘人，祖父述律慎思，父亲述律婆姑（又名述律月碗）。述律平嫁给耶律阿保机，阿保机成为大辽第一任皇帝后，她被册封为应天大明地皇后，史称淳钦皇后。太祖耶律阿保机驾崩后，她受命辅佐太宗皇帝（次子耶律德光），全摄军政大权。938年（会同元年），册封为应天皇太后，953年（辽应历三年）六月病逝，享年75岁。

5. 耶律倍：又名耶律突欲，是辽太祖耶律阿保机和淳钦皇后述律平的长子。916

年（辽神册元年）封为皇太子，926年（辽天显元年）封为东丹国王，称"人皇王"，因其仰慕汉人文化，尊崇孔子和儒家思想，又因母后述律平的冷落和打击，耶律倍愤怒地发出"小山压大山，大山全无力"的感慨。在忍无可忍的情况下，于936年（辽天显十一年十一月）越海投奔了后唐，受到后唐天子的隆重接待。耶律倍死于后唐，由他的儿子耶律阮继承皇位，追谥其为让国皇帝。

6. 耶律德光：字德谨，小字尧骨，是辽太祖的次子。生于902年（唐天复二年），922年（辽天赞元年）被授为天下兵马大元帅。926年辽太祖驾崩，太后述律平摄政，927年（辽天显二年）册封耶律德光为嗣圣皇帝，史称辽太宗。947年（辽大同元年）四月崩。有五子两女。

7. 耶律阮：小字兀欲，是耶律倍的长子。生于918年（辽神册三年），947年（辽大同元年）封永康王，同年九月继承皇位，史称辽世宗。951年（辽天禄五年）被耶律察割杀害于行宫，享年34岁，葬于显州西山。有三子三女。

8. 耶律璟：辽太宗耶律德光的长子，生于931年（辽天显六年八月），951年（辽天禄五年）继承皇位，史称辽穆宗。在位期间，耶律璟嗜酒如命、生活奢靡，969年（辽应历十九年）被侍从杀害于行宫，享年39岁。无子。

9. 耶律贤：字贤宁，辽世宗耶律阮次子，生于948年（辽天禄二年七月），穆宗遇害后，在萧思温和高勋等人的帮助下，于969年（辽应历十九年）继承皇位，史称辽景宗。同年将贵妃萧燕燕封为皇后，982年（辽乾亨四年）在焦山行宫病逝，享年35岁。有四子四女（《辽史》记载萧燕燕生三子，余一不详）。

10. 耶律隆绪：契丹名耶律文殊奴，辽景宗耶律贤与萧燕燕的长子，生于972年（辽保宁四年一月），980年（辽乾亨二年）封为梁王，982年（辽乾享四年）父皇耶律贤驾崩，耶律隆绪于景宗灵柩前即位，史称辽圣宗，时年11岁，由母后萧绰摄政。娶母亲娘家侄女菩萨哥为妻，与宫人耨斤生兴宗皇帝，由于摄政的各项开明之举，终辽一代出现了绝无仅有的长达几十年的圣宗盛世。1031年（辽太平十一年）病逝于行宫，终年60岁，在位四十九年。有六子十四女。

11. 耶律隆庆：辽景宗耶律贤与萧燕燕的次子，辽圣宗的弟弟，8岁封恒王，998年（辽统和十六年）进封梁王，曾长期任南京留守，病逝于1016年（辽开泰五年）。

12. 萧思温：小字寅古，辽宰相萧敌鲁族弟忽没里之子，辽太宗时仅为奚部秃里太尉，其女儿萧绰进宫为妃后，升为群牧都林牙。随着女儿地位的上升，后来当上了南京留守，拜北院枢密使，兼北府宰相，后加尚书令，封为魏王。970年（辽保宁二年）遇害，后又追封楚国王。无亲生子，收萧继先为养子。

13. 韩匡嗣：汉人韩知古之子，蓟州玉田人，早年耶律阿保机征讨蓟州时，6岁的韩知古被契丹人带来上京。韩匡嗣生于草原，因善医道得近淳钦皇后（述律平），从一个小小的太祖庙详稳一直上升为南京留守，并封为燕王。有五子，韩德让为次子。

14. 耶律休哥：字逊宁，祖父耶律释鲁，父亲耶律绾思。大辽重臣武将，身经百战，未杀一个无辜，官至节度使，曾亲自指挥高梁河战役。

15. 耶律斜轸：字韩隐，耶律曷鲁之孙。大辽重臣武将，官至北院枢密使，亲自参与指挥了无数次大小战役，999年（辽统和十七年）死于宋辽战场。

16. 萧挞凛：字驼宁，萧思温的族侄。辽应历年间为马群侍中，大辽忠臣要将，辽统和年间生擒杨继业，曾任节度使和南京统军使，死于澶渊结盟前的战役中。

17. 耶律沙：字安隐，遥辇氏后代，大辽武将，参加了高梁河战役，屡立战功，死于988年（统和六年）。

18. 耶律抹只：字留隐，仲父隋国王之后。辽保宁年间任枢密副使，统和初年任东京留守，死于统和末年。

19. 耶律李胡：辽太祖耶律阿保机与淳钦皇后述律平的第三子，930年（辽天显五年）立为皇太弟，兼任天下兵马大元帅，后因谋反被辽穆宗囚禁，死于监狱，享年50岁。有一子。

20. 耶律喜隐：字完德，辽太宗耶律阿保机的孙子，耶律李胡次子，曾封为赵王和宋王，因参与谋反，被囚禁在祖州，后赐死。有一子。

21. 萧继先：字杨隐，小字留只哥，萧思温继子，娶萧燕燕的长女观音女为妻，成为驸马都尉，官至北府宰相，多次参加与宋和高丽的战役，58岁时病故。

22. 萧排押：字韩隐，国舅少父房之后，辽统和初年为左皮室详稳，多次参加辽国征讨，曾任南京统军使和东京留守，官至宰相兼任西南面招讨使。1023年（辽太平三年）病逝。弟萧恒德，侄萧匹敌。

23. 高勋：字鼎臣，汉人，后晋北平王高信韬之子。946年（辽会同九年）降奔大辽，曾封为秦王。此人好结权贵，因建议在南京种植水稻被怀疑，又查出参与杀害萧思温的活动，被诛杀。

24. 女里：初入宫时为积庆宫宫人，应历初年为习马小底，后升任马群侍中，因私藏甲胄，又参与杀害萧思温的阴谋活动，被赐死。

25. 萧菩萨哥：萧绰弟弟之女，12岁被辽圣宗选进宫，1001年（辽统和十九年）册封为齐天皇后，生有二子均早夭，被耨斤逼迫而死，辽圣宗耶律隆绪追谥为仁德皇后。

26. 萧耨斤：述律平弟弟萧阿古只五世孙，入宫后先为宫人，因生育辽兴宗被圣宗耶律隆绪宠信。圣宗死后自立为皇太后摄政，道宗耶律洪基即位后，尊太皇太后，死后封为钦哀皇后。

27. 萧挞里：萧耨斤之弟萧孝穆长女，辽兴宗耶律宗真的第二任皇后，生辽道宗耶律洪基，史称仁懿皇后。

28. 耶律察割：字欧辛，辽太祖耶律阿保机胞弟耶律安端之子，因多次参与谋乱，被诛杀剐烂。

29. 萧孝穆：小字胡独堇，述律平之弟阿古只五世孙，父亲萧陶瑰。1010年（辽统和二十八年）为西北路招讨使都监，后封燕王，为南京留守，又曾留守东京，官至北院枢密使，为辽圣宗、辽兴宗时期的重臣。

30. 耶律宗真：辽圣宗耶律隆绪长子，为萧耨斤的亲生子，自幼被齐天皇后萧菩萨哥养护。3岁封梁王，1021年（辽太平元年）册封为皇太子，1031年（辽太平十一年）辽圣宗驾崩后继承皇位，史称辽兴宗。1055年（辽重熙二十四年）崩于行宫，享年40岁。

31. 耶律洪基：辽兴宗耶律宗真长子。6岁封梁王，1052年（辽重熙二十一年）封天下兵马大元帅，1055年（辽重熙二十四年）辽兴宗驾崩后继承皇位，史称辽道宗。1101年（辽寿昌七年）崩于行宫，享年70岁。

32. 耶律延禧：小字阿果，辽道宗耶律洪基之孙，其父耶律浚是辽道宗长子。生于1075年（辽太康元年），6岁封梁王，后封燕国王，1091年（辽大安七年）加封尚书令并天下兵马大元帅，1011年（辽寿昌七年）辽道宗驾崩后继承皇位，史称天祚皇帝。1125年（辽保大五年）被金兵完颜娄室俘获掳至金朝，封海滨王，随之病亡，享年54岁，在位二十四年，辽亡。

33. 耶律淳：小字涅里，辽兴宗耶律宗真之孙，耶律和鲁斡之子。其父死后，袭守南京，1122年（辽保大二年）天祚皇帝逃入夹山，被众臣推为天锡皇帝，世称北辽，天祚皇帝耶律延禧知道后大怒，将其降为庶人。

34. 耶律重元：契丹名孛吉只，辽圣宗耶律隆绪与萧耨斤次子。公元1023年（辽太平三年）封秦国王，辽圣宗驾崩后，受封皇太弟，欲册封皇位未果。曾任北院枢密使、南京留守等职，道宗耶律洪基即位后封其为皇太叔，因参与谋反被发现，北走大漠自杀。

35. 耶律乙辛：父亲为耶律迭剌，家境贫困，辽道宗即位后，封北院同知、枢密副使等职，1059年（辽清宁五年）封南院枢密使，后参与谋害皇后和皇太子，又因走私禁物被杀，1102年（辽乾统二年）又将其从墓中掘出戮尸。

36. 赵匡胤：涿郡人，宋宣祖赵弘殷次子，母亲杜氏。927年（后唐天成二年）生于洛阳夹马营，原为后周柴荣部下的一名武官，960年（后周显德七年）在"陈桥兵变"中被拥立为帝，史称宋太祖。976年（开宝九年）病亡，享年50岁。

37. 赵光义：又名赵匡义，后改名赵炅，宋宣祖赵弘殷第三子，宋太祖赵匡胤之弟。赵匡胤病逝后继承皇位，997年（宋至道三年）病亡，享年59岁，在位二十二年。

38. 赵恒：宋太宗赵光义第三子，母亲李氏。968年（宋乾德六年）生于开封府，997年（宋至道三年）即位称帝，史称宋真宗。1022年（宋乾兴元年）病逝，享年55岁，在位二十六年。

39. 杨继业：又名杨业，宋朝名将，死于宋、辽战争。有六子（《宋史》记载为七子，排位不详），名延昭、延玉、延浦、延训、延瑰、延贵、延彬。传说中的六郎杨延昭即长子杨延朗。

40. 寇准：字平仲，北宋宰相。

41. 潘仁美：原型潘美，字仲询，河北大名人，宋朝重臣要将。

42. 田重进：幽州人，北宋要将。

43. 曹彬：字国华，真定灵寿人，北宋开国名将。

44. 贺令图：开封陈留人，父亲贺怀浦，父子二人皆为北宋要将，同年死于辽宋战争。

45. 曹利用：字用之，赵州宁晋人，北宋要将。

46. 郭药师：辽东京道铁州人，原为大辽将领，后投降宋朝。

附录二　辽代宫廷和帝后简况

1. 自辽太祖耶律阿保机916年建立契丹国至1125年金兵俘获天祚皇帝耶律延禧辽灭亡的二百零九年间，包括最后那个在位时间最短的辽宣宗耶律淳在内，共有十位皇帝执掌大辽政权。

2. 各代顺序：

第一位皇帝：辽太祖——耶律阿保机，916—927（在位十一年），皇后为淳钦皇后述律氏。

第二位皇帝：辽太宗——耶律德光，927—947（在位二十年），皇后为靖安皇后萧氏。

第三位皇帝：辽世宗——耶律阮，947—951（在位四年），皇后为妃甄氏/怀节皇后萧氏。

第四位皇帝：辽穆宗——耶律璟，951—969（在位十八年），皇后为萧氏。

第五位皇帝：辽景宗——耶律贤，969—983（在位十四年），皇后为睿智皇后萧氏。

第六位皇帝：辽圣宗——耶律隆绪，983—1031（在位四十八年），皇后为仁德皇后/钦哀皇后萧氏。

第七位皇帝：辽兴宗——耶律宗真，1031—1055（在位二十四年），皇后为仁懿皇后萧氏/贵妃萧氏。

第八位皇帝：辽道宗——耶律洪基，1055—1101（在位四十六年），皇后为宣懿皇后萧氏/妃萧氏。

第九位皇帝：天祚皇帝——耶律延禧，1101—1125（在位二十四年），皇后为萧氏/德妃萧氏/文妃萧氏/元妃萧氏。

第十位皇帝：天锡皇帝——耶律淳，1122年天祚帝逃入夹山，群臣拥立耶律淳为帝，数月即死，妃萧氏。

其中，辽景宗的皇后睿智皇后萧氏即本文所述之萧太后，本名萧绰，小名燕燕。其子耶律隆绪12岁为帝，萧燕燕（睿智皇后）晋太后执掌军国大事，直到1009年逝世。

后记

　　这本书稿已经在书柜进进出出有近十年的时间了，几家出版社曾有意出版，说了许多夸奖的话，"文字功底很好，内容详尽""史实性很强，叙述严谨""选题不错，故事内容丰富，有很好的可读性"……也有影视公司请央视剧本撰稿人想将其编写成电视剧本，准备拍成古装剧……没成行的原因多多，其中较集中的原因是网络文学冲击了纸质书籍市场，对此我充分理解。怀揣"有苗不愁长"的心态，一边继续"精雕细刻"，一边静静等待有缘人的到来。

　　《契丹女雄——萧太后》不仅是一本书，我还把它视为亲生"女儿"，它牵扯了我太多的精力和感情。三十几年来，我把全部业余精力都投入学习北京历史文化中来。学习和了解北京的历史文物，最重要的基础是要厘清北京历史的发展脉络，我研究过北京的城垣、寺庙、桥梁、公主坟和水环境，这些都是非常死板生冷的历史文物，在总结这些文物的时候，我总有一种亏欠感，似乎慢待了文物后边活生生的人，没有那千千万万"老北京"的辛勤劳动，哪来北京城，是他们创造了北京的庄严与辉煌。

　　金代首开北京作为首都历史的先河，但如果没有之前的陪都辽南京作为基础，完颜亮也很难决心移都燕京，于是我对辽圣宗的母亲萧燕燕产生了浓厚的兴趣，在多次翻阅《辽史》及相关资料后，我决定挖掘这个了不起的女人。在大量史料面前，我被折服了，这是我第一次写人物，感到有些手生，在可读性和知识性之间左右摇摆，既怕读者感到无味，又恐引起专家反感，小心谨慎地每写一段就琢磨一下读者是否喜欢，写到入胜处又要翻一翻史书核实，看是否把历史写得走了样，学过历史的人可能都是这么谨小慎微。当我展开这段历史后，我入迷了，刚刚退休的我有点儿废寝忘食了，被那金戈铁马的战争场面所震撼，被萧燕燕的足智多谋所吸引，被萧燕燕与韩德让的真挚情爱所感动，当深夜在写到他们生死离别时我落泪了。

　　敲了三年多的键盘，终于定稿了，我傻傻地陪伴这本书三年多，也落下了不可治愈的眼疾，在为这本书最后定名时，确也费了一番功夫。起初定名为《萧太后》，正赶上电子出版和"戏说"风盛，在大家的建议下改名为《契丹女雄——萧太后》。

在近十年的雕琢打磨过程中，许多朋友为我提供资料，我的同事刘云耀先生从头至尾帮我纠错改字，提出很多重要的修改意见，我真诚地感谢这些朋友。

在整个写作过程中，对我帮助最大的老伴儿当属头功。她不仅包揽了全部家务，在财力上、精神上也给予我莫大的鼓舞和支持，我随便写点儿"豆腐块"，她说这是创作，该添置电脑及其他办公用品时，她从未有过半点儿犹豫，我要到辽上京巴林左旗和元上都正蓝旗采访学习，她亲自陪伴左右，这让我非常感动。这本书能够顺利出版，功劳簿上有我的一半也有老伴儿的一半。

作者谨记